해방 공간의
　　　아나키스트Ⓐ

해 방 공 간 의
아 나 키 스 트 Ⓐ

지은이 / 이문창
펴낸이 / 강동권
펴낸곳 / (주)이학사

1판 1쇄 발행 / 2008년 11월 10일

등록 / 1996년 2월 2일 (등록번호 제 03-948호)
주소 / 서울시 종로구 안국동 17-1 우110-240
전화 / 02-720-4572 · 팩스/ 02-720-4573
이메일 / ehaksa@korea.com

ⓒ 이문창, 2008. Printed in Seoul, Korea.

ISBN 978-89-6147-118-3-03300

이 책의 저작권은 저자가 가지고 있습니다.
저작권법에 의해 보호를 받는 저작물이므로 사진을 포함한 이 책 내용의 일부 또는 전부를 재사용하려면 저작권자와 (주)이학사 양측의 동의를 얻어야 합니다.

* 책값은 뒤표지에 표시되어 있습니다.

이 도서의 국립중앙도서관 출판시도서목록(CIP)은 e-CIP 홈페이지
(http://www.nl.go.kr/cip.php)에서 이용하실 수 있습니다.
(CIP제어번호: CIP2008003098)

Ⓐ

해방 공간의
아나키스트

이문창 지음

이학사

일러두기

1. 본문에 나오는 외국 인명, 지명 등은 현행 외래어표기법을 따르는 것을 원칙으로 하였으나 표기 원칙이 정해지지 않은 것은 일반적으로 통용되고 있거나 굳어진 표현을 사용하였다(인용문에 나오는 인명과 지명도 가능한 한 원지음으로 표기하는 것을 원칙으로 하였다). 인명과 주요 용어는 처음 나올 때 한 번 원어나 한자를 병기하는 것을 원칙으로 하였으며, 단체명은 한자 병기를 하지 않는 것을 원칙으로 하되, 한자어를 쉽게 알 수 없는 경우는 한자 병기를 하였다.
2. 인용문은 원문 그대로 인용하는 것을 원칙으로 하였으나 가독성에 현저히 문제가 있는 경우 원뜻을 해치지 않는 범위에서 일부 문장이나 표현을 읽기 쉽게 고쳤다. 인용문의 〔 〕는 이 책의 지은이가 한 것이다.
3. 부호의 쓰임은 다음과 같다.
   『　』: 도서, 잡지, 신문명
   「　」: 논문, 시, 장, 절, 기사명
   〈　〉: 그림, 음악, 연극, 영화명

머리말

나는 본래 타고난 문재가 있거나, 체계 있게 글 쓰는 훈련을 받은 사람이 못 된다. 그저 사회 활동을 하는 과정에서, 필요에 따라 서투르게나마 몇 마디씩 적어보곤 하던 것이 얼마간 쌓인 것이 고작이다.

굳이 집필 경력을 대보라고 한다면 아마도 1980년대 초에 제대로 씹히지 않은 좌파 서물이 홍수를 이루던 시기에, 처음으로 로버트 오웬(『사회에 관한 새 견해』), 생시몽(『산업자의 정치적 교리문답』), 샤를르 푸리에(『산업과 협동 사회의 새 세계』)의 초기 사회주의에 관한 책을 번역, 소개(이문창 옮김, 사회사상총서 1, 형설출판사, 1983)했던 것이 첫 출발점이었을 것이다.

그 밖에 중요하게 생각되는 것으로는 영국 요크대학의 존 크럼 교수가 쓴 「동아시아의 아나키즘과 민족주의」(John Crump, "Anarchism and Nationalism in East Asia", *Anarchist Studies* Vol. 4 No. 1, March 1996, 45~64)에 한마디 조언한 적이 있었다. 그의 글에서 나는 해방 후 한국의 아나키즘 운동에 대해 이렇게 운을 떼었다.

1945년 이후의 한국 아나키스트 운동에는 정치적 경향과 대중적 경향 두 흐름이 있다. 대중운동은 주로 절대 자유사상의 방향에서 민중의 의식을 계발하고 주민 공동체의 밑바닥에서 상향적으로 직접민주주의를 다지는 데 힘을 쏟아왔다.

이 책에 손을 대게 된 본래의 의도는 단편적으로나마 눈부셨던 8·15 이후의 한국 아나키스트 운동을 조명해보는 것이었다. 1978년 『한국아나키즘운동사』(무정부주의운동사편찬위원회 편, 1978)가 출간된 이래, 나는 식자들로부터 종종 8·15 이후의 활동에 대해서도 설명이 있어야 할 것이 아닌가 하는 요청을 받게 되었다. 항일 직접행동 과정에서 어느 독립운동 계파보다도 혁명 이념에 철저했고 희생자를 많이 낸 아나키스트 진영이었던 까닭에 그 연장선상의 동향을 궁금히 여기는 것은 당연한 일일 것이다.

8·15 이후, 특히 미소 양군에 의한 분할 군정 시기는 한국의 아나키스트들이 사회 건설이 우선이냐, 민족적 주권 쟁취가 급선무냐 하는 문제를 가지고 가장 심각하게 그 진로를 고민하던 시기였다. 그런 상황에서 아나키스트들은 이 두 과제를 동시적으로 해결하고자 '자유 탈환'이라는 혁명적 목표를 설정하고 그 방향으로 돌진하고 있었다. 그들은 전략적으로 법통 임시정부를 대표 기관으로 하는 본격적인 혁명 궐기의 방향에서 총체적 민족 역량을 집결시키고자 했다. 그 과정에서 순수한 좌익 민족주의 세력과 동맹했고, 자주·민주·통일을 지향하는 광범한 정당·단체들과도 전략적 제휴를 시도했다. 하지만 그들의 혁명 사상의 핵심은 어디까지나 중앙집권적 권력을 배제하고, 반권위주의적 지방자치의 정치 풍토를 이 땅에 뿌리내리게 하려는 것이었다. 권력에 대한 뿌리 깊은 미신으로부터 민중을 해방하고, 산업의 분산화, 농민·노동자

의 자치에 의한 자유연합의 사회를 성취하자는 것이었다. 이렇듯 극비리에 추진하던 혁명 계획이 최종 단계에서 같은 민족진영 내 기회주의 세력의 이반으로 수포로 돌아가게 되었을 때, 역사 추동의 주도권은 이미 우리의 손에서 멀어지고 말았다. 그로부터 시작된 재앙이 분단 60년의 우리의 현대사였다. 아나키스트들은 대결적 남북 정권의 수립에 이은 한국전쟁 3년과, 휴전으로 인한 분단 고착의 비극을 민중과 더불어 몸으로 부딪히면서 이 기간 동안 미련 없이 모든 것을 포기하고 문화 계몽과 후진 교육이라는 극히 평이한 대중 생활 훈련에 전념하게 되었다.

이 책은 특히 해방 초기 10년을 중심으로 그렇듯 험난하던 시절, 천둥벌거숭이 같은 한 젊은이가 단 한 번뿐인 인생을 자신의 뜻대로 살고자 길을 찾는 데서 생긴 일들을 그린 두서없는 글이다. 비록 서투른 솜씨로나마 나는 이 글을 통해, 그 시대를 살던 증인의 한 사람으로서, 당시 아나키스트들의 고결한 풍도風度와 원대한 이상을 후세 사람들에게 알리고 싶었다. 그 어른들의 혼령 앞에 조그마한 위로의 말씀이라도 드려야겠다는 것이 나의 마지막 남은 의무감이었다.

동시에 나는 이 자리를 빌려, 내가 이만큼이라도 견문을 넓히고, 사람이 되게 이끌어주셨으며 나의 직접적 스승이 되어주신 최연택, 박제경, 유정렬, 손우성, 이을규, 이정규, 정인보 등 제 선생님의 영전에 두 손 모아 감사의 말씀을 드리고자 한다. 아울러 이 기회에 어렸을 적 고향에서 유학과 한문의 기초 실력을 쌓게 해주시던 문중의 큰 어른 3종형님(문기文璣) 영전에도 큰절을 드리고 싶은 것이 나의 심정이다.

보잘것없는 이 책을 쓰기 시작하면서 나에게는 어려운 일이 많았다. 그동안 쌓인 스트레스와 피로로 심한 편두통이 생겨 실명 직전의 상태까지 가기도 했다. 그로 인해 반년 이상을 고생하였고, 국민문화연구소 여러 동지의 부축을 받아 병원에 두 번씩이나 입원하여 녹내장 수술을 받은 끝에 겨우 최소한의 시력을 회복할 수 있게 되었다. 고질적인 아토피 피부염으로 온몸이 성한 곳이 없는 상태에서 억지로 옛 생각을 더듬으며 작업해놓은 워드프로세서 문서가 몽땅 날아가는 바람에 한동안은 포기할까도 생각하였다(다행히도 몇 해 후 그동안 여러 곳에서 복구하지 못한 파일을 이학사 강 사장의 주선으로 복구하게 되어 일에 박차를 가하게 되었다). 그러던 차, 나에게 큰 충격을 준 것은 한국 아나키스트 1세대 중에서도 마지막 혁명 투사라 할 소산 이규창 옹을 마지막으로 찾아뵈었을 때 일이었다(2005년 6월 28일). 장기 와병으로 말씀도 제대로 못하시던 옹이 벌떡 일어나시며, "앞일을 잘 부탁한다"고 손을 꼭 잡아주시던 정경! 그와 함께 나에게 부단히 용기를 북돋아주고 자극을 준 것은 순전히 한국의 아나키스트 및 그 유족, 선후배 동지 여러분과 국민문화연구소를 중심으로 농촌운동, 사회운동을 같이하던 여러 동지였다.

이제는 이미 고인이 되셨지만, 60년대 이후의 활동 과정에서 나에게 간접 직접으로 힘이 되어주셨던 아나키스트 선배 동지로는 당시 활동의 중심이셨던 우관 선생이야 말할 것도 없고, 정화암 선생을 위시해서 이강훈, 이홍근, 최갑용, 이지활, 정찬진, 정래동, 오남기, 고성희, 박기성, 이동순, 하기락, 양희석, 조한응, 이종학, 손진규, 이종연, 신수범(단재의 아들), 이종갑, 김성한 등등 혁혁하고도 정열적인 제 선배들을 꼽을 수 있다. 또한 당시 우리의 농촌운동과 청년 학생 지도에 임하셨던 성균관대학, 서울대학 등 각 대학의 손우성, 김기석, 최문환, 최응상, 한태수, 유정동, 김용훈, 이방석, 장명욱, 윤원호, 이원호 등 제 교수와 홍병선, 채영철, 이근택, 이승옥, 한경섭, 이경찬, 강환국, 박대용, 백만재 등 지금은 모두 고인이 되신 고매한 제 선배들의 너무도 고마웠던 모습이 기억에 생생하다. 그러고 보니 아직도 노익장 정정한 기력으로 우리 활동에 물심양면으로 큰 지주 역할을 해주고 계시며, 특히 금번 이 책을 내는 데 큰 힘이 되어주신 국민문화연구소 장윤 회장과 우당기념관의 이종찬 원장, 그리고 조흥식, 정규복, 우영섭, 이규동, 김환, 정문경, 윤남현, 김남수, 이은식, 김민환, 정재택, 김선적, 유성렬, 윤흥묵, 백게현, 박승한, 최찬식 등 제 선생의 끊임없는 지도 편달에 깊이 머리 숙이지 않을 수 없다. 4·19 때 국민문화연구소 청년 학생 활동의 서막을 여는 데 단연 일등 공신이었던 이상현, 고효성, 김종인, 김만규, 홍무장, 조영효, 조광해, 김진수, 이종근, 지영희, 안주진, 최대근, 이규택, 한동목 등 제 동지와, 그 뒤를 이어 종시일관 농촌운동, 자유공동체운동의 중심부 역할을 하고 있는 엄동일, 고연수, 박홍석, 최윤석, 김준기, 김기영, 송헌조, 윤병조, 김동헌, 서효석, 김호길, 이성호, 이원영, 김광일, 이초영, 윤문기, 임승구, 유재명, 목찬균, 윤인희, 문수환, 이애희, 김돈희, 이동섭, 정창석, 윤재석, 이민형, 엄기선, 유동근, 이현익 등 기타 유명 무명의 기왕의 청년 학생 출신 동지들의 노고에도 무한한 경의를 표하고 싶다. 또한 이 자리를 빌려 여러 중견기업을 경영하며 물심양면으로 나를 도와준 (주)사이몬의 이국로 회장에게 고마움을 전한다.

새파란 소년이던 나도 어느덧 80줄이 넘었다. 대단히 역설적이지만 나는 그 험난하던 세상을 실생활 면에서는 도피하다시피 산 사람의 하나이다. 내가 사회운동이네 농촌운동이네 하고 떠돌아다니는 동안 어려운 가정에서 노부모를 성심껏 봉양하고 두 아이(지연, 지향)를 훌륭하게 키워내며 내가 흔들리지 않게 버팀목이 되어준 것은 순전히 아내였다. 그런 아내를 허망하게 먼저 보낸 후, 평생을 몸담았던 국민문화연구소의 전면에 나서는 데도 한계를 느끼게 되었을 때, 내가 살아온 흔적이라도 남기는 것이 아내나 아이들에게 조금이나마 변명이 될 것이라는 생각이 또한 머리를 맴돌았다. 그런 점에서 이 책은 누구보다도 나의 사랑하는 아내 명희의 영전에 바쳐야 할 몫이기도 하다.

이 책을 쓰는 데는 내외 여러분의 많은 협조를 받았다. 또한 내외 관계 기관의 문헌이나 학계 제위의 연구 성과로부터 받은 도움도 매우 컸다. 그 고마움을 어떻게 다 말로 표현할 수 있겠는가마는 이 자리를 빌려 정중한 경의와 함께 감사를 드린다. 또한 지금까지 별로 알려지지 않았던 비화며 자료 수집에 협조해주신 대종교 총전교 이영재 선생, 하얼빈에서 역사 이삭줍기 운동을 하는 이홍룡 선생, 그리고 초기 성균관 시절의 구우이기도 한 민족정기중앙회와 배설기념사업회 진채호 회장에게도 감사를 드린다. 설형장학회 정영 회장과 고 강전 선생의 영애 강성주 여사로부터도 자료 수집에 많은 도움을 받았다. 그 밖에도 자료 수집에 많은 도움을 주신 분들께 일일이 고마운 뜻을 전하지 못하는 것이 죄송스러울 뿐이다.

자유공동체연구회(회장 방영준)의 홍의, 오장환, 김명섭, 김창덕, 강효숙, 윤명숙 동지와 국민문화연구소에서 오랫동안 함께 활동한 엄동일(전 북일고 교장), 고연수(전 충암고 교장) 두 동지 등은 처음부터 나의 집필 활동에 동참하다시피 해가며 자문해주었고, 탈고 단계에서는 일일이 윤독회를 거듭해가며 부족한 점을 보완해주고, 문맥이나 내용이 잘못된 점을 바로잡아주었다. 또한 역사평론가 이덕일 소장(한가람역사문화연구소)과 김병기 박사(독립운동가 김승학 선생의 손자)는 좋은 의견을 많이 주어 원고를 마무리하는 데 큰 도움이 되었다. 그리고 아나키즘 연구와 활동에 언제나 앞장서고 있는 김성국(부산대), 박홍규(영남대), 박연규(경기대), 박환(수원대), 이호룡(민주화운동기념사업회연구소), 조세현(부경대) 등 여러 학자에게도 고마운 마음을 전한다.

이 책이 햇빛을 볼 수 있도록 기획에서부터 탈고에 이르기까지 오랫동안 고생한 이학사 강동권 대표의 노고에 감사하며, 아울러 편집 교정을 맡아 수고한 이학사 편집부 여러분에게도 사의를 표한다.

2008년 9월
북한산 자락 청록우거에서

차례

머리말	5
프롤로그	15

제1장 8·15 해방: 길은 어디에?

1. 고향에서의 8·15	29
2. 해방 정국의 소용돌이	37
3. 민족 자주의 움직임: 출옥동지회와 자유사회건설자연맹	41
4. 중국에서의 한인 아나키스트 운동	50
5. 미군정, 이승만, 임시정부 그리고 북한	68
6. 3상 결의, 반탁, 임정 보위 무력 준비 운동	87
7. 해방 공간에서 만난 아나키스트의 영혼: 작고동지추도회	102
8. 농촌자치연맹과 노동자자치연맹	115
9. 경남북아나키스트대회와 전국아나키스트대회	125
10. 가슴에 꽂힌 화살	135
11. 예관동 24번지 그리고 혁명 수업의 길	144

제2장 자유연합의 원점에서

1. 혼란의 해방 정국, 1946년	159
2. 지방 유세대와 대한독립촉성국민회	161
3. 성자 박제경 선생	167
4. 중간 결산으로서의 혁명 발의	174
5. 자유연합의 원리	182
6. 3의사 유해 봉환과 국민장	186
7. 흑백회 발족	192
8. 남대문시장 자치운동	200
9. 예관동의 지사들	208
10. 아나키스트와 그 집단	214

제3장 혁명의 시간: 한국혁명위원회

1. 다시 얘기되기 시작한 혁명불가피론	227
2. 혁명위원회 발족	232
3. 반탁운동의 재연	239
4. 운현궁의 독촉국민회 풍경	244
5. 베트남인의 교훈	248
6. 「조선혁명선언」을 텍스트로	253
7. 경교장의 혁명 대책	261
8. 반탁 진영의 불협화음	265
9. 거사 계획 최종 점검	272
10. 물거품이 된 혁명 거사	278
11. 반성	283

제4장 자유 쟁취의 그날까지

1. 다시 원점에서	291
2. 백년대계의 문화 교양 운동	293
3. 성균관대학의 학풍	296
4. 수곡과 가내 부업 운동	300
5. 자아실현의 길: 설형회 발족	303
6. 광란의 서곡: 6·25전쟁 발발	313
7. 김일성의 오판과 전쟁 책임	321
8. 서울의 레지스탕스: 자유를 되찾으려는 몸부림	326
9. 1·4 후퇴 그리고 풀뿌리들	343
10. 폐허 위의 새싹	355

에필로그: '민' 중심의 사회로	361
부록: 해방 정국, 1946년의 한반도 상황	373
참고 문헌	419
찾아보기	423

프롤로그

　이 책은 나의 인생행로의 첫 출발점에 해당하는 8·15 이후 10년 동안 보고 듣고 경험했던 일을 되돌아본 글이다. 우리 민족의 격동기였던 8·15 해방 이후 10년간은 나 개인으로서는 막 소년기를 벗어난 20대 청춘의 전성기였다. 그 꽃다운 시기를 왜 나는 남들처럼 뛰고 놀고 즐길 생각은 않고, 주제넘게 자유네, 정의네, 진실이네 하며 (민중 속에서 민중과 더불어 사는) 아나키즘 수련의 길에 뜻을 두고 온갖 정열을 불태웠던가? 왜 일생 동안 사상운동이네 사회운동이네 하는 거창한 이야기에 몸이 묶일 수밖에 없게 되었던가? 그 이야기를 하기 위해서는 그 당시의 시대적·사회적 상황을 아나키스트들은 어떻게 바라보고 인식했던가를 아울러 설명할 필요가 있었다. 그러다 보니 이 책이 그 시대에 대한 평론 아닌 평론이 된 감도 없지 않으나, 나는 가능한 한 청년 아나키스트가 겪었던 해방 공간의 아나키즘운동과 아나키스트들을 얘기하려고 노력했다.
　나는 8·15 이후 10년간의 우리 역사의 비자주적 공간을 미소 군정기와 그 이후로 나누어 관찰하고 싶었다. 사실 배타적 1국 2체제의 분단 정부 수립이라든가 6·25전쟁과 휴전 등 큼직큼직한 사건들이 모두 군정기 이후의 일이었지만, 엄밀하게 따지자면 그 하나하나가 이미 군정 3년간에 뿌려진 씨앗에서 연유한다고 보아도 과언이 아니기 때문이다. 그런 점에서 나는 미소 군정기 3년간을 중심으로, 제1장에서는 해방 직후의 혼란기를 배경으로 해내외 혁명 세력 및 정치 세력의 재집결 과정을, 제2장에서는 미소 좌우 대결 정국에서의 자주 혁명을 지향한 밑으로부터의 자유연합적 조직 운동의 태동을, 제3장에서는 임정봉대 주권선언을 목표로 했던 '한국혁명위원회' 활동을 그렸다. 그리고 제4장에서는 6·25 전후의 아나키즘운동, 특히 북한 점령하의 서울에서의 저항 활동을 짚어보고, 폐허 위에 불사조처럼 돋아나는 민중의 생명력, 백절불굴의 우리 청년들의 기상을 그리고자 하였다.

8·15 해방은 우리에게 있어 진정한 해방이 아니었다. 8·15가 진정한 의미의 해방이 되기 위해서는 적어도 패잔 일제 세력을 우리 손으로 몰아낼 만한 자주 자결적 역량을 갖추고 있어야 했다. 그러지 못했기 때문에 우리는 연합군을 우군으로서가 아니라 점령군으로서 맞이하는 처지가 되었고, 우리 의지와는 관계없이 국토가 양분되는 비극을 감내해야 했으며, 전승 4대국에 의한 신탁통치 문제까지 공공연하게 떠오르는 처지에 놓이게 되었다. 그런데도 우리 정계는 좌니 우니 하면서 쪽박 깨는 소리만 요란하게 냈지, 미소의 분할 군정 3년간을 자기 주견 하나 제대로 가지지 못한 채 어정쩡하게 허송했다. 그런 과정에서 본의 아니게 미소 간의 동서 냉전에 휘말려 배타적 이데올로기의 두 권력 체제로 분립하게 되었고, 급기야는 6·25전쟁이라는 민족 공멸의 비극까지 연출하기에 이르렀다.

8·15 때 나는 만 18세도 채 되지 않은 소년에 불과했다. 워낙 발육이 늦었고 천방지축으로 날뛰던 꼬마 소년이었던 내가 반탁 총궐기를 계기로 거리로 뛰쳐나온 것은 순전히 소박한 민족적 의분심 때문이었다. 미소 양군이 남북을 분점하여 신탁통치를 하겠다는 판에 삼천만이 총단합하여 대처해도 될까 말까한데 정치 지도자란 사람들이 좌우로 갈려 중상모략 투쟁만을 일삼는 것은 차마 눈뜨고 볼 수 없는 일이었다. 심지어 국제주의니 계급해방이니 하여 공공연히 분열을 일삼던 공산주의자들은 하룻밤 사이에 신탁통치 반대에서 지지로 표변하여 '탁치환영군중대회'로 선회하였으니 말이다. 나는 답답한 생각에서, 우후죽순처럼 생겨나는 거리의 청년 단체들이나 지도자들을 닥치는 대로 찾아다녔고, 시위 대열에도 뛰어들어보았지만, 어디에서도 속 시원한 해답을 찾을 수가 없었다. 그들 단체를 이끄는 간부라든가 명사들은 모두가 개인적 야심이나 권력욕만을 앞세워 안하무인격으로 거들먹거릴 뿐, 그들이 하는 일이라고는 패거리를 모아 분파 작용을 일으키는 것이 고작이었다. 그에 따라 그들을 추종하는 졸도들 또한 아무 의식 없이 명망과 권위만을 따라 몰려다니는 무리들이어서, 인간이 기본적으로 갖추어야 할 자질이라든가 교양 같은 것과는 애당초 담을 쌓은, 살벌하기 짝이 없는 부류들이었다.

그러던 차에 나의 인생관에 결정적인 변화를 일으킬 계기가 뜻하지 않게 찾아왔다. 극히 우연한 기회에 아나키스트 노선배들 또는 혁명적 민족 지사들이 모인 자리에 안내를 받아 참석하면서부터였다. 처음 만나게 된 그분들은 겸손하게도 무명인임을 자처하는 '무명회'라는 간판을 내걸고 있었다. 하지만 나중에 알고 보니 그분들은 실상 무명의 인사들도, 무명의 모임도 아니었다. 그분들의 배후에 한국 아나키스트들의 총집결체인 '자유사회건설자연맹'이라는 어마어마한 혁명 단체가 있다는 것을 알게 된 것은 그로부터 얼마가 지난 후였다. 무명회는 당시 아나키스트 선배들이 난국(신탁통치 실시를 위한 미소공위 정국)에 대처하기 위해 광범한 좌익 민족주의 혁명 동지들과 접촉하고 협력하는 일종의 연락 창구였던 셈이다.

무명회 어른들과 접촉하면서 우선 내가 감동한 것은 그분들이 권위주의적 냄새를 전혀 풍기지 않고 언제나 겸손하고 허심탄회하더라는 점이다. 그분들은 언제나 마음 문을 활짝 열어놓은 상태였으며, 나와 같은 어린 청년의 말까지도 인격적으로 귀 기울여줄 만큼 너그럽더라는 점이다. 그분들의 평소 언동에서는 조금치도 꾸밈이나 가식 같은 것을 찾아볼 수 없었고, 일단 옳지 못한 일이라고 생각되면 그 누구 앞에서도 서슴없이 들이댈 만큼 거리낌이 없었다.

점차 친해지면서 알게 된 것이지만, 아나키스트들의 시국에 대한 입장이나 운동에 임하는 태도는 생존경쟁을 일삼는 당시의 일반 정객이나 정치단체들과는 전혀 그 성격이 달랐다. 시중의 정파들이 적당한 정강 정책과 일시적인 달콤한 구호를 내세워 대세를 자기편에 유리하도록 끌어가는 데만 열중했던 데 반해, 아나키스트들은 상호부조의 윤리관에 입각해 민중의 자주 자치적 생활 역량을 일깨우고 고취하는 것 그 자체가 목적이자 수단이었다. 이런 방식으로 농민, 노동자, 청년, 여성 등 기층 민중을 생활 필요에 따른 자유연합의 유기체로 조직함으로써 자유평등 상호부조의 독립 한국을 건설하자는 것이 그분들의 이상이었다.

당시의 그 급박하게 돌아가는 광란의 시국에서 한가롭게 상호부조의 윤리관을 노래하고 있었다는 것이 얼마나 가소로운가라고 비웃는 사람도 없지 않을 것이다. 하지만 민족의 운명이 외세의 개입으로 존망의 관두에 놓인 판국에, 동족끼리 대동단결할 생각은 않고, 각자의 이해관계에 매달려 먹느냐 먹히느냐 힘겨루기만 일삼고 있었으니 무엇이 더 급한 일이겠는가? 가장 약한 곤충조차 상호부조를 보다 많이 실행하는 종種이 보다 잘 살아남고, 반대로 아무리 강한 맹수라도 그러지 못하면 퇴화하기 마련이라지 않는가. 그런데도 사람들이 각자의 눈앞의 이해관계 이외에는 생각이 미치지 못한다면 어찌 미련한 동물들보다 낫다고 할 수 있겠는가? 그러니 민족의 위기를 극복할 수 있는 길은 아무리 더디더라도 단 한 가지 크로포트킨Peter Kropotkin이 역설한 '상호부조론'을 기조로 해서 각계각층의 지도자들을 설득하고, 민중을 깨우치는 길뿐이라는 것이 당시 아나키스트 동지들의 신념이었다.

무명회, 특히 아나키스트 선배들의 감화를 받으며, 나는 비로소 사상이나 운동에 발을 들여놓기 위해서는 사람다운 사람이 되어야 하겠다는 것을 절감하게 되었다. 더욱이 나의 심장을 끓게 한 것은 전 생애를 바쳐 강령으로 삼아야 할 나의 사회적 실천 과제가 어슴푸레 머릿속에 어른거리기 시작했다는 점이다. 나는 이때부터 본격적으로 인생의 도, 사회의 도를 배워야 하겠다는 일념으로 아나키즘운동의 실천적 행동 대열에 발을 들여놓게 되었다. 이 길이야말로 나의 인간 수련, 사상 학습의 도장이었으며, 평생을 걸고 씨름해도 오히려 힘에 부치는 오늘날까지의 과제가 되었다.

대체로 태평양전쟁의 종전에 즈음하여 미소 양군이 진주했을 때, 우리는 어리석게도 그들이 카이로·포츠담선언에 따라 '독립 약속'을 곧 이행할 것으로 착각했다. 하지만 패잔 일본군의 무장해제를 목적으로 38선의 금이 그어졌을 때, 그네들은 엉뚱하게도 한반도를 영구히 두 동강으로 갈라놓는 미필적 고의의 실수를 저질렀다. 실상 그들 양 전승국의 군대가 한반도에 분할 진주한 근본 목적은 아시아 태평양 지역의 패권이 걸린 중요 지점인 한반도를 배타적으로 자기 영향력하에 두는 것이었지, 한국민의 해방이 우선순위가 아니었다. 따라서 전후 처리 문제를 매듭짓기 위한 모스크바 3상회의에서 '5개년 4대국 신탁통치'로 조선 문제를 미봉하려 한 것은 한반도에 대한 이해관계가 졸연히 절충점을 찾기 어렵다고 보았기 때문이었다. 그들은 통일 임시정부 수립을 협의한다는 명목하에 현지 주둔군을 중심으로 미소공동위원회를 설치하였지만, 그 자체가 임시방편의 시간 끌기wait and see 전술이었을 뿐, 미소 어느 쪽의 양보에 의한 대안이 되기는 어려웠다. 그러던 것이 마침내 트루먼독트린(1947. 3. 12)으로 냉전이 본격화하고, 미소공위 결렬의 후속 조치로서 미국이 한국 문제의 유엔 이관을 공식화하던 시점에 이르러, 한반도 남북에는 이미 미국과 소련 군정에 의해 패러다임을 달리하는 비자주, 비민주, 비통일적 권력이 양성되고 있었다. 아시아 태평양 지역의 패권이 걸린 미소 냉전의 전초기지로서.

1948년까지의 3년간의 미소 군정이 한반도에 남겨준 것은 필경 1민족 2국가의 적대적 분단 체제였고, 그 연계선상에서의 6·25 한국전쟁이었다. 오판에 오판을 거듭한 비극적 전쟁으로도 승패를 가리지 못하고 어정쩡한 휴전으로 다시 제자리로 돌아왔을 때, 한반도는 초토화되었고 무고한 인명 피해만 남았을 뿐이었다. 결과적으로 3년에 걸친 자유 진영과 공산 진영 간의 동아시아 패권 전쟁이 무승부로 멈추었을 때, 다시 분단의 원점에 남겨진 한반도는 더욱 체제의 기반이 공고해진 두 적대적 권력의 지배하에 들어 있었고, 그 사이에 끼어 잔명을 버텨온 것이 우리 풀뿌리 민중이었다. 이것이 8·15 이후 패권주의 세계 질서가 한민족에게 강제한 10년간의 속절없는 현실이었다.

1945년 12월 말 모스크바 3상회의가 조선에 대한 신탁통치 발표를 하였을 때, 이에 충격을 받은 한민족은 비로소 안이한 해방의 미몽에서 깨어나기 시작했다. 그야말로 "자유는 쟁취하는 것이지 결코 그대로 주어지는 것이 아니다"라는 일대 각성 속에, 온 민족이 자주 자결의 혁명적 독립운동을 위해 궐기할 때였다. 거국적으로 반탁운동의 불길이 치솟았고, 자연스럽게 그것이 법통 임시정부를 옹립하여 독립 주권을 선포하자는 운동으로 발전하였다.

타율적 정치를 배격하는 아나키스트들이 임정봉대운동에 앞장서서 급진적 혁명 전략 추진에 나선 것은 임정이야말로 3·1운동에서 탄생한 전 민족의 자율 기관이라고 보았기 때문이다. 조선 민족을 대표할 만한 합법적 대표 기관이 절실한 마당에, 충칭重慶임정의 상징성을 앞세워 자유연합 방식의 전국적 자치 조직에 토대하여 자주·민주·통일의 과도정부를 수립한다는 것이 그들의 구상이었다. 이때에 아나키스트들이 구상한 정부는 조사 통계와 기획 기능을 수행할 일종의 중앙 조정 기구로서, 철저하게 권력 및 산업의 집중화를 배제하고 개인의 자유와 지방 자치를 보장하는 그런 자주 관리 기관이었다. 이런 구상을 실천에 옮기기 위해 아나키스트 진영은 한편으로는 좌익 민족주의 인사들과 동맹하여 반탁독립운동 단체를 총망라한 공동전선(대한독립촉성국민회 등) 조직의 중심 역할을 하였고, 다른 한편으로는 전국아나키스트대회(1946. 4)를 열어 노농정당(독립노농당) 조직을 통한 정치적 입지 강화의 길을 모색하였다. 동시에 직접 시민사회에 파고들어 혁명운동의 전위가 될 자유연합 조직을 확산시키는 데 주력하기도 하였다. 하지만 막상 혁명 거사의 최종 단계에 임박하였다고 생각되었을 때, 이를 눈치 챈 미군정 측의 엄중한 경계 단속에다 같은 민족진영 내 기회주의 세력(한민당 계열)의 이반으로, 칼은 빼보지도 못하고 좌초하는 상태가 되고 말았다.

1947년 봄 급진적 혁명 계획이 물 건너간 것을 분수령으로 하여, 혁명 동지들의 시국관에는 180도의 변화가 온다. 동서 세계의 패권주의 냉전 구도에 꼼짝 못하고 볼모로 잡혀 있는 위기에서, 최소한 우리의 정체성만이라도 똑바로 세우고 개아의 충실에 힘쓰도록 대중을 깨우치고 후진을 양성하는 것이 일차적 과제라는 판단에서였다. 그렇게 하여 아무리 더디더라도 각자의 주변에서부터 직접 민주적 자주 협동의 공동체 영역을 확대해나가는 것만이 우리 민족이 최종적으로 살아남을 수 있는 길이며, 자주·민주·통일을 완수할 수 있는 방책이라는 것이 아나키스트들의 결론이었다. 이런 결론에 의해 정치 일선에서 발을 빼고 '국민문화연구소' 발족을 결의하게 된 선배 동지들은 그후 국학대학, 성균관대학 등에서와 같은 교육 활동과, 일반 청년 또는 시민을 상대로 하는 후진들의 사회 교양 운동 쪽에 일로매진하게 되었다.

6·25 그리고 그 이후의 저주스러웠던 시절에, 아나키즘운동의 명맥을 이어온 것은 순전히 '국민문화연구소'와 그 곁가지에서 개아 충실에 힘쓰던 '설형회' 청년들의 의지와 노고의 덕분이었다. 자주 학습·독서 교양을 목적으로 모였던 우리는 포연의 한복판을 휘젓고 다니며 자유를 갈구하는 풀뿌리 민중의 편에 서서 반전 연대 투쟁을 이끌었다. 수복 후 사선을 딛고 살아남은 우리는 서울역 등 거리의 부랑 청소년들을 규합하여 그들이 자주적 공동생활을 익히는 데서 미래에 대한 꿈과 자부심을 갖도록 훈련시켰다. 이렇게 함으로써 우리는 폭력과 부정부패가 난무하는 살벌한 사회 분위기 속에서도 오히려 자유·정의·진리가 통하는 백절불굴의 사회 교두보를 구축하고자 모색했다. 이러한 노력이 발판이 되어 1960년대 이후 독재 타도에 앞장섰던 4·19 학생들의 농촌운동으로, 전원·공장·작업장(수산授産운동)의 새 역사, 새 사회의 모형 창조 운동으로 발전하여, 국민문화연구소의 기틀이 마련되게 되었던 것이다.

솔직히 말해 이 책을 착상할 때의 본래의 나의 의도는 내가 평생을 몸담아오다시피 한 국민문화연구소 60년의 궤적을 중심 주제로 삼자는 것이었다. 그랬던 것이 막상 집필 단계에서, 우리나라 해방 전후사에 대한 그릇된 인식을 아나키스트의 관점에서 바로잡아보고 싶다는 충동으로 인해, 본론인 국민문화연구소에 대한 부분은 발을 들여놓지도 못하고 끝낸 감이 없지 않다. 그것을 최소한 보완해보겠다는 심정에서 에필로그를 「'민' 중심 사회로」라는 어설픈 제안으로 대신한 점 대방의 너그러운 양해를 구한다. 요컨대 아나키스트 선배들의 유지에 따라 국민문화연구소가 지난 20세기 후반 동안 일관되게 추구한 과제는 자주 협동의 자유공동체 사회를 기층에서부터 구현하는 일이었다. 그를 위해 자발적으로 모여든 뜻있는 청년들이 (고고한 수도승이나 지도자로서가 아니라) '민'의 대해를 함께 헤엄쳐가는 생활인으로서 '자주 자율적 공동생활의 훈련'을 쌓는 데서, 인간적·사회적 토양을 만든다는 것이 국민문화연구소의 활동이었다. 그런 꿈을 가지고 격변에 격변을 거듭하던 반세기를 돌고 돌다가 어느덧 21세기 고도 문명 시대에 접어들었다. 그동안 정치적, 경제적으로 선진 수준에까지 도달한 우리의 민도民度 또한 자부심을 갖기에 부족함이 없지만, 정작 우리가 해야 할 일은 이제부터라는 것이 나의 생각이다. 그간이야, 어떻게든 살아남자니 염치없이 남에 의지하여 덕을 보고, 강자의 세에 의탁하여 행세하는 것이 당연한 원리처럼 통했다. 그것이 통하지 않을 경우 생떼를 써서라도 자기주장을 관철하고 군중의 힘으로 밀어붙이는 것이 습성화되기도 하였다.

하지만 지금부터 우리가 살아가야 할 이 21세기, 즉 세계화, 정보화 시대 앞에는 실상 더 크고 근본적인 불확실성의 과제가 얼마든지 도사리고 있으며, 그런 것이 풀리지 않고는 우리의 앞날이 암담할 것이라는 사실을 명심하지 않을 수 없다. 냉혹한 경쟁 논리로 포장된 신자유주의 경제체제가 그렇고, 에너지, 식량 등 자원 고갈 문제가 그러하며 해가 다르게 더해가는 지구 온난화 문제 또한 남의 일이 아니다. 게다가 우리는 지금 남북 간의 분단 대치 문제조차 언제 어찌 될지 모르는 판국인데다 좌니 우니 하는 극심한 내부 갈등으로 편할 날이 없는 상태다. 물론 이런 문제들이 하루아침에 졸연히 해소될 수 있는 성질의 것은 아니다. 하지만 누군가가 언젠가는 풀고 넘어가야 할 공동의 숙제일진데, 그러한 과정에서 우리 겨레의 안전과 인류의 평화, 번영을 동시적으로 바라볼 수 있는 것이라고 할진데 어찌 우리가 그것을 외면하고 방관만 할 수 있을 것인가.

이런 점을 감안하면서 나는 21세기 세계화, 정보화 시대가 몰고 온 오늘날 우리 사회의 위기 요인을 분석해보고, 그 대안에 대해 생각해보는 것으로 이 책의 종장을 삼기로 하였다. 결국 최종적으로 귀착되는 것은 인간소외 문제요, 그것을 해결할 인간 주체의 문제다. 그렇다면 아나키스트는 이 인간소외, 인간 주체의 문제를 어떤 입장에서 어떠한 전략으로 풀어가려 하는가? 그 핵심적 쟁점이 될 토론 주제 몇 가지를 다음과 같이 내세워 문제 제기를 대신하려 한다.

첫째, 인권의식과 함께 인간의 품위가 말할 수 없이 훼손된 현실 사회에서 인간적 가치와 긍지를 어떻게 되살릴 것인가?(인간의 존엄성 회복)

둘째, 권력, 기술, 자본에 의한 총관리 체제하에서 어떻게 인간이 예속적 지위를 탈피하여, 그들 물적 조건들을 인간 활동의 보조적 역할로 자리매김시킬 것인가?(자본주의를 넘어선 인간중심주의)

셋째, 공동생활적 존재로서의 인간 상호 간의 연대성이 형편없이 허물어진 오늘의 빈부 양극화 시대에 기층 사회의 생활 안전망, 사회 안전망을 어떻게 민중의 자주 자조적 역량으로 복원시켜나갈 것인가?(가족 관계, 마을 공동체 관계와 같은 농경시대의 기층 사회

제도를 대체할 디지털, 다문화 시대의 소공체 운동과 사회윤리)

넷째, 이익 중심, 투쟁 중심의 자본주의 사회 원리를 어떻게 민중의 생활 현장으로부터 시작하여 상호부조의 원리에 따른 협동 조직으로 개조해나갈 것인가?(노동조합 운동을 생산 활동과 결부시키는 사회 협동조합 운동에 사회생리학 이론을 접목시킬 가능성)

다섯째, 국경이나 체제를 넘어선 청년 학생의 자원 봉사 활동을 어떻게 평화적 민중 생활과 직결된 동아시아 전 지역의 자유연합 운동으로 정착시킬 것인가?(총관리 체제를 넘어선 동아시아 자유연합의 가능성)

결국 문제의 핵심은 어떻게 이런 일에 관심을 가질 사람을 발견하느냐 하는 데 있다. 이 각박하고 숨조차 돌릴 여유가 없는 시대에 누가 아무런 목전의 대가가 보이지 않는 이런 일에 기꺼이 관심을 기울일 것인가? 염치없으나마 우리는 우공이산愚公移山의 심정으로 다음 세대의 등장에 기댈 수밖에 없다. '만인의 자유 없는 나의 자유란 물거품에 불과하다!' '눈을 좀 더 멀리 크게 뜨고 상호부조의 열린 공동체 건설 운동의 중심에 서달라!'고 미래 세대들을 향해 외치고 싶은 것이 나의 심정이다.

제1장

8·15 해방 : 길은 어디에?

1. 고향에서의 8·15

"아 그 지긋지긋한 왜놈들이 손을 들었으니, 이제는 좀 허리를 펴고 살 수 있겠구나!" 이것이 일본이 무조건항복을 했다는 소식을 접한 순진한 두메 마을 사람들의 첫마디였다. 납덩이처럼 굳어 있던 온 마을이 온통 웅성거렸고, 별안간 들이닥친 뜻하지 않은 환희에 도리어 어리둥절했다. 1945년 8월15일! 나는 이렇듯 쇠사슬에서 풀려난 해방의 감격을 마을 사람들과 더불어 고향인 진천에서 맞이하였다.

생거진천生居鎭川 사거용인死居龍仁이라 해서 진천은 예로부터 산수가 수려하고 살기 좋기로 이름난 고장이었지만, 그중에서도 내가 태어나서 자란 마을(느릅실)은 백곡저수지 가장 상류에 위치한 궁벽한 산골이었다. 느릅실은 충청북도 서북단 끝 차령산맥의 산줄기가 경기도와 충청남북도의 3도 경계를 이룬 지역에 있다. 진천읍에서 구곡양장처럼 끊어졌다 다시 이어지는 백곡천 물줄기를 끼고 올라가노라면 가마소, 점말을 지나 삼개울이 나타나고, 좌측으로는 소동천이 이어진다. 차령의 지맥인 장군봉을 등지고 그 북록에 30여 채의 초가집이 옹기종기 모여 있는데, 이곳이 바로 느릅실이다. 삼개울과 앞내를 건너 동구에 들어서면 제일 먼저 마주치는 것이 바로 오륙백 년은 실히 되었을 커다란 느티나무다. 둘레가 7, 8미터가 넘는 밑동 한 부분이 불에 타 구멍이 뚫린 것으로도 짐작할 수 있듯이 이 고목이야말로 바로 마을의 역사를 말해주는 것이다.

물론 지금이야 찻길이 사방으로 뚫리고 자동차가 뻔질나게 통래하여 서울까지 한 시간 반이면 갈 수 있지만, 내가 자라던 때만 해도 여간 맘 먹지 않고는 드나들 엄두조차 내기 힘들었다. 어른들이 5일장을 보기 위해 소에다 짐을 싣고 배팃재를 넘어 40리 거리의 안성까지 걸어 다녔으며, 진천장에 가기 위해서도 30리를 걸어야 했다. 그러기에 일생에 한 번 특출한 사람이 큰 자랑거리인 서울 나들이를 하려면 청룡재(혹은 엽둔재)를 넘어 성환까지 50리 길을 걸어 기차를 타야 했다.

30여 세대 2백 명 가까운 인구를 먹여 살리는 이 마을의 생산 기반이라야 앞뒤 들 모두 합쳐 고작 30정보 내외인 전답이 전부였다. 더욱 심각한 것은 평균 1정보 미만의 경지면적 대부분이 소작(지주는 대개 외지인으로 마름을 시켜 관리)이라는 데 있었다. 토질이 척박하고 산그늘에 가려 소출이 형편없는 데다 절반 가까이를 소작료다 공출이다 하여 뺏기고 나면 춘궁기까지 기다릴 것도 없이 주민들의 생계는 막막하기 마련이었다. 그럴 때 벌목과 같은 품팔이 할 곳이라도 생기면 그처럼 다행한 일이 없었다. 대개 시래기죽 아니면 초근목피로 연명하기가 일쑤고, 그래도 안 되면 마름 집으로 달려가 장리쌀을 끌어오곤 했다. 간혹 이러한 궁색한 살림을 일찌감치 걷어치우고 결기 있게 도시로 튀어나가는 사람이 있기도 했다. 그런 사람이 몇 해 후 돈푼깨나 벌어가지고 호기 있게 나타나면, 선망의 대상이 되기도 했다.

내가 자라던 시절만 해도 대개의 촌민들은 워낙 순박하고 어수룩하기만 해서 모든 것을 팔자소관으로 체념할 뿐, 누구를 원망하거나 달리 살 길을 찾으려는 엄두를 내지 못했다. 바깥세상과 완전히 격리된 이 동천을 벗어나서는 달리 살 길이 없다는 두려움이 그들을 스스로 똘똘 뭉치게 했다. 그러나 그 이상은 아니었다. 각자의 사생활은 공공의 질서를 해치는 것이 아닌 한 누구의 간섭도 받지 않았다. 누구나 남의 자유를 침해하는 일 없이 서로를 존중하며 살았다. 아마도 7, 8개 성씨가 고루 모여 사는 씨족 분포라든가, 전통적인 유교나 샤머니즘 외에 불교, 천주교, 성공회 등 다양한 종교 분포가 이를 뒷받침해주었던 것 같다. 워낙 오래된 마을이라서 어느 특정한 혈연 중심의 집성촌이 아니라는 것이 이 마을의 강점이라면 강점이었다. 그런 연유에서 개인이건 전체건 자연의 순리에 따라 스스로 굴러갈 뿐, 특별히 공동체를 이끌어갈 지도자 같은 것이 따로 필요할 까닭이 없었다. 야심가나 음모 집단이 작당을 할 건더기가 없었고, 설사 그런 야심가가 있었다고 할지라도 그런 자의 언동이 전체에게 먹혀들 리가 없었다. 그저 어수룩하고 선량한 마을 사람들은 농사철이면 들로 나가 두레를 만들어 농사일을 하는 데 힘을 모았고, 겨울철이면 사랑방에 모여 앉아 새끼를 꼬고 바구니를 만들어가며 옛날이야기를 듣는 것이 전부였다. 사랑방이 곧 마을 사람들끼리의 사교 마당이었고, 정보 교류의 장이었고, 자연스러운 공론의 조성장이기도 하였다.

궁벽한 자연 조건 외에 공동생활을 결집시키는 데 구심점 역할을 한 것은 그때만 해도 마을에 단속적으로 이어져오던 학습 기관인 글방이었다. 십 리 밖 보통학교에 다니는 학생이라야 손으로 꼽을 정도였고, 학교에 가지 못하는 아이들은 거의 모두가 글방에서 천자문이며 동몽선습을 배우고 있었다. 나의 집안 어른으로서 한학자이며 향토의 원로였던 훈장님은 비단 어린아이들의 훈학뿐 아니라 마을 전체의 도덕적 스승이기도 했다. 비록 유학을 숭상하는 그분의 교육 방식이 시대에 뒤떨어지긴 하였지만, 그렇다고 전통적인 농경문화의 정신 가치마저 과소평가할 일은 아니었다. 글방에서 자기 아이들의 글 읽는 소리가 낭랑하게 들려올 때, 적어도 그 순간만은 촌민들이 비지땀을 흘려가며 일하는 보람을 느끼는 순간이었다.

한편 외부 정보에 접할 기회가 극히 제한적일 수밖에 없는 이곳의 외부 문화 수용의 자세는 대단히 선별적이었다. 외부 문화를 받아들이는 것은 크게 보아 두 가지 경로가 있었다. 즉 관변이 강압하는 일제의 동화정책을 통한 접촉과 순수한 자연인끼리의 접촉이었다. 일제의 강압적인 동화정책으로는 단발령(나의 유년기까지도 상투를 깎지 않은 사람이 많았다), 양력 과세 등을 들 수 있지만, 촌민들은 대체로 저항적이었고 복종하기를 거부했다. 음력 과세를 단속한다고 일제 관헌들이 차례상까지 뒤집어 엎는 소동을 벌였지만 촌민들은 겁을 먹으면서도 누구 하나 거기에 따라가는 사람이 없었다. 단발령, 양력 과세 등 신식 생활이 나빠서라기보다도 강압적인 것이 싫었고, 왜놈들이 하는 짓이기에 더욱 괘씸했던 것이다.

이와는 반대로 순수한 자연인, 그것도 동포들끼리의 문화 접촉은 비록 다소 이질적이라 즉석에서 수용하기는 어렵더라도 경우가 달랐다. 옛날부터 십승지지 피난처로 손꼽히던 이 지역은 전란기와 같은 어려운 때에 도회지 사람들이 많이 와서 은신하고 살았다. 마을 바로 위아래에 배티성지, 삼박골, 점말 등 남인南人과 천주교도들이 집단적으로 난을 피해 숨어 살던 유적이 도처에 산재해 있는 것만으로도 그것을 알 수 있다. 그런데 워낙 외지의 정보에 어둡고 게다가 사람과 접촉할 기회가 없는 촌민들로서는 외지 사람들과 만나는 것이 그처럼 반가울 수가 없는 것이었다. 그런 연유에서 어쩌다 지나가는 낯선 나그네가 찾아들기라도 하는 날이면, 그야말로 상객이라도 모시듯 서로 자기 집으로 끌어당겨 소찬이나마 대접하는 것이 일종의 자랑거리였다. 그런 과객들 가운데에는 정말 진객도 없지 않았다. 그런 진객이 저녁상을 물리고 난 다음, 들어보지도 못하던 딴 세상 소식을 늘어놓기 시작하면 온 마을 사람들이 몰려와 넋을 놓고 이야기에 빠져들기 일쑤였다. 그와는 좀 각도가 다른 이야기지만, 태평양전쟁 말기 일제 패망이 기정사실화될 무렵, 외지 사람들이 심심치 않게 피난처를 찾아 이곳으로 오기도 했다. 마을 사람들은 처음부터 완전히 마음의 문을 열어놓고 그들을 환영했으며, 전혀 텃세를 한다거나 경계하는 일이 없이 그들을 포근하게 감싸주기까지 하였다. 한편 외래인들 또한 대단히 경우가 밝고 협조적이어서, 우매한 마을 사람들이 세상 물정을 깨치는 데 도움을 주었다. 그들은 대개 부지런했으며, 정착하기가 무섭게 마을 주위에 버려진 돌밭을 개간하고 곡식을 심어 스스로의 살 길을 열어가고 있었다. 외래인들은 또한 교육열이 대단해서 재빨리 자녀들을 보통학교는 물론, 원거리에 있는 상급 학교로 진학시키기까지 했다. 이는 보통학교에나 겨우 보내며 구학문밖에 모르던 마을 사람들로서는 감히 꿈도 못 꾸던 일로, 일후日後 마을 사람들이 눈을 크게 뜨고 세상을 살아가는 데 많은 도움이 되었다.

평택 근처 궁말이라고 하는 마을에 사시던 나의 할머니께서 어린 남매를 데리고 이 마을에 정착하신 것은 구한말 나라의 운세가 한참 기울 무렵이었다고 한다. 20대에 할아버지를 여의고 청상과수가 되신 할머니가 재를 넘어 이 마을로 오신 것은 보쌈을 당하는 등 갖은 곤욕을 치르던 끝에 시댁 사촌들의 보살핌에 의해서였다고 한다. 그후 할머니께서는 낮이면 들에 나가 논밭을 일구고, 밤이면 베틀에 앉아 무명을 짜는 등 모든 고난을 감내해가며 어린 자녀를 탈 없이 길러내셨다. 때로는 서울을 왕래하면서 바느질품을 팔기도 하셨던 것 같다. 할머니의 헌신적인 노력의 결과, 아버지가 자라서 가독을 이어받으시던 단계에 와서는 비록 모옥 3칸 소농이나마 비교적 평탄한 가정을 꾸리게 되었던 것 같다.

3대 독자 귀염둥이로 내가 태어난 것은 우리 겨레가 일제의 쇠사슬에 묶여 한참 기약 없는 고난의 길로 접어들고 있던 1927년이었다. 그해 밤이 최고로 길다는 '동지' 바로 전날 나는 태어났다. 열 살 때 어머니가 급환으로 세상을 뜨신 후 늙으신 할머니의 사랑에만 의존하여 자란 나의 앞날에 남은 것이라곤 고생길뿐이었다. 이왕 고생길로 접어든 바에야 피하려 들 것이 아니라 스스로 그 길로 돌진해가보자는 것이 어린 시절 나의 가슴에 맺힌 오기였다. 글방 훈장을 하시는 삼종형님 덕분에 소학교를 다니면서 아침저녁 익힌 한문 실력이 밑천이 되어 16세 어린 나이로 서울 청파동의 광제한약국에서 점원으로 일하게 되었을 때, 아버지는 말할 것도 없고 온 마을 사람들이 모두 우리 집에 호구지책의 길이 활짝 열렸다고 좋아했다. 하지만 그때 이미 나의 상념은 일신의 안위나 출세 따위와는 거리가 먼 엉뚱한 허공을 날고 있었다.

만주사변, 중일전쟁을 일으켜 바야흐로 헤어나지 못할 깊은 수렁으로 빠져든 일제의 악랄한 물귀신 작전은 산간 두메 마을까지 평안하게 그대로 내버려두지 않았다. 징용이니 징병이니 총동원이니 하여 젊은이들을 마구잡이로 사냥해갔으며, 식량 공출이니 자원 징발이니 하여 농민 생활의 바닥까지 훑는 만행을 저지르고 있었다. 아직 고향에 있을 때 나는 청년 훈련을 게을리 했다 해서 아버지와 경찰에 불려가 시멘트 바닥에 무릎을 꿇린 채 몽둥이로 맞는 고문을 당한 적이 있었다. 그것도 분한 판인데, 아버지가 가마니 치기 할당량을 채우지 못했다 해서 한겨울에 맨발로 마을을 몇 바퀴 돌게 하는 체벌 장면을 목격하고 나는 이를 갈지 않을 수 없었다. 한편 그들은 내선일체內鮮一體를 강요하는 수단으로서 왜놈의 시조신의 위패(가미다나)라는 것을 집집마다 돌려놓고는, 아침마다 그 앞에서 무운장구武運長久 성전聖戰 완수를 기원하는 묵도를 드리라고 강요하였다. 그렇게 해서 조선 사람들을 뼛속까지 황국 신민을 만들려는 심사였다. 궁금한 마음에 나는 남몰래 그 속을 뜯어보았다. '천조대신天照大神'이라고 쓴 종잇조각 하나가 달랑 들어 있을 뿐이 아닌가. 나는 하도 어이가 없어 그것을 꾸깃꾸깃 구겨서 측간에 버렸다. 내친 김에 그 오기로 나는 그날부터 매일 아침 뒷산에 올라가, 왜놈의 시조신이 아닌, 내 땅 내 마을을 수호하시는 우리의 천지신명께 묵념을 드리기 시작했다.

천지신명이시여! 남의 나라를 짓밟고 도륙전을 일삼는 왜놈들을 하루빨리 퇴치시키고, 우리 가엾은 백성들을 도탄에서 구하게 하여주소서! 그날을 위해 나의 한 몸을 던질 수 있는 길을 열어주소서!

마침내 8·15 그날은 왔다. 전쟁 말기에 나는 2년여의 서울 생활을 접고 몸을 피해 고향에 와 있었다. 장에서 돌아오신 아버지로부터 일본 천황이 무조건항복 방송을 했다는 소식을 들었을 때, 나는 처음 내 귀가 의심스러웠다. 최후 발악하던 그들이 그렇게 쉽게 손을 들다니! 하지만 그것이 엄연한 사실임을 알게 되었을 때, 나는 무엇보다도 앞날에 닥쳐올 일신상의 어두운 그림자가 싹 사라지는 것을 느끼게 되어 가슴이 뛰었다. 이제는 어엿한 내 나라 백성으로서 마음껏 활개 치고 살 수 있게 되었다는 그 감격을 추스를 길이 없었다. 하지만 당시 시골에서는 일본이 항복하였다는 것과, 그로 인해 서울이 온통 난리라는 뜬소문 외에는 세상이 어떻게 돌아가는지를 알 길이 없었다. 답답한 마음에서 나는 만사를 제쳐놓고 서울로 올라가볼 생각이 굴뚝같았으나 몸이 말을 듣지 않았다. 때마침 집집마다 유행하던 악성 피부병으로 인해 온몸에 물집이 생겨 운신을 할 수 없었기 때문이다. 별수 없이 꾹 참고 몸이 완쾌되기를 기다리는 수밖에 없었다.

  피부가 어지간히 원상을 회복한 후에도, 고향 어른들은 나의 상경을 극구 만류하고 있었다. 해방이 되었다고는 하지만 서울은 화약고와 같은데, 왜 불구덩이로 뛰어 들어가려 하느냐는 것이 표면적인 이유였다. 그보다도 더 큰 근본적 이유는 집안 살림을 돌볼 생각은 않고 공연히 허황된 생각을 하는 나를 그대로 방치해둘 수 없다는 것이었다. 어쩌다 저 아이가 저 지경으로 빗나가게 되었는가? 어떻게 하면 제정신으로 돌아오게 할 것인가? 집안 어른들은 달래고 꾸짖고 온통 난리였다. 어른들을 안심시키고자, 나는 전쟁 말기부터 난을 피해 배티성지 근처에서 은둔 생활을 하고 있던 김혁두 노인을 찾아가 점괘 하나를 부탁했다. 하지만 세상 물정을 꿰뚫어본다고 하는 김 노인까지 나의 허황된 만용을 경계하여 "우주 공간을 떠다니는 한낱 조그마한 깃털〔萬古雲宵 一羽毛〕"이라는 점괘로 나를 만류했다. 하기야 그 어지럽던 판국에 젖비린내 나는 한낱 무명소졸이 뛰어든다고 무엇이 얼마나 달라질 것인가!

  날씨가 제법 쌀쌀해지고 가을걷이도 거의 끝나갈 무렵인 초겨울에 나는 좀이 쑤시는 마음으로 부랴부랴 서울로 향했다.

2. 해방 정국의 소용돌이

내가 사회사상으로서의 아나키즘에 접하게 된 경과를 말하기 위해서는 그 전제가 되는 당시의 내외 정세부터 설명하고 들어가는 것이 순서일 것이다. 당시 사람들은 누구나가 해방이 곧 독립이려니 하고 들떠 있을 뿐, 어떻게 하는 것이 정말 독립으로 가는 길인지를 분별하는 사람이 흔치 않았다. 그저 막연하게나마 미소 양군이 남북에 진주하여 갈라놓은 38선, 게다가 심심치 않게 날아드는 강대국들의 신탁통치설이 시간이 지날수록 점차 불안감으로 작용하고 있을 뿐이었다.

1945년 8월 15일의 무조건항복을 며칠 앞둔 시점에 조선총독부는 우파 지도자 송진우宋鎭禹에게 치안 유지 협력을 제의했지만 그는 이를 한마디로 거절했다고 한다. 그러나 좌파를 대표하는 여운형呂運亨은 서슴지 않고 그 제의를 받아들였다. 이후 해방 정국은 거의 한 달 동안 여운형이 주도한 건국준비위원회(건준)와 박헌영朴憲永이 이끈 공산당 계열 등 급진 세력의 독무대가 되었다. 건국준비위원회의 '좌경 독주'에 대처할 목적으로 우파계 인사들이 임시정부 및 연합군 환영준비위원회와 국민대회준비회를 발기하여 세 규합에 나섰다. 미군 주둔을 앞두고, 건준의 여운형과 공산당의 박헌영은 9월 6일 갑작스럽게 이른바 인민공화국(인공)을 선포한 데 이어, 가공적인 조각 명단을 발표했다. 이에 맞서 송진우 등 보수 진영 인사들은 한국민주당을 발기하고, 9월 16일 발족 대회를 가졌다. 이후부터 좌우의 대립은 고조되기 시작했고, 정국의 혼돈은 날로 가속화되었다.

전승국인 미소 양군이 일본군의 무장해제를 목적으로 한반도에 진주하면서 우리의 분통을 터지게 한 것은 그들이 해방자가 아니라, 엄연히 점령군이었다는 사실이다. 이유야 어떻든, 태평양지구 연합군총사령관 더글러스 맥아더Douglas MacArthur 장군은 미군의 남한 상륙 시점(1945. 9. 8)에 다음과 같은 고압적인 포고문 제1호를 발표하여 우리를 실망시켰다. "점령군에 대하여 반항 행동을 하거나 또는 질서 보안을 교란하는 행위를 하는 자는 용서 없이 엄벌에 처함."

과거는 차치하고라도, 제2차 세계대전에 선전포고까지 하고 항일의 최선봉에서 시산혈하를 이루며 싸워온 우리 민족에 대해, 같은 우방이라는 미국이 이토록 무지할 수가 있는가?!

점령지 취급하기는 북한에 진입한 소련군 역시 더하면 더했지 나을 것이 없었다. 소련군이 대일 참전을 선언하고 북한에 진입한 것은 전쟁 말기에 히로시마와 나가사키에 원자폭탄이 투하되어 전세가 급변한 데 따라 갑작스럽게 취한 행동이었다. 미국 정부의 38선 분할 점령 통고(8월 15일)를 받고 북한 전 지역을 장악한 소련 극동군 제25군사령관 이반 치스차코프Ivan Chischakov 대장은 "조선 해방을 축하"하고 "조선 사람들이 행복을 창조할 수 있도록 지원"한다는 장밋빛 포고문 제1호를 발표하였다. 하지만 점령 정책을 수행할 아무런 실권을 가지고 있지 않던 그는 북한을 장악하자마자 미군 측과는 아무런 상의도 하지 않고 경의선·경원선을 끊어 사람과 물자의 왕래를 차단하고 말았다. 동시에 9월 6일에는 전화와 통신마저 단절시켜 남북 영구 분단의 첫 테이프를 끊었다. 이어 소련 점령군은 지역별로 일본군과 행정 수뇌들의 항복을 접수하는 즉시 모조리 억류하는 한편, 북한의 주요 공업 설비와 물자를 점령 초기에 전리품으로 반출해가기에 급급했다. 게다가 북한 진격에 동원된 소련 군인들은 형여의 죄수들이 대부분이어서 특히 행패가 심했다. 그들은 시민들의 재산을 약탈하고 부녀자를 강간하는 등 불안과 공포의 대상이 되기도 했다.

순전히 전투 군인들로서 점령 정책 자체에 무지할 수밖에 없었던 치스차코프의 소련 극동군 제25군은 지방별로 일제의 행정 기구를 접수한 후에도 한동안 모든 것을 지방 형편에 내맡겨 방치해두었다. 함경도에 진주한 소련군은 초기에는 일본군에 일본 행정 체제를 그대로 유지하라고 말했다가, 좌파 군중이 들고일어나 항의하니까 그제야 입장을 바꾸었다. 또한 평남북에서는 처음에 건국준비위원회가 치안 유지를 계속 맡도록 했다가 공산주의자들이 들고일어나 이를 번복시켰다는 것이다. 그러나 해방 초기 북한에서 주도권을 행사한 급진적인 좌파나 공산주의계 인사들 역시 남한에서와 마찬가지로 초기에 많은 오류와 결함을 드러내었다. 그들은 "스탈린 대원수 만세! 소련군 만세!"를 고창해가며, 금시 공산주의 세상이 다되었다는 듯이 성급하게 날뛰었다. 그들은 무장부대를 조직해 각종 시설이나 창고를 접수하고 다녔으며, 소비에트 정권 수립을 시도하기도 했다. 소련점령군사령부의 정치부는 한때(1945. 9. 14), 이러한 '좌경 세력'에 보조를 맞추기라도 하듯이 "독립 조선의 인민 정부 수립 요강"을 작성하여, 북한에 "노동자와 농민 대표들의 소비에트", 곧 노농 정권을 세워야 한다고 주장하고 나섰다.

북한에서 소련 군정이 북한만의 통치 조직을 만드는 데 시동을 건 것은 9월 중순 이후부터였던 것 같다. 최근에 공개된 소련의 자료가 그것을 확인해주고 있다. 이 자료에 의하면, 9월 19일 김일성金日成이 88여단의 빨치산 그룹과 함께 소련 함정을 타고 원산에 도착했으며, 그 바로 다음날인 9월 20일 스탈린Iosif Vissarionovich Stalin은 소련군 최고사령관 자격으로 북한 정책에 대한 구체적인 지침을 담은 비밀 지령을 소련점령군사령부에 내려 보냈다는 것이다. 이 비밀 지령에서 스탈린은 "반일적이며 민주적인 정당들과 단체들의 광범위한 동맹에 기초하여 북한에 부르주아 민주주의 정권을 수립하라"고 지시하였다.(『동아일보』 2004. 10.

11) 이 지령으로 스탈린은 앞에서 말한 평양의 소련점령군사령부 정치부의 급진적인 제의에 쐐기를 박았는데, 이는 당시 모스크바 중앙이 북한 내부 정세를 얼마나 치밀하게 꿰뚫어보며 수를 놓고 있었던가를 말해주는 것이라 하겠다.

남한에서 미군의 군정 시책을 처음부터 꼬이게 만든 것은 간교한 일본인 잔당들이 패망 후에도 여전히 총검을 휘두르며 통치권을 행사하도록 방치되어 있었다는 데 있다. 그들의 위세를 배경으로 패망 일인들은 유리한 퇴로를 개척하고자 혈안이었고, 결과적으로 한국 사회를 치유 불능의 암초에 떨어지게 하였다. 그들은 처음부터 환희에 들끓는 남한의 급진 세력을 교묘히 이용하여 한국인 정치 세력 사이에 좌우의 깊은 고랑이 파이게 만들었다. 미군 상륙을 앞두고, 그들은 오키나와의 미 24군과 선을 대어 한국인을 모함하고 이간질하여, 한반도 정세에 무지한 미군들의 점령 정책을 기본 바탕부터 빗나가게 만들었다. 미 점령군이 처음 상륙하면서 제일 먼저 해야 할 일은 무장해제한 조선총독 또는 조선군사령관 등을 투옥하여 전범 재판에 회부하는 일이었다. 괴상하게도 미국점령군사령관 하지John Reed Hodge 중장은 그렇게 하지 않았을 뿐 아니라, 도리어 아베 노부유키阿部信行 총독 등 총독부 고위 관리들을 당분간일지라도 그대로 존치한 채 군정을 실시하려 했다.

그 결과 종전 후 근 1개월이 다 되도록 남한은 무주공산의 상태에서 단말마적인 왜적의 총칼과 간교한 술수 아래 버려져 있었다. 이는 독립을 갈구하는 폭발적인 우리 민족 에너지를 결정적으로 분열시키는 결과를 낳았다. 또한 반백 년간 한반도를 유린하고 우리 민중으로 하여금 사경을 헤매게 했던 일본 통치 잔당들을 우리 손으로 응징 한번 해보지 못하고, 유유히 돌아가게 내버려두었던 것은 우리 민족의 정기를 근본적

으로 위축시키는 결과를 초래했다.[1]

3. 민족 자주의 움직임: 출옥동지회와 자유사회건설자연맹

8·15 직후 하루에도 수십 개씩 정당 정파가 생겨나 정권을 잡겠다고 소란을 피웠지만, 독립 한국 건설에 대한 분명한 주견이 있는 그룹은 별로 없었던 것 같다. 그런 가운데 첫 단추부터가 잘못 끼워진 시국을 걱정하여, 사심 없이 대중 계몽과 민족적 자주 자결의 태세를 갖추는 운동에 발 벗고 나선 단체가 바로 8·15출옥혁명동지회(약칭 출옥동지회)였으며, 자유사회건설자연맹(약칭 자련)이었다. 장기 복역을 하던 출옥동지들이 중심이 되어 상호부조 이론에 입각한 민족 조직화 운동을 전개하자는 것이 출옥동지회였으며, 아나키즘에 입각한 역전의 투사들의 모임이 자유사회건설자연맹이었다. 출옥동지회의 출범은 8월 15일 전국의 감옥에서 풀려난 400여 명의 혁명 지사들이 모두 서울로 모여든 데서 발단하였다. 처음에 그들은 혁명자후원회의 뜨거운 성의로 관훈동의 중앙여자상업학교와 창신동 구 임종상가 또는 시내 수개 여관에 분산 투숙하여 있었는데, 시간이 지나면서 그들은 모두 고향을 향하여 혹은 원래의 소속 집단을 찾아 연락처만 남기고 떠나갔다. 최종적으로는 민족주의자, 공산주의자 및 아나키스트를 포함한 2, 30명의 장기 복역 동지들만이 남아 복잡다단한 시국의 추이를 정관한 끝에 사무실을 다옥

---

1) 후일 미국무부의 존 매퀸은, 국무부가 정치 고문으로 하지와 함께 상륙한 베닝호프에게 총독 등 수명을 투옥부터 시킬 것을 지시하는, 자신이 기초한 지시 각서를 주었다고 밝혔다. 그러나 베닝호프는 국무성과의 호흡이 제대로 맞지 않는 군정청의 분위기에 눌려 그 지시 각서를 내놓지도 못한 것으로 알려졌다.(임홍빈, 1983a: 204)

출옥동지회의 사무실이 있었던 다동 114번지. 지금은 옛 흔적을 찾아볼 수 없고 4층짜리 건물이 들어서 있는데, 1층의 벤허호프 자리가 바로 사무실이 있던 곳이다. 원 안이 쌍공 정이형

동(지금의 다동) 114번지에 차려놓고, 귀환 장병 및 청장년들을 모아 훈련시키는 한편, 민족의 유기적 조직화 운동 전개를 목적으로 하는 8·15출옥혁명동지회를 조직하기에 이른 것이다. 8·15출옥혁명동지회의 조직을 주도한 것은 18년 5개월의 최장기 복역 생활을 한 쌍공雙公 정이형鄭伊衡이었다. 쌍공은 의주 출신으로 일찍이 만주에서 양기탁梁起鐸, 오동진吳東振 등과 정의부正義府, 고려혁명당을 조직하여 국내외 독립운동 정파의 통일 운동을 주도했으며, 무장투쟁을 진두지휘하다가 피체되었던 유명한 항일 혁명가이다. 그는 그의 이름이 말해주듯 평소에 어느 한쪽에 치우침이 없이 일관되게 평형을 유지하며 행동하는 성실한 인물이었기에 중인衆人의 존경을 받고 있었다. 바로 그런 이유에서 해방 후에도 건준이니 한민당이니 하는 좌우 양측이 서로 그를 끌어당기

려고 했다. 하지만 그는 종시終是 어느 쪽에도 기울지 않고 중정中正의 입장에 서서 우선 치안을 확보하고 나중에 임시정부가 돌아오면 임시정부를 중심으로 모든 정치 세력을 집결시키려 했던 것이다. 쌍공을 한마디로 아나키스트라고 단언하기는 어렵겠지만, 출옥동지회의 기관지 『혁명』의 창간호(1946. 1)에 실린 그의 글 「민족 조직화 운동에 대하여」를 더듬어 그의 사상의 깊이를 접해보고자 한다.(박환, 2004: 359~363)

　모스크바 3상회의 개최를 앞두고 내외 정국이 급박하게 돌아가는 시점인 1945년 12월 13일 밤 집필한 것으로 되어 있는 이 글에서 쌍공은 "생존경쟁이 치열한 가운데서 살고 있는 우리가 과거의 쓰라린 경험을 생각하여 도태를 당하지 않을 방법을 강구"하려면 크로포트킨의 상호부조론의 원리에 따른 민족의 생물 유기체적 조직화가 절실하다고 했다. 계속하여 쌍공은 "동족 내부의 경쟁이 있는 생물은 필경 사멸되고 동족 내부의 상호부조가 잘되는 종족은 번성"하는 것이 "생물 유래의 철칙"인 것을 강조하면서, 우리가 민족상잔의 멸망의 길을 밟지 않으려면 시급히 "민족 내부의 상호부조인 조직화 운동"을 전개해야 한다고 호소했다. 그렇게 함으로써 현재는 작은 삼천만에 불과하지만 "육십 년 후 육천만 …… 일 세기 후는 일억 이상에 달하는 …… 세계의 대민족의 일원으로서 세계무대에서 활약"하게 될 것이라는 것이 그의 논지다. 정치단체의 조직화에 있어서는 좌다 우다 하는 정파가 많은 것을 탓할 것이 아니라, 각 정치단체는 각기 상호 보완적인 역할이 있는 것이니 "단일 정당이니 통일이니 하는 운동보다 횡적 연락 기관"이 있는 것이 바람직하다고 하였다. 또한 각 정당은 연석회의 석상에서 서로 만나 잘잘못을 정면으로 따지고 충고할 일이지 뒤꽁무니에서 "음해 배격하는 당쟁 파쟁적 행위"를 하는 것은 자제해야 할 것이라고 주장하였다.

　이어서 쌍공은 우리의 민족경제가 생산기관과 공급기관의 생물 유기

자유사회건설자연맹 결성 회의가 열렸던 옛 장안빌딩이 있던 곳(종로2가 YMCA 옆에 있다). 1930년대 말에 세워진 옛 장안빌딩은 1970년 종로 확장 공사 당시 헐리고 지금은 같은 이름의 현 장안빌딩이 세워져 상가 건물로 사용하고 있다. 옛 장안빌딩은 자유사회건설자연맹 결성 회의뿐만 아니라 장안파 조선공산당('장안파'라는 이름은 이 빌딩에서 나왔다)의 결성대회도 열리는 등 수많은 혁명가들이 거쳐갔던 유서 깊은 건물이었다.

체적 조직이 이루어지지 않은 것을 탄식하면서, 산간지대 좁은 땅에서 농업만으로는 살 수 없는 농민과 상인과 노동자가 유기적 연락을 갖기 위한 방안을 다음과 같이 제안하고 있다.

    서린西隣[서양] 대국을 하나의 시장으로 하고 상업과 공업에 치중하지 않으면 안 될 것이다. 우선 현재 농업 단계에 있는 우리는 농민으로서 노동자가 될 수 있는 농장과 공장의 연락—농촌과 도시의 연락이 필요한 동시에 노동자·농민이 관련되는 조직이 필요하다. 현재 중간상인의 존재는 극단시간 내에 정리하여 민족 내부에서 흡혈 기생적 존재가 없도록 국민경제상 절대 필요한 구매조합으로 전국을 조직하지 않으면 안 될 것이다. 우리가 만일 이러한 경제적 조직이 없다면 문호 개방하고 자유무역하는 금일에 있어서 무엇으로써 외화의 폭주에 대처하여 우리의 국산을 조장할 것이랴!

출옥혁명동지회 출범과 거의 같은 시기, 지하로부터 복면을 벗고 표면에 나온 전국의 아나키스트 동지들 또한 시국에 대한 자기 태도를 분명히 할 것을 목적으로 자유사회건설자연맹을 결성하고 행동에 나섰다. 자유사회건설자연맹 결성에는 재중국조선무정부주의자연맹 창립 맹원인 회관晦觀 이을규李乙奎, 우관又觀 이정규李丁奎 형제가 중심 역할을 하였다. 회관은 김좌진金佐鎭과 재만한족총연합회를 이끌던 맹장이었으며, 우관은 상하이노동대학 설립의 핵심 멤버이기도 했다. 처음 두 형제 동지가 안국동 네거리 이문당 자리 2층에 임시 연락처를 차려놓고, 경향에 흩어져 있던 동지들이며 감옥에서 풀려난 동지들과 연락을 취하고 수삼 차의 회합을 가지며 준비한 끝에 9월 29일 종로 장안빌딩에서 67명의 동지들이 모여 자유사회건설자연맹(FSBF: Free Society Builders Federation)을 조직하게 되었다.

이날 자유사회건설자연맹 결성 회의에 참석한 주요 아나키스트는 다음과 같다.

재중국조선무정부주의자연맹 창립 맹원 이을규, 이정규
재일본흑우연맹원 한하연韓何然, 김금순金金順, 이시우李時雨, 이동

순李東淳

흑기연맹원 서상경徐相庚, 서천순徐千淳

진우연맹원 신재모申宰模, 방한상方漢相, 서흑파徐黑波, 우해룡禹海龍, 하종진河鍾璡

남화한인청년연맹원 유산방劉山芳, 김지강金芝江, 이규창李圭昌, 김광주金光洲, 황웅黃雄

원산본능아연맹원 유우석柳愚錫, 김연창金演彰, 조시원趙時元, 김광면金光冕

제일루사건의 최학주崔學柱, 오남기吳南基

관서흑우연맹원 승흑룡昇黑龍, 이주성李周成

원산일반노동조합원 이혁李革

마산아나키스트그룹 김형윤金亨潤, 한명룡韓明龍, 김용호金龍浩

정평흑우회원 차고동車鼓東

일본 동흥노동동맹원 양일동梁一東

안의아나키스트그룹 우한용禹漢龍, 하기락河岐洛, 박영환朴永煥

동방무정부주의자연맹원 이석규李錫圭

서울아나키스트그룹 조한응趙漢膺, 양희석梁熙錫, 김재현金在鉉, 장연송張連松, 이규석李圭奭, 이종연李鍾燕, 이경석李景錫

대구아나키스트그룹 박석홍朴錫洪, 최해청崔海清

기타 각 지방에서 박기홍朴基鴻, 김철金徹, 박호연朴豪然, 이용규李容珪, 공형기孔亨基, 김건金鍵, 임기병林基秉, 변순제邊順濟, 이성근李聖根, 박망朴芒, 장태화張泰和, 차리혁車利革, 김영찬金英纂, 이여산李如山, 이종락李鍾洛, 장지필張志弼, 박철원朴哲遠.(하기락, 1993: 262~263)

당시 자유사회건설자연맹 조직에 착수하게 된 경위의 일단을 우관은 다음과 같이 회상하고 있다.

> 일제가 물러간 대신에 미소 양대 세력이 한반도에서 대치하면서 북한의 공산 세력은 일제와 대체되는 독립 한국의 정면의 적으로 싸울 수밖에 없게 되었고, 어제까지 우군시하던 민족주의자들도 적을 앞에 놓고 장차 올 정치권력을 위하여 우익 정치 그룹의 난투극이 시작되었다. 이 판에 우리 무정부주의자들이 전국적으로 회합을 가지고 시국에 대한 비판과 자기 태도를 밝히고 내놓은 조직이 '조선자유사회건설자연맹'이었다.(이정규, 1974: 12)

전국의 아나키스트 67명이 모여 채택한 자유사회건설자연맹의 '선언'과 '강령'은 다음과 같다. 이 선언과 강령은 해방 후 우리 아나키스트들이 처음으로 공식적으로 모여 지금까지의 운동을 정리하고 앞으로 나아갈 방향의 기조를 표명한 문건이라는 점에서 매우 중요한 의의가 있다.

선언
우리는 지하로부터 복면覆面을 벗고 표면表面으로 나왔다. 우리는 침묵을 깨뜨리고 만천하에 우리의 주의와 주장을 천명闡明하고자 자兹에 선언한다.
자유自由는 만인의 요구이며 평등平等은 사회생활의 기본 조건이요, 상호부조相互扶助는 인류 진화의 요인이니, 이 요구와 이 조건이 무시되고 이 요인이 동요動搖를 당할 때에 사회는 퇴폐 패멸頹廢敗滅되는 것이다.
그런데 불행히도 우리는 이러한 패멸의 구렁에 빠졌었다. 우리의 봉건 여얼封建餘孽은 그 무지에서 자가自家의 이익만을 찾으려고 이

요구, 이 조건을 무시하였으며 따라서 그 요인은 동요되어 우리의 사회는 무력 퇴폐無力頹廢의 일로一路를 걸었다. 이즈음에 임진壬辰 이래 4세기를 두고 우리를 노리고 오던 일본의 침략적 독아毒牙는 마침내 우리의 생명을 빼앗고 우리의 피를 빨기 시작하였다. 이어서 삼천만 민족의 민족적 존엄尊嚴은 유린蹂躪되었고 우리의 민족적 자유의 역사는 끝을 맞았다.

이러한 사멸의 구렁에서 이 민족, 이 사회를 부활시키고 그 중단된 자유의 역사를 회복시키자면 그 패멸의 제 요인을 일소一掃하고라야 실현될 것이니, 즉 일본 제국주의를 타도打倒하는 동시에 우리 사회의 내부적 원인인 부자유不自由, 불평등不平等, 상호 이반 투쟁相互離反鬪爭 등을 근절시키고 상호부조의 진화적 인자因子 위에 자유 평등의 신사회를 건설하는 것이 삼천만의 이 민족으로 하여금 자손만대子孫萬代의 번영을 누리게 하는 유일의 방법이며 이론이다. 이 방법과 이론의 실현을 위하여 만인의 지지하에 우리의 운동과 투쟁은 곳곳에서 일어났었다. 그러나 만인의 지지임에 불구하고 우리의 운동, 우리의 투쟁은 3면 작전三面作戰을 부득이 하게 되었다. 즉 정면으로 일본 제국주의와 투쟁하는 동시에 일제와 야합野合한 봉건적 토착 자본주의자 및 사이비의 반혁명적 독재주의자와 더불어 양 측면의 투쟁을 아니치 못하게 되었다. 이러한 투쟁 과정 중에 우리는 간접직접으로 순수純粹한 혁명적革命的 좌익 민족주의자左翼民族主義者들과 협동하였음을 기억하여야 할 것이다.

이런 우리의 투쟁사를 회고할 때에 그것이 4반세기 남짓한 오래지 않은 기록이지만 수많은 동지의 희생이 있었다. 혹은 적敵의 백인白刃하에 혹은 적의 교수대絞首臺상에 이슬로 사라졌고 혹은 악독惡毒한 철창鐵窓 속에서 원혼冤魂이 되었으며 그 밖에 허다한 동지들의 고혈膏血이 또는 그 철창 속에서 뽑히었다. 이 얼마나 처참悽慘한 피의 기록이냐! 그러나 이 싸움은 패전은 아니었다. 3면의 적이 다 같이 우리의 총검銃劍에 주저 전율躊躇戰慄을 거듭하였으며 그 반면에 우리의 선열先烈들이 뿌린 그 귀한 피는 우리의 군세軍勢를 가속도로 증대시켰다. 수많은 우리의 전위 부대前衛部隊가 전국에 산포散布되어 있음을 볼 때에 우리는 확고한 신념을 가지고 앞으로 닥쳐오는 신조선 건설에 적극 참가를 부르짖는 동시에 그 건설에 주역이 될 것을 우리는 자부自負한다. 우리의 적극적 참가가 없이 정권욕에 날뛰는 일군一群의 난무장亂舞場을 정리 수습整理收拾할 자 누구이며 그 난무亂舞에 실망낙담失望落膽한 민중을 진작 흥기振作興起시킬 자 누구냐?

싸움은 아직 계속이다. 정면의 적은 패망하였다 하더라도 아직 또 국제 신탁 운운의 암운이 떠돌고 있으며 겸兼하여 우리 내부의 양 측면의 적은 오히려 그 기세가 앙등昻騰되는 형편形便이 아니냐. 완전 해방은 앞으로 기다幾多의 혈투血鬪가 연상聯想되고 민족적 완전한 건설은 장구한 시간의 노력을 요구했다. 이에서 우리는 시세時勢를 정시靜視하면서 단결團結을 굳게 하여 총진군을 개시한다. 우리의 선열이 뿌린 피가 우리의 혈관血管에서 맥동脈動하면서 그 피의 산 경험이 이것을 우리에게 가르친다.

빨리 우리의 깃발을 높이 들어라. 완전한 자유 평등의 상호부조적 신조선은 완전한 지방자치체地方自治體의 자유연합自由聯合으로써 건설된다. 이 총진군에 있어서 우리는 자주독립 완전 해방을 위하여 그 실현의 날까지 우리의 우군인 혁명적 좌익 민족주의자들과 공동전선共同戰線을 펴자.

강령

1. 오등은 독재정치獨裁政治를 배격排擊하고 완전한 자유自由의 조선 건설을 기한다.
2. 오등은 집산주의集産主義 경제 제도를 거부하고 지방 분산주의地方分産主義의 실현을 기한다.
3. 오등은 상호부조相互扶助에 의한 인류 일가 이상人類一家理想의 구현을 기한다.(이정규, 1974: 173~175)

한편 우관 선생은 자유사회건설자연맹의 성격에 대해 그의 『우관문존』 서문에서 순수한 "연구 기관이나 사상적 선전 기관으로서 마치 영국의 페이비언소사이어티Fabian Society와 같은 조직을 두고, 그런 사상적 배경하에 농민과 노동자 대중을 조직, 단결시키는 대중조직으로서 농촌자치연맹과 노동자자치연맹을 조직하여 좌익들의 교란에 대비하며 독립 한국의 내일을 준비케 하자는 것이었다"고 부연하고 있다.

그후 자련은 사무소를 한동안 을지로 입구 현 외환은행 바로 옆에 개설했다가 조선농촌자치연맹과 한국노동자자치연맹 발기 사무소의 간판을 저동에 있는 적산 사원 자리에 내걸면서 그곳으로 함께 옮겨 앉았다. 내가 수곡樹谷 유정렬劉正烈 선생을 따라 자련을 처음 방문한 것은 1946년 여름 을지로 사무소 당시였으며, 거기서 아나키스트 여러 선배 동지와 함께 회관·우관 선생을 처음 뵈었던 것 같다.

4. 중국에서의 한인 아나키스트 운동

여기서 잠시 나는 일후 자련을 위시한 모든 운동의 중심에 있다시피

한 회관·우관 형제의 좀 더 자세한 프로파일을 접하기 위해서라도 1920년대로 거슬러 올라가 중국에서의 한인 아나키스트 운동의 전말을 재조명해보고자 한다.

회관 이을규(1894. 2. 21~1972. 6. 11), 우관 이정규(1897. 11. 1~1984. 12. 10) 형제가 항일 민족 해방 투쟁에 발 벗고 나섰은 것은 3·1운동이 일어나기 이전부터였다. 인천상고(당시 관립인천실업학교)를 졸업한 형 회관이 1918년 근무지이던 신의주의 평안농공은행을 사직하고 남정南汀 박광朴洸 선생을 따라 독립운동의 길로 나섰을 때, 도쿄에서 유학 중이던 동생 우관은 미국 대통령 윌슨의 민족자결선언에 고무되어 도쿄 유학생 조직의 통합과 2·8독립선언 준비에 뛰어들고 있었다. 회관은 국경 넘어 안둥安東(단둥丹東의 옛 이름) 구시가에서 박광과 함께 무역상(간성덕艮成德 및 동신공사東新公司)을 차려놓고 내외 동지 간의 연락과 자금 조달을 해주는 일을 주로 하고 있었다. 3·1운동이 일어나자, 도쿄의 우관은 한기악韓基岳, 계린상桂麟常, 안승한安承漢 등 학생 동지들과 함께 민족 대표 48인 중의 한 사람인 임규林圭가 맡긴 독립선언문 및 대일통고문을 인쇄해서 일본 조야에 배포하고, 독립운동 선전 자료를 수집하여 파리강화회의로 가는 중국 대표 편을 이용하여 파리 주재 한국 대표 김규식金奎植에게 탁송했다. 그런 다음 국내를 거쳐 중국으로 건너간 우관은, 한성정부 조직 운동의 정보를 상하이上海임시정부에 직접 전달하는 데 일익을 담당하기도 하였다. 독립운동 총본부로서의 상하이임시정부의 급선무는 국내와의 교통망을 구축하는 일이었다. 마침 임시정부는 아일랜드계 영국인 거상 조지 쇼George L. Show의 호의로 그가 경영하는 안둥의 이륭양행怡隆洋行 2층에 교통국을 설치하고 상하이와 안둥 간을 정기항로 편으로 자유 왕래할 수 있게 되었다. 임시정부로서 국내와 접촉하기 위해 이제 남은 문제는 안둥, 서울 간의 비밀 통로를 개척하는 일이었다. 이 일을 자담自擔하고 1919년 9월 말(일설에 의하면 10월 초) 선편으로 안둥을 경유, 국내에 잠입한 것이 강태동姜泰東, 김한金翰과 회관·우관 형제 그리고 류자명柳子明 등이었다. 교통망 구축과 병행하여 강태동과 회관에게는 의친왕을 국외로 탈출시키는 보다 긴박한 사명이 주어져 있었다. 때마침 국내에서 별도로 추진하던 대동단(단장 전협全協)의 의친왕 망명 공작을 마지막 단계에서 알게 된 회관은, 그들과 합작하여 의친왕을 11월 10일 자하문, 수색역을 거쳐 신의주까지 밀행 호송하는 데 성공했다. 하지만 국경선을 통과하여 안둥역에 도착한 마지막 단계에서 의친왕은 일경에게 발각되어 다시 서울로 압송되고 말았다. 순간적 기지로 영국의 치외법권 지대인 이륭양행으로 피신했던 회관은 다시 국내로 잠입하여, 양기탁, 강태동, 우관 등과 연통제 공작을 하다가 다음 해 1월 피체되고 말았다. 회관은 대동단사건으로 2년 형을 언도받고 복역하다가 1920년 11월 보석으로 풀려나 국내 교통망 구축 사업에 합류했다.

　강태동과 함께 귀국하던 우관은, 안둥에서 교통국의 홍성익洪盛益(국장), 김기준金基濬(국원)을 만나 구체적인 활동 방침을 논의하고, 서울에 들어오자 종로 화신 옆 한창양화점(보금장시계점)을 연락 장소로 하여 활동을 개시했다. 교통국원 김기준이 서울 내왕을 하면서 상하이에서 들어오는 『독립신문』, 『신대한』 등의 인쇄물 전달과 서신 연락을 취하고 있었으나, 그 횟수가 잦아지면서 일경의 의심을 사게 되었다. 이에 우관은 이 방식을 중지케 하고 서울, 안둥 간을 격일 내왕하는 인천 출신 철도 여객 전무 우계牛溪 김진원金鎭源과 협력하는 방식으로 바꾸었다. 류자명이 철도 안내원으로 변장하고 신의주 국경선을 넘나들며 임시정부 비밀 문건을 반입할 수 있었다고 회고한 것은 이런 연유에서다.(류자명, 1983: 54) 중형 회관이 보석으로 풀려나기까지 1년 여 동안

1910년대 말부터 해방 후에 이르기까지 대한민국의 독립운동과 아나키즘운동의 최전선에서 헌신한 회관 이을규(왼쪽), 우관 이정규 형제. 20대 청년 시절(1920년대)의 모습이다.

우관은 이런 방식으로 보다 안전 정확하게 상하이-안동-서울을 연결시키며 강태동, 김한, 이기만李起晩, 양기탁, 이종욱李鍾郁, 류자명, 이종락李鍾洛, 정화암鄭華岩 등 각계각층의 많은 인사들과 접촉하고 있었다. 그러나 상하이임시정부(내무부)가 욕심을 내어 안동 교통국을 '연통제'로 통합하기로 한 데서 혼선이 생겼다. 임시정부는 각 도에 독판, 각 군과 면에 군감과 면감을 두어 단순한 연락 기관이 아니라 국내 통치체 같은 행정 기구 설치를 법령으로 선포하고, 그 실천을 위해 승려 대표인 이종욱을 책임자로 파견하기까지 했던 것이다. 하지만 교통국 활동의 중심인물인 강태동, 이기만, 우관은 그렇게 조직이 방대해지면 적에게 노출될 위험이 커진다고 난색을 표시했고, 게다가 임시정부가 연통제의 서울 독판으로 옹립하려던 양기탁 자신이 맹반대하고 나섰다. 운동의 대선배인 양기탁 옹이 반대한 이유는 국내 통치체 같은 하향적인 기구를 만든다는 것은 일을 해보기도 전에 우리의 수많은 유위有爲한 인물들을 적의 감옥에 던져주는 꼴이 될 것이라는 데 있었다. 결국 연통제 계획은 일을 해보기도 전에 발각되어(1919년 12월 함북 연통제 사건)

무더기 체포를 당함으로써 무산되고 말았다. 게다가 1920년 8월 미국 의원단 환영 사건으로 젊은 동지들이 연달아 구속되거나 쫓기는 처지가 되었고, 이륭양행의 조지 쇼마저 신의주에 왔다가 일경에게 피체되니, 안동 교통국은 더 이상 힘을 쓰기 어렵게 되어버렸다.

강화 장봉도에서 출생하여 역시 인천상고를 나온 우관이 항일운동에 눈을 뜬 것은 한성농공은행 공주지점에 부임한 지 불과 3개월 만에 일본인 주임과 충돌해 사퇴하고 일본 유학의 길에 오르면서부터였다. '일제 식민 통치하에서 앞길이 캄캄하다'는 절박감에 사로잡혔던 우관이 독립운동의 한 방편으로서 범사회주의 사상에 주목한 것은 게이오慶應 대학 재학 중, 지방 별로 사분오열되어 있던 재일 유학생 조직의 단일화 운동에 동참할 때부터였다. 3·1운동 이후 2년 동안 국내외를 넘나들면서, 특히 모든 것을 빼앗긴 벌거숭이 국내 민중들과 운동자 사이에 다리를 놓기 위해 심혈을 기울이면서, 우관은 독립운동의 이념과 이론부터 재검토할 필요가 있다는 것을 뼈저리게 느꼈다. 당시 급진적인 청년들 사이에서는 러시아혁명의 물결을 타고 맑스 레닌의 계급해방론이 만만치 않게 대두되고 있었다. 그러나 우관은 계급해방과 병행하여 인간 해방·민족 해방이 동시에 추진되어야 한다는 관점에서 크로포트킨의 사상을 현장에서 체험으로 학습하게 되었고, 마음이 통하는 동지들과 기회 있을 때마다 아나키즘에 대해 토론하게 되었다. 독립운동은 결코 일시적인 불평이나 항의만으로 성취되는 것이 아니다. 모든 것을 되빼앗기 위한 민중의 총체적 혁명이어야 한다는 것이 당시 그들이 도달할 수 있는 최대한의 합의점이었다.

결국 교통국 활동 자체는 큰 성과 없이 접을 수밖에 없게 되었으나, 이 과정에서 우관이 중형 회관을 위시하여 류자명, 정화암, 이종락 등 아나키즘으로 단련된 몇 안 되는 동지를 발견하고 앞날을 맹약할 수 있었던 것은 더없는 소득이었다.

 1921년 4월 회관·우관 형제는 조여드는 일경의 감시망을 피해 동지들과 다시 서울을 탈출, 망명 길에 나섰다. 이종락, 최익수崔益秀, 진수린陳壽麟, 이우승李愚升, 정화암 등 7인의 동지가 앞서거니 뒤서거니 펑톈奉天(선양瀋陽의 옛 이름), 베이징北京을 거쳐 5월 중순에야 상하이에서 다시 모였다. 화암의 회고담으로는 이 당시 온양금융조합에 근무하던 진수린이 금고를 털어 여비를 조달했으며, 떠나기 전 상하이의 대동여사에서 합류하기로 약속했다고 한다. 일행과는 별개로 서울을 탈출한 류자명은 베이징에 눌러앉아 청사晴簑 조성환曺成煥 선생에게서 베이징 관어를 배우며, 심산心山 김창숙金昌淑 선생 등 대선배들과 교유하고 있었다. 회관·우관 일행이 상하이에 도착하고 보니, 수년 사이에 상하이 사정은 너무도 달라져 있었다. 임시정부에 대한 불평불만이 고조되는 가운데 대부분의 중·노년 선배들은 뿔뿔이 흩어져 온데간데없었다. 게다가 1920년 여름 상하이에서 급조된 고려공산당이 레닌 자금의 분배 문제로 상하이파와 이르크추크파로 갈려 이전투구를 하는 중이었다. 임시정부에 대한 200만 루불 차관 수령을 둘러싼 임정 내부의 갈등에다, 두 파로 쪼개진 공산당의 파쟁이 겹쳐 상하이의 독립운동 전선은 암담하기만 했다. 여기에 회관·우관 일행을 더욱 비통하게 한 것은 가장 건강하고 믿음직스럽던 동지 이종락이 졸연히 알 수 없는 병으로 7월 말 급사한 것이었다. 호가 취석醉石인 이종락은 15세 때 부친의 지시를 받고 블라디보스토크에서 3년 수개월이나 보재溥齋 이상설李相卨 선생의 문하생으로 있었으며, 일본 메이지대학 법학부를 졸업하고 귀국하여 보성전문학교에서 교편을 잡았던 매우 드문 인재요 운동가였다.

 1921년 10월 회관·우관 형제와 정화암 3인은 이르크추크파인 김하석金河錫, 안병찬安秉燦의 권유로 극동혁명자대회에 참석하기 위해 상하이를 떠나 북상 길에 올랐다. 이우승, 최익수는 귀국했고, 진수린은 직장을 구해 그대로 상하이에 머물렀다. 그러나 3인은 베이징에서 류자명도 만나고 선배 동지들을 찾아다니며 정세를 파악한 끝에 대회 참석을 일단 보류하기로 했다. 서유럽에서 러시아를 경유하여 돌아온 조소앙趙素昻으로부터 전해 들었다는 볼셰비키혁명의 실상과, 청산리대첩에서 승리를 거둔 우리 독립군을 무참히 학살하고 무장해제시킨, 지난여름의 너무도 끔직한 흑하사변의 소식을 접했기 때문이었다.

그때 베이징, 톈진天津에는 우당友堂 이회영李會榮, 단재丹齋 신채호申采浩, 청사 조성환, 심산 김창숙, 성암醒菴 이광李光, 약산若山 김원봉金元鳳, 박숭병朴崇秉, 한진산韓震山, 박용만朴容萬 등 상하이의 분위기와는 또 다른 쟁쟁한 노소 독립운동 인사들이 모여 있었다. 그들은 하나같이 대일 직접 투쟁을 주장하는 급진적 맹장들이었다. 미국에서 건너온 박용만(임시정부 외교총장)은 대일 직접 투쟁을 목적으로 하는 군사통일회를 조직하는 중이었으며, 김약산은 톈진을 중심으로 맹렬하게 의열단義烈團 활동을 추진 중이었다. 그러나 베이징에서 우리 독립운동의 중심 인물은 역시 우당 이회영 선생이었다. 일찍이 경술국치 때 6형제 전 가족을 데리고 망명 길에 올라 서간도에 독립운동 기지를 건설하고 신흥무관학교를 세웠던 우당 선생은, 1919년 4월 상하이의 권위주의적인 임시정부 조직에 반대하고, 베이징으로 돌아와 있었다. 정부보다도 독립운동 총연합체 조직을 주장했던 그의 주위에는 국내외 다수 청장년들이 모여들어 그의 다음 행동을 고대하고 있었다. 그러나 우당은 종시 쉽게 움직일 기미를 보이지 않아 주위 인사들을 안타깝게 했다.

1921년 말부터 23년까지의 2년 동안, 회관·우관 형제에게 있어서, 아니 어쩌면 베이징에 모여 있는 뜻있는 노소 동지들에게 있어서 베이징 생활은 사상과 인격 형성 면에서 매우 중요한 시기였다. 이 시기 베이징에는 중국 각지는 물론 한국, 대만, 일본으로부터 많은 혁명가나 아나키스트들이 모여들어 다양한 활동을 하고 있었다. 『우관문존』에서 우관 자신이 쓴 연보에는 "1922년(26세) 우당 이회영, 단재 신채호, 베이징 사대 교수 루쉰魯迅 형제(저우수런周樹人, 저우쭤런周作人, 저우지엔런周建人), 러시아 맹인 시인 예로센코Eroshenko, 대만 혁명 동지 판번리앙范本梁 등과 교유하면서 베이징대학 교수 리스청李石曾, 동 대학 총장 차이위안페이蔡元培 씨의 호의로 베이징대학 경제학부 2년에 편입, 사상 문제 연구에 열중하다"라고 되어 있다. 바로 이를 뒷받침하는 『루쉰일기』의 한 구절을 나는 십수년 전 상하이 루쉰기념관을 관람하다가 우연히 발견하고 놀란 적이 있다. 즉 "18일〔1923년 3월〕 맑음. 일요일이어서 휴식. …… 오후에 이우관 군이 오다.〔十八日 晴. 星期休息. ……下午李又觀君來.〕" 지금까지 루쉰이 접촉한 한국인은 우관을 포함해 김구경金九經, 유수인柳樹人(유기석柳基石, 일명 유서柳絮), 이육사李陸史 네 명이었던 것으로만 알려져 있다. 베이징세계어학회를 창설한 주역은 루쉰·저우쭤런 형제였다. 루쉰·저우쭤런 형제는 일본에서 추방당해 올데갈데 없이 된 예로센코를 초치하여, 베이징대학에 에스페란토과를 개설하도록 차이위안페이 총장에게 건의하는 등 여러모로 에스페란토 보급 대책을 짜기에 힘썼다. 이리하여 1922년 2월 24일 예로센코가 상하이에서 베이징으로 왔고 루쉰의 집에 머무르게 되면서, 세계어전문학교 설립 구상이 발표되는 등 에스페란토 열풍이 베이징에 일기 시작했다.

『저우쭤런일기』(手塚登士雄, 2005a: 45; 2005b: 40에서 재인용)에 의하면 5월 8일(1922년) 이상촌 운동가 이우관을 베이징세계어학회의 저우쭤런에게 처음 데리고 온 사람은 시인 공초空超 오상순吳相淳이었다. 『저우쭤런일기』를 보면 공초가 4월 14일 한국에서 찾아온 이래, 예로센코와 함께 세 사람이 거의 매일같이 세계어학회 건으로 행동을 같이하였으며, 4월 22일에는 루쉰 3형제와 직접 그의 집에서 만날 정도로 가까운 사이였다는 것을 알 수 있다. 하지만 『저우쭤런일기』에서 우관에 대해 말한 것은, 5월 8일 "저녁 때 오공초 군과 그 우인 이李 군 내방하다", 7월 17일 "톈진의 이우관 군에게 편지를 보내다"가 전부다. 그와는 달리 북양 군벌 정부 경찰의 한 비밀 보고는 대략 6월 1일쯤에 열린 한국의 이정규, 이을규 형제와 일본 동지에 대한 환영좌담회 광경을 다음과 같이 보고하여 주목을 끈다.

> 또한 전날 일본에서 중국에 온 공산당원 곤도 히카리近藤光 및 고려인 이정규, 이병규李丙奎〔이을규를 잘못 안 듯〕 등을 환영하기 위해 세계어학회 내에서 좌담회를 열었는데 여기에 모인 사람은 러시아인 1인 및 무정부당의 주치엔지朱謙之, 천요우친陳友琴, 류궈항劉果航, 뤼촨조우呂傳周, 천성수陳聲樹, 관이지關益之, 천더롱陳德榮, 펑성산馮省三, 천공산陳空三, 궈정카이郭憎愷 등 10여 인이다. 우선 중국인이 환영사를 하며 중국무정부당의 각지 정황을 소개했다. 이어 한일 양국 사람이 사의를 표하고 다음과 같이 말했다. "일본과 각국 간의 나쁜 감정은 귀족이나 군벌과 같은 일종의 특권이 만들어낸 것이지, 민중과는 관계가 없다. 청년 동지들이 잘 협조하리라고 본다. 일본에서는 오스기 사카에大杉榮, 가타야마 센片山潛 등이 공산주의를 제창한 지 20여 년이 되지만, 지금 각처에서는 동지들이 사회 개조를 향해 맹진 중이므로 머지않아 일본은 광명을 발하고 친애를 실행하게 될 것이다." 이정규는 대략 다음과 같이 말했다. "전 고려인은 모두 국토의 주권을 회복하려는 마음을 가지고 있으며, 희생을 무릅쓰고 해방을 위해 투쟁하고 있다. 가장 바람직한 것은 한중일의 청년들이 대동맹을 맺어 손에 손을 잡고 나가는 것이다."

그렇게 말한 후 한국이 겪어온 고난의 역사를 설명하고 말을 마쳤다. 여담을 나눈 후 적당한 장소에서 대회를 열기로 했으며, 우선 본국 동지들과 협의하여 실천에 옮기기로 했다.(中國第二歷史檔案館 編, 1981: 160; 手塚登士雄, 2005a: 48에서 재인용)

당시의 군벌 정부 경찰은 아나키스트들이 세계어학회를 일종의 자기네 주의의 선전장으로 이용하고 있다고 보았다. 동 비밀 보고는 계속해서 이렇게 말하고 있다.

비밀히 조사한 바에 의하면 무정부당인은 수개월 전에 서성병마사 남탑연호동西城兵馬司 南塔連胡同에 세계어학회를 설립, 그 학생 수가 이미 60여 명이나 되며 …… 현재 무정부당의 리〔천〕성수, 천공산 …… 및 러시아인 2인이 교무를 도맡아 담당하고 있다. 명목은 세계어의 인재를 육성하는 것이라고 하지만, 실제로는 당의 주의 주장을 광파하는 것이다.

이는 우관이 자신의 연보에 "1923년(27세) 북대 동창생 천공산 등과 베이징세계어전문학교 설립에 협조……"라고 밝힌 것과 일치한다. 당시 공산주의 열풍이 몰아치던 베이징대학에서 우관이 중국 에스페란티스토들과 교우 관계가 깊어지는 가운데 아나키즘 사상 연구에 몰두했을 것은 짐작하기 어렵지 않다.

1922년 12월 15일, 베이징대학에서 차이위안페이 총장 주도로 열린 세계어연합대회가 2,000여 명이 모인 가운데 성황리에 개최되었다. 이 시기에 천공산 등은 베이징대학 동창들을 중심으로 베이징무정부주의자연맹을 조직하는 일에도 열중했던 것으로 전해진다. 베이징무정부주

의자연맹 맹원은 징메이주景梅九 등 190여 명이었으며, 대만인 최초의 아나키스트 판번리앙도 여기에 가담하여 활동했던 것으로 또 다른 대만 경찰의 첩보가 전한다. 판번리앙은 우리 재중국조선무정부주의자연맹이 발족하던 시기, 별도로 '신대만안사新臺灣安社'를 조직하여 기관지 『신대만』을 창간하였고, 그 2호에서, "대만 민족의 생존을 유지하려면 일본의 강도를 구축하지 않으면 안 된다. 일본 강도를 구축하려면 폭력적 혁명 이외에 다른 방법이 있을 수 없다"고 기염을 토했다는 것이다.(日本アナキズム運動人名事典編纂委員會 編, 2004: 525)

독립운동의 새 방향 정립을 위해 고심하고 있던 우당 이회영 선생에게 베이징대학을 중심으로 일어나고 있는 세계어 학습 활동에 곁들인 아나키즘의 열풍을 전달한 것은 우관 형제였다. 이 시기 우당이 유일하게 희망과 기대를 걸었던 것은 청년들이었고, 그중에서도 베이징대학을 중심으로 발판을 구축해가는 우관 형제와 톈진·상하이에서 의열단 활동에 뛰어든 류자명, 그리고 군자금 마련을 위해 다시 국내로 잠입한 정화암 등 아나키스트 청년 동지들이었다. 1921년 4월 이래 베이징·톈진에 와 있던 청년 동지 류자명이 우당의 관심을 끈 것은 김약산의 요청으로 의열단의 무장 직접행동 대열에 뛰어들어 활동하게 되었다는 본인의 보고에 의해서였다. 당시 독립운동 중에서도 직접행동으로 일본 권력 파괴의 최일선에 섰던 의열단에서 류자명이 맡은 임무는 선전 및 통신 연락 업무를 책임지는

한국 아나키즘운동의 대부, 우당 이회영 선생

중심에 서서 거사 계획을 세우고, 단원들을 훈련시킴으로써 단원들이 차질 없이 목적지에 투입되도록 조치를 취하는 일이었다. 류자명은 연통제로 국내에 있을 당시 동지들과 체험으로 습득했던 '민중과 일체가 되는 직접혁명·사실에 의한 선전' 이론을 의열단의 정체성에 접목시키는 동시에, 공동생활을 하는 젊은 단원들에게 혁명 전략의 일환으로 대적 폭력 행사 전략의 의의를 일깨워주는 데 주력하고 있었다. 님 웨일즈 Nym Wales가 쓴 『아리랑』의 주인공 김산金山(본명 張志樂)의 다음과 같은 말이 당시 의열단 지도자 류자명의 모습을 말해준다고 하겠다.

> 내가 상하이에 머무르는 동안 약 20명의 의열단 지도자가 프랑스 조계에 모였다. 나는 정식 단원이 될 자격이 없었다. 하지만 내가 무정부주의자 그룹에 들어간 뒤에야 그들 사이에서 촉망받는 제자로 받아들여져서 그들의 작은 서클 생활에 들어가게 되었다.(Kim San and Nym Wales, 1941 : 60)

류자명으로부터 의열단에 관한 활동 보고를 들을 때마다 우당은 항상 세심한 조언으로 격려해주는 한편, 이 문제를 하루걸러 만나다시피 하는 심산 김창숙, 단재 신채호 등 원로 동지들에게도 알려 보다 나은 지원 대책을 모색하곤 했다. 그런 과정에서 우당은 이규준李圭駿, 이규학李圭鶴, 류자명, 이성춘李性春, 이기환李箕煥 등 주위의 가까운 청년들을 규합하여 또 하나의 행동 단체인 다물단多勿團을 조직케 하여, 의열단과 의각지세를 이루어 대일 투쟁 전선을 확대해나가도록 했다. 의열단의 유명한 「조선혁명선언」에 대해, 세간에서는 단재 단독으로, 혹은 류자명과 단둘이 만든 작품으로만 알고 있지만, 단재에게 그것을 집필하도록 충동하고 그 내용의 지향성과 골격까지도 일일이 자문했던 사람이 바로 우당이었음을 짐작하는 사람은 많지 않을 것이다.

의열단·다물단 활동으로 고무되어 있는 우당이 청년 동지들과 함께 재중국조선무정부주의자연맹을 조직할 결심을 한 것은 어느 날 우관이 들고 온 '이상 농촌 양타오춘洋濤村 건설안'으로 인해서였다. 양타오춘은 후난성湖南省 한수이현漢水縣 둥팅호洞庭湖 변의 한 농촌이었다. 거기에 연수 5천 담擔(1담은 열 되들이 큰 말〔대두大斗〕로 7말) 이상의 광대한 농지를 소유한 저우周 모라는 한 청년 아나키스트가 같은 베이징대학 동창이며 동지인 천웨이치陳偉器와 협의하여, 전 농지를 소작인에게 무상 분배하여 공동 소유 형태의 협동조합으로 만들 구상을 하고 있었다. 조합원은 경작 가능 역량에 따라 경작하고, 생산·소비·교육의 혜택을 공유하도록 하며, 거기에 고수익 작물인 인삼을 재배하는 조선 농민을 입주시켜 명실 공히 한중 합작의 이상적 공동체를 육성시켜보자는 것이었다.

베이징대 학생들 간에 논의된 양타오춘 계획이 우당의 마음을 움직인 것은 당연했다. 서간도의 경학사·신흥무관학교 이래 독립운동의 안전한 기지를 확보하는 일이야말로 우당의 유일무이한 평생 숙제가 아니었던가. 바로 그것 때문에 6형제 전 가족의 생명과 재산을 서간도의 황량한 들판에 내던진 우당이 아니던가. 그러고도 모자라 우당은, 1921년 말 융딩허永定河 하천 부지 개간 자금 구득을 목적으로 젊은 동지 정화암을 국내에 밀파했는가 하면, 내몽고 바오터우包頭 등지에 새로운 기지를 개척하는 방안을 강구하고자 옛 동지 은계隱溪 백순白純과 농호 이주 계획을 추진했고, 펑위샹馮玉祥 정부를 움직여 3만 정보의 사용 허가를 받고자 심산 김창숙 동지와 함께 교섭(1925년)하는 등 또 다른 기지 건설 방도를 찾아 백방으로 부심하는 중이 아니었던가. 우당이나 마음이 통하는 노소 동지들이 그토록 독립운동의 근거지 건설에 집착한 이유는 우리 '혁명의 중심'이라 할 민중에게 비록 외국 땅에서나마 최소한의 자유로운 생존 여건을 마련해주기 위해서였다. 그것이야말로 국외로 망명한 혁명자가 민중과 직접 손을 잡을 수 있는, '강도 일본의 통치를 타도'하기 위한 무력을 직접 길러낼 수 있는 유일무이한 거점이 될 수 있을 것이기 때문이었다.

1923년 9월 이후, 회관·우관 형제와 의열단 활동을 하는 류자명, 그리고 국내에서 막 돌아온 정화암 등 젊은 동지들은 관음사호동에서 우당과 침식을 같이하며, 절대 자유 평등의 이상 농촌 건설 문제를 토의하기 위한 공동생활에 들어갔다(일왕 암살을 목적으로 일본에 잠입 중이던 구파鷗波 백정기白貞基는 불의의 도쿄진재로 뜻을 이루지 못하고 귀국했다가 다음 해 4월에야 여기에 합류한다). 이 시기 하루 한 번씩 우당 댁에서 만나는 것으로 일과를 삼고 있던 심산, 단재도 자연스럽게 이 모임에 합석하여 격론을 벌이기도 했다. 우당의 부인인 이은숙李恩淑 여사의 수기에 "내 일생에 지기를 못 만나 한이더니 이제는 참다운 동지를 만났다"고 가군家君이 무한히 기뻐하셨다는 장면이 아마도 이때가 아니었던가 추측된다. 이은숙 여사가 지어주는 자토미쌀죽으로 끼니를 이어가며 연일 이상촌의 꿈에 부푸는 가운데 화두는 어느덧 독립운동과 아나키즘, 아나키즘과 혁명의 이념으로 발전해갔다. 결국 일동은 진정한 자주독립은 일체의 억압적 권위를 부정하는 아나키즘의 혁명 원리에 입각해 민중이 직접적으로 '탈환 혁명'을 펼쳐야만 가능하다는 것을 재확인하게 되었다. 바로 그 점이 실력 양성론 또는 사대적 외교론을 주장하는 민족개량주의나 당파적 영도성을 강변하는 공산주의 노선에 대해 아나키즘이 궤를 달리하는 핵심이었다. 강제를 부정하는 만큼 민중이 스스로 깨닫고 스스로 일어나도록 불을 지피는 활동이 폭력에 의한 직접행동이요 계몽 활동이지만, 그것만으로 혁명의 동력이 불꽃을 발하는 것은 아니다. 민중은 칠흑 속의 절망보다는 '가까워 오는 자유와 행복의 서광'을 발견할 때, 비로소 자기 스스로를 구하려는 희망에서 용기가 솟구치게 되는 것이다. 이것이야말로 크로포트킨이 말하는 1789년 프랑스혁명의 동력이 아니던가. 그렇다면 그 서광의 불씨를 어디서 어떻게 만들 수 있을 것인가? 그것이 바로 여기서 논의하는 양타오춘 계획이요, 이상적 혁명 기지 건설의 구상이다. 그것은 우리 아나키스트 행동 대원이 폭력·파괴·암살의 직접혁명을 수행하기 위한 거점이기도 하지만, 조국 해방 이후 우리 민중이 다 같이 주인공이 되어 건설하려는 새 공동체의 모형이라는 데 더 큰 의의가 있다. 그것은 우리 운동 동지들이 비록 낯선 외지에서나마 자주·자치·자유연합의 새 사회 모형을 상호부조하여 자율적으로 건설하려 했다는 점에서 큰 의미를 부여할 만하다.

 1924년 4월 혁명운동의 대선배 우당을 좌장으로 하는 회관, 우관, 우근友槿(류자명), 화암, 구파 등 아나키스트 동지들은 재중국조선무정부주의자연맹을 조직하는 데 합의하고, 그 기관지로서 『정의공보正義公報』(순간旬刊) 간행에 착수했다.[2] 또한 동지들은 영국 런던의 프리덤 프레스Freedom Press가 간행한 크로포트킨의 『법률과 강권』, 『무정부주의자의 도덕』 등 10편의 소책자를 번역, 인쇄하여 유학생 또는 의열단, 다물단의 신참 동지들에게 배포했다. 『정의공보』는 우당의 편집 방침에 따라, 아나키즘 사상 선전 외에, 공산주의와의 이론적 대결을 꾀하는 한편 독립운동 진영 내부의 불순한 점을 규탄하는 등 독립운동의 이론 제공에 역점을 두어 9회까지 발행하였지만 현재 남아 있는 것이 없다. 다

---

2) 앞뒤 정황으로 보아 이 시기 단재 신채호 선생이 어떤 피치 못할 사정으로 직접 앞장서지는 않았다 하더라도 당연히 이 조직 과정에 함께 참여하지 않았다고 주장할 증거는 어디에도 없다.

만 그 후속타로 1928년 6월 이후 재중국조선무정부공산주의자연맹 기관지『탈환奪還』이 13호까지 나왔고 그중 1부가 최근에 발견되었다.

　재중국조선무정부주의자연맹 발족에 하나의 계기가 되었던 양타오춘 건설안 자체는 그후 후난성의 정정 불안으로 아깝게도 무산되고 말았다. (우당은 이미 인삼 재배 경험이 있는 한인 농가 50호를 개성, 개풍 등지에서 모집하여 다음 해 봄에 데려올 수 있도록 준비해놓았다.) 또한 류자명의 의열단 활동도 1924년 4월 이후 공산주의 세력이 일부 침투하여 내부 분열이 생김으로써 현저하게 직접행동의 기능이 위축되고 말았다. 그러나 재중국조선무정부주의자연맹(그후 크로포트킨주의에 준거를 두자는 의미에서 한때 재중국조선무정부공산주의자연맹으로 개칭)은 꾸준히 세가 확장되어 베이징학생아나연맹(유기석, 심용해沈龍海, 정래동丁來東, 오남기 등), 톈진동방연맹(신채호, 이필현李弼鉉 등), 재만조선무정부주의자연맹(김종진金宗鎭, 이을규, 김야봉金野蓬, 이달李達, 이덕재李德載, 이붕해李鵬海, 엄형순嚴亨淳, 이준근李俊根, 이강훈李康勳, 김야운金野雲 등), 남화한인청년연맹(이회영, 류자명, 정화암, 백정기, 김지강, 원심창元心昌 등), 조선혁명자연맹(류자명, 이하유李何有 등), 한국청년전지공작대(나월환羅月煥, 이하유, 박기성朴基成, 이해평李海平, 김동수金東洙, 한유한韓悠韓, 김인金仁) 등으로 힘차게 가지가 뻗어나갔다. 그런 가운데 연맹 동지들은 누구나 항일 직접행동을 생활 관습으로 삼으면서도 기회 있을 때마다 혁명의 영구한 근거지 확보와 그 토대 위에서 자주 협동의 이상적 공동체를 만들어보고자 하는 집념을 끈기 있게 추구하고 있었다. 그런 연유에서 연맹 동지들은 양타오춘 건설 계획의 초지를 혹은 1927~28년 푸젠성福建省에서 한중일 합작의 국제적 규모로, 혹은 1929~31년 북만에서 순전히 항일 독립운동의 둔전 양병을 하는 차원에서 관철하고자 애썼다.

푸젠성 농민자위운동 당시의 활동가들(1927년). 뒷줄 왼쪽부터 량롱광, ○, 이을규, 친왕산, 이와사 사쿠타로, 아카카와 게이라이, ○, 유기석, 유지청, ○. 앞줄 왼쪽부터 ○, 이기환, ○, 이정규, ○

    푸젠성 남부의 취안저우泉州를 거점으로 한 농민자위운동(민단편련처운동)은 그 지역 출신의 아나키스트 친왕샨秦望山, 량롱광梁龍光 동지의 요청에 한국의 우관·회관 형제와 유기석, 이기환, 유지청柳志靑 동지와 일본의 이와사 사쿠타로岩佐作太郞, 아카카와 게이라이赤川啓來 동지가 호응한 데서 이루어졌다. 민단편련처운동은 마프노식으로 농민자위군을 조직 훈련시켜 토비와 공비의 내침에 대처하는 한편, 취안저우 일원을 자주 자치의 자유 낙토로 만들어보자는 계획이었다. 당시 회관·우관 등 한국 동지들은 리스청, 우즈후이吳稚暉 등 중국 원로 동지들의 초빙으로 상하이노동대학 설립 준비에 관여하고 있었다. 우관이 푸젠 농민자위자치운동에 더욱 자신감을 가지고 뛰어든 것은 상하이노동대학에 대중운동의 양 날개인 노동, 농민운동에 관한 과목을 국제적으로 연대하여 병설할 복안을 세워 가지고 있었기 때문이었다. 한·중·일·

66

대만 등 각국 동지들이 모여 동방무정부주의자대회를 열고, 동 연맹 기관지 『동방』 간행에 착수한 것도 그런 맥락에서였다.

한편 북만주 하이린海林 중심의 농촌자치운동은 윈난군관학교雲南軍官學校 출신의 시야是也 김종진과 이을규(가명 전명원全明源)를 중심으로 조직된 재만조선무정부주의자연맹이 뒷받침이 되어, 백야白冶 김좌진 장군을 대표로 하는 재만한족총연합회(약칭 한족총연)를 조직하는 데서 출발하였다. 아나키스트 동지들은 대종교의 민족주의 세력과의 융합과 공동보조를 통해, 국제 공산주의 세력의 침투와 일본 밀정의 파괴 음모에 대응하면서 교민 조직을 자유연합 조직으로 전환시키는 데 주력했다. 또한 한족총연은 신민부의 권위적인 군사 조직을 둔전 양병 방식으로 개편하는 한편, 고국에서 정처 없이 떠돌다 들어오는 유랑민의 생활 안정과 교육 대책 수립을 최우선 과제로 삼고 있었다.

한족총연이 이렇듯 혁명 근거지로서 기반을 잡아가는 데는 백야, 시야, 회관이 3위일체가 되어 헌신적으로 노력한 공로가 컸다. 특히 너그럽고 과묵하면서도 실천력이 강한 회관이 그동안 아나키스트로서 쌓아온 경륜이 크게 빛을 발했을 것이다. 그러나 그것도 잠깐이었다. 한족총연은 1930년 1월 총사령관 백야가 공산당원의 흉탄에 쓰러진 것을 시작으로 시야 김종진, 이준근, 김야운 등 동지들이 연달아 피살되었으며, 회관 자신도 자금 조달을 위해 푸젠으로 향하던 선상에서 피체되고 말았다. 게다가 9·18 일제의 대륙 침략으로 만주가 쑥대밭이 됨으로써 한족총연의 운동도 종언을 고하게 되었다. 회관이 홀로 만주에 오기 전, 낮이나 밤이나 그림자인 양 붙어 다니던 동생 우관은, 1928년 10월 이미 상하이에서 일경에게 피체된 뒤였다. 그때를 전후하여 심산, 단재(1936년 옥중 순사) 등이 연달아 피검되었으며, 마침내 우리 운동의 대선배 우당까지도 70 노구를 이끌고 몸소 적진에 뛰어들다 1932년 11월

17일 다롄大連에서 산화하고 말았다. 김성수, 오면직吳冕稙, 백정기, 원심창, 이강훈, 엄형순, 이규호, 이용준李容俊 등 수많은 동지들이 줄줄이 적의 철창으로 끌려가거나 처형되었고 또는 산화했다.

그러고도 남화한인청년연맹, 흑색공포단, 조선혁명자연맹, 조선의용대, 한국청년전지공작대 등 남은 동지들에 의한 혈투는 힘차게 이어졌다. 8·15 그날이 오기까지.

5. 미군정, 이승만, 임시정부 그리고 북한

황금처럼 중요하던 종전 1개월여 만에 겨우 군정의 틀을 잡은 하지 중장에게 현안 과제로 떠오른 것은 남북한을 통합한 국제 관리하의 신탁통치를 시행하기에 앞서 그 기반을 조성하는 문제였다. 원래 점령 직전 하지와 그의 상급자인 맥아더가 국무부로부터 받은 초기 지침(1945. 8. 24)은 "〔미소 양국군에 의한〕 초기의 두 지역 점령은 조속한 시일 내에 4대국에 의한 중앙집권적 행정 기구로 대체되어야 하고 …… 이어서 같은 4대국에 의해 국제 신탁통치로 대체되어야 한다. 전국에 걸쳐 정상적인 정치·경제 관계를 유지하는 것은 소련군사령부와의 연락 여하에 달렸다"고만 되어 있을 뿐이었다.(신복룡, 1993: 80~82) 국무부를 중심으로 전쟁부, 해군부 등 삼부합동위원회가 입안한 신탁통치 '기본 방침'은 원래 전쟁이 한창이던 1942년부터 미국이 '카이로선언'에 따라 전후 동북아 식민지 문제 처리 방침의 일환으로 구상하던 것이다. 그러던 것이 8·15 종전 시점에서 소련군이 돌연 북조선을 장악함으로써 미군은 군정의 범위를 남조선으로 국한할 수밖에 없었다. 더욱이 미국은 연합국 공동의 신탁통치 기반 조성을 위해서는 미소 양군의 군사 점령을 하나로 통합해야 한다는 대단히 복잡하고 어려운 과제에 직면하게 되었다. 하지는 본국 정부로부터 '미·영·중·소 4대국에 의한 신탁통치 공동관리'를 골자로 하는 '군정 기본 방침에 대한 지시'(SWNCC 176/8)를 전달받았을 때, 그것이 현실과는 너무도 거리가 먼 탁상공론이라고 일축하고 싶은 심정이었던 것 같다. 국무부는 이 기본 지침에서 엄격한 '신탁통치제' 이외에는 그 어떤 한인의 정치 주체 부상도 인정하지 않았다.

미국무부는 미군정의 임무로 미소 공동의 단일 민간 행정부 담당기에서 4개국 신탁통치기를 거쳐 독립에 이르는 점진적 발전 방향을 상정하고 있었다. 하지는 국무부의 그런 구상이 '불만 댕기면 즉각 폭발할 화약통' 같은 남한의 혁명 열기로 보아 그대로 씨가 먹히지 않으리라는 것을 잘 알고 있었다. 그렇더라도 본국 정부의 정책을 노골적으로 거스를 수는 없는 것이 또한 현지 사령관의 입장이었다. 그러므로 하지는 그 절충점에서 국제 신탁통치 문제가 정식으로 제기되기 전에 한국 민중의 즉각 독립 욕구를 어느 정도 무마해주는 한편, 미국의 극동에서의 장기적인 이익도 보장될 수 있는 정책을 모색하게 되었다. 하지는 맥아더의 긴급 부름을 받고 10월 12일부터 15일까지 도쿄를 방문했다. 비록 개인 자격이긴 했지만 해외 망명객 중 제일 먼저 귀국 도상에 있는 이승만李承晩을 영접하기 위해서였다. 하지는 이승만을 만난 데 이어, 맥아더의 정치 고문 애치슨George Atcheson Jr.과도 연쇄적으로 접촉해가며 모종의 밀담을 나누었다. 그 결과를 가지고 애치슨은 곧 번스James Francis Byrnes 국무장관에게 전문을 띠워 하지의 입장을 대변하는 내용의 제안을 하게 된다. 그 제안에서 애치슨은 10월 13일 이승만이 단독으로 한국에 귀환하기 위해 도쿄를 방문한 소식을 간접적인 형식으로 흘린 후, 대략 세 가지 점을 강조하였다. 첫째, 안정된 군정 실시를 위해 한 지도자나 정치 조직, 즉 이승만과 임정 세력을 공개 지지할 필요가 있다는 점, 둘째,

이들을 장래 정부로 발전할 조직의 근간으로 삼는다는 점, 셋째, 미군정의 부속 기관으로 일종의 '전 한국 국민 집행부'라 할 조직체를 이승만, 김구金九, 김규식을 중심으로 설립하고, 미군정이 창설한 고문 기관도 여기에 통합시킨다는 것 등을 밝히고 있다.

한편 하지는 서울 귀임 다음날인 16일, 다시 업무 협의차 본국으로 떠나는 정치 고문 베닝호프Merrell H. Benninghoff에게 자신의 비망록(정병준, 2005: 447)을 휴대시켜 한국 내 실정을 국무부 관리들에게 정확하게 전달할 것을 신신당부했다. 여기에서 하지는 38선으로 인한 정치·경제적 제 문제, 소련의 점증하는 영향력 문제 등을 언급하고, 결론적으로 "다만 명목상의 최고 지도자를 가진 정부라도 좋으니 임시정부를 조속히 수립하고, 가급적 빨리 총선거를 시행할 필요"를 강조했다.

요컨대 군정 초기, 한국 민중에 대한 생사여탈의 권한을 쥔 하지는 건준이다, 인공이다 하는 무분별한 좌익계의 경거망동을 억누르는 한편, 임정계 해외 망명 인사들의 입국을 개인 자격으로만 허용했기 때문에, 다분히 좌우익 간에 공평성을 유지하려는 듯한 인상을 풍겼다. 그러한 하지의 태도가 돌변하여 이승만이나 임정 요인들을 이토록 융숭하게 대우하고자 했던 것은 그들을 존경하고 대우하기 위해서라기보다는 그 '독립운동의 화신'으로서의 명성을 군정의 간판으로 이용할 가치를 계산했기 때문이었다. 그리하여 하지는 기본적으로 그들을 미군정 통치체의 한낱 들러리로 삼으려고 했던 것이다. 좋게 말해 실용적 가치의 유무가 우리 요인들을 우대할 수도 폐기해버릴 수도 있는 가치판단의 기준이었다고 보아야 하는 것이다.

1945년 10월 16일 이승만은 해방된 지 꼭 2개월 만에 맥아더가 특별히 제공한 전용기 바탄호를 타고 조국 땅에 발을 디뎠다. 하지 또한, 비록 개인 자격의 입국이었지만 남한에서는 최초로 허가된 이 해외 망명 인사의 입국을 민족 최고의 영웅이요 애국자의 귀국으로 부상시키기 위해, 자신이 쓰고 있던 조선호텔의 스위트룸을 제공하고 부관과 경호병을 배치하는 등 최대한 수선을 떨었다. 남한의 최고 통치자인 하지가 고개를 숙이고 최고의 경의를 표하는 '애국자'가 있다는 사실은 한국인에게 강한 인상을 주었다.

  이승만의 성공적인 조기 귀국은 아무래도 태평양전쟁 개시 직후부터 그가 충칭임시정부의 정통성을 등에 업고 전개한 주미외교위원부 대표로서의 능란한 일련의 전시 외교 솜씨가 크게 빛을 발한 것이라고 보아야 할 것 같다. 특히 김구와의 긴밀한 제휴하에 한인 게릴라 부대의 창설과 대일 무장투쟁의 전면화 계획을 제기하고, 굿펠로우Preston M. Goodfellow와 같은 미군부의 정보기관(COI-OSS) 간부들을 로비 그룹으로 끌어들임으로써 개인적인 진로에 탄탄대로를 열게 되었다. 종전이 임박할 무렵부터 그는 누구보다도 먼저 맥아더와 서신 교환을 통해 동북아 진출을 노리는 소련을 경계하도록 요청하였다. 이승만은 또한 자신의 한반도에 대한 영향력을 과장하면서 자신이 직접 일선(마닐라)에 나가 한인에 대한 선무 방송을 담당하겠다고 자청하는 등 조기 귀국을 청원했다.(정병준, 2005: 428~429) 그 외에도 이승만은 자신의 로비스트들을 최대한 활용해 미 정부 요로에 자신을 한국 정부의 수반으로 인정하여 남한으로 즉각 파견할 것을 요청했다. 전시 중 OSS 부국장이던 굿펠로우는 8~9월 내내 여러 차례 국무부 극동국을 방문하여 이승만의 충칭 방문 주선을 제안했다. 그는 심지어 이승만이 충칭을 방문할 때 몇몇 미군 관리를 동반시키는 것이 유용할 것이라는 제안까지 했다가 핀잔을 받았다. 마침내 국무부 관리들의 비우호적인 태도에도 불구하고 9월 하순 여권이 발급되었을 때, 이승만은 충칭에 있는 임시정부와의 회동

계획을 돌연 취소하고, 자신의 귀국에 결정적인 영향력을 행사하고 있는 맥아더와의 회동을 위해 도쿄를 경유 귀국하는 것으로 방향을 바꾸었다. 도쿄에서 맥아더는 두 차례나 이승만을 만나 환대했고, 하지와 함께, 이승만이 남한 정계의 신화적 인물로 부상하는 데 결정적 기여를 하였다. 하지는 이승만을 통해 폭발 직전에 있는 남한의 혁명 열기를 일단 가라앉히는 데 성공했다. 하지는 또한 이승만을 통해 본국 정부의 지시에 직접 맞서지 않고도 신탁통치 계획을 무산시키기 위한 자신의 군정 시책 복안을 안전하게 관철시킬 계산이었다.

"뭉치면 살고 헤어지면 죽는다!"는 것이 33년 만에 귀국한 '국부' 이승만 박사의 제일성이었다. 그는 방송을 통해 "공산주의에 대해서도 호감을 가지고 있으며 한국의 경제 대책도 이에서 취택할 점이 많다"고 너그러움을 과시했다. 이에 좌우로 갈려 이전투구하던 남한의 정치인들은 모처럼 만에 이승만을 중심으로 자리를 같이할 수 있게 되었다. 임정 추대를 내세우는 우익이나 인민공화국을 강화하자는 좌익이나 친일파 민족 반역자부터 처단한 다음 새 판을 짜야 한다는 청년들이나 누구나가 이승만을 중심축으로 뭉치자는 데 이의가 있을 수 없었다. 이와 같은 분위기 속에서 미군정의 궤도 이탈을 우려하여 행한 미국무부 극동국장 빈센트John Carter Vincent의 "한국의 국제 신탁통치 실시" 발언(10월 20일)은 국내 여론에 기름을 부었고, 하지를 등에 업은 이승만의 호소력에 더욱 힘이 실리게 되었다. 10월 23일 각 정당 대표 2명씩 총 200여 명이 조선호텔에 모여 '독립촉성중앙협의회'(약칭 독촉중협)를 발기하는 자리에서 이승만은 "우리가 당장에 할 일은 나라를 찾는 것이다"라고 전제하고, "잘못하면 40년이고 50년이고 또 남의 노예 노릇이나 할 수밖에 없을 것"이니, "모든 상호 간의 감정이나 관계를 청산해버리고⋯⋯ 한덩어리로 애국정신으로 뭉쳐 우리가 원하는 바를 세계에 보여야 한다"고 강조했다.

11월 2일 72개 정당·사회단체 대표자들이 천도교당에 모여 개최한 독촉중협 제2차 회의에서는 조선의 즉시 독립, 38선의 철폐, 신탁통치 절대 반대 등 다음과 같은 더욱 강경한 내용으로 된 결의문을 채택하고 이것을 연합국, 특히 미소 두 나라에 보내기로 하였다.

> 조선을 남북의 양 점령 지역으로 분할하는 가장 중대한 과오는 우리가 자취自取한 바가 아니요 우리에게 강제한 바이다. …… 우리는 이 사태에 관한 책임자를 알고자 하며 …… 귀 열국의 명백한 성명을 요구하여 마지아니한다. …… 이 불행한 사태가 속히 해결되기를 고대하고 있는 중에 또한 조선 통치에 암담한 공동 신탁제가 제안되었다는 보도를 접하고 …… 이 제안이 미국의 대조선 정책에서 또한 중대한 과오가 될 것임을 지적하고자 한다. …… 우리는 단연코 공동 신탁 제도를 거부하며, 기타 여하한 종류를 물론하고 완전 독립 이외의 모든 정책은 반대하는 것이다.(송남헌, 1985: 233~234)

독촉중협의 초기 발족 과정에서는 이승만을 중심으로 한국민주당, 국민대회준비회, 국민당 등 범우익 세력이 광범하게 결집했다. 게다가 그때까지만 해도 정국의 주도권을 쥐고 있던 좌익 진영의 상당 부분 또한 여기에 합류했다. 비록 박헌영이 개별적으로 연합국에 보내는 결의문 수정을 둘러싸고 부분적인 마찰을 일으키긴 했지만(『자유신문』 1945. 11. 4, 7), 조선공산당, 조선인민당, 인민공화국 등 좌익 세력이 모두 이승만의 명성과 합리적 명분에 압도되어 독촉중협의 통일운동에 이름을 걸게 되었다. 이렇게 하여 미군정의 의도를 실현하는 데 중심적 역할을 맡은 이승만의 성가는 최고조에 달한 듯이 보였다. 이승만과 독촉중협으로서는 이제 남은 문제가 무슨 이유에서인가(?) 귀국이 늦어지는 임시정부 세력을 포용하는 일뿐이라고 생각하였을 만하다.

하지 중장은 이 단계에서 상급자인 육군부 차관 맥클로이John J. McCloy, 맥아더 등 군부의 지지하에 국무부의 국제 신탁통치안에 대한 거부 의사를 보다 분명히 했다. 하지는 그 대안으로서 이승만·김구 등 임정 세력을 간판으로 활용한 미군정 – 과도정부 수립의 청사진을 짜기에 분망했다. 정치 고문 랭던William R. Langdon이 11월 20일 국무장관에게 전문으로 제출한 이른바 랭던 구상이라는 것이 바로 그것이다. 이 계획안의 요지는 1) 군정 내에 김구를 중심으로 몇몇 정치 그룹을 대표하는 회의체council를 구성하고, 이 회의체가 정무위원회Governing Commission를 조직하도록 지시하며, 군정은 이 위원회에 조언과 함께 시설과 활동 자금을 제공, 2) 정무위원회와 군정을 통합하고, 군정을 한국인 조직으로 대체, 3) 정무위원회가 과도정부로 군정을 계승, 4) 정무위원회가 선거를 통해 국가수반을 선출하고, 국가수반이 정부를 구성한다고 되어 있다. 끝으로 랭던은 "이 계획안을 사전에 소련 측에 통보"하여 협조를 구할 것을 국무부에 당부하였다. "〔민간〕 회의체가 정무위원회의 구성원으로 지명한 소련 지역 내 인사들을 서울에 초치하므로 정무위원회 권한을 북한으로 확장할 수 있게 할 것"이며, 만약 소련 측의 참여가 준비되지 않았다면, 이 계획은 우선 38도선 이남에서만 실행되어야 한다는 것이다. 한편 이 전문에서 랭던은 다음과 같이 귀국을 앞둔 김구와 임시정부에 대한 한국민의 열망을 부언하여, 국무부의 관심을 환기시키려 했던 것이 흥미롭다.

김구 그룹은 해방된 한국의 최초 정부로서 경쟁 상대를 하나도 갖고 있지 않으며, 모든 세력과 정당이 이를 인정하고 있다. 임정의 임박한 환국에 대한 환호가 만연되고 있으며 대대적인 환영 준비가 진행되고 있다. 김구가 누리는 평판은 미국으로 하여금 거의 비방이나 원망이 있을 수 없는 전설적인 것으로 대對한국 정책을 추진할 기회를 제공하고 있다.(미국무성, 1984: 150~153)

미군정이 랭던 계획안을 국무부에 서둘러 제출한 것은 무엇보다도 12월 16일 모스크바 3상회의가 임박했기 때문이었다. 미군정은 이승만·김구·임정 세력이 주축이 된 남한 정당 통일전선체이자, 나아가 미군정의 통합고문회의 혹은 정무위원회로 발전할 수 있는 독촉중협이 늦어도 12월 10일경에는 성공적으로 발족하길 원했다. 그래야만 신탁통치 구상 반대와 그 대안인 독촉중협에 기초한 '정무위원회 계획'을 '계획'이 아닌 구체적인 담보물로 국무부에 제시할 수 있기 때문이었다. 그러나 11월 29일자 번스 국무장관의 답신은 여전히 냉담했다.

> 소련은 우리가 그러한 기구를 창설한다는 데 대해 비우호적인 반응을 보일 것이며, 비록 협의를 거친다 하더라도 거기에 동의하지 않을 것으로 믿는다. 따라서 그러한 기구를 섣불리 창설하는 것은 소련 측과의 협상에 방해가 될지도 모른다. 그러므로 김구 및 그의 그룹에 대한 지원에 관해서는 기본 훈령 9c 및 g항을 어기지 않는 것이 바람직하다.(미국무성, 1984: 159~160)

이에 다급해진 하지는 이승만에게 2주일 기한(12월 2일 시점에서)으로 김구·임시정부 세력과의 통합을 강력히 추진하라고 촉구하는 한편, 여운형·박헌영 등 삐걱거리는 좌익 세력을 회유하기에 무진장 애를 썼다. 이승만 역시 김구 등 임정 요인들이 입국하기를 기다려 11월 하순부터 독촉중협의 전형위원 선정 작업을 서둘렀지만, 보수적인 한국민주당 계열 인사들에 둘러싸여 좌파와의 균형을 맞추기가 쉽지 않았다. 게다가 이승만은 채 여독조차 풀지 못한 상태에서 전 국민의 환영 분위기에 감싸여 있는 임정 요인들을 졸연히 설득하여 동의를 구하자니 무리가 따를 수밖에 없었다. 당초에 독촉중협은 임정과의 관계 설정에 있어, 임정을 최고 기관으로 추대할 것인가, 아니면 임정 내의 일부 인사들을 끌어들여 독촉중협을 강화할 것인가, 그도 저도 아니면 두 조직을 병행시킬 것인가를 가지고 논란이 분분했던 모양이다.

하지만 독촉중협이, 점령 당국의 협조를 받기 어렵다는 이유를 내세워, 임정의 법통성까지 부인한다는 것은 민족 감정상 도저히 용납할 수 없는 일이었다. 이러구러 하지가 제시한 약속 기간이 다 지나갔다. 독촉중협이 난산 끝에 선출한 안재홍安在鴻(국민당), 이여성李如星(조선인민당), 김철수金綴洙(조선공산당), 손재기孫在基(천도교), 백남훈白南熏(한국민주당), 김석황金錫璜(한독당), 정노식鄭魯湜(무소속) 등 7명의 전형위원 중 6명(이여성 불참)만이 참석한 가운데 13, 14일 밤을 새워가며 전형한 39명의 위원들로 12월 15일 제1회 중앙집행위원회를 개최하였을 때, 참석자는 과반수도 채 안 되는 15명뿐이었다. 이쯤 되면 미군정이 기도했던 독촉중협 중심의 '정무위원회' 구상은 애초에 물 건너간 상태였고, 모든 것을 국무부의 원안대로 국제 신탁통치 실시를 주 의제로 하는 모스크바 3상회의에서 하자는 대로 내맡겨둘 수밖에 없는 판국이 되고 말았다.

이상과 같이 남한에서 미군정 당국은 12월 중순까지도 기본 시정 지침을 둘러싸고 본국 정부와 의견 차이를 노정했을 뿐만 아니라, 남한의 지도자들과 과도정부 수립을 위한 대표 정치집단을 구성하는 계획 자체에도 차질을 빚고 있었다.

이 단계에서 이승만은 당분간 모든 것을 접어두고, 무명회無名會[3]가 건의한 대로 자유사회건설자연맹 맹원들을 중심으로 독립촉성중앙협의회에 선전총본부를 설치하여 전국 유세대를 파견하는 일에 관심을 집중하게 되었다. 결과적으로 미군정과 이승만의 시도는 1945년 12월 중순의 시점에서는 그대로 관철될 수 없었고 모스크바 3상회의의 결정으로 일대 파란이 지나간 후인 다음 해 2월에 가서야 민주의원이 발족함으로써 실현되었다.

김구·임정 세력은 종전 4개월이 지나서야 미군정의 승인하에 개인 자격으로 입국함으로써 물리적 자위력의 뒷받침 없이 외국 땅에서 해방을 맞은 망명객의 서러움을 톡톡히 감내할 수밖에 없었다.

대한민국임시정부는 중일전쟁이 한참이던 1940년 가을 충칭에서, 비로소 지리멸렬하던 내부 진용을 수습하고 광복군 창설에 나섰다. 그런 바탕 위에서 태평양전쟁이 발발하자 즉각 대일 선전포고를 하여 연합국의 일원으로서의 참전 태세를 갖추었고 국제적 위상 강화와 외교적 승인 획득에 주력하였다. 임시정부는 광복군을 처음부터 누구의 간섭도 받지 않는 독자적 지휘 체계하에 작전권을 행사하는 군대로 육성하려 하였다. 아무리 우방국이라 하지만 이국 땅 망명지에서 독자적 군대를 보유한다는 것은 보급 물자 조달이라든가 행동상의 부자유 등 여러 측면에서 결코 쉬운 일이 아니었다. 하지만 임정은 그것을 참을성 있게 극복해가며 중국 정부와의 군사적 협조 체제를 어느 정도 갖출 수 있게 되었다.

임정이 대일 특수전 추진을 위해 미국 CIA의 전신인 COI-OSS와 긴밀한 관계를 맺게 된 것은 1941년 6월 재미한족연합회가 추천한 주미

---

[3] 무명회에 대해서는 본 장 10절 이하를 보라.

외교위원부 대표로 이승만을 승인하면서부터였다.(정병준, 2005: 227) 오 래간만에 임정과의 관계를 복원한 이승만은 이때 이후 사설 로비단을 동원하여 미 정부 요로에 임정의 외교적 승인을 요청하는 한편, COI의 제2인자 굿펠로우와의 관계를 통해 미 육군의 대일 특수전에 보다 깊숙이 관여하게 되었다. 한편 이때 미 정부가 우리 임정을 손쉽게 승인해줄 입장이 아니었던 것은, 랭던이 작성한 '한국 독립 문제의 몇 가지 유의 사항'이라는 비망록(1942. 2. 20)을 통해서도 짐작할 수 있다. 이 비망록에서 랭던은 미개하고 가난한 식민 통치하의 한국이 독립하기 위해서는 적어도 1세대(30년) 이상 강대국의 보호를 받아야 할 것이라고 강조했던 것이다. 이승만과 COI의 관계가 밀착되는 1942년 초반, 미국무부는 대한 정책과 관련해 두 가지 상반된 방침을 정하고 있었다. 그 하나는 전쟁 종식 후 상당 기간 신탁통치를 실시한다는 것이었고, 다른 하나는 대한민국임시정부를 외교적으로 승인하는 것은 현실성이 없지만 비정규 한국군 창설 계획은 전쟁 수행상 유익하다는 것이었다.

미국의 이와 같은 대한 정책에 분개하면서도 임정은 계속 내외의 전 외교력을 총 가동하여, 외교적 승인 획득과 적극 참전의 길을 모색하였다. 임정은 중국 주재 미군사고문단장 스틸웰Joseph W. Stilwell 장군에게 한미 합동 게릴라 부대 창설을 본국 정부에 요청하도록 제안하였다(1942. 8). 바로 그 뒤를 이어 주미외교위원부의 이승만은 굿펠로우를 통해, 한국 임정이 조직한 2만 5,000 병력의 게릴라 부대를 스틸웰 중장의 지휘하에 배속시키며, 재미 한인으로 미군 당국과 한인 부대 간의 연락 사절단을 담당케 하자는 건의를 하였다(1942. 10. 10). 그에 앞서 임정은 중국 외교부장 쑹쯔원宋子文을 움직여 루스벨트Franklin D. Roosevelt 대통령을 만나는 자리에서(1942. 4. 2), 한국 독립 보장을 조건으로 5만 명의 한인 게릴라 부대를 중·미 양국 지원하에 조직하는 것을 제안케 한 바 있다. 태평양전쟁 초기 미 정보 당국은 중국·만주·연해주의 한인을 이용한 특수전 전개의 필요성을 절감하고 있었고, 그것을 위한 게릴라 부대 창설에 이승만과 임정(김구)을 활용하려는 계획을 다각적으로 검토하고 있었다. 그런 과정에서 초기 정보 체계 수립을 목적으로 한 게일사절단Gale Mission의 충칭 파견, 재미 한인 청년들을 동원하여 충칭과 버마 산중을 오가며 열심히 중계 역할을 했던 아이플러Carl Eifler의 COI 101지대 등 한미 연계 활동의 진앙에는 언제나 충칭임정의 백범白凡 주석과 워싱턴 주미외교위원부의 이승만 대표가 미군 통신 채널을 통해 상호 교신을 하며 용트림을 하고 있었다.(정병준, 2005: 241~251)

마침내 전쟁이 막바지에 이르렀을 때, 백범의 광복군 국내 진입 계획은 1945년 4월 '독수리 작전The Eagles Project'의 암호 아래 쿤밍昆明에 주둔하고 있는 OSS(사령관 도노반William B. Donovan 소장)와 공동으로 추진한 것이었다. OSS와의 이 공동 작전 계획은 광복군이 미군의 훈련과 장비 지원을 받아 본격적으로 국내에 투입되어 첩보·전복·게릴라 활동을 전개하는 것이었기 때문에 우리가 연합군의 일원으로서 조국 해방을 우리 손으로 쟁취하는 다시없이 좋은 기회였다. 이를 위해 시안西安 제2지대와 푸양阜陽 제3지대 대원 중 1기생으로 50명이 선발되어 1945년 5월부터 3개월간 OSS의 특수 훈련을 마치고 국내를 향한 진격을 기다리고 있었다. 백범은 이 벅찬 순간을 우리 열혈 용사들과 함께하고자 주요 막료들을 이끌고 충칭에서 시안으로 달려와 대원들을 격려하며 국내 진입 후의 마지막 작전 지침을 논의하고 있었다. 바로 그때(8월 10일) 일제가 더 이상 버틸 수 없어 손을 들었다는 청천벽력 같은 소식을 접하던 순간, 백범은 그간의 천신만고가 물거품이 되어버린 듯 땅을 치며 크게 탄식했다.(김구, 1948: 351)

임시정부 요인 제1진과 제2진이 뒤늦게 조국 땅을 밟은 것은 11월 23

환국한 대한민국임시정부 요인. 원으로 표시한 사람 중 왼쪽부터 이시영, 유림, 김구, 조성환

일과 12월 2일이었다. 그것도 적 아닌 우방들에 의해 무장해제된 상태에서 정부 간판조차 떼어버린 채 들어와야 하는 처참한 몰골이었으니, 임정의 법통을 지키기 위해 노심초사하던 노혁명가들의 심정이 오죽했을 것인가! 그런데도 이제야 고대하던 진정한 내 정부가 들어왔다는 기대감에서 장안은 온통 환영의 물결로 뒤덮여 있었다. 이러한 국민들의 절대적 여망에 부응하기 위해서라도 백범 김구 주석을 위시한 임정 요인들은, 미군정과의 당초 약속에 구애받지 않고 곧 다시 옛 칼집에서 대한민국임시정부의 건국 대강령에 따른 '당면정책 14개항'을 꺼내 들어야만 했다.

'임시정부 당면정책 14개항'은 임정이 국무회의 결의로 통과시킨, 향후 입국해서 추진해나갈 임정의 시책 요강이다. 김구 주석 명의의 제1호 성명서 '애국 동포에게 고함'과 함께 발표된 이 요강의 핵심은 대략 이러하다. 즉 1) 현 정부 형태 그대로 최대한 빠른 시일 내에 국내에 들어가, 2) 과도 정권이 성립되기까지 국내 일체 질서와 대외 일체 관계에 대해 책임지고 정부로서의 역할을 수행하며, 3) 국내외 각계각층을 총망라한 비상정치회의를 소집하여 과도 정권을 조직하고, 4) 보통선거에 의해 '독립국가·민주 정부·균등 사회'를 원칙으로 하는 정식 정부가 수립되도록 하며, 5) 과도 정권이 성립되는 대로 모든 직무를 과도정부에 넘기고 본 임시정부의 임무를 완료한다는 것 등이다.

때는 독촉중협이 모스크바 회담 시한에 쫓겨가며 민족 통합을 위한 전형위원(7인)을 다시 구성하는 등 진통을 거듭하던 시기였다. 하지만 임정은 그와는 상관없이 '당면정책 14개항'을 중심으로 임정의 진로에 대한 구체적 방안을 토의하기 시작하였고, 조소앙, 김붕준金朋濬, 김성숙金星淑, 최동오崔東旿, 장건상張建相, 유림柳林, 김원봉 7명의 임정 인사로 특별정치위원회를 구성하여, 12월 25일 조소앙이 기자회견에서 밝혔듯이 독촉중협과는 무관하게 남북 좌우를 총망라한 비상정치회의 소집 준비에 들어갔다. 그러는 한편 내무부장 신익희申翼熙가 중심이 되어 행정연구위원회와 정치공작대를 비밀리에 조직해 임정의 권력 인수 작업을 서두르고 있었다.

요컨대 처절한 대일 항전과 혁명 선열이 뿌린 피의 대가로 지켜온 4반세기의 임정 법통이 우리가 동맹국으로 믿고 있던 승전 연합국의 기세에 짓눌려 산산조각 나려 하였을 때, 임정의 노혁명가들은 이에 굴하지 않고, 이번에는 법통 임정의 간판을 당당히 국내에서 내걸고 민족 자주권 탈환의 대도를 내디디려 했던 것이다. 이로써 아직도 자숙할 줄 모르는 친일파·민족 반역자들에게 철퇴를 가하여 응징하는 동시에, 잡히지도 않는 권력욕에 혈안이 되어 민족의 정도를 그르치고 있던 좌우 정상 모리배들에게 경종을 울리려 했던 것이다.

북한에서 김일성은 남한의 이승만보다도 근 1개월이나 빠르게 소련군의 정식 구성원으로 입국하여 모스크바 중앙의 전폭적인 지지 아래 북한 정계에 뿌리를 내리기 시작하고 있었다. 이승만이 보수적 군부 일각의 지원 말고는 국무부 측으로부터 노골적으로 경계 인물로 낙인찍혀 있었던 데 반해, 김일성은 귀국하기 전 스탈린과 직접 만나 정치적 장래에 대한 약속까지 받았으며, 연해주의 88여단 시절부터 항일연군 출신 대원들과 국내 진출에 대비한 만반의 사전 준비를 했던 것으로 알려지고 있다. 그럼에도 불구하고 소련 군정이 김일성을 즉시 등장시킬 수 없었던 것은 무엇보다도 당시 북한의 사정이 일직선으로 사회주의혁명의 깃발을 내걸 만큼 녹록하지 않았기 때문이었을 것이다.

해방 직후 평양에서는 항일운동의 역전 노장인 조만식曹晩植을 필두로 오윤선吳胤善, 홍기주洪基疇, 박현숙朴賢淑, 김병연金炳淵, 이주연李周淵 등 수다한 기독교계 원로와 민족주의계 인사들이 집결하여 평남치안유지위원회, 평안남도건국준비위원회를 발족시켰다. 그 총중에는 1929년 11월 10일 평양에서 전조선흑색사회주의자대회를 소집하고, 조선공산무정부주의자연맹을 조직했던 이홍근李弘根, 최갑용崔甲龍, 채은국蔡殷國, 김용호 등 관서흑우회를 이끌던 아나키스트들도 끼어 있었다. 그러나 8월 26일 소련군이 평양에 진주하면서 사태는 급변했고, 건준은 좌우 동수의 평남임시인민정치위원회로 개편하게 되었다. 그런 판국에서는 불편부당의 공정한 여론이 절실하던 때라, 최갑용은 채은국, 김용호, 이봉진 등 아나키스트들과 민성회관을 차려놓고 『민성』지를 창간했으며, 서울의 임시정부 귀환 소식을 알리는 벽보를 붙였다가 보안서원에게 끌려가 곤욕을 치루기도 했다.(최갑용, 1995: 47~51)

북한만을 단위로 하는 부르주아 민주주의 정권을 수립하라는 9월 20일자 스탈린의 비밀 지시가 있은 후, 소련 국방부와 연해주군관구의 합동위원회는 "북조선에서 정치, 경제, 문화생활을 정상화하기 위해 행정, 경제 관리를 중앙 집중화해야 한다"며 서울에서 분리하여 북한 지역을 통합하는 임시인민위원회 창설을 제의했다. 이 제의에 따라 평양의 소련 주둔군은 그때까지 각 지역에 배치했던 군경무사령부(113개)를 해체하고 10월 3일부로 안드레이 로마넨코Andrei Romanenko 소장을 책임자로 하는 '민정부'를 설치하여 북조선에서 정부에 해당하는 기능을 대행케 했다. 로마넨코와 그의 수하 이그나치예프 대령은 10월 8~10일 사이 '북조선 5도 인민위원회 연합회의'를 소집하여 종래의 지방 조직을 모두 인민위원회로 통일시키는 동시에 면·시군·도 인민위원회를 도 단위를 중심으로 하는 피라미드식으로 개편하였으며, 소련점령군사령부 '민정부' 산하에 산업, 교통, 체신, 재무, 농림, 상업, 보건, 교육, 사법, 보안 등 10국을 거느린 중앙집권적 '5도 행정국'을 개설할 것을 시달하였다. 각 국에는 소련인 고문 밑에 조선인들로 구성된 국장, 직원이 있었지만 모든 업무는 철저하게 소련 점령군의 통제와 지시에 따르도록 되어 있었다. 이때 제25군사령관 치스차코프의 이름으로 된 다섯 개 조항의 성명이 발표되었는데, 그 내용은 1) 조선 사람들이 반일적인 민주 단체를 조직하거나, 2) 노동조합과 그 밖의 비정치적인 단체를 조직하거나, 3) 교회 활동에 참가하는 것을 허용하되, 4) 이러한 모든 조직은 강령과 규약뿐 아니라 사무원들과 구성원들의 명부를 제출해야 하며, 5) 북조선에 있는 모든 무장대를 해산하고 보안대를 조직한다(『조선중앙연감』 1949: 57~58)고 되어 있다.

이렇게 해서 '북조선 5도행정국'이 출범(10월 28일)하고, 소련 외무부와 국방부가 작성한 1945년 10월 17일자 소련 정부 명의의 "늦어도 11월 초까지 북조선 5도 인민위원회를 출범시키도록 하라"는 지시에 따라 민족·공산 합작의 '태아적 정부'가 소련 점령군의 '순수한 협력의' 형태를 빌려 등장하게 되었다. 11월 19일 출범한 것으로 되어 있는 조선 5도 인민정치위원회 위원장에는 형식적으로나마 조만식을 선출하는데, 당시 녹록치 않은 북한의 토착적 민족주의 세력을 등한히 할 수 없었던 소련 점령군 당국의 고육책이 엿보인다. 다만 보안대 조직에 관해서만은 소련군의 정식 구성원인 김일성에게 그 칼자루를 쥐어주어, 점령 당국의 지시에 충실히 따르면서 누구도 넘볼 수 없는 실력을 길러나가도록 길을 터주었던 것이다.

한편 스탈린의 비밀 지령에 따라, 새로 탄생하는 정권의 핵심 지도 체계를 구축하기 위한 토의가 행정 조직과는 별도로 10월 1일부터 13일까지 '조선공산당 서북5도당 대표 및 열성자 대회'의 이름으로 평양에서 소집되었다. 이 회의에서 그들은 우선 남북한에 걸쳐 국내 공산주의자들이 범하고 있는 '좌경적 오류'에 대해 냉혹한 자체 평가를 한 다음, 미군의 남한 진주로 38선 이남은 혁명운동의 여건이 불리한 데 반해, 소련군이 진주한 이북은 '혁명의 전제 조건이 성숙해 있다는 정세 판단'을 이유로 '조선공산당 북조선분국'을 출범시키기로 결정하였다. 이 북조선분국은 서울에서 박헌영이 이끄는 조선공산당에 대해 "형식적으로는 북한만을 통일적으로 지도하는 조직"이라고 변명하였지만, 사실상 한반도 전체를 대상으로 하는 당중앙으로서의 성격을 띠게 될 것은 명약관화한 일이었다.[4]

북한에 독자적 정권을 확립하는 문제가 기정사실화되고, 이를 지도할 조선공산당 북조선분국이 만들어지는 과정에서 주도적 역할을 한 것은 88여단의 유격대원들을 이끌고 평양에 들어온 김일성이었다. 조선공산

---

4) 북조선분국은 1946년 4월 미소공위 참가 자격 문제를 구실로 '북조선공산당'으로 개칭한 데 이어 1946년 8월 대중정당의 성격을 띤 '북조선노동당'으로 탈바꿈했다.

당 북조선분국이 발족하던 바로 다음날인 10월 14일, 33세밖에 안 되는 나이 젊은 김일성이 처음으로 평양공설운동장에 모습을 드러냈을 때, 환영 나온 군중들이 의아스러워한 것은 지극히 당연했다. 소련 점령군의 일원이면서 하루아침에 민족 해방의 영웅으로 등장한 김일성은 그후에는 당분간은 표면에 나서기보다 군과 보안대의 힘에 의지하여 당 분국과 행정 조직의 지배권을 장악하기에 힘쓰는 한편, 평남 용강군에 '평양학원'을 세워 북한을 통치하는 데 필요한 군 정치 요원 양성 사업에 주력했다.5) 김일성은 12월 17일 조선공산당 북조선분국의 3차 확대 집행위원회에 이르러서야 비로소 책임비서의 직에 올라 명실 공히 실권을 잡게 되었다.

  소련 군정이 초기에 조만식을 내세워 민족·공산 합작의 순수한 협력 체제를 지향한 데는 일제 세력을 제거한 후 사회질서의 진공 상태를 메우기 위해 우선 민족주의 토착 세력을 등용 내지 포섭하지 않을 수 없는 속사정이 있었다. 당시의 북한에는 공산주의의 확고한 조직 체계가 없었고 평안도를 중심으로 하는 기독교의 기반이 오히려 강했기 때문에 사회주의혁명을 일거에 성취할 여건이 못 된다는 것을 소련 군정은 잘 알고 있었다. 게다가 무분별한 급진 세력의 발호와 소련 군인들의 우심한 행패로 인해 민심이 소련군으로부터 이탈한 것을 달래기 위해서도 소련 점령군으로서는 일시적이나마 토착 민족주의 세력을 등에 업을 필요가 있었다. 이런 점에서 김일성은 소련 군정의 사주使嗾를 받고 고당古堂 조만식 선생에게 다가가, 민주주의 체제 구성을 위해 조선공산당과는 별개의 복수 정당으로서, 민족 세력을 망라한 조선민주당 조직을

---

5) 김일성 스스로 이 학교의 명예 교장을 맡을 정도로 이 학교를 중시했고 실제로 이 학교 졸업생들이 뒷날 김일성 정권의 두뇌와 손발이 되었다.

제의하고 자신도 직접 참여할 뜻을 비치기까지 하였던 모양이다. 그러나 막상 11월 3일 조선민주당 창당 단계에서는 김일성 자신은 슬그머니 빠지고 대타자로서 최용건崔庸健(부당수), 김재민金在民(김책金策, 서기장) 등 빨치산 측근을 프락치 겸 감시역으로 심어놓는 술수를 부렸다. 조만식을 당수로 하는 조선민주당은 관서 지방에서 절대적 영향력을 가지는 기독교 세력과 도시 상공인 등 토착 민족주의 세력을 기반으로 하여 발당發黨 3개월 만에 당원 50만을 헤아릴 만큼 한때 누구도 경시할 수 없는 민중의 호응도를 과시했다. 하지만 그러면 그럴수록 소련군 당국의 기피 대상이 되었던 것 또한 사실이어서, 신탁통치 문제를 계기로 고당이 연금되고 초기의 창당 동지들은 모두 월남해버리는 등 일시에 조락凋落의 운명에 놓이고 말았다.

김일성을 부각시키는 것이 스탈린의 지시에 따른 소련 점령군 정책의 기본 목표였다고 볼 수는 없다. 소련으로서는 김일성을 권좌에 앉히는 것보다 북한에 소련식 공산주의 체제를 이식시키는 것이 훨씬 더 긴요한 당면 과제였다. 그들은 자기들의 명령에 일사불란하게 따를 정당 조직의 기틀을 마련하고, 소련식 공산주의의 개혁을 실시하며, 자기들이 수립한 체제를 지지할 군대를 창건한다는 목적을 성취하는 데에 김일성을 앞장 세워 효과적으로 이용하고 있었던 것이다. 그러기 위해 그들은 모든 장애물을 척결하기에 힘썼고, 심지어 연안파의 무정武丁이 조선의용군 정진대를 거느리고 압록강을 건너 조국 땅에 개선하려 했을 때(12월 초) 이들의 입국을 막고 무장해제까지 시키며 김일성의 태아적 권력을 보호해주었던 것이다.

그런 과정에서 김일성은 다른 어떤 의식 있는 민족주의 지도자나 조선공산당 지도자보다도 더 충실하게 소련의 지도를 따르면서 점령 당국의 대리인으로서의 자질과 면모를 유감없이 드러내고 있었다. 결과적으로 북한에서 소련 점령 당국과 김일성은 종시 각기의 속내를 드러내지 않으면서도 소련식 공산주의 권력 체제 수립이라는 공동 목표를 향해 십이분 호흡을 맞추고 있었다고 볼 수 있다.

이처럼 소련은 그해 10월과 11월 사이에 이미 북한만을 단위로 하는 당과 행정기관의 조직을 사실상 끝내놓은 상태였다. 따라서 소련은 미국을 상대로 한국 문제 해결의 유리한 고지를 선점한 상황에서 모스크바 3상회의의 날을 기다리고 있었다고 보아야 할 것이다.

6. 3상 결의, 반탁, 임정 보위 무력 준비 운동

미소 양국은 종전 넉 달 만에야 겨우, 모스크바 3상회의에서 한국 문제에 대해 신탁통치라는 엉거주춤한 해결 방안으로 합의를 보았다. 1945년 12월 28일 발표된 모스크바 3상회의의 결의 내용의 골자는 대략 다음과 같다. 1) 조선을 민주주의적 원칙 아래 독립국가로 발전시키기 위해 임시정부를 수립할 것, 2) 임시정부 수립을 원조하기 위해 미소 공동위원회를 설치할 것, 미소공위는 임시정부 구성을 준비하기 위해 민주적 제 정당·사회단체와 협의할 것, 3) 미소공위는 미·영·중·소 4개국이 조선을 최고 5년 기한으로 신탁통치하는 방안을 조선 임시정부와 협의한 후 제출할 것, 4) 남북 조선에 관련된 긴급한 제 문제와 미소 양 관구 간의 행정, 경제 면의 항구적 균형 수립을 위하여 2주일 이내에 미소 양군 사령부 대표 회의를 소집할 것 등이다.

모스크바 3상회의의 신탁통치 결정 발표로 우리 전 국민은 큰 충격에 빠졌다. 파문은 이 발표가 있기 하루 전인 12월 27일 『동아일보』가 소련은 조선에 대한 신탁통치를 제의한 반면 미국은 즉시 독립을 주장한다는 내용의 외신 기사를 보도하면서부터 이미 걷잡을 수 없는 단계에 돌입하고 있었다. 이 기사가 남한 국민의 충격을 완화시키기 위한 오보였음을 알게 된 것은 뒷날의 일이었다. 미국이건 소련이건 조선을 신탁통치하에 묶어두겠다는 기본 입장이 서로 다르지 않았던 것이다. 한마디로 그것은 우리 민족의 정치 역량을 한없이 얕본 발상에서 나온 동상이몽의 어처구니없는 결정이었다.

전승 강대국들의 입장에서 볼 때, 전후 조선에 일정 기간 신탁통치를 실시한다는 계획은 새삼스러운 것이 아니었다. 전후 한국을 신탁통치하에 두어야 하겠다는 구상을 제일 먼저 한 것은 미국무부였다. 당초에 미국 정책 입안자들은 '조선이 식민 통치하에서 문맹 상태로 가난할 뿐 아니라 정치적 경험도 없고 경제적 후진국으로 미개하기 때문에 근대국가로 발전하기 위해서는 강대국들에 의한 보호·지도·원조를 최소한 1세대 이상은 받아야 할 것'이라는 생각을 가지고 있었다. 이런 점에서, 1943년 11월 연합국 수뇌가 카이로에 모여 한국의 독립에 대해 "적당한 시기in due course"라는 조건을 달아 약속했을 때, 대한민국임시정부 주석 김구 선생이 "만약 연합국이 일본 항복의 순간에 〔한국의〕 무조건 절대적 자유와 독립을 부여하지 않는다면 그들이 어떤 침략자건 침략집단이건 우리는 역사적인 독립 투쟁을 계속할 것이다. 우리도 그들과 같은 지성과 자치 능력을 가지고 조국을 다스려나갈 수 있으며, 그 어떤 타민족이 우리를 지배하려 하거나 국제적인 공동관리를 하려 드는 것을 용납하지 않을 것이다"(임홍빈, 1983a)라고 격노했던 것은 참으로 의미심장한 일이었다.

1945년 8월 원폭 투하로 일본이 예상보다 빨리 손을 들고 나오던 전쟁 막판에, 소련군이 갑자기 참전을 선언하고 만주·북한 지역으로 밀고 들어왔기 때문에 한반도 정세에는 또 다른 복잡한 변수가 생기게 되었다. 어찌 보면 그것은 미소 양군의 38선 분할 점거와 함께 전승 연합국들이 얄타회담, 포츠담회담 등 일련의 패전국 처리 협상 과정에서 이미 드러낸 변수이기도 하였다. 미국은 한반도 신탁통치안의 세부 내용에 대해 전승국 간의 완전한 합의를 끌어내지 못한 상태에서 종전을 맞은 것이었다. 그 과정에서 애꿎게도 우리 민족이 패전국 국민만도 못한 수모를 강요당해야 했고, 급기야 전승 강대국들의 전리품이 되고 말았던 것이다. 아무튼 종전 후 미국무부는 강대국들과 한국의 신탁통치 문제에 대한 교섭을 타결할 때까지 '분할선을 철폐하고 신탁통치를 위해 군사 점령을 통합하는 조치를 즉시 취할 것과 남한의 행정 조직을 소련과 합의하여 전 한국에 확대시킬 수 있도록 조정해둘 것' 등을 기본 지침으로 현지 사령관에게 시달해놓고 있었다. 하지만 미국점령군사령관 하지나 그의 정치 고문인 국무부 파견 관리들조차 한인들의 폭발적인 독립 열기로 보아 국무부가 계속 신탁통치 구상에 매달리는 게 바람직한 것인지에 대해 의문을 제기하고 있는 상태였다.

모스크바 3상회의가 조선에 신탁통치를 실시하기로 결정했다는 발표는 한민족을 자주독립에 대한 안이한 미몽에서 깨어나게 하는 충격제가 되었다. '신탁통치 결사반대!'를 외치는 함성으로 거리는 걷잡을 수 없이 들끓었고, 자연 발생적인 궐기대회, 시위행진이 전국으로 확산되었다.

12월 26일 이승만은 방송을 통해 "최후의 1인까지 죽음으로 싸워 독립 방해를 각성케 하자"고 촉구하는 반탁 연설을 했다. 앞에서 말했듯이 12월 27일 『동아일보』는 1면 4단의 "소련은 신탁통치 주장, 미국은 즉시 독립 주장"이라는 머리기사로 미확인 왜곡 외신을 소개하여 점차 가열하는 시중의 반탁 여론에 기름을 부었다. 사실 모스크바 3상회의에 대한 왜곡 보도는 반소적인 추측 기사와 함께 이미 12월 24, 25일경부터 국내 신문에서 넘쳐나고 있었다. 모스크바 3상회의의 결의가 공식으로 발표되던 12월 28일, 거리에는 삐라가 범람했고 도처에서 울분을 토로하는 군중집회가 장안의 공기를 걷잡을 수 없이 소연하게 했다.

이런 와중에서 '신탁통치 결사반대'의 깃발을 들고 제일 먼저 거리로 뛰쳐나온 것은 자유사회건설자연맹의 아나키스트들이었다. 종로 장안빌딩 사무실에서 시국 대책 간담회를 끝낸 자유사회건설자연맹 동지들의 시위행진은 광화문으로, 새문 밖 임정 숙사로 이어졌다. 일본 순사놈의 눈을 뽑았다는 일화로 유명한 마산의 목발目拔 김형윤 동지가 플래카드를 들고 선두에 섰으며 100여 명의 동지들이 그 뒤를 따랐고, 가두의 군중들이 자연스럽게 대열에 합류하여 시위 행렬은 부지불식간에 장사진을 이루었다. 가두 행진을 끝낸 자련 동지들 중 이을규, 신현상申鉉商, 이강훈, 이규창 등 몇몇 동지 대표들이 그 길로 곧장 경교장으로 들어가 각 정당·사회단체의 비상대책회의에 합류하는 한편 임정 요인들과 접촉하여 반탁의 열기를 법통 임정 중심의 혁명적 민족운동으로 몰아가는 전략 수립에 착수했다.

한편 임시정부의 임시 청사인 경교장에서는 오후 4시부터 긴급 국무위원회의가 소집되어 김구 주석 주재하에 1) 전 국민적 신탁통치 반대 불합작운동 단행, 2) 각 정당, 각 사회단체, 각 언론기관 대표자(2인씩)를 초치하여 임정의 기본 태도를 표명하고 협조를 요청, 3) 4대국에 대해 신탁통치 반대 전문 발송, 4) 미소 군정 당국을 향해 우리의 태도 표명 등 4개항을 결의했다. 이어 밤 8시부터 심야까지 경교장에서 열린 각 정당·사회단체 대표들로 구성된 비상대책회의에서는 '신탁통치반대범국민총동원위원회'(반탁총동원위원회)를 설치하고, 임시정부 국무위원회 지시하에 일대 민족적 불합작운동을 전개하기로 결정하였다.

29일 혹독한 추위에도 불구하고 이른 아침부터 흥분한 군중이 물밀

〈위〉 임시정부가 임시 청사로 쓰던 1948년의 경교장
〈아래〉 2005년 국가지정문화재로 지정되었지만 연건평 265평(지하 1층, 지상 2층) 중 백범 집무실 20평만 복원된 채 여전히 강북삼성병원의 본관으로 쓰이고 있는 현재의 경교장

듯이 거리로 몰려나와 누구의 지시도 없었지만 시위행진을 시작했다. 정오가 되면서 군정청 앞을 비롯하여 종로, 광화문, 서대문 네거리, 서울역 광장, 남대문통이 태극기를 휘두르는 시위 군중으로 폭발 직전이었다. 흥청대던 환락가가 모두 문을 굳게 걸어 잠갔으며 전 시가가 철시한 가운데, 미군정청 한인 직원들이 맹아학교 뒤뜰에 모여 총사퇴를 결의하고 시위행진에 나섰다. 뒤이어 서울시내 각 경찰서, 법조계, 조선금융단 등에서도 반탁 대회와 파업 결의가 잇달았다.

이날 오후 경교장에서는 김구 주석 이하 국무위원 전원과 각 정당·사회단체 대표들이 다시 모여 반탁총동원위원회 결성 대회를 가졌다. 이 대회에서 참석자들은 임시정부가 즉각 주권 행사에 나서도록 건의하고, 임정 추대 운동을 범국민적으로 전개하기로 결의하였다. 그와 병행하여 열린 임정 국무위원회의에서는 반탁총동원위원회를 국무위원회 산하에 두고, 위원장(김구)과 지도 위원 9인(조소앙, 김원봉, 조경한趙擎韓, 유림, 김규식, 신익희, 김붕준, 엄항섭嚴恒燮, 최동오)을 임정 요인만으로 구성함으로써 임정이 최소한 정권 접수를 목표로 정국의 주도권을 장악하고 있다는 것을 분명히 하였다. 한편 반탁총동원위원회는 위원장에 권동진權東鎭, 부위원장에 안재홍, 김준연金俊淵, 중앙위에 좌우 남북 인사를 총망라한 76명을 선정하였다. 그중 아나키스트계 인사로는 박열朴烈, 이을규, 이강훈 등이 포함되었으며, 후일 집행부 선전부장을 자련의 이을규로 교체한 것도 의미 있는 일이었다. 이렇게 해서 구성된 반탁총동원위원회는 국민운동 실행 방법으로 "1) 연합국에 임시정부 즉시 승인을 요구할 것. 2) 신탁통치를 절대 배격할 것"을 내세웠으며, 이의 관철을 위해 전국 미군정청 관리의 총사직, 일체 정당 즉시 해체, 전국민 총파업 단행 등을 규정하였다. 이러한 규정은 단순한 반탁운동의 차원을 넘어서, 임시정부가 남북의 미소 군정을 대신하여 과도정부의 임무를 맡을 것임을 강력히 시사한 것으로서, 일대 혁명적 결의 없이는 불가능한 일이었다. 여기서 특히 '일체 정당 즉시 해체'를 주장한 부분은 '신탁통치 배격 운동에 협력치 않은 자는 민족 반역자로 규정함'이라고 한 것과 함께 한국민주당을 위시한 조선공산당, 조선인민당 등의 즉시 해체를 통해, 미소 양 점령군과의 대립각에서 임정을 주체로 하는 민족 자주의 태세를 갖추자는 것이었으며, 그야말로 민족 완전 해방의 돌파구를 찾자는 결의의 표시라 할 만했다.

12월 30일에도 반탁 투쟁은 계속되어 서울시청 전 직원이 탁치 반대 총사직을 결의하였고, 서울변호사회, 서울의사회, 경성대학 교직원 등이 신탁통치 반대 결의 대회를 가졌으며, 교육계, 종교계 및 문화 예술 단체들이 줄을 이어 반탁 결의를 했다. 우익의 각 정당·사회단체들은 물론, 인민공화국의 중앙인민위원회, 조선공산당, 조선인민당, 조선노동조합전국평의회, 전국청년총동맹, 국군준비대 등 좌익 단체들까지도 탁치 반대 의사를 표명한 데 이어 40여 개 단체가 별도로 '반파쇼공동투쟁위원회' 결성 대회 자리에서 신탁통치안 철폐 요구 성명서를 채택했다. 물론 박헌영이 평양을 다녀온 후 공산 진영이 불과 며칠 사이에 반탁에서 모스크바 3상회의 결의 지지로 태도를 돌변하여 국론을 분열시켰고, 이후 정국을 남북 좌우로 영구 분단시키는 결정적 역할을 했지만, 그들이라고 자주독립의 원칙 자체에 반대했던 것으로 볼 수는 없을 것이다. 두 달 전인 1945년 10월 20일 미국무부 극동국장 빈센트가 행한 한반도의 다자간 국제 신탁통치 발언에 대해, 인민공화국 중앙위가 즉각 이를 절대 배격한다는 담화를 낸 것이라든지, 10월 26일 조선공산당이 앞장서서 '각 정당 행동통일위원회'에 참가하여 신탁통치 반대 결의를 한 사실이 이를 입증한다.

모스크바 3상회의 결의에 따라 조성된 반탁 정국은 시중의 공기를 걷잡을 수 없이 험악한 쪽으로 몰고 갔다. 30일 새벽 한국민주당 수석 총무 송진우가 자택에서 자객의 총탄에 쓰러졌으며, 좌익계의 대변지 인민보사가 청년 단체의 습격으로 심대한 파손을 입었다. 해방 직후 여운형의 건준에 맞서, 충칭임정의 환국에 대비하여 국민대회준비회를 이끌었던 송진우는, 그후 이승만의 독촉중협에 깊이 관여하면서 미국의 2년간 훈정설訓政說을 지지한 것으로 구설수에 오르고 있었다.

　1945년 12월 마지막 날, 반탁총동원위원회 주최의 국민총궐기대회가 서울운동장에서 거행되었다. 이날 아침 경교장 임시정부 임시 청사에는 시내 각 경찰서장들이 모여와 "금후 전 경찰관이 임시정부의 명령에 복종하여 행동하겠다"는 결의를 표명한 것으로 보도되었다. 한편 임정 조소앙 외교부장은 군정청과 교섭한 결과에 대해 "우리의 평화 시위에 무

반탁 국민총궐기대회(1945년 12월 31일 서울운동장)

장 부대를 동원하여 간섭하는 것을 삼갈 것, 구속 동지 즉시 석방, 우리가 원치 않는 '탁치 문제'와 〔카이로선언의〕 '적당한 시기에 독립'이란 구절을 철폐하여 민중의 기대를 저버리는 일이 없도록 할 것 등을 통고하여 상당 부분 양해를 얻어냈다"(『동아일보』 1946. 1. 3)고 발표하였다.

이날 성동 뒷산이 하얗게 덮일 정도로 인산인해를 이루었던 궐기대회에서 반탁총동원위원회는 "삼천만 전 국민이 절대 지지하는 대한민국임시정부를 우리의 정부로서 세계에 선포하는 동시에 세계 각국은 우리 정부를 정식으로 승인할 것을 요구한다"는 결의문을 우레와 같은 연호 속에 채택했다. 또한 이 자리에서 동 위원회는 "우리의 목적이 관철될 때까지 전국이 총파업에 돌입할 것"을 결의하였다. 대회에 이어 '신탁통치 결사반대'의 구호와 함께 '임시정부 절대지지!'를 외치는 군중의 함성이 온 천지를 뒤흔드는 가운데 질서 정연한 시위 행렬이 시내 중심가를 메웠다. 반탁총동원위원회의 활동에 호응하여 그 선봉에 선 것은 학생들이었다. 학생들은 반탁학련을 조직하여 반탁 시위를 전국 지방 도시는 물론 북한 지역에까지 확산시켰다. 그뿐만 아니라 윤한구尹漢九, 최중하崔重夏 등으로 구성된 '대한반탁공작대' 7명은 북한으로 가서 조만식을 만나, 반탁 결의문에 서명을 받아 반탁총동원위원회에 전달하기도 하였다.

임정 내부에서 반탁운동과 병행하여 임정의 정권 접수 공작을 주도한 것은 내무부장 신익희와 그가 이끌던 행정연구위원회와 정치공작대였다. 12월 30일 행정연구위원회는 대한민국임시정부의 명의로 된 국자國字 1, 2호 포고를 발표하여 임정의 정권 접수를 선언했다. 1946년 1월 1일부터 발효하기로 되어 있는 이 포고문에는 "현재 전국 행정청 소속의 경찰 기구 및 한인 직원을 전부 본 임시정부 지휘하에 예속케 함"으로 되어 있었다. 신익희는 이 포고문을 인쇄해 정치공작대원들을 동원하여 서울시내 요소요소에 부착하였고, 전국 지방에도 배포하였다. 전국적 조직망을 가진 정치공작대는 반탁 시위를 준비하는 일에도 관여하였고, 그 지시에 따라 군정청, 체신국, 서울시청 등에서는 파업이 계속되었다. 또한 정치공작대의 백시영白時英, 강응룡姜應龍, 이성렬李成烈 등은 임정의 반탁포고문을 들고 입북(1946. 1)하여 이윤영李允榮, 한근조韓根祖, 김병연, 백영엽白永燁 등 민족진영 요인들과 접촉, 월남할 길을 터주는 등 종횡무진 활약하였다.

임정 내무부장 신익희가 충칭에서 일제 패망을 예측하고 국내의 정치공작대와 행정연구위원회 조직을 구상한 것은 1944년 3월부터였다. 그는 이 구상을 실천에 옮기기 위해 국무위원회의의 재가로 국내공작특파위원회(위원장 김구, 위원 조성환, 성주식成周寔)를 출범시켰으며, 국내에 잠입하여 임시정부의 개선에 대비할 선발대원으로 조병걸趙炳傑, 백창섭白昌爕을 발탁하였다. 특파공작원으로 선발된 백창섭은 적의 전선을 뚫고 베이징에서 조중서曺仲瑞와 접선한 후, 1945년 4월 중순 최종적으로 의주 잠입에 성공, 그때부터 평안남북도, 경기도, 충청남북도를 밀행하며 국내의 적정 탐지와 포섭 대상 발굴에 주력했다. 8·15 해방이 되자, 백창섭은 베이징에서 급거 귀경한 조중서와 종로3가 168번지 오복여관에 근거를 마련하고, 진헌식陳憲植, 임병기林炳基, 박문朴文 등과 제휴하여 계동 입구 임병은林炳殷의 집 사랑채에 '대한민국임시정부특파사무국' 간판을 내걸었다. 이에 호응하여 수많은 국내 인사들이 집결하였으며, 청년 학생들이 그 주위를 호위했다. 내무부장 신익희는 임정 요인 제1진보다도 열흘이나 뒤늦은 12월 2일에야 귀국했다. 하지만 그가 도착했을 때, 내무부 정치공작대는 임시정부의 위광을 등에 업고 이미 기본 조직이 완비된 것이나 다름없었다.

신익희는 '대한민국임시정부 내무부 정치공작대 판공처'를 종로5가 낙산장(수원 부호 차준담車濬潭의 집)에 차려놓고, 불과 보름 만에 정치공작대 중앙 기구와 전국 276개소의 군 단위 조직을 끝냈다. 또한 일제 고등문관 합격자 70여 명으로 행정연구위원회를 구성하여 각 분야별 행정 자료를 수집하게 하는 등 임정의 정권 인수공작을 물샐틈없이 진행했다. 정치공작대는 중앙본부장 신익희 직속으로 차장 강태동, 총무 김정실金正實, 재정 임병기, 조직 조중서, 정보 박문 등 핵심 공작 요원을 중앙에 배치하고, 그 휘하에 각 도별로 기라성 같은 명망가, 재력가를 끌어 모아 지방위원으로 결속시켰다. 다소의 친일 과오가 있더라도 개과천선을 조건으로 포용하는 것이 기본 방침이었다. 신익희는 이 조직의 토대 위에서, "전체 국민이 대한민국임시정부가 자기네 정부라고" 모두가 일사불란하게 들고 일어나는 모습을 보여, 하지 사령관을 상대로 한 정권 이양 협상을 보다 유리하게 진행시킬 계산이었다. 신익희의 정치공작대에서 볼 수 있는 또 다른 특색은 반탁운동을 통한 대북 타격 정책으로 법통 임정의 외연을 전국적으로 확대시키려 했다는 점이다. 그 대표적인 사례가 바로 대북 공작에 '백의사 결사대'의 월남 청년들을 정치공작대가 활용하고 있었다는 점이다. 1946년 2월 백의사 결사대원들(대원 이성렬, 백시영, 김형집金亨集, 최기성崔基成, 이희두李希斗)은 낙산장의 정치공작대 본부에서 정보 수집 요령과 지하 활동 방법에 대한 교육을 받고 북한에 밀파되었다. 이들은 3월 1일 평양역 광장 집회장에서 폭탄을 던져 김일성 암살을 기도했으며, 기타 최용건 집 습격(3월 3, 5일), 김책 집 습격(3월 9일), 강양욱康良煜 집 습격(3월 11일) 등을 통해 북한 임시인민위원회 지도자들의 간담을 서늘하게 했다.

이후 신익희의 정치공작대와 행정연구위원회는 임정의 국자 1, 2호 발포 문제로 미 점령군의 강압에 의해, 임정 국무위원회 결의에 따라 표면상의 간판을 떼어놓고 있었다. 하지만 그후 이 두 조직은 1946년 6월 10일 신익희를 따라 독립촉성국민회에 합류하였으나, 8월 29일 국치일을 기한 쿠데타 모의가 사전 누설되는 바람에 풍비박산 나고 말았다.

요원의 불길처럼 번지는 반탁운동이 법통 임정의 주권 쟁취 운동으로 격상되어갈 때, 당황할 수밖에 없는 것은 미 점령군 당국이었다. 하지 장군은 3상회의 결정이 국내에 알려진 뒤 자신의 반탁 입장을 공개적으로 천명할 수는 없었지만 한국인 지도자들을 설득할 때마다 은근히 자신의 반탁 입장을 과시하기까지 했다. 하지만 하지가 반탁운동을 무한정 허용했던 것만은 아니다. 특히 하지의 반탁 지지 입장에는 반탁운동이 군정에 대한 반대 운동, 또는 한국인들이 독자적으로 주도하는 정부 수립 운동으로 번지는 것은 엄단해야 한다는 한계가 있었다. 임정의 반탁운동이 바로 이 한계선을 넘어 임정 법통론에 입각한 통치권 인수 운동으로 발전하는 양상이 되었을 때, 미군정 당국으로서 당황하는 것은 당연한 일이었다. 이때 G-2보고는 "김구가 경찰력을 장악하여 쿠데타를 하려고 하였는데, 미군정 측은 충칭임정 측과 경찰과의 접촉을 막았고, 미군 당국에 의해 라디오로 그들의 선언을 방송하려는 계획이 발각됨으로써 쿠데타는 실패로 돌아갔다"고 기록하고 있다.(HUSAFIK 2: 145; 서중석, 1991: 312에서 재인용) 1946년 1월 1일 하지 장군과 김구 주석이 마주했을 때, 두 사람은 자연 "나를 속이면 죽여버리겠다", "이 자리에서 자결하겠다"는 등 옥신각신하였지만, 마지막에는 "반탁 시위가 미군정을 겨냥한 것이 아니라 신탁통치를 반대하기 위해 행해졌다는 것을 라디오방송을 통해 밝히도록" 하는 선에서 타협하고 끝냈다는 것이다.(HUSAFIK 2: 151; 서중석, 1991: 312에서 재인용) 결국 임정은 방송을 통해(엄항섭 선전부장 대독) 국민들에게 파업을 중지하고 일터로 돌아갈 것을 요청하는 선에서 미군정의 체면을 세워주었고, 미군정 역시 장래 유용하게 이용할 수도 있는 임정 지도자들의 체면을 더 이상 손상시키지 않는 선에서 임정 측의 기도를 포기하게 만들었다.

참으로 통분할 일이었다. 김구가 누구이기에 누구를 향해 쿠데타를 한다는 것인가? 대한민국 임정의 간판을 메고 다니다 해방된 내 조국에 돌아와 전 국민의 여망을 받으며 자주독립의 주권을 행사하겠다는데, 그것을 가로막는 자가 있다니, 그들 전승국이란 도대체 무엇을 위해 어디서 온 군대들인가? 이미 임정 요인들이 고분고분 무장해제를 당하고 개인 자격으로 돌아온 원점부터 잘못 되었다고 보아야 한다. 그래 놓고 민족 자주의 운명이 걸린 결정적 순간에 딱하게도 내일을 바라보자는 구실로 허리를 굽힐 수밖에 없게 되다니……. 경우야 좀 다르지만 같은 시기 평양에서 소련군에 굴하지 않고 같은 반탁운동을 하다가 고려호텔에 연금된 조만식 선생의 절조가 새삼 그리워지는 순간이었다.

8·15 직후 출옥동지회가 시국을 정관하던 끝에 제일 먼저 착안한 것은 일제 패잔 세력의 행패를 저지하고 치안 확보를 하는 일이었다. 그러기 위해 쌍공 정이형은 호국대편성준비회를 결성한 다음, 귀환 장병 및 국내 청년 100여 명을 규합하여 신흥사, 욱중교회, 구舊박문사지 등에서 2개월여에 걸친 집체 훈련을 실시하고 있었다. 때마침 임정에 앞서 조기 입국한 광복군 소장 오광선吳光鮮과, 같은 의주 동향인이자 선배인 김승학金承學 옹과 같은 무장 독립운동의 선후배 동지들이 모여 협의를 거듭한 끝에, 1945년 11월 1일 이승만 지도 아래 대한국군준비위원회와 동 총사령부를 발족하고 기왕에 훈련시켜놓은 호국대도 여기에 합류시키게 되었다. 총사령부 본부는 서소문동 전 중추원 자리에 두었으며, 그 조직 부서는 다음과 같다.

- 대한국군준비위원회

위원장 유동열柳東悅

부위원장 전성호全盛鎬, 조각산趙覺山

비서장 김의연金義演

- 대한국군준비총사령부

총사령 오광선

참모부장 김승학, 차장 김상겸金相謙, 부원 박두항朴斗恒

부관부장 정이형, 차장 윤익헌尹益憲

헌병부장 장두張斗

군수부장 최관용崔寬用

군기부장 김기동金基東

군의부장(차장) 조이섭趙利涉

교통부장 김해강金海崗

경비부장 이기환,[6] 차장 김지강.(『매일신보』 1945. 11. 1)

이 무렵 출옥동지회는 한편으로 임정과 연락을 취하기 위해 김형민金炯敏[7]을 제1차 연락관으로 위촉, 상하이와 서울을 왕래하는 미군기 편

---

[6] 여단 이기환은 개성 출신으로 1925년 베이징에서 친일 주구 김달하金達河 처단에 앞장섰던 다물단 행동 대원으로, 그후 광둥으로 도피 황푸군관학교를 졸업(제4기)했고, 1927년 푸젠성 취안저우에서 민단편련처운동의 군사교관으로 활약하던 중 이강李剛과 함께 일본영사관 경찰에 납치되면서 반일 운동에 많은 일화를 남겼다.

[7] 김형민은 전북 완주 출신으로 1926년 도미 미시간대를 나오고 1933년 귀국하여 개성 송도고보에서 영어 교사로 있으면서 전시 중 반일 운동을 고취한 죄목으로 피체되었던 쌍공의 옥중동지이다. 후일 미군정하에서 서울시장을 역임하였다.

에 동승하여 상하이에 와 있던 임정에 파견하였다. 김형민은 상하이에서 광복군총사령관 이청천李靑天 장군을 만나 임정의 당면정책 14개항과 함께 이 장군의 서신(광복군 10만 대군을 거느리고 입국할 것이니, 국내에서는 광복군 국내 지대를 만들라는 내용)을 받아가지고 귀국하였다. 이청천 장군의 서신에 의거하여 대한국군준비총사령부는 명칭을 다시 광복군 국내 지대로 개칭하였다. 한편 임정 요인들의 환국을 앞두고 출옥동지회는 미군정 당국에 임시정부 요인들의 경호 문제를 광복군 국내 지대가 담당하도록 조처해달라고 건의하였지만 그대로 허용되지는 않았다. 미군정 측에서는 "광복군 자체를 인정하지 않는 것이 미군정의 원칙인 만큼, 그 대신 그들〔광복군 지대〕을 군정 경찰에 편입시키면 월급과 무기를 지급할 것"이라고 역제의를 하여왔다. 광복군 지대로서는 만부득이 그 제의를 받아들여 군정 경찰복으로 갈아입고 돈암장에 33명, 경교장에 33명, 한미호텔에 33명씩 분산 배치되어 경호를 담당하게 되었다.[8] 임정 요인들이 환국했을 때, 출옥동지회가 이 국내 지대의 물리력을 이용하여 난맥 상태의 좌우 정계 통합을 시도하는 계획을 추진했다는 것도 이 언저리의 이야기다.

한편 희산希山 김승학 옹은 이 당시 고향인 신의주에서 독립운동사편찬회를 조직하고 자료 수집 사업에 착수하다가, 9월 하순 동향 후배인 조상항趙尙亢, 전성호 등의 독촉으로 상경하여 이 혁명군 건설 활동에 참여하였던 것이다. 희산 옹은 저간의 경과에 대해 다음과 같이 회상하고 있다.

---

[8] 미군정은 1945년 11월 13일자로 미군정 내에 국방사령부를 설치한 데 이어 1946년 1월 16일 국방경비대를 창설하는 동시에 같은 해 1월 21일자로 사설 군사 단체 해산령을 공포하였다.

어느 날 오광선, 전성호, 김해강, 조상항 외 몇몇 동지가 찾아와서 우리는 정당에는 가입하지 말고 군사 단체를 조직하자고 하기에 즉시 찬동하고 한국혁명군이라는 명칭하에 동지를 모집하였더니 불과 기일幾日[수일]에 내응자가 수백 인이다. 덕수궁 뒤 전 중추원 자리에 임시로 사무소를 두었다가, 다시 동대문 밖 박영효 댁 별장으로 옮기고 준비를 하고 있다가 상하이에 있는 광복군 총사령관 지청천의 지시로 '광복군 국내 제1지대'라고 명칭을 고치고 참모장의 임무로 활동하였다. 동년 11월에 임시정부 요인 일행이 환국하고, 임정 군무부장 김원봉이 나서게 되어 좌익계 청년들은 그 지도하에 분립되어 상호 격투까지 발생하였다. 나는 제1지대를 사퇴하고 국내 제2지대 설립 책임을 지고 38선 경계인 개성에 자리를 잡고 해외에서 입국하는 청년 백여 명과 국내 청년을 합하여 수백 명을 모아서 만월대에 임시 군영을 두고 훈련하면서 경비 일체는 개성 실업계에서 담당하기로 하고, 일삭一朔 동안 적극 추진하던 중에 미주둔군 군정령으로 강제해산을 당하고 훈련 책임자 김○○은 미군 재판하에서 5년 형의 구형을 받았다.(김승학, 1998: 443)

7. 해방 공간에서 만난 아나키스트의 영혼: 작고동지추도회

자유사회건설자연맹 조직 후 몇몇 아나키스트 동지들은 직접행동을 염두에 두고 있었다. 때마침 다옥동의 출옥동지회를 왕래하던 아나키스트 혁명가 김지강(김성수金聖壽), 이규호李圭虎(이규창), 공형기, 차리혁 등 4인의 동지가 어느 날 저녁 모여서 우선 왜경 간부 사이가齊賀七郎를 처단하기로 하였다.

사이가는 종로경찰서의 미와三輪 이후 가장 악명 높은 왜경 간부인데, 해방 이후에도 당시에 우후죽순처럼 새로 생기는 각종 조직을 사찰하고 다니면서 까불지 마라, 쏜다라고 위협하고 능글맞게 경찰 행세를 한 자이다. 해방 직후의 혼란 중에도 신흥 정당, 단체의 연락처를 직접 찾아다니며 압력을 가하는 방약무인한 행동을 하여 당시 정가의 격분을 자아내게 하던 자였다.(송남헌, 1985: 42) 예를 들면 김석황 선생이 가회동에서 본거지를 가지고 조직하고 있을 때, 거기 와서 협박하기도 하였다.

11월 2일 저녁 6시가 조금 넘은 시간에 김지강 선생이 앞장서서 4인의 동지가 원남동으로 향했다. 사이가는 집이 원남동(124번지)에 있었는데, 가족은 이미 일본으로 다 보내고 자기 혼자 집을 지키고 있었다. 여기 상황을 보아가며 돌아가려고 11월까지 그러고 있었던 것이다. 사이가를 아는 동지 한 사람이 불 꺼진 집으로 들어갔다. 집에 불이 환히 켜졌다. 동지는 그를 원남동 사거리 건너편에 있는 원남우체국 옆 골목으로 유인해냈다. 그곳에 사이가가 잘 아는 일본인 집이 있었던 것이다. 그 집 앞에 이르렀을 때 네 동지는 그를 권총으로 직격하여 처단했다.(『자유신문』 1945. 11. 2)

그리고 며칠이 지난 후 지금의 서동 사거리에 있던 자유신문사 2층에 이규창, 방우영方宇榮 등 아나키스트 동지 몇 사람이 모여 있었다.『자유신문』은 당시에 중간 신문으로서는 제일 먼저 나온 신문인데, 진보적인 동정을 많이 취급하고, 아나키스트 관련 기사를 많이 다룬 신문이기도 했다.

그런데 자유신문사 2층에서 보니 전 경기도 경찰부장으로 총독부 감찰관이던 하라다原田太六가 지나가고 있었다. 방우영 동지가 "내가 내려가서 쇼를 할테니, 잘 보세요" 하고 밖으로 나갔다. 방우영 동지는 백주에 시내 거리를 활보하던 악질 하라다에게 충격을 가했다. 그러나 하라다는 총상만 입고 인근 백인제병원으로 실려 갔다. 근처에 있던 사람들이 내용도 모르고 사람 죽였다고, 살인자 잡으라고 소리쳐 방우영 동지는 경찰에 잡혀갔다.(『자유신문』 1945. 11. 11)

그로부터 며칠 뒤 백인제병원으로 하라다 문병을 가던, 전 총독부 상하이 특파원으로 온갖 간악한 행동을 하던 츠보이坪井岩松를 또한 동지들이 발견하여 백주 대로상에서 권총 두 발을 쏴 즉사시켰다.(『자유신문』 1945. 11. 15)

이렇듯 열혈 동지들이 직접행동파답게 왜적의 주구를 격살 보복하는 장거는 쾌재이기는 하였지만, 사회혁명을 부르짖는 아나키스트들로서는 독립 한국의 건설적 장래까지를 내다보는 장기적 전략을 세우고 행동할 필요가 있었다.

따라서 자유사회건설자연맹은 반탁운동의 파고가 밀어닥치기 수일 전, 전국대표대회와 작고 동지를 추도하는 고유제를 연속 개최하고 아나키스트의 시국 수습에 대한 결의를 다짐하였다. 12월 20, 21일 양일간에 걸쳐 소공동 연무관에서 열린 대회에 앞서, 자유사회건설자연맹은 다음과 같은 요지의 성명을 발표하였다.

우리 연맹은 임시정부를 절대 지지해나갈 방침이다. 왜 그러냐 하면 임시정부로 말하면 3·1운동 이후 가장 조선 혁명운동의 옳은 길을 걸어온 정통파이기 때문이다. 인민공화국에 대하여서는 지금 이것저것을 말하고 싶지 않다. 공산당에 대하여서는 물론 그 당을 인정 안 할 수 없다. 만일 금후 혁명운동에 있어서 우리와 공산당과 제휴가 있다면 다음의 몇 가지 조건이 필요할 것이다. 공산당은 소련을 조국이라고 인정하는 사대사상을 버릴 것과 목적을 위하여 수단을 불고하는 것을 버리고 무산자 독재 정권을 수립하려는 의도를 포기한다면 우리들은 언제든지 손을 이끌고 나갈 용의가 있다.(『동아일보』 1945. 12. 21)

한편 전국대표대회 경과에 대해 『자유신문』은 "시국 수습 대책 결의, 자유사회건설자연맹"이라는 제하의 1면 기사를 실어 회의 내용을 자세하게 전하고 있다.

'자유·평등·상호부조의 신사회 건설'을 슬로건으로 전국 89개 지방에서 186명의 대표가 참가한 가운데 열린 자유사회건설자연맹 전국대표대회는 기본 운동에 관한 문제와 시국 수습에 관한 문제를 기본 안건으로 처음부터 끝까지 비공개로 회의를 진행했으며, "사당 수립, 정권 획득에 눈을 붉히고 '파쇼'를 꿈꾸는 비민주주의적 정치 운동 세력"을 단연코 배제하겠다는 태도를 보였다.

시국 수습 대책으로는 공산당과 점차 우경화해가는 각 민족주의 정당에 대처할 자유사회건설자연맹의 태도, 38 이북의 사정 등 정확한 사실에 입각한 여론 환기와 편파적 보도의 시정 촉구 등 7개 항이 토의되었다. 그중 특히 임시정부 지지에 관해서는 "사상적으로만 아니라 사실상으로도 혁명적 사상의 3세력[아나키즘, 민족주의, 공산주의]의 합동이니, 그러므로 우리는 이것을 지지하는 동시에 3세력의 균등을 요구한다"는 태도를 분명히 하였다.

기본 운동에 관한 토의에서는 조선농촌자치연맹, 노동자자치연맹을 기간으로 하는 농촌운동, 노동운동의 확대 강화, 청년운동 및 여성운동 조직의 강화 문제가 집중 토의되었으며, 특히 "우리의 우당인 조선무정부주의자총연맹과 긴밀 제휴를 도모할 것"이 논의되었다.(『자유신문』 1945. 12. 27)

이렇듯 자련은 임시정부 절대 지지의 방침 아래 농촌자치연맹, 노동자자치연맹 등 자유연합 조직에 착수하는 것을 전제로, 때마침 이승만 박사 측으로부터 요청받은 독촉중앙협의회 선전총본부 활동을 인수하여 전국 유세대를 편성, 각 지방에 파견할 것을 결의하였다. 이렇게 활동하는 가운데, 환국 초 아직 여장조차 풀지 않은 임정과 독촉중협 사이에 벌어지는 간극을 상호부조의 실천적 정신으로 봉합시키자는 것이 당시 아나키스트 동지들의 충정이었다. 당시 이 지방 유세 대원으로 선정된 인사는 총 37명이었는데, 그중 김명동金明東, 원심창, 남상옥南相沃, 승흑룡, 구연걸具然杰, 이정규, 유정劉正(유정렬), 김재현金在鉉, 이을규, 하종진, 성낙서成樂緒, 우한용, 이규호, 이규석, 신현상, 이석규, 차고동, 이동순, 한하연, 박영환, 김익환金翊煥 등 20여 명이 무명회 또는 자련 멤버였다.

한편 서울에 집결한 아나키스트들은 자유사회건설자연맹의 전국대표대회에 이어 22일 종로 태고사(현재의 조계사)에서 해내외에서 (아나키스트) 혁명운동에 몸을 바치고 다시 돌아오지 못한 작고 동지들의 추도회를 거행하였다. "투사의 영혼 추모, 무정부주의동지추도회, 김 주석도 참석"이라는 2단 기사로 뽑은 1945년 12월 23일자 『조선일보』 기사 내용은 다음과 같다.

조국의 자유와 상호부조의 정의에 입각한 새 나라를 건설하려는 위대한 뜻을 품은 채 영원히 사라진 무정부주의자 우당 이회영, 단재 신채호, 백야 김좌진 동지 이하 30여 씨의 추도회는 자유사회건설자연맹 주최로 22일 오후 2시 수송동 태고사에서 임시정부 김구 주석, 김규식 부주석 이하 각 요인이 참석한 가운데 엄숙히 거행되었다. 회는 먼저 이우관 씨의 개회사와 작고한 동지에 대한 묵상이 있은 후 작고한 동지들의 약력 피력이 있었고 추도문 낭독으로 들어가 주최 측인 자유사회건설자연맹 대표 이정규〔이을규를 잘못 표기한 듯〕 씨, 농촌자치연맹중앙연합회 대표 양일동 씨, 민우회의 이석규 씨, 조선무정부주의자총연맹의 한하연〔유림을 잘못 표기한 듯〕 씨 순서로 슬프고도 애통에 넘치는 추도문 낭독이 있은 다음 내빈인 임시정부 외교부장 조소앙 씨, 김약산 장군, 홍진洪震 의정원 의장의 감회 깊은 추도사가 있었고 이어서 유가족의 답사가 있은 다음 의의 깊은 추도회는 동 3시 반경 끝났다.

이 『조선일보』 기사와는 약간 달리 당시 추도회에 직접 참석했던 하기락河岐洛은 그의 저작 『자기를 해방하려는 백성들의 의지』(하기락, 1993: 274~282)에서 조선무정부주의자총연맹(KACF: Korean Anarchist' General Federation) 대표자 유림이 연맹원 일동의 이름으로 행한 추도사 전문을 소개하고, 자련, 대구자유사 등의 추도사가 있었던 것으로 적고 있다. 유림은 추도사에서 일일이 작고 동지의 이름을 거명했다. 그는 일제강점기에 가장 치열하게 투쟁했으나 해방된 조국으로 돌아오지 못한 자랑스러운 한국 아나키스트들의 이름을 하나하나 불러내 그 위대한 영혼을 엄숙하게 추도했던 것이다. 나는 당시 유림 선생이 추모했던 그 영혼들이 해방 공간을 함께했던 영원한 아나키스트들이라고 생각한다. 그래서 여기에서 유림 선생이 불렀던 이름을 다시 한 번 불러보고자 한다.

일제 침략의 마수가 만주를 휩쓸고 중국 대륙으로 뻗쳐나갈 때 독립운동의 무너진 보루를 다시 구축하고자 노령으로 적진 깊숙이 진입하여 만주 전선을 재정비하시려다가 1932년 11월 17일 다롄大連

수상서에서 불귀의 객이 되신 재중국조선무정부주의자연맹의 기수 이회영 동지의 영령이시여!

동방무정부주의자연맹의 조직자로서 국제 위체 사건으로 10년 형을 복역 중 1936년 2월 21일 뤼순旅順감옥에서 돌아가신 신채호 동지의 영령이시여!

일황에 대한 소위 '대역사건'으로 사형이 선고되었다가 무기로 감형되어 도치기栃木감옥에서 복역 중 1928〔1926을 잘못 표기한 듯〕년 7월 22일 돌연 의문의 변사체로 천추의 한을 남기고 가신 박문자朴文子〔가네코 후미코金子文子〕 동지의 영령이시여!

재만조선무정부주의자연맹의 동맹체 재만한족총연합회 위원장으로서 백만 교포의 자활 자치운동을 지도하시던 중 1930년 1월 20일 북만주 산스山市에서 적이 아닌 동족의 흉탄에 쓰러지신 민족의 영웅 김좌진 동지의 영령이시여!

재만조선무정부주의자연맹 위원장, 재만한족총연합회 조직선전 겸 농무위원장 등의 중책을 지고 독립운동에 정열을 쏟으시던 중 1931년 7월 11일 북만주 하이린海林에서 적색분자에게 살해되신 젊은 투사 김종진 동지의 영령이시여!

재만조선무정부주의자연맹원, 재만한족총연합회 간부로서 독립운동에 몸 바쳐 일하시던 중 1931년 7월 11일 북만주 스터우허쯔石頭河子에서 적색분자의 총탄에 쓰러지신 젊은 투사 이준근 동지의 영령이시여!

김야운 동지의 영령이시여!

재만조선무정부주의자연맹원, 재만한족총연합회 간부로서 독립운동에 몸 바쳐 일하시다가 돌아가신 김야봉 동지의 영령이시여!

재만한족총연합회 위원장으로서 북만주에서 전사하신 우리의 전우

정일우鄭一雨 동지의 영령이시여!

재만한족총연합회 간부로서 북만주에서 전사하신 우리의 전우 최동만崔東滿 동지의 영령이시여!

재만조선무정부주의자연맹원, 재만한족총연합회 간부이며 남화한인청년연맹원으로서 왜적과 싸우시다가 상하이에서 체포당해 1936년 4월 서대문감옥에서 단두대의 이슬로 한을 천추에 남기신 젊은 투사 엄형순 동지의 영령이시여!

재중국조선무정부주의자연맹원, 남화한인청년연맹원으로서 왜적과 교전 끝에 중과부적으로 잡혀서 1937년 7월 평양감옥에서 단두대의 이슬로 천추에 한을 남기고 가신 젊은 사자 오면직 동지의 영령이시여!

베이징 민국대학 흑기연맹원으로서 독립운동에 몸 바쳐 일하시다가 1929년 지린吉林에서 적색분자에게 살해되신 젊은 논객 심용해 동지의 영령이시여!

재중국조선무정부주의자연맹원, 남화한인청년연맹원으로서 적의 특사 아리요시 아키라有吉明를 처단하고자 폭탄을 안고 적의 진지에 뛰어들었다가 뜻을 이루지 못하고 붙잡혀 무기형 복역 중 1936년 5월 20일 나가사키長崎감옥에서 순국하신 백정기 동지의 영령이시여!

진우연맹 사건에 연좌하시어 일본에서 본국으로 잡혀와 5년 형 복역 중 1927년 7월 29일 대구감옥에서 돌아가신 김정근金正根 동지의 영령이시여!

박열 사건에 연좌하셨다가 다시 진우연맹 사건으로 전후 7년간 복역 중 병을 얻어 출옥 후 돌아가신 서동성徐東星 동지의 영령이시여!

흑기사 사건으로 1933년 공주감옥에서 돌아가신 성진호成璡鎬 동지의 영령이시여!

흑우연맹원으로서 적지 일본경시청에서 고문으로 돌아가신 오치섭吳致燮 동지의 영령이시여!

흑우연맹원으로서 적지 일본 지바千葉감옥에서 돌아가신 김택金澤 동지의 영령이시여!

조선공산무정부주의자연맹원으로서 서대문감옥에서 4년 복역 중 병을 얻어 출옥 후 돌아가신 김정희金鼎熙 동지의 영령이시여!

조선공산무정부주의자연맹원으로서 서대문감옥에서 병을 얻어 출옥 후 돌아가신 안봉연安鳳淵 동지의 영령이시여!

관서흑우회원으로서 일하시다가 돌아가신 투사 곽정모郭正模 동지의 영령이시여!

흑기연맹원으로서 서대문감옥에서 병을 얻어 출옥 후 1928년 6월 1일 돌아가신 이복원李復遠 동지의 영령이시여!

박열 사건에 연좌하시고 다시 흑기연맹원으로서 서대문감옥에서 병을 얻어 출옥 후 1928년 5월 28일 돌아가신 홍진유洪鎭裕 동지의 영령이시여!

흑기연맹원으로서 서대문감옥에서 병을 얻어 출옥 후 1932년 10월 5일 돌아가신 한병희韓昞熙 동지의 영령이시여!

흑기연맹원으로서 서대문감옥에서 병을 얻어 출옥 후 돌아가신 이창식李昌植 동지의 영령이시여!

흑기연맹원으로서 서대문감옥에서 병을 얻어 출옥 후 돌아가신 곽윤모郭允模 동지의 영령이시여!

문예운동사 사건으로 서대문감옥에서 득병하시고 출옥 후 돌아가신 김학원金學元 동지의 영령이시여!

원산청년회원, 본능아연맹원으로서 흑색 문단 활동을 하시면서 만주 땅을 방랑하시다가 불귀의 객이 되신 이향李鄕 동지의 영령이시여!

마산아나키즘연구회원으로서 일하시다가 돌아가신 김지영金知永, 김지홍金知鴻 형제분의 영령이시여!

흑우연맹의 동흥노조의 기수로서 혁명운동에 투신하셨다가 적지 도쿄에서 돌아가신 최낙종崔洛鍾 동지의 영령이시여!

건달회 폭력 혁명 사건으로 일제의 심장부를 무찌르려다가 경시청에서 고문을 받으시고 돌아가신 젊은 사자 이종문李宗文 동지의 영령이시여!

동방무정부주의자연맹원으로서 국제적 운동의 거점 역할을 하시다가 홍콩에서 돌아가신 정해리鄭海理 동지의 영령이시여!

남화한인청년연맹원, 한국청년전지공작대장으로서 침략군의 후방을 교란시키며 중국 천지에 용맹을 떨치다가 아깝게 전지에서 돌아가신 나월환 동지의 영령이시여!

정화암, 이을규 등과 뜻을 같이하여 상하이로 망명하시고 독립운동에 몸 바쳐 일하시다가 잡혀와 공주감옥에서 돌아가신 진수린 동지의 영령이시여!

류자명과 생사 영욕을 같이하시어 의열단원으로서 국내에 잠입, 일제 식민지 착취의 아성인 동척東拓과 식은殖銀을 습격, 전사하신 나석주羅錫疇 동지의 영령이시여!

오사카大阪조선인무정부주의자연맹원으로서 일경에게 잡혀간 후 소식이 묘연하신 여류 투사 최선명崔善鳴 동지의 영령이시여!

관서흑우회원, 한주청년회원, 한주자유노조원으로서 평남경찰부에 잡혀가 고문을 받고 돌아가신 전창섭全昌涉 동지의 영령이시여!

이 밖에도 여기서 그 이름이 일일이 열거되지 않은 많은 동지들의 영령이시여!(하기락, 1993: 274~278)

자련이 이렇듯 사회혁명적 신조선 건설을 향해 일익을 담당할 각오로 총진군의 차비를 서두르고 있을 때, 모스크바 3상회의의 4대국에 의한 조선 5개년 신탁통치 실시 결정(1945. 12. 28)의 비보가 전해져왔다. 아나키스트 동지들은 누구보다도 제일 먼저 탁치 결사반대의 구호를 외치며, 임정 측의 탁치 반대 총궐기대회(반탁총동원위원회 주최)에 합류하여 선봉에 섰다. 그 당시 조선공산당 주도하의 좌익은 조선노동조합전국평의회(전평, 11월 5일), 전국농민조합총연맹(전농, 12월 8일), 전국청년총동맹(청총, 12월 11일), 조선부녀총동맹(부총, 12월 22일) 등 전국적인 지방 조직을 완비한 단계였지만, 민족진영은 아직 백지나 다름없는 상태였다. 이런 형편에서 우리 자련계 동지들이 반탁총동원위원회, 독촉중협 양 기구의 통합에 매개 역할을 함으로써 비로소 임정 주축의 민족진영이 공식적인 지방 조직의 발판을 마련할 수 있게 되었다. 이 신탁통치 반대운동에서 촉발된 민중의 자발적 총궐기야말로, 이 박사 측이나 임정 측이 비로소 기세등등하던 좌익 세력을 억제하고, 미군정 또는 그 추종 세력들로부터도 어쩌면 시국의 주도권을 되찾아 행사할 수 있는 절호의 기회였다.

한편 자련, 출옥동지회가 임정 옹호의 방향에서 힘을 결집할 무렵, 아나키스트 장군으로 호칭되던 천리방千里芳 이용준(일명 이여산李如山, 1907~1946) 동지가 '대한보국군단'이라는 일종의 군사 단체를 조직하는 일에 몰두하다가 을지로4가 대로상에서 공산주의 계열 반대파의 저격으로 희생되는 끔찍한 일이 벌어졌다. 이여산은 1931년 상하이에서 원훈元勳(원심창의 별명)과 함께 남화한인청년연맹에 가입한 후 유기석 및 그의 동생 유기문柳基文 등과 톈진 일본군 병영 및 영사관 관저와 청일기선(선박)을 폭파했고, 육삼정사건(일명 아리요시有吉공사사건)에도 동참했던 전형적인 아나키스트 투사였다. 정열적이며 쉴 줄 모르는 행동가인 그는 1939년 베이징에서 공작 중 체포되어 7년여의 옥고를 치렀다.(무정부주의운동사편찬위원회 편, 1978: 377~384; 『동아일보』 1939. 1. 31) 고향인 제천에서 보호감시를 받던 중 해방을 맞은 그는 잠시 건준에 참여하여 활동하기도 했으나, 국민 절대다수가 고대하는

아나키스트 장군 천리방 이용준 선생

충칭임시정부가 환국하기도 전에 소위 인민공화국이니 인민위원회니 하여 민중을 우롱하고 국론을 분열시키는 좌익의 행동을 규탄하고 나섰다. 그는 손수 80만 청년 동지의 이름으로 격문을 만들어 계급투쟁과 기회주의를 일삼는 도당들에게 일침을 가하는 한편, 불공정하게 그러한 행위를 옹호 선동하는 『조선인민보』를 응징하는 일에 앞장서기도 했다. 12월 말 급박하게 돌아가는 반탁 임정봉대 정국의 와중에서 이여산은 자련을 위시한 각계각층 인사들과 연대하여 가두연설과 시위 행렬을 주도하고 있었다. 그러던 과정에서 12월 31일 밤 인공계의 국군준비대가 전국청년총동맹에서 이탈해 나온 건국청년회를 습격했다는 급보에 접하자, 단숨에 달려가 저들을 격퇴시킴으로써 청년들로부터 경탄의 대상이 되기도 하였다. 한편 이여산은 이 무렵 임정의 주권 탈환 운동을 보위할 필요성에서 대한보국군단을 조직하여 그 제1사 사령이라는 칭호로 활동하고 있었는데, 이것이 공산주의 계열 반대파의 눈엣가시로 비치게 되었다. 1946년 1월 10일 저녁, 바로 을지로4가 사무소 앞에서 그는 흉한의 저격으로 전신에 9발의 총상을 입고, 세브란스병원으로 실려

갔으나 1월 17일 끝내 영면하고 말았다. 한창 일할 40세의 아까운 나이였다. 19일 대한문 앞 광장에서 임정과 자련 주관으로 거행된 사회단체장에는 100여 명의 보국군단 단원 및 청년 단체원들이 경호를 선 가운데 유족과 아나키스트 동지 및 각계 인사 1,000여 명이 모여 영결식을 엄수했다. 이날 영결식에서 자유사회건설자연맹을 대표하여 이을규 선생이 읽은 영결사는 다음과 같다.

천리방! 천리방! 너 어디로 갔느냐! 우리를 두고 너 혼자 어디로 갔느냐! 아! 슬프고 아프다. 흉악한 왜놈들과 억세게 싸우며 살아남은 그대가 흉악무도한 반역자인 적귀 공산당 여얼餘孼의 흉탄에 넘어질 줄을 그 누가 뜻하였으랴? 우리가 꿈꾸던 자유의 새 조선이 눈앞에 실현되려는 이 마당에 우리의 선봉인 그대를 잃으니 우리는 앞길이 캄캄하구나.

아! 천리방! 만주와 남북 중국에서 널려 있던 일본 제국주의의 악독한 군대와 그 관헌과 피투성이가 되어서 싸우던 그 용감한 기록이 우리 삼천만의 가슴에 사무치었다. 왜적의 톈진영사관과 주둔군사령부에 씩씩하게 던지던 그 폭격의 자태가 아직도 우리 눈앞에 방불하구나. 새로운 우리의 터를 닦으며 울타리를 쌓으려고 경향으로 달리며 온 겨레를 깨우치던 그 발자취와 그 우렁찬 목소리가 아직도 종로 거리에 사라지기 전에 그대가 서절구투鼠窃狗偸의 적마 그 국제 주구의 탄환에 넘어질 줄 뉘 알았으랴. 아! 아깝고 애달프다.

천리방! 천리방! 우리는 앞에 넘어져 있는 그대를 넘어서 돌진하련다. 그래서 그대의 남긴 그 일 그 뜻을 우리는 어김없이 실현하고 그대의 원수를 천으로 만으로 갚으려 한다. 사랑하는 그대여! 뒷일을 걱정 말고 고요히 눈을 감으시오.

아! 이제는 그대의 모습, 그 깊은 수염, 그 위엄 있는 눈, 씩씩하고 날랜 풍채, 영원히 찾아볼 길이 없구나. 천리방! 천리방! 왜 말이 없느냐. 아! 슬프고 아프다.

대한민국 28년 1월 19일
자유사회건설자연맹 맹원 일동 대독 이을규.
(박달재수련원, 1997: 1179~1193)

8. 농촌자치연맹과 노동자자치연맹

앞에서도 말한 것처럼 자유사회건설자연맹은 '자유·평등·상호부조의 신사회 건설'을 위해서는 경제 자립과 사회 안정의 기반이 되는 농촌 농민을 깨우쳐 스스로의 자치 능력을 기르는 일이 급선무라고 보았다. 해방 정국의 기선을 잡은 좌파 세력은 그 여세를 몰아 일사불란하게 전국 각 지방에 인민위원회를 조직하고, 그 산하에 각 농촌 단위의 농민조합을 조직하여 세를 불려나갔다. 그들의 일차적 목적은 진정으로 농민 대중을 위한다기보다 인구의 절대다수를 차지하는 빈농층을 좌파 쪽으로 끌어들여 부동의 지지 기반을 확보하려는 데 있었다. 처음에 그들이 소작료를 3·7제로 인하해야 한다는 주장을 내세워 갓 들어선 미군정에 선수를 친 것까지야 박수를 쳐주어도 나무랄 일이 아니었다. 문제는 그 다음부터였다. 내친 김에 그들이 '농지의 무상몰수 무상분배'라는 사탕발림 간판을 내밀어 농민을 선동하고 나섰으니 말이다. 그 당시 좌우를 막론하고 어느 누구도 '경자 유전'의 원칙을 반대하는 사람은 없었다. 심지어 농지의 소유권 존중을 주장하는 보수 우익까지도 유상분배를 주장할 뿐 농민이 농지의 주인이어야 한다는 데 이의를 제기하지는 않았던 것이다. 그런데도 공산당이 구태여 무상몰수 무상분배 운운하고 나선 것은 저개발국을 적색화시키는 데 있어 공산당이 사용해온 천편일률적인 수법이 아니던가. 소련이나 북한 또는 중국이 취한 일련의 토지국유화 과정의 역사가 이를 여실히 입증하는 것이다. 요컨대 이러한 좌익의 기만 술수는 백성들의 의존 근성만 키워줄 뿐 도탄에 빠진 민생을 더욱 어렵게 만들 것이 뻔했다. 그로 인해 새 나라가 자리도 잡기 전에 기초부터 흔들리게 되지 않을까 하고 지각 있는 사람들은 한결같이 우려했다.

그렇다면 우리 아나키스트들은 어떻게 하는 것이 농민을 위한 진정한 농지 정책이며, 농촌 정책이라고 보았던 것일까? 여기에 농촌자치연맹의 강령 해설 한 절을 소개하여 당시 우리 선배 동지들이 구상한 농촌 전략(농지 문제까지를 포괄한)이 어떠했던가를 살펴보고자 한다.

> 우리는 한 농촌이 한덩어리가 되어서 갈고 심는 것을 한살림처럼 공동으로 하여야 하겠습니다. 왜냐하면 우리 농가에서 제각기 따로따로 심고 갈고 매고 베어들인다면 일이 더 어렵고 힘이 훨씬 더 들고 시간이 많이 걸리게 됩니다. …… 결국은 주고받는 것과 다름없는 이야기지만 이왕이면 주고받는 품앗이라고 하느니보다도 우리가 같이 도와서 한살림처럼 한다는 것이 얼마나 듣기 좋고 마음이 든든하며 다정하고 일에 열성이 나지 않겠습니까. 그런 까닭에 공동경작을 하자는 것입니다.(이정규. 1974: 192)

요컨대 한 농촌 내에서 구성원 각자가 자유의지를 가지고 공동생산 공동생활을 하는 공동체를 만들자는 것이 농촌자치연맹의 취지인 것이다. 그리 될 경우 농지의 소유 형태 문제는 자연적으로 그 농촌공동체 자체와 밀착된 관계에 놓이게 될 테니 크게 문제될 것이 없다고 보는 것이 그때 선배 동지들의 공통적인 견해였다.

 요컨대 봉건시대, 일제강점기의 농노적 생활에서 겨우 벗어난 농촌을 갱생시키기 위해서는 먼저 우리 농민들이 지식을 넓히고 생활을 개혁해야 하는 것이다. 즉 자유로운 나라의 주인 노릇을 할 수 있도록 자질을 깨우치고 스스로 단결하여 일어날 수 있는 운동을 전개하는 것이 필요했던 것이다. 이런 취지하에 충남 경남북 여러 지방에서 농촌 사업을 하던 몇몇 동지들이 모여서 의논을 거듭하고 또 자유사회건설자연맹 동지들과도 회동하여 오랫동안 협의를 거듭한 끝에 1945년 10월 하순 조선농촌자치연맹(대표 장연송)을 결성하였으며, 그 선언과 강령을 농민이 보고 이해하기 쉽게 하기 위해 후에 해설 책자까지 만들어 각 지방에 돌렸다. 조선농촌자치연맹의 선언과 강령은 다음과 같다.

선언

과거 조선의 농촌은 봉건적 가렴주구苛斂誅求의 대상이었고 일본 제국주의 착취搾取의 희생이었다. 그래서 우리에게는 하등의 창의도 없었고 오직 생활은 병폐病廢해졌으며 우리의 인간적 요구는 억압抑壓을 당하였고 생의 본능은 위축萎縮되어 무제한의 노동과 무한대의 모멸侮蔑만이 향여享與되어왔다. 문화에서 멀어지고 생활은 뒤떨어져온 우리의 농노적 생활은 과연 언제까지 계속될 것인가. 노동의 강제, 인격의 유린蹂躪, 아사餓死의 암영暗影, 이 모든 비운은 과연 우리의 숙명적 사실인가? 생사의 기로에 선 우리였다.

바로 이때이다. 마침내 8월 15일은 왔다. 일본 제국은 붕괴되고 조선의 독립은 약속되었다. 따라서 우리도 이 암담暗澹한 운명에서 해방되어야 할 것이다. 우리는 다시금 우리의 힘을 자각하였다. 조선의 유구悠久한 발전도 인간 사회의 영원한 평화도 우리가 아니면 성취成就하지 못한다는 사실을, 우리가 만일 '흙'에서 떠날 때 그 사회에는 기아飢餓와 암흑暗黑이 기다리고 있다는 사실을, 그러므로 우리가 우둔愚鈍하나 조선의 전부를 점유한 주인이요, 미력微力하나 조선 건설의 오직 하나뿐인 역군임을 우리는 의식하였다. 우리의 힘, 우리의 총명聰明, 우리의 열성이 넉넉히 모든 고난을 극복할 수 있음을 확신하였다. 그러므로 우리는 우리의 불우한 처지를 개선하여주는 듯이 양두羊頭를 걸고 다시 우리를 기만欺瞞하여 또 우리를 유린하려는 모든 불순분자를 힘 있게 배격하고 '우리의 일은 우리 손으로!'라는 주장 아래 우리는 굳게 단결하자. 억압당하고 유린당하였던 우리의 생의 의식은 다시 환기喚起되었다. 우리 공동되고 또한 영원한 이익을 위하여 모든 새 설계를 세워 실행하자.

비록 우리가 완고頑固하다 할지라도 조선 고유의 문화를 보지해온 것도 우리며, 우리가 우매愚昧하다 할지라도 조선의 전래한 순풍미속純風美俗을 유지해온 것도 우리이다. 그러나 우리는 아무런 자부自負도, 요구도 하지 않는다. 오직 조선의 복지 건설과 농민의 인간적 생활의 실현을 염원하면서 우리의 창조적 지능과 성실한 노력으로 부단한 활동을 계속할 뿐이다. 따라서 파쟁, 당쟁으로 우리의 장래를 그르치며 우리의 생활을 파멸시키려는 야심적 정치군政治群도, 우리를 이용해서 정쟁의 도구로 쓰려는 독재적 정치군도 한가지로 우리는 거부하기를 주저躊躇치 않는다. 단결하자, 그리고 우리의 노선을 따라 매진邁進하자!

강령

1. 오등은 자주 자치적 생활의 실천으로 농촌의 조직화를 기함.
2. 오등은 농경의 합리적 경영을 위하여 공동경작, 생산수단 및 시

설의 공동화共同化를 기함.

3. 오등은 농공의 균형 발전을 위하여 농촌 실정에 적합한 공업 시설의 완비를 기함.

4. 오등은 농촌의 공동 이익을 위하여 협동조합적 기관의 철저 보급을 기함.

5. 오등은 비경제적 제 생활양식을 개선하여 생활의 과학화를 기함.

6. 오등은 교육 및 문화 기관의 완비를 기함.

7. 오등은 오등의 보건을 위하여 후생시설의 충실을 기함.

8. 오등은 상호부조적 윤리관의 실천에 의하여 국민도덕의 앙양을 기함.(이정규, 1974: 176~190)

또한 조선농촌자치연맹은 이러한 선언과 강령만으로는 그날그날 해야 할 일이 분명하지 않아 농촌 살림살이에서 바로 실행해야 할 당면 실천 요령을 자세하게 설명하고 있는데, 그 제목만 살펴보면 다음과 같다.

1. 동리의 모든 일을 연맹회의의 결정에 따라서 처리해나갑시다.

2. 관공서에 대한 교섭은 연맹에서 맡아 합시다.

3. 농사의 연구와 계획을 세우기 위하여 연구회와 좌담회를 자주 엽시다.

4. 가정 부업을 장려하여 어른 아이 할 것 없이 노는 틈을 이용하여서 계획적으로 살림에 애씁시다.

5. 우리는 조림造林하는 데 애를 쓰며 무리한 벌목을 금합시다.

6. 우리가 필요한 것을 한목에 모두 사들이고 우리가 만든 물건을 모아서 팔며 적은 공장이나마(우리의 필요한 간략한 물건을 만들기 위하여) 세우도록 그런 조합이나 계를 묶읍시다.

7. 우리는 우선 농촌 청소년을 훈련시키는 야학과 농촌 부인네를 가르칠 야학을 세웁시다.

8. 책을 사드려 돌려보게 하며(순회문고) 라디오를 놓아서 세상 소식을 널리 알립시다.

9. 우리는 우리 동리를 깨끗이 치우고 쓸도록 청소 운동을 일으키며 구급약과 소독약을 동리에 준비합시다.

10. 우리 연맹이 선두에 서서 우리나라 사람들의 도덕심과 정신을 높이도록 해야 합니다.(이정규, 1974: 200~205)

한국노동자자치연맹의 준비 작업은 농촌자치연맹보다 한두 달 늦게 시작되었다. 농촌자치연맹이 자유사회건설자연맹 발족 한 달쯤 뒤인 10월 하순에 조직된 데 비해 노동자자치연맹은 그해가 다 저물어가던 12월 말에 가서야 겨우 선배 동지들 사이에 준비 작업 착수에 대한 논의가 교환되었던 것 같다. 1945년 12월 25일자로 발표된 자유사회건설자연맹 전국대표대회(1945. 12. 20~21) 결의문 속에는 "조선노동자자치연맹을 기간基幹으로 적극 확대 강화시킬 것"이 포함되어 있다.(『자유신문』1945. 12. 27) 신탁통치의 비보가 전해지던 때 자련의 우관과 장연송 양 동지는 점점 어려워져가는 정세에 대한 간담과 함께 마침 소장 동지들이 제기한 노동연맹 발기 건에 대한 문제를 심도 있게 검토했다.

그때 경인 지역 적산 공장 등에 근거를 두고 활동하던 조시원(원산청년회 핵심 멤버로 민족 지도자 조종구趙鍾九의 아들), 차고동(함북 출신, 호서은행사건 연루자), 조한응(보성고보 출신으로 광주학생사건 연루, 회관의 서랑), 윤홍구尹洪九, 이종연 등 아나키스트 동지들이 노동자자치연맹 발기를 서둘자고 나선 데는 그럴 만한 이유가 없지 않았다. 좌익 진영이 그 전위 조직인 전평(노동조합전국평의회)을 내세워 불과

2, 3개월 사이에 근 1,200개의 단위 노조와 광산, 금속, 철도, 출판 등 전국 규모의 산별노조를 결성하여 세를 과시하는 데 크게 충격을 받은 것은 우익 진영이었다. 그때부터 우익 측 노동운동자들(전진한錢鎭漢 등)이 중심이 되어 대한독립촉성노동총연맹(대한노총, 1946년 3월 10일 결성)의 조직 준비에 나섰지만, 그들은 단순히 청년 학생 조직의 경우와 마찬가지로 반탁이나 정부 수립 운동의 전위부대가 되어줄 하부 조직을 갖추려는 것이 우선적인 목적이었기 때문에 대한노총을 노동자들을 위한 진정한 노동조직으로 보기에는 한계가 있었다. 더욱이 그들로서는 좌익 측 노동운동에 대항할 만한 이론적 바탕을 갖추기에도 역부족이었다.

바로 그러한 우파 노동운동의 결함을 알고, 조시원, 차고동, 조한응, 윤홍구 동지 등은 우선 대한노총에 가입하여, 노동운동의 이론 지도를 하면서 경전(지금의 한전), 철도국(용산공작소) 등 각 공장에 자유노조 결성을 서두르다 보니, 자연 이미 각 공장에 침투하여 있는 좌익의 전평 조직과 일전을 겨루지 않을 수 없었다. 그러한 과정에서 무수한 난관을 극복해가며 그해 여름 대한노총 영등포연맹을 결성하는 데까지 이르렀을 때, 남이 일껏 만들어놓은 조직을 노리고 이번에는 일부 불순한 우익 정치 세력들이 덤벼들었다. 이 단계에서 아나키스트 동지들은 단연 대한노총과의 관계를 끊고, 본격적으로 독자적인 노동자자치연맹 창립 작업을 서둘러야겠다고 작심하고, 우관에게 연맹의 선언과 강령 등 조직 대강의 기초를 재촉하였다.

왜냐하면 우관은 1920년대 중반 재중국조선무정부주의자연맹에서 활동할 당시, 상하이에서 중국 아나르코생디칼리스트들과 협력하여 중국의 혁명적 노동운동을 전개했던 경험이 있으며, 그 연장선상에서 상하이노동대학 설립 준비 작업을 했기에 노동운동에 대한 남다른 감각과 경륜을 구유하고 있었기 때문이다.

당시 우관이 노동자자치연맹의 조직 대강을 기초하는 데 있어 염두에 둔 것은 대략 다음과 같은 현실적인 조건들이었다.(이정규, 1974: 214~221) 즉 신생 한국이 경제 자립을 하기 위해서는 농업 발전과 함께 공업 입국의 방향으로 나가야 할 것이다. 그러기 위해서는 '농자 유전'이듯이 노동자가 공장의 주인이 되는 것이 필수적이다. 다행이라고나 할까 해방 후 전국의 산업 기관은 90% 이상이 적산 공장으로 내부가 비어 있었으니 노동자가 공장을 보유하는 원칙을 밀고 나가는 데는 별 무리가 없을 것이다. 하지만 공장이 돌아가려면 기술이 있어야 하고, 막대한 운영 자본이 필요하다. 그런데 그날그날 살기에도 급급한 노동자들이, 비록 조합이나 연맹을 만든다 하더라도, 당장 무슨 수로 그 자금을 판출辦出할 것인가가 현실적으로 문제 되지 않을 수 없다. 그러니 공장 운영에 있어서 자본이 점하는 비중을 노상 무시할 수만은 없었다.

한편 우관은 자유사회건설자연맹의 강령 중 경제 조항, 즉 '집산주의적 경제 제도를 거부하고 지방 분산주의의 실현'이라고 하는 크로포트킨의 자유공동체주의에 충실할 것을 기본 전제로 하면서, 노동운동 동지들은 물론 농촌자치연맹의 여러 동지와 강좌 및 토론회를 거듭하는 가운데, 다음과 같은 몇 가지 결론을 도출했다. 즉 1) 노동조합은 직업별이 아니라 산업별 조합이라야 한다는 것, 2) 노동자는 어떠한 경우에도 그 공장의 주인으로서의 자격과 지위를 가져야 된다는 것, 3) 공장의 소유권이 국가에 있건 개인에 있건, 노동조합 대표가 그 공장의 운영에 참획參劃할 권리를 가져야 한다는 것, 4) 동시에 노동자는 그 공장의 주인으로서, 일상생활의 비용(그날그날의 노임) 외에, 이익의 분배를 받아야 한다는 것 등이다. 이런 원칙하에 짜인 한국노동자자치연맹의 조직 대강의 골자를 추려보면 대략 다음과 같다.

1. 우리는 공장의 소유권의 존재를 인정하므로 국가 혹은 개인이 그 소유권을 가졌다고 그들을 투쟁의 대상으로 보지 않고 이해상관의 동업자로, 운명 공동체로 본다.
2. 따라서 공장의 운영에는 우리 자치 연맹의 대표가 참가하여, 일체의 업무 계획에 참획하여야 한다.
3. 전 종업원은 업종 여하를 막론하고 평등한 맹원이 된다.
4. 이익 분배는 3분하여 그 1을 소유권자의 몫으로 하고, 또 그 1을 전 종업원의 몫으로 하며, 그 나머지 1은 전 종업원의 교육, 교양, 훈련, 연구, 복지시설 보수, 공원工員 재해 보조 및 구호에 힘쓴다. (단 소유권자는 후생 등 일체 복지시설과 퇴직적금의 반을 책임져야 한다.)
5. 운영에 대한 연구와 법제적인 분야의 특수 연구 혹은 정부에 대한 건의 등의 필요가 있을 때는 학계나 그 전문가에게 그 사무를 위촉할 수 있다.
6. 연맹에는 전체 회의에서 결의한 사항을 집행키 위하여 집행부를 둔다.
7. 그 집행부는 결의 사항을 집행하는 이상의 권한이 없다.
8. 공장 소유권자와의 운영 회의에 참석할 때는 대표 선출과 그 회의에서 토의될 사항을 미리 전체 회의에 회부, 토의 결정하여 가지고 그 결의대로 토의되어야 한다. 만일 그 토의 사항이 전체 회의가 결정한 범위를 벗어날 때는 토의 결정을 보류하고 전체 회의를 재개, 토의하여야 한다.
9. 조직은 1공장 1연맹으로 하고, 1지방이 모여 그 지방연맹을 조

직할 수 있다. 단 본 연맹은 1단(團) 1노조의 획일적인 전체주의적 제도를 반대하며, 동시에 지방연맹이나 전국연맹이 체계상 상하적인 것으로 해서 타 조직에 명령 혹은 강제할 수 없다.

10. 결의는 전원 일치의 결의를 원칙으로 한다. 단 전원 일치가 되지 않고 양파, 3파로 의견이 갈릴 때는 부득이 다수로 하되 그렇다고 소수파를 강제할 수는 없다.〔이하 생략〕

11. 우리 연맹은 정치 운동에 가담하지 못한다. 물론 독자적인 정치 활동을 금한다.〔이하 생략〕

12. 직업적 윤리관. 연맹은 생활공동체요 동시에 생활 훈련 도장인 까닭에 직업의 사회적 연대성을 우리는 올바로 인식해야 한다.〔이하 생략〕(이정규, 1974: 218~221)

1946년 8월 25일 한국노동자자치연맹전국연합회는 이런 골격의 정관 아래 조시원을 대표로, 장연송을 고문으로 하여 결성 대회를 치른 다음 경인 지역의 적산 공장을 중심으로 본격적인 조직 활동에 나섰으며, 군정 당국 및 제 정당을 향해 법제화 교섭을 추진하였다.(『조선일보』 1946. 8. 27; 국사편찬위원회, 1968: 203~204)[9] 특기할 것은 손진규(孫鎭圭) 등 마산 출신 동지들이 중심이 된 교통부 기관사 노조의 운동이 노동자자치연맹의 이름으로 6·25 이후까지도 명맥을 유지하고 있었다는 것이다.

---

9) 이호룡은 『한국의 아나키즘』(이호룡, 2001: 342, 주 70)에서 『동아일보』 1946년 8월 25일자를 인용하여 같은 조시원이 1946년 8월 24일자로 한국독립당 조사부장에 선임된 것처럼 기술하였으나 이는 동명이인(임시정부 의정원 간부를 지낸 조시원)의 착오이다.

9. 경남북아나키스트대회와 전국아나키스트대회

임시정부 요인 중 특이한 존재로서 환국한 조선무정부주의자총연맹 대표 유림(호 단주旦洲, 월파月波)은 환국 기자회견(『조선일보』 1945. 12. 5)에서 제일성으로 아나키스트가 무조건 정치를 부인하는 것은 아님을 이렇게 강조하였다.

> 나는 강제적 권력을 배격하는 아나키스트이지 무정부주의자가 아니다. 아나키스트는 타율 정부를 배격하지 자율 정부를 배격하는 자가 아니다.

이어 임시정부에 가입하게 된 동기에 대해서는 '이 정부가 3·1운동에서 탄생한 전 민족의 자율적 기관'이기 때문임을 명시하고, 그 임정을 중심으로 현실적인 정치 운동을 통해 자기의 '원리'를 관철하려는 것임을 다음과 같이 부연하고 있다.

> 내가 정치 운동에 참가한 것은 불과 5년밖에 안 된다. 나의 이상은 강제 권력을 배격하고 전 민족, 나아가서 전 인류가 최대한의 민주주의하에 다 같이 노동하고 다 같이 자유롭게 사상하는 세계를 창조하는 데 있다.

이러한 단주의 정치관은 정도의 차이는 있을망정 당시 대부분의 아나키스트들이 공감하고 있던 일반적인 사고 경향이었던 것 같다. 넓은 의미에서 볼 때 독립운동 그 자체가 차원 높은 정치 운동의 성격을 지닌 것이라는 견지에서 그러했다. 그런 점에서는 당시 자련 운영의 중심인

임정 국무위원으로 당당하게 환국한 아나키스트,
단주 유림 선생

물 중 하나였던 우관 자신도 예외가 아니었다. 하지만 문제는 아나키스트로서 정치 자체에 대한 견해와 해석이 진부하고 인습적이며 패권주의적이어서는 안 된다는 것이 우관의 주장이었다.

> 민주적 현대 정치가 …… 이인치인의 지배 관계는 아니다. 위정자는 공복인 일개의 공무원이다. 우리 전 국민이 주권자로서 적격의 인물을 뽑아서 일을 시킨, 피선被選의 일개 요원인 까닭에 그들이 과거와 같이 우리를 지배 통치하는, 무조건 나를 따르라, 내 말에 복종하라는 식의 강권적인 지배 피지배의 관계로 정치를 이해할 수는 없다. 국민이 자기들의 복리를 위해서 그들에게 맡긴 일, 그 사무를 집행하는 집행자가 곧 위정자다. 그러니까 정치도 일종의 일이요 사무다. 따라서 정치가 점차 행정 사무로 전화하고 있지 않은가.(이정규, 1974: 12~13)

태고사에서의 작고동지추도회, 북아현동 이석규 동지 집에서의 해외 동지환영회 등 동지들의 모임이 있을 때마다 임정 국무위원이며 조선무정부주의자총연맹 대표인 단주는 카이젤 수염에 임정 국무위원으로서의 위풍으로 좌중을 압도하며 아나키스트 정당의 당위성과 시급성을 내세워 회오리바람을 일으켰다. 그것은 불가피하게 이제까지 국내 동지들이 공을 들여 추진하고 있던 자련의 운동 방향에 혼선을 일으키는 요소로 작용하게 되었다.

 미소공위를 앞두고 우익과 좌익이 비상국민회의(임정)와 민주주의민족전선(인공)으로 확연히 양분되고 있을 때, 아나키스트 동지들 사이에서도 점차 정치에 대한 관심이 높아졌다. 좌우익을 막론하고 그들 모두가 추구하는 정부 수립 방식이 비자주, 비민주, 비통일적이라는 데 분개한 영남 지역 아나키스트들은 1946년 2월 21~22 양일간 부산 시내 금강사에서 경남북아나키스트대회를 열고 이 문제를 집중 토의했다. 원래 부산, 마산, 울산, 합천, 통영, 창원, 안의 등 경남 지역 아나키스트들끼리 모여보자는 것이었는데, 막상 회의 당일 대구 등 경북 지역 동지들이 대거 참여함으로써 명칭 자체를 경남북으로 확대하게 되었다(경북 대표 방한상 동지가 '이 자리에 경북 동지가 다수 참석하고 있으니 본 대회를 경남북아나키스트대회로 개칭하자'는 긴급동의를 하여, 토의 결과 이 동의안이 만장일치로 가결되었다). 이 대회는 김지병金知丙(마산)의 개회 선언, 하기락의 개회사에 이어 조선무정부주의자총연맹 대표 유림 동지의 축사, 박영환의 경과보고 후, 임시의장(박영환)과 서기(조병기 趙秉基)를 선출하여 본회의를 진행했으며, 이동순이 '국제, 국내 정세와 이에 대처할 아나키스트의 태도'라는 제목의 정세 보고를 했다. 이 대회의 주요 토의 사항은 국가 수립에 대한 우리의 태도, 비상국민회의와 민주주의민족전선에 대한 우리의 태도, 남조선 민주의원에 대한 우리의 태도, 그리고 우리 진영의 조직 문제였다. 이틀에 걸쳐 진행된 이 대회의 주요 관심사는 역시 우리 아나키스트가 해방 정국의 혼란을 어떻게 극복할 것인가 하는 문제였다. 이에 관해 이 대회는 마지막 결론으로 대회 성명서를 채택함으로써 향후 전 아나키스트 진영이 지향하는 정치적 시각을 정리해주는 데 일정한 기여를 하였다고 할 만하다(문안 작성 위원은 김지병, 이동순, 손조동孫助東, 하기락, 박영환 등이었다). 이 '대회 성명서'는 앞에서 소개한 자유사회건설자연맹의 '선언'과 함께 해방 이후 아나키스트 진영의 중요한 문건 중의 하나로 판단되어 여기에 그 전문을 소개한다.

자본주의적 사회현상을 부르주아지와 프롤레타리아트와의 생산관계에서 이해하려고 하는 맑스의 역사 이론은 일차원적으로 단순화된 공식이라 하겠다. 역사의 진행 과정을 그러한 공식에서 단순히 계급투쟁만으로 해석하는 것은 근시안이다. 일정한 사회 내에는 물론 그 생산관계에 대응하는 계급 대립이 있다는 것은 부인할 수 없는 사실이다. 그러나 좀 더 시야를 넓혀서 인류 사회 전체의 관점에서 본다면, 국가 간의 국제적 경제 관계에 근거한 선진국과 후진국의 민족적 대립이 있고, 이 양자 간에 착취·피착취 관계가 성립하고 있다는 것도 간과할 수 없는 사실이다. 다시 말해서 한 사회 내에 생산기관과 자본의 부르주아 독점과 대중의 프롤레타리아화라는 현상이 있는 것과 마찬가지로, 인류 사회 전체라는 차원에서 보면, 생산기관과 자본의 강대국 독점과 약소민족의 식민지화라는 엄연한 현상을 어찌 부인할 수 있겠는가.

이 두 가지 차원의 착취 관계에 있어서 선진 강대국 내부에서 부富의 분배를 노동자에게도 균점토록 하는 방향에서 계급 대립을 완화시키고 조절하면서, 그 독점 의욕은 대외적으로 후진 약소민족으로 향하여 착취의 촉수를 뻗치고 나오는 것이다.

선진 자본주의국가 내의 소위 프롤레타리아계급은 국제적인 차원에서 볼 때 경제적으로 어떤 위치를 점하는가. 그들은 자국의 부르주아지에게 착취되면서 부르주아의 이윤을 확보해주는 반면, 자기 제품의 매판인 역할을 담당하는 식민지 내의 토착 부르주아지와 더불어 식민지의 인민을 착취한 이윤의 공동 수혜자라는 일면을 지니고 있다는 사실을 부인할 수 없는 것이다. 그들의 성숙한 자본주의적 생산 체제에서 그들이 혁명적 세력으로 일어서지 않고 있는 까닭은 무엇인가. 세계에는 국제적으로 착취되는 식민지 및 반식민지의 약소민족들과 그 광대한 시장이 있어, 이것을 착취 대상으로 함으로써 그들에게 상당한 생활수준을 유지시켜주기 때문이 아닌가.

그러므로 약소민족들이 자립 자급적 경제체제를 추구하여 식민지적 착취에서 벗어나려고 서두른 것은 당연하고 필연적인 추세이다. 그리고 이것이 진행됨에 따라 선진 자본주의국가들이 누리던 해외시장의 판로는 점점 더 좁아질 것이다. 그렇게 될 때 이들의 선진국도 불가불 판로를 국내로 넓히는 동시에 식량과 원료의 생산도 점차 자국 내에 의존하지 않을 수 없게 될 것이다. 이리하여 그들도 역시 자립 자급 체제에로 산업의 전환이 불가피하게 될 것이다. 이 단계에 이르러서야 비로소 그 나라 프롤레타리아계급은 부르주아계급과 날카롭게 정면으로 대립하게 될 것이다. 이것은 세계경제 과정의 역사적 필연이다.

그러므로 선진 자본주의국가들이 후진국에 대한 제국주의적 경제 착취 체제를 지속하는 동안은 후진 약소민족들도 불가불 자립 경제적 경제체제의 확립을 위한 투쟁을 계속하지 않을 수 없는 것이다.

이 투쟁을 성공적으로 쟁취하는 데에는 후진국 자체 내의 생산자 계급의 해방과 활성화가 선행되어야 할 것이다. 이것을 실천하는 과정에서 후진국의 낙후성을 탈피하기 위한 민족적 투쟁은 필수적으로 수반되어야 하는 것이다. 계급투쟁만을 일차원적으로 강조하는 나머지 경제적인 민족 해방 투쟁의 참뜻을 올바로 이해하지 못하는 일부 소아병적 좌익분자는 하루빨리 그들의 미몽에서 깨어나지 않으면 안 될 것이다.

우리는 국제경제 관계에서 원료 생산자의 지위를 조속히 벗어나 국제 자본주의 세력에 예속된 소비 시장화를 방지해야 할 것이다. 국내 산업을 육성 진흥시켜 자립 자주적 경제체제를 확립해나가는 것은 현재 우리 민족에게 부과된 긴급하고 중대한 과업이 아닐 수 없다. 이 과업의 성공적 성취를 위한 선행 조건은 생산자 계급의 활성화에 의한 산업의 민주화에 있다. 이상과 같은 관점에서 우리는 현 단계 조선의 혁명 과정을 민족주의적 민주혁명의 단계라고 규정한다. 후진 사회의 범주에 속하는 우리 조선에 민주적인 자립적 주권을 확립하는 과업은 선진 강대국의 경제적 침략을 배제하거나 제한하는 점에 있어서 국제적 규모의 권력 분산과 평준화를 요구하는 우리 아나키스트의 이념에 일치하는 것이다.

우리는 다음과 같은 원칙에 의거하여 과도 정권이 수립될 것을 요구한다.

1. 정부 수립은 일체의 외세 의존을 배제하고 자율적이고 자주적인 방법으로 수행되어야 한다.
1. 정부는 통일된 민족의 기반 위에 세워져야 한다.
1. 정부 수립은 지방자치의 확립과 불가분하게 병행되어야 한다.
1. 모든 생산수단은 생산에 종사하는 근로 인민에 의하여 관리되고

운영되어야 한다.

현재 정부 수립을 지향하는 두 개의 집단, 즉 비상국민회의와 민주주의민족전선은 이들의 원칙에 비추어볼 때, 비자율적이고 비통일적이며 비민주적이라고 단정하지 않을 수 없다. 정치가들은 이미 그들의 무능을 완전히 드러내고 만 것이다.

이제 남은 길은 오직 하나뿐이다. 조선 아나키스트들은 동포 국민대중에게 다음과 같이 호소한다. 각 시·읍·면은 자발적으로 그 자치체를 구성하고, 그들의 대표자로 하여금 국민대표자회의를 구성할 권리를 행사하자. 그리하여 이 기관으로 하여금 과도정부를 구성 또는 선택할 권리를 확보하자. 이 원칙과 이 방법에 의하여 수립되는 과도정부만이 자주적·민주적·통일적 정부로서 우리가 받아들일 수 있는 정부이다. 우리 국민은 일치단결하여 이 길로 매진하자.(하기락, 1993: 286~289)

경남북아나키스트대회를 주도했던 하기락, 박영환 동지 등은 동 대회의 내용 보고를 중심으로 하는 『자유연합』 창간호(1946년 4월 1일자)를 간행하고, 한국 최초의 전국아나키스트대회 개최 준비 작업을 서둘렀다. 그리하여 경남 안의에서 1946년 4월 21일부터 3일간 전국아나키스트대회가 개최되었다. 이 대회는 조선무정부주의자총연맹의 유림, 박석홍, 자유사회건설자연맹의 이을

『자유연합』 창간호

규, 이정규 형제를 비롯해서 전국적으로 97명의 아나키스트들이 참석하여 기세를 올렸다. 대다수 참석자들은 양 연맹에 이중으로 가맹하고 있었기 때문에, 소속이 문제될 것은 없었다. 20일부터 전국 각지의 동지들이 안의에 도착하여, 회의는 21일부터 이 지방의 명승지인 용추사에서 열렸다. 서울, 대구, 부산 등지의 각 신문 보도진도 참석하여 취재하였다.

주로 안의 출신 아나키스트들의 주선으로 이루어진 이 대회는 하종진의 개회 선언, 우한용의 성원 보고, 이시우의 개회사에 이어 의장으로 유림, 이을규, 신재모, 서기로 하경상河璟尙, 방한상을 선출하여 회의에 들어가, 국제 정세 보고(박석홍)와 국내 정세 보고(이정규)를 들은 후 첫째 날의 일정을 마쳤다.

둘째 날 회의는 제1의제로서 '정부 수립에 대한 우리의 태도와 원칙'을 자유 토론 형식으로 진행한 끝에 문안작성위원회(하경상, 방한상, 이시우, 이정규, 박석홍)가 제출한 결의문을 축조심의하여 만장일치로 통과시켰다. 이 결의문의 내용은, 비자주적, 비민주적, 비통일적 정부 수립 방법론을 거부하고, 조국의 완전한 해방을 쟁취하기 위하여 뜻을 같이하는 모든 단체 및 개인과 격의 없이 협력하며, 국가권력이 중앙에 집중되는 타율적 독재적 정부가 아니라 민주적 지방분권적 자치체들의 자유로운 연합에 의한 통일 정부여야 한다는 것이 골자였다. 또한 '정부 수립에 대한 우리의 당면 실천 방안'에 대해 이 결의문은, "민족 전체의 여망과 호응을 얻어, 우선 민족 해방 투쟁에 실적이 있는 혁명적 단체 및 개인과 협력하여 과도적 자주 통일 정부를 모색한다"고 되어 있다.

그러나 이 아나키스트 대회는 마지막 날인 셋째 날(4월 23일)의 의제 토의에 들어가 의견이 엇갈렸다. 문제는 우리 진영의 전열 정비에 관해 집중적으로 토의한 끝에 적극적인 정당 추진론이 제기된 데서 발단하였다. 정당 추진론의 근거는 미소 양대 세력을 배제하고, 비자주, 비민주, 비통일적 세력을 물리치고 정부 수립 작업에 참여하고자 할 때, 가장 효과적인 수단은 사회의 근간이 되는 노동자 농민의 정당을 조직해서 운영하는 것이 상책이라는 것이었다.(단주유림선생기념사업회, 1991: 87)

아나키스트의 전 조직을 정당으로 집결시켜 일원화하자는 주장에 대해, 정면으로 반대하고 나선 사람은 이정규였다. 이정규는 후일 당시의 분위기를 이렇게 회고하였다.

〔내가 반대한〕 이유는 그런 획일적 조직론은 독재 세계에나 있는 좌익적인, 비민주적인 반 '아나키스트'적 사고라는 데 있었다. 그리고 정당을 하는 것도 좋으나 정당을 하자면 선행해야 할 준비가 있어야 한다. 한 정당은 그 정당 자체가 존립할 수 있는 기반이 선행되어야 한다. 그러니까 정당을 하고 싶거든 노농당勞農黨이니만치 그 정당 발기에 앞서 그 당의 기초인 농촌과 노동자의 조직을 튼튼히 해놓아야 한다. 나는 그런 뜻에서 농촌자치연맹과 노동자자치연맹을 확대 강화하라고 권하고 싶은데, 정당을 결성해가지고 농촌 노동의 조직을 확대하려면 노농 대중을 자율적으로 각성하는 것이 아닌, 우롱하는 결과가 될 것이며, 그런 대중조직은 개인 중심, 두목 중심의 반동적인 조직이 될 것이라는 것을 경고하고 일선에서 물러났다.(이정규, 1974: 13)

결국 전국아나키스트대회는 다음과 같은 타협적 결정문을 내놓고 3일간의 회의의 막을 내렸노라고 하기락은 쓰고 있다.

우리는 노동자 농민의 조직된 힘을 정치에 반영할 수 있는 정당의 필요를 인정한다. 정당에 참여하는 일은 연맹원〔대회 참가자〕 각자의 자유의사에 맡긴다. 정당에 참여하지 않는 동지들은 사상운동으로써 정치 활동에 협력한다. 앞으로 조직될 정당은 본 대회가 설정한 기본 원칙에 따라야 한다.(하기락, 1993: 301)

결과적으로 안의대회는 아나키스트 진영을 자유사회건설자연맹과 독립노농당獨立勞農黨 두 집단으로 양분시켜놓은 꼴이 되고 말았다. 강력한 이념과 원칙을 중심으로 상층부 구성을 하는 데서 거점을 마련하여 노동자 농민 대중을 흡수하자는 정당 운동 지향 그룹과, 자유연합의 원리에 따라 대중사회의 자치 조직을 상향적으로 구축하여 올라가자는 사회운동 그룹. 하지만 오늘에 와서 돌아볼 때, 상호부조를 신조로 하는 아나키스트 동지들의 이 두 그룹이 상하운동 정도의 차이를 보완하여 극복 못할 이유가 있었는지 의문이 든다. 그처럼 절박하고 힘의 응집이 절실히 요망되던 시기에, 꼭 그토록 고집스럽게 평행선만을 달려야 했느냐 하는 아쉬운 생각을 지울 수 없다.

그후 단주 유림을 중심으로 하는 독립노농당은 필동 역경원 자리에 당사를 차려놓고 본격적인 발기(5월 5일), 결성(7월 7일)의 가도를 달렸다. 당의 위원장으로 선출된 유림이 직접 지방 순회에 나서 서울을 비롯한 대구, 부산, 광주, 전주, 대전 등 대도시와 각 시군의 지구당 조직을 확대하는 등 기세를 올렸다. 기실 독노당은 대중조직이나 자금이 튼튼한 본격적인 정당이라기보다는 '아나키즘을 중심으로 한 소수의 혁명적 이념 집단이란 인상이 짙었다'는 게 일반적인 평가다.

10. 가슴에 꽂힌 화살

해방 직후의 정치적 공백 상태에서 시국의 주도권을 장악한 공산당과 그에 맞선 한국민주당 간의 추격전은 좌우익 간의 청년운동에 그대로 반영되었고, 그것이 물리력 대치의 성격을 띠게 되는 것 또한 어쩔 수 없는 현상이었다. 여운형이 안재홍과 더불어 건국준비위원회를 발족하였을 때, 청년 학생 계층을 재빠르게 포섭하여 청년운동의 골간을 세우는 데 숨 돌릴 틈을 주지 않은 것은 바로 좌익 공산주의 세력이었다. 공산주의자들은 감수성이 빠르고 잘 조직화된 청년 학생들로 하여금 해방 초기의 치안 확보를 담당케 한 데 이어, 조선공산주의청년동맹(8월 18일), 학병동맹(9월 1일), 국군준비대(8월 30일) 등을 조직하여 '조공의 행동 조직이요, 인민공화국의 전위대로서의 역할을 담당'하게 하였으며, 이 조직들을 나중에 청총(전국청년총동맹)으로 단일화시켜 좌익 통일전선(민전)의 실력 행동 부대로 자리를 굳히게 했다.(김행선, 2004: 29~161)

후발 주자가 된 우익 진영 청년 학생운동이 가동하기 시작한 것은 이승만·김구의 환국 이후부터였으며, 청년 학생 단체들이 반탁운동의 전위를 담당하게 됨으로써 비로소 좌익에 맞서 대립각을 확고하게 세울 수 있게 되었다. 우익 청년운동은 한국민주당의 지원하에 좌익 청년운동에서 이탈한 세력, 서북에서 탈출한 청년 세력 등 22개 단체가 중심이 되어 대한독립촉성전국청년단체총동맹(12월 22일)을 조직하였고, 반탁국민총동원위원회에 호응하여 반탁전국학생총연맹(1946년 1월 7일)이 가두에 나섬으로써 반탁·임정 옹호의 기치를 분명히 하였다.(김행선, 2004: 191~217: 한국반탁·반공학생운동기념사업회, 1985: 129~177)

좌익 진영의 청년운동은 미소공동위원회가 본격적으로 가동하던 1946년 4월, 연맹체적 성격의 청총을 다시 조선민주청년동맹(민청)으로 개편하여 완전히 공산당 헤게모니하의 중앙집권적 통일 체계로 움직이게 되었다. 그로부터 민청은 미군정을 상대로 합법 비합법의 대중 정치투쟁을 전개하는 과정에서 9월 총파업과 10월 봉기와 같은 폭력 파괴 살상 행위를 자행하는 가운데, 우익 청년돌격대와도 전쟁을 방불케 하는 격돌을 하게 되었다. 한편 우익 진영의 청년 단체 또한 같은 해 4월 반공 투쟁의 전투적 전위부대를 자임하는 대한민주청년동맹(대한민청)으로 조직을 개편하면서, 군정경찰의 암묵적 지원하에 실력 행동의 별동대를 조직하여 좌익 외곽단체 타도의 피비린내 나는 테러 활동을 하였다. 미군정은 마침내 민청에 대해 해산명령을 내렸고, 대한민청에도 제동을 걸어 좌우 각기 또 다른 명칭의 청년 단체로 발전하지만, 그 어느 것도 청년을 위한 청년에 의한 운동은 아니었고, 권위주의적 정치 지도자들의 이용물이요 희생양일 수밖에 없다는 데 당초부터 비극의 씨앗이 도사리고 있었다.

1945년 12월, 나는 서울에 올라온 후 주위 분들의 호의로 임시 거처를 아현동 산동네 안 모 씨의 한약방으로 정하고, 약 조제하는 일을 도우면서 거기서 머물고 있었다. 그런 지 얼마 안 되어 모스크바 3상회의에서 한국에 대해 신탁통치를 실시하기로 결의했다는 호외가 나돌았다. 유난히 추웠던 그해 연말연시였지만, 곧이어 '신탁통치 결사반대'를 외치는 군중집회와 가두시위의 열기로 얼어붙은 온 장안이 달아오르는 듯했다. 나 또한 그 대열에 뛰어들어 목이 터져라 '완전 자주독립'을 외치는 것으로 사회참여의 첫발을 내디뎠다. 마을 사랑방과도 같은 이 약방에는 저녁마다 이웃집 영감님들이 모여들어 좌우로 갈린 시국담으로 논쟁을 벌이곤 했다. 그럴 때면 나는 아직 나이 어린 소년 주제에 그들 논쟁 틈에 끼어들어 열 올리기를 좋아했다. 틈만 있으면 거리로 뛰어나가 반탁 집회에 참가하는 것이 나의 일과가 되다시피 했다.

그러던 어느 날 우연한 기회에 그 인근에서 역시 한약방을 경영하는 김문세金文世 영감을 만나게 되었는데, 신탁통치에 대한 나의 울분과 포부를 듣고는 극구 칭찬하면서 자기가 계획하는 활동에 동참하여 같이 일하자는 권유를 했다. 김 영감이 구상하는 사업의 취지는 대략 다음과 같은 것이었다. 즉 외세에 의한 신탁통치를 배격하고 자주독립의 목표를 달성하기 위해서는 국민 대중의 자주 자치적 조직을 짜는 것이 필수적인데, 그러기 위해서는 우선 뜻이 맞는 사람들끼리 힘을 모아 전국적인 국민 조직으로서 '국민연맹'(가칭)을 결성해야겠다는 것이다. 그리고 그런 어마어마한 사업을 김 영감은 혼자의 힘으로 꾸려나가겠다는 포부였다. 그의 웅대한 포부에 매료된 나는 당장 그때부터 김 영감을 따라나서 침식을 같이하며 그의 단체 조직 활동을 돕기로 했다. 말하자면 김 영감의 개인 비서(무보수)였지만, 나 혼자서 찾아오는 손님을 상대하랴 외부와의 연락을 취하랴 온갖 잡일을 도맡아 하게 되었다.

국민연맹 결성 사업은 김 영감의 집념과 열의에도 불구하고 그다지 성과가 오르는 것 같지 않았다. 하기야 그 당시 하루에도 수많은 정당·사회단체들이 조직되어 기염을 올리다 사라지곤 하던 판이었으니 너무 큰 기대를 걸 일이 아니었던 것 같다. 결국 약 2개월여 동안의 준비 끝에 근처에 있는 동회 회의실을 빌려 각계 인사 60여 명을 모아놓고 비교적 성대한 결성 대회를 열었지만, 참석자들의 의견이 좌우로 갈려 논쟁을 하다가 흐지부지되고 말았다. 하지만 김 영감은 그후에도 낙담하지 않고 각계 인사들을 찾아다녔는데, 자기 나름의 정론을 가지고 미소공위에 명함을 들이대기도 했고, 남북협상에 참가하여 평양까지 다녀오는 등 진기한 활동을 멈추지 않았던 것이 기억에 남는다.

그렇더라도 나로서는 이 국민연맹에 가담하여 활동하는 가운데 많은 저명인사와 안면을 익히게 되고 시국과 사회에 대한 식견을 넓힐 수 있는 좋은 계기가 되었던 것이 사실이다. 그 당시 내가 알게 된 주요 인사로는 우덕순禹德淳(침략의 원흉 이토 히로부미 저격 사건에 동참한 안중근 의사의 동지), 양근환梁槿煥(친일 자치론자 민원식 저격), 이규채李圭彩(임정 수뇌), 성낙서(후일 제헌의원, 충남도지사), 구연걸(후일 반민특위조사관), 임서정任曙汀(문인), 김약천金若川(후일 성대 교수), 이상학李象學(사회운동가), 유정렬(사회운동가), 백종덕白鍾德(사회운동가), 최연택崔演澤(와세다대 출신, 교육자), 전수조全首曺(청년운동가), 연병호延秉昊(후일 제헌의원) 연병주延秉柱(민족종교인), 박제경朴齊卿(전 연극인) 등 제제다사였다. 하나같이 뛰어난 항일 혁명의 영웅으로 우러러보였다. 그분들이 고담준론이라도 토하는 날이면, 나는 한 마디도 빼놓지 않고 귀에 주워 담기에 정신이 없었다. 그중에서도 내가 가장 존경심을 갖게 되었으며, 이후 나의 인생 진로와 불가분의 인연을 맺게 된 분으로 유정렬, 박제경, 최연택 등 제 선배를 꼽아야 할 것이다.

국민연맹에는 매일같이 수십 명의 인사들이 드나들며 제각기 천하를 주름잡을 듯 갑론을박하였지만 기실 무엇을 어떻게 할 것인지 뚜렷한 방안을 제시하는 사람은 아무도 없었다. 밑도 끝도 없는 지루한 회의로 슬그머니 짜증이 나던 어느 날 오후였다. 처음부터 말없이 좌중의 갈팡질팡하는 논쟁에 귀를 기울이고 있던 30대 중반의 한 낯선 젊은 선생이 조용히 입을 열었다.

지금 우리는 입만 열면 좌니 우니, 반탁이니 3상 결정 지지니 하며 갑론을박으로 세월을 허비하고 있지만, 우리에게는 그럴 겨를이 없습니다. 단체를 만드는 것도 좋고 정당을 구성하는 것도 나쁘지 않습니다. 그러나 진정으로 외세를 배제하고 완전 자주독립의 길을 걸으려면 우선 자주적인 우리의 힘을 기르는 일이 급선무입니다. 즉 똑바른 생각과 정신으로 뭉친 실천적 인재부터 양성해내야 하는 것입니다. 그러기 위해서는 먼저 우리끼리라도 자주독립운동 추진의 핵심이 될 인재 양성 기관을 설립해야 할 것입니다.

침착하면서도 문제의 핵심을 파고드는 그의 논변은 이때까지의 흐트러졌던 회의 분위기를 일신시키기에 충분했다. 좌중은 모두 그의 다음 말을 주목하면서도, 이 키가 작고 단정하면서도 한없이 당차 보이는 젊은 선생의 실체를 더 궁금해 하는 눈치였다.

제 이름은 유정이라고 합니다. 본명은 정렬이고요. 현재 이름도 힘도 없다는 뜻의 '무명회'라는 단체에 소속해 있습니다. 그러나 마음만은 정성을 다해 우리 민족의 완전 해방과 새 나라 건설에 미력이나마 바쳐보고 싶다는 뜻에서 약간의 활동에 관여하고는 있습니다. 순서가 뒤바뀌었지만, 우선 제 내력이며 현주소부터 말씀드리겠습니다.

이렇게 자기소개를 한 다음, 선생은 대략 다음과 같은 줄거리의 약력이며 경험담을 담담하게 소개해 좌중을 감동시켰다.

충청북도 미원 태생의 수곡 유정렬(1912~1998) 선생은 독실한 기독교 신자인 부친 유병찬劉秉瓚 장로와 모친 김응숙金應淑 권사의 3남 3녀 중 장남으로, 성장기를 공주에서 보냈다. 어려서부터 외숙 김태희金泰熙 (상하이임시정부 의정원 의원)의 영향으로 항일운동에 눈을 뜨게 됐다.

1925년 초등학교를 졸업하고 도일, 고학으로 메이지학원明治學院 전문부 문과를 다녔는데, 1931년 7월 방학을 맞이하여 일시 귀국했다. 그때 마침 청주고보와 농고 학생들(신형식申亨植, 전수조, 유창렬柳昌烈 등)을 중심으로 조직된 항일 시위 및 비밀결사(신조선건설사)의 공주 조직 책임자로 가담한 것이 발각되어, 치안유지법 위반으로 피검, 학업 중단은 물론 요시찰인으로서 모든 행동에 제약을 받는 몸이 되어버렸다. 그때 이후 유 선생은 공주에서 동아일보 지국을 맡아 경영하면서, 수재민 구호 음악회, 조선중앙일보 사장 여운형 씨 초청 강연회 및 시민 단합 대회 등을 개최하였으며, 일인이 운영하는 전기 회사를 상대로 전기료 부당 인상에 항의하는 감면 투쟁을 성공리에 전개하는 등 일련의 조직적인 항일 주민 운동을 펼쳐나갔다. 1936년 베를린 올림픽대회 때 손기정 선수의 일장기 말살 사건으로 『동아일보』가 정간되면서, 유 선생은 자리를 조선일보사 장항 지국으로 옮겨 계속 지방 기자 생활을 하였다. 1938년 유 선생은 '장항 기자단 공갈 사건'의 죄명으로 구속 수감되어 8개월의 옥고에 4년 집행유예(6개월 징역) 처분을 받았다. 향토 문화 사학자 이승규李昇圭 옹을 도와 저산팔읍苧産八邑의 보부상(장돌뱅이) 조직인 상무사商務社에 대한 특별 기사를 취재하던 중, 일본 경찰의 노골적인 취재 방해 행위에 항거한 것이 화근이었다. 그 당시 조선중앙일보 여운형 사장, 천도교 이종린李鐘麟 교령 등 경향 각계의 구명 활동은 본인에게 큰 고무가 되었다고 했다. 한편 유 선생은 1936년 이후 김기동 등 15인의 동지들과 매월 15일마다 모이는 일오회를 조직해 독후감 발표, 시국 문제 정보 교환 등을 하는 동시에 서울의 동지들과도 교류하며 일본의 패망 기운이 높아지는 데 따른 지하 활동을 전개하고 있었다.

조치원 피신처에서 8·15 해방을 맞은 유 선생은 다음날인 16일 건국 준비위원회 여운형 씨로부터 "곧 상경 바람"이라는 전보를 받았다. 다

음날인 17일 상경하기 위해 조치
원역으로 갔다. 그리고 공주에서
상경 중이던 김명동(호서 거유이
자 홍주의진 창의자인 지산芝山
김복한金福漢의 3남, 후일 제헌의
원) 씨와 동향의 신현상(호서은행
거금 횡취 사건으로 옥고, 후일
경교장 판공실장) 씨를 만나 함께
행동하기로 했다. 서울에 도착한
후 청진동 증평여관에 숙소를 정

나의 스승 수곡 유정렬 선생

했으나, 건국준비위원회로 향하려던 생각은 숙고 끝에 일단 접어두기로 했다. 물론 두 분의 만류 때문이기도 했다. 그래서 일단 여러 정황과 분위기를 알아보기로 하고 다음날 세 사람은 공평여관에 기거하던 심산 김창숙 옹을 찾았다. 심산 선생은 임시정부의 김구 주석이 돌아올 때까지 자중하라는 말씀을 하셨다. 이어서 권동진, 오세창吳世昌 옹을 찾았다. 두 분도 역시 김구 주석이 환국할 때까지 기다려보자는 말씀을 하셨다. 그리고 다음날인 19일에는 유 선생 혼자서 성북동 개울가에 사는 천도교 교령 황산 이종린 선생을 찾았다. 황산 선생은 오래전부터 유 선생께 임시정부에 관한 소식을 전해주던 분이었다. 황산 선생도 지금은 전 국민이 해방의 감격으로 흥분 상태에 있으니 당분간 정관하는 것이 좋겠다고 하며 자주 만나자고 하셨다.

이렇게 각계 원로들을 만나 협의한 결과, 충칭임시정부가 환국할 때까지는 경거망동을 삼가고 시국을 정관할 필요가 있다는 것이 그분들의 공통된 충고였다. 이에 유 선생은 당분간 정보 교류와 시국 간담을 하는 데 중점을 두고 뜻있는 인사들끼리 모여 (황산 이종린 선생의 주도로)

'무명회'를 조직했으며 그 간사 역할을 맡았다. 이 이름 없는 사람들의 자유 교양 봉사 서클 소식이 알려지면서 때마침 속속 환국하던 해외 독립운동자들의 관심을 끌게 되었고, 이 박사의 독립촉성중앙협의회, 임시정부의 반탁총동원위원회와도 선이 닿게 되었다. 무명회가 독촉중협의 제의로 전국 지방 순회강연을 하면서 가장 절실하게 떠오른 과제는 이 박사와 김구 주석, 양 진영으로 나뉘어 혼선을 일으키고 있는 민족진영의 지방 조직을 하나로 통합해야 한다는 것이었다. 이 지상 명제를 놓고 돈암장의 '독촉중협(지방 조직)'과 경교장 임정 측의 '반탁총동원위원회' 양 단체의 통합 문제가 제기되었을 때, 무명회의 유 선생은 그 합동준비위원회의 책임 간사로 위촉받아 대한독립촉성국민회 발족을 준비하는 중이었다. 그 과정에서 특히 유 선생은 임정의 김구 주석이 제안한 새로운 인재의 단기 훈련 기관 설치 구상에 전적으로 공감하고 그 협력 방안 또한 함께 모색하고 있는 중이라는 것이었다.

그런데 큰일입니다. 중이 염불보다도 잿밥에만 맘이 있다고, 정치 운운하는 사람들이 하나같이 일 자체를 되도록 잘해보자는 생각보다는 끼리끼리의 파당성이나 이기적 야심으로 대사를 그르치기가 십상이니 말입니다. 지금 우리가 모처럼 결성 준비 중에 있는 대한독립촉성국민회 일만 해도 그렇습니다. 새 술은 새 부대에 담아야 한다고, 하루빨리 선공후사의 정신을 가지고 합심 육력할 새로운 인재들을 길러 충원하지 않는다면 모두가 헛것입니다. 외람되게 서두에서 제가 한 제안 역시 그런 절박한 사정에서 드린 말씀입니다.

약간 장황한 감이 없지 않았음에도 불구하고 일동이 유 선생의 설명을 더욱 관심을 가지고 들어준 이면에는 아무래도 그가 민족진영 최고

위층 인사들과 직접 선을 대고 있다는 점이 작용했을지도 모른다. 아무튼 좌중은 만장의 박수로 독립운동 요원 양성 기관 설치 사업 추진안을 본격적으로 연구하자는 데 합의하고, 그 구체적인 사업 계획안을 다음 회합 때까지 유 선생이 작성하여 제출하기로 했다. 수일 후 유 선생은 매기 3개월 과정으로 된 야심 찬 독립운동실천원양성소(가칭) 설립 계획서 초안을 작성하여 가지고 와서 여러 사람에게 열심히 설명하였다. 하지만 지난번의 감동적인 분위기와는 달리 그 자리의 총중 그 누구도 이 계획안을 진지하게 받아들이는 것 같지 않았다. 심지어는 좌장인 김 영감 자신까지도 경교장이나 돈암장에 선을 댈 엉뚱한 생각에 더 마음이 쏠려 있지 않은가 여겨졌다. 그런 상황이었기 때문에 유 선생의 귀중한 제안은 자연 겉돌 수밖에 없었다.

하지만 유 선생의 그 열의에 찬 의향 표시가 노상 헛된 것만은 아니었나 보다. 엉뚱하게도 그가 토해내는 열띤 화살(?)을 말석 한 귀퉁이에서 한 마디도 빠뜨리지 않으려는 듯 귀를 쫑긋 세우며 듣고 있는 한 소년이 있었으니 말이다. 그 소년이 바로 나였다. 나는 선생의 폐부를 찌를 듯한 한 마디 한 마디가 너무도 감동스러워 어쩔 줄 몰랐다. 그리하여 그때부터 나는 누군가 독지가를 만나 이 일이 꼭 성사되도록 도와야 하겠다는 결심을 하였다. 한번은 김 영감의 심부름으로 북아현동의 모 재력가 집을 찾아가 한약 조제를 해주게 된 적이 있었다. 엉뚱한 집념에 사로잡혀 있던 나는, 그때가 물실호기다 싶어, 분수없게도 그 주인에게 유 선생의 사업 계획을 털어놓고 스폰서가 되어달라고 조르다가 빈축을 산 적도 있었다.

그러던 어느 날 반탁운동에 함께 가담하면서 더욱 가까워진 영신환 장사 박제경 선생이 지나다 들렀다. 인사가 끝나고 이 이야기 저 이야기 하던 끝에, 나는 뛰어난 인품의 유 선생을 알게 된 이야기를 하면서, 그의 독립운동 인재 양성을 위한 계획에 대해 얻어들은 것을 털어놓았다. 뜻밖에도 박 선생의 안색이 진지해지면서 나의 이야기를 관심 있게 경청해주었다. 그러고서 며칠이 지났을 때 박 선생이 우정(일부러) 다시 나를 찾아왔다. 박 선생은 나를 만난 즉시 지난번 유 선생이 했다는 독립운동 인재 양성 계획 이야기를 다시 한 번 확인하면서 이렇게 말했다.

실은 지난번 군이 말한 독립운동 훈련소 설치 계획을 남대문시장에서 어물전 경영을 하는 박용철朴龍哲 사장에게 했더니, 그분이 흔연히 협조할 뜻을 비치니, 한번 유 선생과 만나도록 주선해보지 않겠는가?

나는 신이 나서 이 낭보를 즉시 유 선생을 찾아가 전했다. 유 선생은 너무도 놀라운 듯 한동안 나를 뚫어지게 바라보며 말이 없었다. "안 지도 얼마 되지 않는 이 소년이 자진해서 운동의 일익을 담당하겠다고 나서다니!" 아마도 선생은 그런 생각을 했던 것 같다.

11. 예관동 24번지 그리고 혁명 수업의 길

사전 약속이 된 어느 봄날 저녁 땅거미가 내릴 무렵, 나는 박제경 선생과 남대문시장의 박용철 사장을 화원정(예관동) 24번지(정확한 주소는 24-18)의 유정렬 선생 댁으로 안내하였다. 을지로4가에서 남산 쪽으로 그리 멀지 않은 거리에 있는 유 선생 댁은 조그마한 적산 가옥이었다. 아래층에는 주인인 유 선생 가족(부부와 1남 3녀)이 살고, 현관에서 별도 계단으로 올라가는 2층에 다다미방으로 되어 있는 응접실이 있었다. 2층 응접실은 아예 사랑방처럼 개방하여 손님들이 자유롭게 드나들 수 있도록 되어 있었다. 말하자면 일종의 연락 장소나 집회소인 셈이었지만, 때로는 마음 놓고 쉬어갈 수 있는 무료 숙소로 이용되기도 하는 모양이었다.

주객 네 사람이 둘러앉아 수인사가 끝났을 때 부인이 보리차를 끓여 왔고, 주인은 초면의 긴장을 누그러뜨리려는 듯 이 집에 살게 된 내력부터 시작해 말문을 열었다. 유 선생의 일장 연설과도 같은 이 집에 얽힌 설명이 끝났을 때, 박제경 선생이 옆자리의 박용철 사장을 다시 소개하면서 말문을 열었다.

저희들은 남대문시장에서 그날그날 벌어먹고 사는 한낱 서민에 불과하지만, 세상이 하도 어지러워 불안해하던 차, 진정한 우국지사님들이 모여 새 나라 건설을 위한 고귀한 활동을 계획하신다기에 가르침을 받을 겸 미력이나마 보탬이 되고자 이렇게 찾아뵈었습니다.

그 말이 채 끝나기도 전에 박 사장이 얼른 주머니에 손을 넣더니 봉투 하나를 꺼내어 바닥에 내밀었다.

이거 얼마 되지 않지만 성스러운 건국 사업에 보태주십시오.

이 일은 곧 그 2층에 모이던 여러 사람에게 알려져 화제가 되었던 모양이다. 그때 이후 박제경 선생과 나는 이 집회소에 드나드는 빈도가 잦아지게 되었고, 그때마다 만나게 된 선배 동지들의 너무도 따뜻한 눈길에 당황할 수밖에 없었다.

유 선생이 이 집을 인수하게 된 것은 해방 직후 상경하여 여관 신세를 지고 있을 때 우연히 만나게 된 구면의 송석주宋錫柱 씨 덕분이라고 한다. 유 선생은 상경하여 열흘 이상 여관 생활을 했는데, 당시 종로 일대의 여관은 "한국판 난장판을 이룬 정치 시장의 한복판"으로 도저히 더 이상 여관 생활을 할 수 없다고 생각하고 있던 차에, 송 씨로부터 그가 점거하고 있던 예관동의 일식 건물 2층을 빌리게 되었다. 그곳으로 여장을 옮긴 유 선생은 며칠 후 이웃집인 예관동 24번지의 적산 가옥(현재의 유 선생 댁)을 선점자에게서 정식으로 양도를 받아 이사를 하였다고 한다. 앞에서도 말했지만 당시 유 선생은 신현상, 김명동과 함께 독립 달성에 대한 막연한 꿈에 부풀어 상경했으나 졸연히 뾰족한 수가 생길 판세가 아니라는 것을 깨닫고 매우 난처한 상황이었는데, 그때 이 집을 인수하게 되었다고 한다. 유 선생은 우선 조치원의 피난처에서 고생하는 가족들을 서울로 끌어올리게 되어 다행이었지만, 그보다도 당장 잘 곳이 없어 고생하는 동지들의 숙식 문제를 해결해줄 수 있는 방안이 생긴 것이 한없이 기뻤다고 했다. 이렇게 해서 예관동의 유 선생 집에는 신현상, 김명동, 성낙서, 구연걸, 목발 김형윤 등 많은 동지들이 모여들었고, 그중에도 특히 충청도 사람들이 쉬어가는 집합소처럼 되었다라는 것이다. 그러다 보니 보다 유기체적인 조직을 만들자는 요구가 자연 발생적으로 튀어나와, 황산 이종린 선생 주도로 구락부 형식의 모임을 만들게 되었다. 앞에서 말한 대로 이름은 '무명회'라 하고 33명(후에 36명이 됨)을 구성원으로 하여 자체적인 수련을 하며 개인행동을 최소한도로 자제하고, 임시정부의 환국을 준비하면서 모든 행동은 임시정부 환국 후로 미루기로 하였다. 유 선생은 무명회가 조직된 지 얼마 지나지 않아, YMCA 강당에서 시국 수습을 위한 정당 및 사회단체 간담회에 김명동 씨와 함께 참석했던 일화를 회상했다.

약 100여 단체가 모였어요. 이 자리에서 공산당의 정태식鄭泰植이 일어나더니 미군 비행 사건을 예로 들면서 미군정을 상대로 투쟁을 벌이자는 것이었어요. 그러나 이 말을 듣고 있던 우리 무명회의 김명동 동지가 들고일어나 "일본군을 무장해제시켜준 미군에게 약간의 비행이 있다면 시정시켜야 할 문제지 그런 사소한 문제를 가지고 투쟁 운운하는 것은 성급하다"고 하며 옥신각신 논쟁이 벌어졌지요. 결국 간담회는 와해되어버렸고……

이어서 이 집을 주로 드나드는 논객들에 대한 얘기가 이어졌다.

그러다 보니 우리 집이 일종의 정치 토의장이 되곤 했는데, 낮에는 주로 재경의 이을규·이정규 선생 형제와 유진태兪鎭泰 선생의 아드님이신 기산杞山 유창준兪昌濬 씨 그리고 이석규 씨, 이규호[이규창] 씨, 김지강 씨 등이 매일 모여 주로 정국의 향방과 이승만 박사, 김구 주석 일행의 동정을 살피고 있었지요.

유 선생은 민족주의적인 성격이 강한 무명회 회원들이 어떻게 아나키스트 그룹인 자유사회건설자연맹 맹원들과 이곳에서 가깝게 지내게 되었는지를 굳이 길게 말하지 않았다. 아마도 서로 생각하는 것이 약간씩의 차이가 없다고는 할 수 없었을 것이었다. 하지만 워낙 정치적 야심이나 파당적 이해관계를 초월한 그들 사이에 극복하지 못할 일이란 아무것도 없었다. 게다가 매일같이 한자리에서 얼굴을 대하고 토론하는 데서 점점 더 심지 상통하게 되었던 것을 유 선생은 굳이 설명할 필요조차 없었던 것 같다.

이러저러한 경위에서 예관동 24번지는 민족진영 혁명운동 세력들 사

예관동 24번지. 1층에 셔터 문이 있는 건물이 민족주의 지사와 아나키스트들의 아지트였던 예관동 24번지 유정렬 선생의 옛집이다. 건물의 전체적인 모습은 옛 적산 가옥 그대로이나 1층의 셔터 문을 새로 해 달았고 2층으로 올라가는 계단이 달라졌으며, 벽에 페인트칠이 되어 있다. 현재 1층은 창고로, 2층은 사무실로 쓰고 있다.

이를 소통하는 매개 장소처럼 되었고 앞으로의 운동 추진 방략을 숙의하는 비밀 아지트처럼 알려지게 되었다. 그런 인연으로 해서 예관동 24번지 무명회는, 독촉중협의 통일 공작이 종당 난경에 빠졌을 때(1945년 12월 중순), 37명의 지방 유세대를 편성해 전국 순회강연을 함으로써 이 박사를 부추겨주었다. 또한 아나키스트들과 힘을 합친 무명회는, 환국한 지 얼마 안 되는 임정을 도와 반탁총동원위원회의 주권 쟁취 운동에 깊숙이 관여함으로써 임정에 용기를 북돋아주기도 했다. 앞에서도 말했지만 돈암장 측의 '독촉중협(지방 조직)'과 경교장 측의 '반탁총동원위원회'가 상호 경합하는 양상으로 나타났을 때, 이 예관동의 무명회 동지들(아니 아나키스트 동지들)은 다시 부지런히 양측을 왕래하면서 지방 민심의 곱지 않은 시선을 이 박사와 김구 주석에게 직소, 범민족적인 국민운동 통합체인 대한독립촉성국민회 결성(1946. 2. 8)에 주도적 역할을 하게 되었다. 그런 과정에서 이 알려지지 않은 장소가 혁명적 아나키스트와 순수한 민족주의 좌파 인사들이 편안하게 머리를 맞대고 혁명 전략을 숙의하는 집합 장소로 이용되고 있었던 것이다.

그때 이후 내가 이 예관동 집회소 2층에서 만나 뵙게 된 분으로는 위당爲堂 정인보鄭寅普, 기산 유창준, 김명동, 구연걸, 성낙서 등 순수 민족주의계 지사들과, 회관·우관 형제, 지강 김성수, 목발 김형윤, 이석규, 이규창 등 아나키스트계 투사들을 꼽을 수 있다.

그분들은 하나같이 소탈했으며, 너그러웠고 항상 누구와도 대화할 수 있게 마음 문이 열려 있는 것 같았다. 그분들 사이에서는 무슨 노소의 차별이나 위계질서 같은 격식이 없었으며, 특출한 지도자가 따로 있어 거기에 복종하는 것도 아니었다. 모든 것이 그저 자유롭고, 모든 것이 물 흐르듯 흘러가면서 절도에서 벗어나는 일은 없어 보였다.

생각하면 한낱 보잘것없는 구상유취의 소년인 내가 그렇게 쟁쟁한 민족운동가 또는 아나키스트 대선배들을 만나게 되고 그분들로부터 인격적인 대우를 받으며 혁명을 논하는 자리에 동석할 수 있게 되다니 참으로 꿈만 같은 일이었다.

8·15 1주년 기념일은 내가 자유사회 혁명 대열에 본격적으로 발을 들여놓게 되는 데 있어 매우 뜻 깊은 날이 되었다. 수곡 유정렬 선생은 자신의 35회 생신날이기도 했던 이날 모처럼 점심이나 같이하자고 나를 예관동 자택으로 오게 한 후, 뜻밖에도 이제부터는 자신과 기거를 같이 하며 앞으로의 시국 전개에 임하자고 제의하셨던 것이다. 알고 보니 가

족끼리만의 조촐한 모임이었다. 선생은 그날 하루를 온전히 나와 함께 보내려고 비워두셨던 듯했다. 회식이 끝난 후에는 과히 멀지 않은 곳에 있는 국도극장에서 특별 공연 중이던 연극 〈태백산맥〉을 감상하는 등 느긋하게 시간을 보내면서, 선생은 거의 독백처럼 앞으로의 시국 전개에 대해 선배 동지들 사이에서 논의되고 있는 구상을 나에게 들려주었다. 그 줄거리를 더듬어보면 대략 다음과 같은 것이었다.

1. 대한민국임시정부의 법통에 입각한 민족의 주권 쟁취를 위해 좌우 남북을 초월한 거족적인 국민운동 전개.
2. 건국 지침의 골격은 민중에 토대를 둔 적극적인 지방자치의 실현. 중앙정부 형태는 생산자 대표와 소비자 대표로 구성된 상하 양원제 의회에다 통계와 조정 기능에 중점을 둔 최소 정부 지향.
3. 민주의원 기획국에서 입안 중인 가칭 '애국기업공단'을 중심으로 애국적인 민족자본, 민족 기업을 중심으로 국민 산업 경제 부흥책 확립.
4. 좌익 민족주의자와 아나키스트가 대승적 차원에서 연대하여 민중의 자발적 참여를 근간으로 하는 국민 혁명운동을 자유 사회혁명 방향으로 발전시킴.

대략 이와 같은 윤곽의 혁명 구상을 설명한 수곡 선생은 이윽고 본론으로 들어가 나의 의사를 이렇게 타진하였다.

이렇듯 민족의 명운을 건 엄청난 사업 구상을 펼쳐나가려는 선배 동지들을 보필하기 위해 비록 말단에서나마 신명을 바쳐 참획하게 된 것은 나로서는 더없이 영광스러운 일이고 그에 따른 자부심 또한 없는 것이 아니네. 허나 문제는 나 혼자서 무엇을 할 수 있는 것은 아니고, 더욱이 일이 본격화할 때 측근에서 모든 일을 함께 의논하고 협조를 받을 수 있는 사람이 절실히 필요하거든. 그러니 이 군! 이제부터 발 벗고 나서서 나와 일심동체가 되어주지 않겠나. 침식도 우리 집에서 한식구가 되어 나와 같이하기로 하구······.

당시 나는 아직도 아현동의 김 약국에 기숙하고 있었지만 정작 소관 업무라 할 국민연맹의 일은 개점휴업으로 해체나 다름없는 상태였다. 그런 까닭에 별로 할 일도 마땅치 않았고 비교적 자유롭게 낮이면 회원들과의 연락을 핑계 삼아 밖으로 나돌기가 일쑤였으며, 저녁이면 애고개 로터리 언덕의 최연택 선생을 찾아가 영어 공부를 하고 있었다.

최연택 선생을 처음 알게 된 것은 역시 국민연맹에서였다. 하루는 위풍이 당당한 중년 신사 한 분이 찾아와 나와 수작을 하게 되었는데, 외모와는 달리 퍽이나 인자스럽고 자상했으며, 특히 무엇인가를 배워보려고 목말라 하는 한 젊은이에 감동한 듯 나를 진지하게 상대해주었다. 이렇게 해서 가까워진 최 선생은 나를 자택으로 끌어들였고, 처음 대좌하자마자 직접 붓으로 논어의 학이시습지불역열호學而時習之 不亦悅乎아에다 조삭비鳥數飛, 그리고 맹자의 득영재이교육지일락得英才而敎育之一樂을 써 보이면서, 자기가 아무 조건 없이 독선생이 되어줄 터이니 저녁마다 공부하러 오라는 것이었다. 너무도 감격스러운 배움의 기회여서 나는 염치불구하고 바짝 달라붙었다. 나의 공부는 영어 교습으로부터 시작되었다. 이렇다 할 마땅한 교재가 시중에 나돌던 시기도 아니었으니, 선생은 기본 교재로서 영어로 된 성경과 이솝우화Easop's Fables를 꺼내 들었다. 비교적 한유한 시간이 많았던 선생은 그날그날 배울 만큼의 분량을 미리 붓으로 써놓았다가 단어 찾기부터 시작하여 독해, 문법순으로 교습을 했다. 일단 그것이 끝나고 나면 동서고금의 역사와 윤리, 철학에 대한 해박한 지식을 곁들인 선생의 본격적인 강의가 시작되었다. 그것은 단순한 강의라기보다도 비뚤어진 당대 종교에 대한 냉소적 매도였으며, 영영 잘못 되어가는 나라의 정세와 사회 전반에 대한 허무주의에 가까운 일종의 울분의 토로였다. 하지만 하찮은 한 학생을 향해 쏟는 선생의 지극한 정성은 실로 감탄할 만했다. 때로는 가족들을 시켜 특별히 저녁상까지도 겸상으로 보아오게 하여 같이 먹어가며 훈육에 온갖 정성을 기울이던 그 고마움을 어찌 잊을 수 있을 것인가!

　하지만 나는 최연택 선생의 정체에 대해 실상 아는 것이라고는 아무것도 없었다. 다만 몇 가지 풍문으로 들어 짐작되는 것으로는 일문이 누대에 걸쳐 이 지역에서 살았고 비교적 가산도 넉넉한 집안으로 내외분이 우리나라에 성결교가 처음 들어올 때 선구적 역할을 하였으며 아현동 성결교회 본당을 세우는 데 공이 큰 분들이라는 것, 선생은 젊은 시절에 죽마고우인 김도연金度演 씨(한민당 중진으로 초대 재무장관 역임) 등과 일찌감치 일본 유학을 하고 돌아온, 남들이 모두 우러러보는 지식인이라는 것, 그러나 선생은 중도에 항일운동을 하다 좌절하여 실의에 빠진 나머지 세상과 등을 지고 살았고, 해방 후까지도 술 중독으로 폐인이 되다시피 하였다는 것 등이 전부였다. 선생의 술 마시는 폭주 습성은 너무도 유명하여 내가 공부하러 다니던 시기에도 평소에는 멀쩡하다가 한번 술을 입에 대기 시작하면 1주일이고 2주일이고 인사불성이 되어 완전히 딴 사람이 되어버렸던 적이 한두 번이 아니었다. 선생의 술버릇 중 참으로 알 수 없는 것은 마시는 상대가 어떤 친구라든가 아는 사람이 아니라 노상에서 아무렇게나 만난 서민이나 노동자라는 것이다. 선생은 그들을 막무가내 목로주점으로 붙잡고 들어가 술을 마시는 것이었다. 일제 말엽에 한번은 종로에서 곤드레가 되어 인력거를 불러 타고

서는 한참 가다 멈춘 후 그 인력거꾼을 술집으로 끌고 들어가 권커니 잣거니 마셨는데, 나중에 없어진 인력거 값까지 갑절로 물어주었다는 일화가 있다.

그러던 선생이 제자 하나를 만나 키워보려고 정성을 기울이시던 모습이 지금도 선하다. 그것이 인연이 되어 나중에는 청소년 독서회인 '설형회'의 이름까지 지어주며 젊은이들을 상대하는 것을 일종의 낙으로 삼으시던 선생이 6·25전쟁 중 동족상잔의 울분을 참지 못하고 그만 거리로 뛰쳐나가 종적이 묘연하게 되셨다는 소식을 서울방송교향악단원이던 선생의 셋째 자제 최권崔權 씨로부터 듣게 된 것은 그로부터 훨씬 뒷날의 일이었다.

수곡 선생의 권유에 따라 본격적으로 혁명 학습의 길로 따라나설 결심을 한 나는 우선 거처부터 아현동에서 예관동으로 옮겼다. 하지만 최연택 선생에게 영어 개인 교수 받는 일만은 거리가 다소 멀어도 계속해야 하겠기에 매일 다니던 회수를 1주일에 2, 3차로 줄이고, 그 대신에 공부하는 시간이 늦어져 통금 시간이 가까워지면 그날만은 바로 근처에 있는 박제경 선생 댁으로 가서 쉬곤 하였다. 그렇게 함으로써 수곡 선생과 박 선생 사이의 상호 연락 관계를 한층 긴밀하게 하는 효과 또한 없지 않았다.

때는 물가가 천정부지로 치솟고 식량난이 극심한 지경에 달하던 시기라 서민들은 어느 집이나 강냉이 밥 아니면 비지죽으로 연명하는 것이 보통이었다. 게다가 전국에 콜레라까지 만연하여 사람들이 툭하면 길바닥에 쓰러지곤 하였으니 인심이 더욱 흉흉할 수밖에 없었다. 그런 판국에 객쩍은 나그네가 하루 이틀도 아니고 불쑥불쑥 뛰어들어 가족 사이에 뒤섞이는 것이 얼마나 괴로웠을까. 그런데도 조금치의 눈치를 보이지 않고 무던하게 껴안아주시던 그분들의 가정 분위기가, 내가 사회 건설의 방향을 내다보는 데 있어 커다란 영향을 주었음을 실토하지 않을 수 없다. 지금에 와서 회상컨대 그토록 험하던 세태 속에서 그분들의 가정 분위기가 조금치의 구김살 없이 그토록 밝고, 전통적인 위아래의 권위를 넘어서 너그럽게 화합하면서 지나가는 나그네에게까지도 인정미 넘치는 모습을 보여줄 수 있었던 것은 그 모두가 초대교회의 신앙을 몸으로 실천하는 데서 연유한 것으로 짐작된다. 성결교(최연택 선생), 감리교(박제경 선생), 장로교(유정렬 선생) 등 각기 교파가 다르고 교회 조직에 대한 관점이나 각도 또한 일치하지 않았지만, 비교적 교리에 얽매이는 일 없이 자유롭게 기독교 본연의 정신에 충실하려는 점에서 세 분의 태도가 일치하는 것으로 느껴졌으며, 오직 인격적으로 종교적 신념을 실천하려는 분들로 보였다. 그리하여 평소의 사회생활에서는 절대로 기독교인 냄새를 풍기지 않았으며 평소에 심지어 나에게까지도 의식적으로 선교 활동을 시도한 적이 한 번도 없었다는 데 그분들이 일반 종교인들과는 또 다른 특색이 있었다. 그 시기에 나는 그분들의 말없는 인격적 감화에 이끌려 처음으로 북아현교회(감리교)나 초동교회(장로교)에 나가보았지만 교회 자체가 다분히 형식적이어서 별반 배울 것이 있는 것 같지는 않았다. 다만 수곡 선생이 기독교의 긍정적 특색은 "향상의 종교요, 희망을 향한 전진의 종교"라고 하던 말씀이 가슴에 와 닿았다.

 예관동 수곡 선생 댁은, 그 시기에 직계가족들 말고도 인척들이며 친지 등 많은 외간 식객들이 늘 들끓고 있었다. 직계가족으로는 자당 김응숙 여사가 아직은 대전에서 형제들을 데리고 살면서 이따금 왕래하셨지만 동생인 성렬 씨가 서울에 와 있었다. 그 외에 매부인 김병제 씨와 그 가솔들, 만주에서 병아리 감별사로 일하다 철수한 처조카 장인길張仁吉 씨와 그 가솔들이 동거하고 있었고, 한전 사원으로 전평 노조원이라는 이종매부 한 모 씨 부부와 역시 이종 간으로 맏형이 민전 간부라는 하상덕 군 형제 등이 수시로 자고 가곤 하였다. 장항 사람인 송석주 씨가 항상 드나들며 가옥 문제 등 수곡 선생의 궂은일을 돌보아주었다. 그들은 주인과 같은 기독교 신자일 경우야 말할 필요도 없지만, 좌익계와 같은 사상적으로 경향을 달리하는 사람일 경우라도 피차간에 조심스러워하면서 서로를 아끼고 인척의 정의에 더욱 마음을 쓰는 눈치였다. 하지만 그렇게 이질적인 사람들이 한 방에서 얼굴을 맞대게 되면, 일반적으로 모든 사람이 정치 논쟁에 들떠 있던 시기이니 자연 정치에 관한 대화가 오고가는 것이 예사였지만 누구도 탐색하는 선 이상을 넘으려 하지는 않는 것 같았다. 기이하게도 이 댁의 지붕 아래서만큼은 그것이 빌미가 되어 서로 간에 얼굴을 붉힌다거나 의가 상하는 일은 일어나지 않았고, 약간 언성이 높아지다가도, 대개의 경우 종당에는 서로 간에 비시시 웃어버리는 것으로 분위기가 봉합되기 마련이었다. 아마도 주인장의 무언의 친화력이 작용한 때문이었을 것이다. 수곡 선생은 평소 학과 같은 고고한 자세로 집안을 다스리는 듯 보였으며, 서로 다른 일가친척들 총중의 마음을 편안하게 쓸어 앉히는 신비한 매력을 발휘했고, 모두들 그것에 압도되는 듯하였다.

  수곡 선생의 가정 분위기가 이렇듯 개방적이면서도 잘 다스려질 수 있었던 데는 무엇보다도 안주인 장성례張聖禮 여사의 내조의 공이 크다는 것을 나는 그 댁에 입주하게 되면서부터 감지할 수 있었다. 인상부터가 퍽이나 구수하고 덕성스러운 장 여사는 이러저러한 부군의 외부 활동에 대해선 알고도 모르는 체 일체 입을 다물었으며, 어려운 살림을 혼자서 꾸려나가고 수많은 손님을 치다꺼리하는 데 이력이 난 듯 보였다. 내가 수곡 선생 댁으로 주거를 옮겼을 때, 자녀들 사이에서는 나에 대한 호칭을 어떻게 할까 하는 것이 문제가 되었던 것 같다. 어른들이 '이

군' '이 군' 하고 부르고 있었으니 '이 군 아저씨'로 부르자고 의견이 모아진 모양이었다. 그들은 처음부터 스스럼없이 나를 대하며 잘 따라주었다.

제2장

자유연합의 원점에서

1. 혼란의 해방 정국, 1946년

일본의 무조건항복 선언과 더불어 해방의 나팔소리가 전 아시아 태평양 지역에 울려 퍼졌을 때, 각 지역의 식민지 제 민족은 종주국의 지배에서 벗어나, 제각기 앞을 다투어 독립을 선포하고 자주 정부를 수립하기에 바빴다. 필리핀이 미국이 약속한 대로 독립을 성취(1946. 7. 4)했고, 인도가 헌법 제정에 착수(1946. 12)했으며, 버마 또한 반파시스트인민자유연합을 이끌던 아웅산이 영국으로부터의 독립에 합의(1947. 1)하기 직전이었다. 해방 즉시 독립을 주장하고 나선 베트남(호치민)이 프랑스와 독립 협정을 체결(1946. 3. 6)하고 한창 대치 중이었으며, 인도네시아(수카르노) 역시 독립을 주장하는 공산 반란군을 퇴치하는 한편으로 식민 종주국인 네덜란드를 상대로 무장투쟁과 협상을 병행함으로써 점차 미국이나 유엔으로부터도 호의적 반응을 얻는 중이었다(1947년 8월 유엔의 준회원국 자격 획득, 1949년 12월 네덜란드로부터 주권 인수).

물론 이런 현상은 전후의 영토 불확장, 민족자결을 내걸었던 대서양헌장(1941. 8)의 뉴월슨주의 정신에 토대를 둔 것으로서 인류 문화 진운의 당연한 귀착 방향이기도 했다. 그리하여 오랫동안 지층 아래서 부글거리던 식민지 피압박민족들의 혁명적 잠재력이 앞을 다투어 지표 위로 폭발하기 시작했다. 그 과정은 탈식민화와 민족 자주 혁명의 열풍으로 아시아 전체의 정치 지도가 일변하는 중차대한 격동의 양상으로 나타났다.

8·15 해방은 우리 한반도를 누구도 감당할 수 없는 욕망의 분출장으로 들뜨게 만든 것이 사실이었다. 이 혁명의 에너지를 올바로 추슬러 온 겨레의 자유와 자주독립을 우리 스스로의 힘으로 이룩하는 것이 우리 모두의 열망이오, 당면한 운동의 과제였다. 하지만 안타깝게도 당시 우리에게는 그럴 태세를 갖출 겨를도 여유도 주어진 것이 없었다. 그런 가운데 이번에는 일본군의 무장해제를 구실로 진주한 미국과 소련의 두 점령군에 의해 군화에 짓밟히고 허리가 잘리는 불구의 신세가 되었다. 더욱이 패주하는 일본 잔재의 책동과 철없이 날뛰는 일부 불순 정객들의 기회주의적 난동으로 민족이 두 쪽으로 갈라져 힘을 쓰기 어렵게 된 것이 사태를 더 악화시켰다.

사태의 심각성을 우리가 깨닫게 된 것은 국제 신탁통치를 규정한 모스크바 3상 결정이 공표되고 나면서부터였지만, 그때서야 일기 시작한 반탁 자주 혁명의 외침은 이미 주도권을 빼앗기고 난 공허한 것일 수밖에 없었다. 그런데도 반탁, 반소, 반공의 구호만을 외치며 거리를 누빈다고 될 일이 아니었다. 한 걸음 더 나아가 1946년 5월 미소공동위원회가 진주군 쌍방의 이해상반으로 무기 휴회에 들어갔을 때, 그것을 안타까이 여겨 좌우합작운동을 전개하겠다고 날뛰었으니, 도대체 내 정부를 수립하는 문제를 가지고 언제까지나 객군들에게 끌려 다닐 셈이었던가. 더욱 한심한 것은 우리가 직면한 엄청난 현실을 직시할 줄 모르고 공허하게 부르주아 민주주의혁명 노선이니 국제주의니 하는 관념론에 놀아난 공산주의자들의 행태였다. 그들은 해방 직후의 민족의 운명이 갈림길에 있었던 중차대한 시기에, 천하를 휘젓고 다니며, 한갓 부차적인 논쟁거리를 가지고 사회를 분열시키고 대중을 오도하는 결정적인 실수를 저지르고 말았다.

이렇듯 갈팡질팡하는 가운데 1년여의 세월을 허송하면서도 자주독립 통일 정부 수립에 대한 묘책은 그 어느 편으로부터도 나오지 못했으니, 민족과 민중이 구심력을 잃고 방황할 수밖에 없는 것은 당연한 이치였다. 그 결과 38선 분단이 고착화하고, 서울과 평양을 중심으로 하는 미소점령군의 상반된 군정 체제와 그에 부화뇌동하는 세력이 날로 강성해지는 가운데, 천정부지의 인플레에 식량난이 가중하여 민생고가 극에 달했고, 도처에서 민중들의 울분이 폭발 직전에 있었다. 바로 이런 사태에 편승한 남쪽의 극렬 공산주의자들은 소위 '신전술'을 구사하여 9월 총파업이나 10월 봉기와 같은 무모한 모험주의의 방향으로 대중을 내몰아 무참히 살상시킴으로써 우울한 참극이 벌어지게 하였다.

2. 지방 유세대와 대한독립촉성국민회

이승만이 단신 환국하여 독립촉성중앙협의회를 중심으로 정당·단체 통합 운동을 전개하면서 절감한 것은 그를 뒷받침해줄 대중적 조직 기반이 없다는 것이었다. 앞에서도 말했지만 조선공산당은 이미 전평, 전농, 청총(민청) 등 전국 규모의 대중조직을 거의 완비하고 있었다. 이승만은 조선공산당의 이 조직 기반은 탐이 났지만 그들이 제의하는 인공 주석 취임을 거부하고 조선공산당을 비방하는 방송을 연달아 했다. 마침내 조선공산당이 독촉중협에 대해 결별 선언을 했을 때, 상층 통합 공작에만 몰두했던 이승만은 그때서야 독자적인 선전 활동과 특히 지방 조직 건설을 서둘러야 하겠다고 생각했다. 때마침 이승만은 총비서인 송필만宋必滿의 주선으로 충청도 출신자들의 자유 교양 그룹인 무명회 인사들을 인견引見하게 되고 그들의 건의를 받아들여 독촉중협의 방계 단체로서 독립촉성선전총본부 설치에 기대를 걸게 된다.

독립촉성선전총본부(독촉선전총본부)는 공식적인 연락 업무를 위해 종로 장안빌딩 203호실을 자유사회건설자연맹과 같이 쓰면서, 실무 활동은 모두 예관동 24번지(유정렬 댁 2층)에서 진행했다. 독촉선전총본부는 돈암장 측과 긴밀히 연락을 취하면서, 우선 선전 활동을 겸한 전국 지방 민정 파악을 목적으로 37명의 지방 유세대를 편성하였는데 그 명단은 다음과 같다.(『동아일보』·『조선일보』1945. 12. 17)

이중환李重煥, 김명동, 남상옥, 임우영林佑永, 구연걸, 유정(유정렬), 이중근李重根, 이경석李景錫, 김재현, 이을규, 김익환, 성낙서, 우한용, 이규석, 이석규, 차고동, 이광래李光來, 이동순, 한하연, 박영환, 송창섭宋昌燮, 김연창金演彰, 원심창, 문무술文武術, 승흑룡, 이정규, 설용수薛用守, 김사필金思必, 안병익安秉翊, 구철회具喆會, 하종진, 곽장범郭莊範, 이규호, 신현상, 권태복權泰複, 이관운李觀運, 유공무柳公茂.

이 지방 유세대는 1945년 12월 중순부터 다음 해 1월에 걸쳐 80여 곳에서 선전·조직 활동을 전개했으며, 추가로 30여 곳에서 조직 활동을 할 예정이라고 했다. 독촉중협에 보고된 문서에 따르면 이 기간 동안 14명이 20회에 걸쳐 돈암장의 지원을 받아 각기의 연고지에 파견되었던 것으로 되어 있다. 하지만 이들은 활동을 시작하면서 돈암장의 이 박사뿐 아니라 경교장의 임정 측과도 자연스럽게 연대를 갖고 반탁운동에 보다 많은 비중을 두고 활동하였다. 그중의 한 예로 김명동과 함께 호서 지방 유세 활동을 했던 유정렬은 당시의 에피소드를 이렇게 전한다. 그들이 순회하기로 되어 있는 천안, 예산, 홍성, 서산, 당진 등 호서 지방은 당시 좌익의 농민조합 세가 가장 거세기로 이름난 지역이었다. 유정렬은 천안의 여사에 혼자 있다가 불의에 침입한 좌익 청년들에게 둘러싸여 선전물을 탈취당할 뻔한 적도 있었고, 김명동은 홍성에서 옛 친구로 농민조합에 가담한 만해 한용운의 아들 모씨를 구하려다 애를 먹는 촌극도 있었다고 한다. 그러나 이렇듯 좌익의 세가 판을 치는 지역의 한복판에 단신으로 뛰어들었지만, 지역 주민들의 생각이 노상 한편으로만 기울어 있는 것은 아니었으며, 더욱이 전국을 휩쓸다시피 한 신탁통치 반대의 열풍은 유세하는 그를 한없이 고무시키더라는 것이다. 그리하여 연일 가는 곳마다 도처에서 정보에 굶주린 수백 명 규모의 지역 청중을 상대로 몇 시간씩 강연도 하고, 민정을 논하는 지역 주민들의 간담회에 귀를 기울이며 서로 흉금을 털어놓을 수 있었다는 것이다.

유정렬의 회고담에 의하면, 독촉선전총본부 유세 대원들이 지방민들과의 간담에서 들은 공통적인 주문 내용은, 중앙에 대해 이승만 박사 측의 '독촉'과 김구 주석 측의 '반탁'이 따로 움직이면서 마찰을 일으키지 말고 양 단체가 시급히 통합해달라는 것이다. 과격한 좌파 청년들을 상대하기도 힘든 지방 단체의 처지에서, 같은 민족진영끼리 두 파로 나뉘어 경쟁하는 틈바구니에 끼는 고통을 중앙 분들이 알기나 하겠느냐는 것이 그들의 고백이었다는 것이다.

지방 순회에서 돌아온 유세 대원들은 이런 지방 사정을 종합해서 돈암장과 경교장에 보고하고, 아울러 민족진영의 독촉파와 반탁파가 대동

단합할 방책을 숙의했다. 당시는 비상정치회의와 독촉중협이 비상국민회의로 탈바꿈하면서 우익 진영의 정치적 통합 작업이 급물살을 타던 시기라, 이 박사나 김구 주석으로서는 지방 조직을 통합하여 민족진영의 대중운동체를 재구성하자는 데 반대할 까닭도 명분도 있을 리 없다. 이런 바탕 위에서 독촉선전총본부는 양 단체의 실무진을 중심으로 합동준비위원회를 구성하여 협의한 끝에, 양 단체를 발전적으로 해체한 다음 공동으로 '대한독립촉성국민회'를 새로이 조직하자는 데 합의하고, 김구 주석과 이승만 박사의 최종 재가를 얻었다. 1946년 2월 8일 독촉선전총본부 주최로 독촉중협의 지방 조직과 임정의 반탁총동원위원회의 합동지방대표회의가 종로 YMCA 뒤 중앙교회에서 개최되었다. 이 합동지방대표회의에서 양 단체는 동시에 해체를 하고 새로운 대중조직으로 이승만·김구를 총재·부총재로 하는 대한독립촉성국민회(약칭 독촉국민회)의 발족을 선언했다. 당시 채택된 선언문과 최초의 임원 명단은 다음과 같다.(『조선일보』 1946. 2. 21)

선언문

단조檀祖의 성혈聖血이 얽히고 가갸의 문자로 연련連하는 삼천만 동포의 혼을 통하여 우리는 다음의 몇 가지를 엄숙히 선언함.
1. 우리는 대한의 완전 자주독립을 위하여 최후까지 싸울 것을 선언함.
2. 우리의 운동은 정당 정파를 초월한 순연한 국민운동임을 선언함.
3. 우리는 남북과 좌우의 결합을 기하여 지역적으로나 사상적으로나 통일 완수를 위하여 사력을 다할 것을 선언함.

임원 명단

총재: 이승만, 부총재: 김구

고문: 권동진, 김창숙, 함태영咸台永, 오하영吳夏英, 조만식

참여: 김관식金觀植, 김의한金毅漢, 김여식金麗植, 김법린金法麟, 김성수, 남상철南相喆, 이규갑李奎甲, 이규채, 이극로李克魯, 이중환, 이충복李忠馥, 민정기閔鼎基, 배은희裵恩希, 서세충徐世忠, 신백우申伯雨, 안재홍, 최규동崔奎東, 최태용崔泰瑢

회장: 오세창, 부회장: 방응모方應模 외 1명

총무부장: 홍순필洪淳必, 비서과장: 유성갑柳聖甲, 기획과장: 김영학金永學, 용도과장: 백석기白碩基

재정부장: 오건영吳建泳, 차장: 이규재李奎載, 재정과장: 구연걸, 회계과장: 원창식元昌植

선전부장: 이을규, 차장: 최성환崔成煥, 선전과장: 장연송, 정보과장: 임효순任孝淳, 교섭과장: 정진용鄭珍容

조직부장: 채규항蔡奎恒, 차장: 장대희張大熙, 조직과장: 엄기영嚴基英, 지방과장: 유정〔유정렬〕, 동원과장: 유진산柳珍山

문교부장: 유엽柳葉, 차장: 성낙서, 출판과장: 김익환, 교화과장: 노수일盧壽一

산업부장: 유재기劉載奇, 차장: 김승환金承煥, 상공과장: 이한구李翰求, 물산장려과장: 김재창金在昌, 협동조합과장: 윤석구尹錫龜

근로부장: 권영규權榮奎, 차장: 임한복林漢福, 직업과장: 김진팔金振八, 조정과장: 우갑린禹甲麟

농민부장: 김공우金公雨, 차장: 조동근趙東根, 권농과장: (보류), 지도과장: 하충현河忠鉉

후생부장: 최성장崔性章, 차장: 박용준朴容駿, 체육과장: (보류), 의

료과장: (보류)

　　조사부장: 이성주李成株, 차장: (보류), 조사과장: (보류), 통계과장: (보류)

　　청년부장: 이중근, 차장: 최상린崔祥麟

　　부인부장: 황기성黃基成, 차장: (보류)

　위에서 살펴본 것처럼 대한독립촉성국민회는 이승만의 여의봉과도 같은 독촉중협과 임정계의 반탁총동원위원회가 통합해서 결성된 민족진영의 실질적인 통합체였다. 독촉국민회는 좌익의 민주주의민족전선에 대응해 우익 정치 세력들이 대중적 기반을 마련하기 위해 만든 우익의 연합 전선이자 야전 사령부였다. 민주의원이나, 범민족진영의 정치협상기구라 할 비상국민회의마저도 뿌리 없는 명망가들의 집단이었던 데 비해, 지방 민중의 여망을 등에 업고 자율적 필요에 의해 탄생한 독촉국민회야말로 어느 정당·정파에도 속할 수 없는 민족의 공기이자 자주독립 쟁취를 목적으로 하는 범국민적 행동 조직이었다.

　독촉국민회가 사실상의 전국적 지방 조직을 완비한 것은 4월 10~11일의 전국도부군(도시군)지부장회의에 이어, 5월 12일 미소공위 결렬에 따른 자주독립 쟁취 범국민대회를 주도하면서부터였다. 독촉국민회는 4월 18일 현재 지회 수 104개에 회원 수 100만 명으로 보고되었고, 4개월 후에는 지회 수 2,000개에 회원 수 700만 명을 과시할 정도로 급성장하였으며, 산하단체로 기왕의 대한독립촉성전국청년총동맹(1945. 12. 23 출범) 외에 직속의 독촉국민회청년단이 조직되었고(1946. 5. 31), 기타 대한독립촉성애국부인회(1946. 4. 6), 대한독립촉성노동총연맹(1946. 3. 10) 등이 각기 좌익의 기층 단체를 상대로 경쟁하면서 세를 과시하였다.

이렇듯 독촉국민회가 누구도 무시하기 어려운 우익 기층 조직의 모체로 부상하자, 독촉국민회 중앙은 이 박사의 독촉중협계, 김구 임정계, 김규식계, 한민당계, 신익희계 등 각계 정파 인사들이 엎치락뒤치락하면서 헤게모니 장악을 위한 암투의 온상처럼 되어갔다. 심지어 초기에는 별로 탐탁하게 여기지 않던 이승만 자신도 월여에 걸친 '남선 순행'을 마치고 돌아와서부터는 독촉국민회 조직을 본격적으로 자신의 정치 목적에 끌어 붙이려고 달려들었다. 하지만 독촉국민회는 처음부터 법통 임정의 옹립을 주목적으로 '반탁·자주독립'의 국민운동을 전개하는 것이 엄연한 명분이었던 만큼, 임정 그룹 등 혁명적 민족운동 세력과 아나키스트계 인사 일부가 초기 발의 단계부터 핵심적 역할을 했고, 특히 1946년 가을부터는 본격적으로 이 기구를 장악하여 혁명 공작을 주도했다. (이 이야기는 제3장에서 하겠다.)

1947년 3월 혁명 실패로 대다수의 혁명 세력이 탈락한 후에도 독촉국민회에는 한독당계 인사들이 계속 남아 꺼진 불씨를 되살려보려고 안간힘 쓰고 있었다. 그러던 것이 한국 문제의 유엔 이관으로 단독정부 수립 방침이 확정된 후부터는 사실상 이승만의 독점물이 되고 말았다.

3. 성자 박제경 선생

1946년 초부터 가을까지의 미소공위를 전후한 시기의 해방 정국에 대한 나 나름대로의 견해는 이 책의 부록(「해방 정국, 1946년의 한반도 상황」)에 자세히 정리해두었다. 이 시기의 여러 정치 상황에 대해서는 연구가 많이 되어 있고 많이 알려져 있기 때문에 여기 본문에서는 자세하게 언급하지 않고 필요할 경우 참조할 수 있도록 부록으로 붙여놓았다.

이제부터 나는 미소공위가 중단된 이후 아나키스트를 포함한 혁명적 민족운동 진영의 활동을 조명해보는 데로 기억을 옮기려 한다. 그러기에 앞서 우선 나는, 성자 박제경 선생(1897~1955)의 영전에 옷깃을 여미고 향불 하나를 꽂고 넘어가야 하겠다. 그분이야말로 반탁운동 이후 줄곧 나의 인간 수련을 위해 스승이 되어주었으며, 아나키스트들이 말하는 '자유연합 운동'의 참된 실천자였기 때문이다.

내가 박제경 선생을 처음 만난 것은 해방 전해인 1944년 바로 그 아현동의 한약방에서였다. 약방 주인 안 씨는 풍류를 좋아하는 한량형이었던 까닭에 약방은 늘 환자보다도 놀러온 친구들이 북적대는 편이었다. 안 씨의 친구 중에는 박 선생 같은 늙수그레한 연장자 외에 권 모, 주 모, 이 모 하는 30대 전후의 한의학도 그룹이 있어 이채로웠다. 그들은 수시로 모여 한의학 토론을 했으며, 그것이 대충 끝날 때쯤 되면 으레 박 선생의 신명나는 이야기판이 벌어졌고, 거기서 흥이 난 좌중은 술판을 벌이곤 했다. 그들 모두는 박 선생을 스스럼없이 좋아했으며 마음으로부터 존경하고 있었다.

내가 처음 그 한약방에 들른 것은 주인 안 씨가 아니라 강원도 인제 출신의 주 모라는 한의사를 만나기 위해서였다. 한의사 중에서도 대단히 지적인 편이었던 그는 나에게 여운형의 건국동맹에 맥이 닿으니 한번 만나러 가자고 했었다. 지하운동에 관한 호기심에다, 중국행의 길을 탐색할 목적에서 안 씨 약방을 방문했던 어느 날, 약방에는 한 중년 노인이 혼자서 가게를 지키다가 나를 반갑게 맞아주었다. 중키에 깡마른 몸, 약간 곰보 얼굴의 그가 처음 만났는데도 전혀 낯설어 보이지 않았다. 그는 초면인 내가 무료해하지 않도록 배려하는 듯 이것저것 이야기를 꺼내어 나의 말문이 열리도록 유도했다. 그러고는 치기 어린 나의 횡설수설을 종시 경청하여주었다. 그 인자하고 상냥스러운 첫인상이 지금도 눈에 선하다.

박제경 선생과 나의 첫 대면은 이렇게 시작되었다. 그후 나는 누구보다도 박 선생을 만나기 위해 아현동 약방에 찾아가는 횟수가 잦아졌고, 박 선생도 각별히 나를 반가워하며 말 상대가 되어주었다.

해방 후, 반탁운동의 격동기를 거쳐 예관동 무명회와 관계를 맺게 되면서부터 박 선생과 나의 사

나의 스승 박제경 선생

이는 세대의 노소를 떠나 떼려야 뗄 수 없는 동지적 관계로 밀착되고 있었다. 그러면서 나중에는 한집안 식구처럼 선생의 가정에도 무상출입을 하게 되고, 선생의 내면생활까지도 깊숙이 알게 되었다. 원래가 서울의 양반 가문 태생인 선생은 영신환 매약 행상으로 그날그날의 곤궁한 생계를 꾸려가고 있었다. 그런데도 선생은 항상 명랑하고 느긋했으며 행동에 절도를 잃는 일이 없었다. 선생의 이러한 품성이 그대로 가정으로 이어진 듯 식솔들은 비지죽으로 끼니를 잇기가 보통인 쪼들리는 생활 속에서도 전혀 어두운 그림자나 불평하는 기색을 나타내지 않았다. 선생은 매약 행상을 하는 어려운 살림을 하면서도 자녀 교육열만큼은 누구에게도 뒤지지 않는 것 같았다. 배재고보를 졸업하고 대학 진학을 앞둔 장남 의양 씨를 비롯하여 학교에 다니는 자녀들(4남 2녀)이 모두 머리가 좋았고 착실하게 공부하고 있었으며 장래가 유망해 보였다. 부인이 독실한 감리교 권사인 데다, 선생 자신도 전에는 전도사로 선교 활동에 종사한 적이 있었다니 아마도 종교의 정신력이 그토록 컸던 것이 아닐까. 먹고사는 문제로 골몰하기 때문이었겠지만 선생은 이 무렵 교회

에는 나가지 않았으며 담배도 피우고 친구들과 어울리게 되면 술까지 사양하지 않는 편이었다.

원래 선생은 연예인이었다. 1920년대 우리나라 신극 운동의 효시인 토월회의 동인이었다. 선생이 동생 박제행朴齊行(6·25 때 월북)과 함께 토월회 신극 운동에 발을 들여놓았던 것은 시인 홍사용洪思容(1900~1947, 호 노작露雀)의 권유에 의해서였다. 수원 출신으로 휘문의숙을 졸업한 홍노작은 1922년 나도향, 현진건 등과 동인지『백조』를 창간하여,「백조는 흐르는데 별 하나 나 하나」,「나는 왕이로소이다」 등 서정시를 발표한 것으로 유명하다. 토월회 동인으로서 희곡을 쓰고 신극 운동에 몰두했던 홍노작은『백조』간행과 극단 운영에 전 가산을 탕진한 데다 말년에는 폐결핵까지 걸려 생애를 마쳤다.

박제경 선생은 홍사용 선생을 극진히 대우했다. 집안끼리도 가까웠던 것 같다. 나는 박제경 선생을 따라다니면서 수표교 인근 관수동(국일관 골목 뒤쪽)의 모퉁이 집에 사셨던 홍사용 선생을 여러 번 뵈었다. 거기가 작은집이었다고 하는데, 박제경 선생은 늘 그곳으로 가 홍사용 선생에게 인사를 드렸다. 토월회의 동지애가 정말 기가 막혔다. 박 선생과 나(나는 늘 박 선생 뒤를 따라다녔으니)는 통상 보인당(YMCA에서 파고다공원 쪽으로 서너 집 아래에 있었다)에서 약을 사서 보따리에 넣고, 그 뒷골목에서 우동이나 국수 한 그릇으로 점심을 때우고(푼돈을 내서 같이 먹었는데, 대개 한 그릇에 한 몇 원 정도였던 것 같다), 그리고 나서는 꼭 우미관(현재 삼일빌딩 뒤 종로 쪽에 있

「나는 왕이로소이다」를 쓴 시인 홍사용 선생

었다)에 가서 외화 한 편을 보았다. 영화를 보고 나서는 수표교 쪽으로 홍사용 선생한테 가서 인사하고, 옛날 얘기하고, 가끔 술도 한잔하고, 그랬다. 홍사용 선생은 술을 좋아하셨다. 당시에 보면 문인이나 다른 사람들의 왕래는 거의 끊어진 것 같았고, 매우 외로운 상태였다. 나들이도 거의 하지 않았다. 가끔 박 선생이 우리 모임 같은 데 모시고 나왔다. 뒤에서 얘기하겠지만 아서원에서 있었던 흑백회 결성식 때에도 홍사용 선생이 참석하셨다. 돌아가실 무렵에는 병색이 아주 완연했다. 박 선생을 따라 수표교 근처 홍사용 선생의 우거로 마지막 문병을 갔을 때 선생은 이미 다시 일어날 수 없는 탈진 상태에 있었다.

'영신환 장사'로 불리던 박제경 선생이 봄부터 가을까지 약을 팔던 주요 활동 무대는 신창안(남대문시장)이었지만, 그가 일과처럼 거쳐 지나가는 곳은 종로2가 보인당(매약 도매상)을 위시해 골목골목 부지기수로 많았다. 어디를 가나 박 선생의 인기는 대단했으며, 사람들은 그의 구수한 야담을 듣고자 주위로 모여들었다. 선생이 서유기며 수호지 등 무궁무진한 야담 주머니를 풀어놓기 시작하면, 지나가던 행인까지도 비집고 들어와 그의 이야기에 침 흘리는 줄도 모를 정도로 빠져드는 것이었다. 더욱이 그의 야담이 사람들의 흥미를 끈 것은 이야기 중에 반드시 역사적, 도덕적으로 교훈이 될 내용을 재미있게 엮어나가며, 때로는 아리송한 시사 문제를 은유적으로 빗대어 일깨위주기도 했기 때문이었다. 구경꾼들이 워낙 많이 모여 그대로 흩어지기가 아쉽다고 생각되면, 선생은 아코디언을 들고 신극 활동 당시의 연기를 야외 마당에서 재연하여 세파에 문드러진 군중의 마음을 어루만져주기도 했다. 이리되면 선생의 본업인 매약 장사는 팽개쳐버릴 작정인가 싶어 걱정이 되기도 했지만, 몇몇 단골들이 값은 물어보지도 않고 가방 속에 돈을 듬뿍 집어넣고 약을 집어가는 식으로 선생의 일당을 해결해주는 것이었다.

번창하던(?) 박 선생의 매약 행상도 찬바람이 부는 늦가을 사람들의 실외 활동이 한산해지면 동면기에 들어가기 마련이었다. 그때가 되면 박 선생은 비장의 낚싯대를 꺼내들고 바람이 쌩쌩 부는 들판으로 나갔다. 강가로 가 고기를 낚는 것이 아니라 들판에서 참새를 낚는 것이었다. 낚싯대 끝에 접착제 끈끈이를 발라가지고 나뭇가지에 앉아 있는 참새 가까이로 다가가는 것이다. 새가 곁을 지나가는 사람을 경계하는 사이, 낚싯대는 새를 정면으로 정조준해 들어가고 낚싯대 끝을 보지 못한 새는 끈끈이에 붙어버리고 마는 것이다. 박 선생은 이 이상한 기술을 가지고 하루에 보통 200마리 이상의 새를 잡아 고급 요정에 팔아넘겼다. 그러면 그것이 겨울 동안의 최소한의 생계수단이 되는 것이다. 너나 할 것 없이 일자리가 없고 살기가 어려웠던 그 시절에, 후일 설형회 회원들이 박 선생으로부터 이 새 잡는 기술을 배워가지고, 와자지껄 몰려다니던 기억이 새롭다.

박 선생은 별로 체계 있게 공부를 한 분 같지는 않지만, 동서고금 모르는 것이 없을 정도로 상식이 풍부했다. 그러면서도 대단히 겸손하고 배려심이 남달랐으며, 누구와 대화를 하더라도 자기 말을 앞세우기보다는 항상 상대방의 말을 귀 기울여 들어주는 편이었다. 하지만 일단 보편타당한 관심사가 화두가 되어 입을 열게 되면, 겸허하고 재치 있으면서도 단호한 그의 능변은 언제나 듣는 이를 감동시켰다. 그런 데서 많은 사람들이 이해 상관 없이 그를 좋아했으며, 마음으로부터 그를 존경하고 따랐다. 여러 식구에 사글세방을 전전하는 그의 처지를 아는 어떤 숨은 독지가(영동공업소 강대복姜大福 사장)가 아현동 마루턱에 집 한 채를 사서 등기 이전까지 시켜줄 정도로 그는 인간관계가 좋았다.

흥행사 기질이 다분히 있는 인간 박제경 선생의 또 다른 면모는 투철한 인생관에다 절제력 있는 행동거지에 의해 탈선하지 않고 풍류를 즐기는 모습에 있었다. 근엄한 기독교 가정에서 전도사까지 지낸 경력이 있는 박 선생이 담배도 피우고 술도 즐겼다는 것은 일견 납득이 가지 않을 일이다. 하지만 그는 결코 주정하는 일이 없으면서도 일단 주흥이 나기 시작하면 그때부터 옛 연예인 기질이 다시 발동하여 춤도 추고 노래도 부르며 신명을 돋우기 마련이었다. 술과 관련하여 하마터면 그가 궤도를 이탈할 뻔하였다는 일화 하나가 전해진다.

평소 박 선생이 매주 한 번씩 일과처럼 순회하는 코스 중에 지금의 세종문화회관 뒤 도렴동에 있던 소앵관이라는 요정이 있었다. 아담한 한옥에 종업원 몇 명을 두고 손님을 받는 요식업소로 낮에는 비교적 한가했다. 이 업소의 주인 부부는 박 선생과 오래전부터 가족적으로 친한 사이였던 것 같으며, 특히 그 고결한 인품을 마음으로부터 흠모하였던 까닭에, 종업원들까지도 넝달아 그를 존경하고 있었다. 그런 사이다 보니 업소가 과히 분비지 않을 때 박 선생이 나타나면 주인 내외는 으레 간소한 안주에 술상을 받쳐 들고 나와 그를 반기는 것이 인사처럼 되어 있었다. 몇 순배 잔이 오고 갈 무렵쯤, 주인 내외는 저간에 있었던 골치 아픈 일들이며 대소 가간사家間事를 하소연하듯 박 선생 앞에 털어놓기 마련이다. 박 선생은 짐짓 진지한 자세가 되어 그들의 상담에 귀를 기울였고, 때로는 간단한 조언도 아끼지 않는 것이다. 그 어떤 경우에도 박 선생은 자세를 허물어뜨리는 일이 없었기 때문에 자연 숙연한 분위기마저 느끼게 하였다. 그 집에서는 후일 박 선생에게 '화담 선생'이라는 칭호를 붙이게 되었다.

그 사연인즉 어느 손님이 없는 한가한 날, 소앵관의 여인네들은 짓궂게도 박 선생이 얼마나 도덕군자연하는 이중인격자인가를 시험해보기로 했다고 한다. 박 선생을 둘러싸고 앉아 연신 술을 권하며 그의 신명을 부채질하는 가운데 통행금지 사이렌이 울렸다. 박 선생은 술이 많이 취했는데, 얼결에 떠밀려 분내 물씬 나는 아가씨들 틈에서 하룻밤을 자게 되었다. 하지만 박 선생은 손끝 하나 흐트러뜨리는 일이 없더라는 것이 종업원 아가씨들의 술회다. 사실 박 선생은 기회 있을 때마다 금욕주의를 강조했으며, 남성 또한 여성 못지않게 정조 관념이 소중하다는 주장을 했고, 그것을 말로만이 아니라 실제 행동으로 실천하고 있었다. 또한 선생은 나를 알게 된 후 단 한 번도 나에게 기독교 전도를 한 적이 없었다. 그러던 그가, 길에 버려진 연필 한 자루를 아까운 생각에서 집으려는 나를 향해 다음과 같은 성경 한 구절을 꺼내들며 나를 당황하게 했다.

간음하지 말라고 하지만 색을 탐내는 것 자체가 간음이요, 도적질 하지 말라고 하지만 남의 것에 욕심을 내는 것 자체가 도적질이다.

대체로 박제경 선생이 이렇듯 고결한 인품을 지니게 된 것은 1920년대 청년들 사이에 한창 바람을 일으켰던 톨스토이의 인도주의 사상에서 큰 영향을 받은 것 같다. 톨스토이는 일찍이 "자유로 살기를 주장하는 한 인간의 도덕적 힘은 침묵한 노예적 대중의 힘보다 크다"(우드코크, 1981: 261)고 갈파한 바 있다. 이런 교훈을 그대로 본받아, 소박하고 금욕적인 진실한 생활 속에서 상호부조적 인간애의 교육을 손이 닿는 주변 사회에서부터 꽃피우려 했던 박 선생의 의지야말로 당시 자유연합적 아나키즘운동이 지향하는 도덕정신의 한 전범이었다고 할 만하다.

4. 중간 결산으로서의 혁명 발의

신록의 향훈이 진동하던 1946년 5월 말의 어느 날 나를 포함한 박제경 선생 일행 10여 명은 수곡 유정렬 선생의 초대로 창덕궁에 있는 민주의원을 방문하게 되었다. 지난 3월 이후 민주의원 기획과장으로 근무하기 시작한 수곡 선생은 그때만 해도 일반에게 공개되지 않았던 고궁 관광을 겸해, 미소공위 결렬 이후의 시국 문제에 대한 우리 나름으로의 진로를 생각해보기 위해 모임을 마련한 것이었다. 일행 중에는 남대문시장의 박용철 사장, 의주로 영동공업소의 강대복 사장 등이 함께했지만 모두가 평범한 소시민들이었다. 홍일점으로 국민연맹에서 알게 된 이종택李鍾澤 여사가 낀 것이 눈을 끌었다.

민주의원은 창덕궁 인정전의 동행각에 자리하고 있었다. 바로 옆 서행각의 비상국민회의와 나란히 민주의원이 여기에 자리하게 된 것은 하지 중장의 우악한 배려(?)에 의해서라고 한다. 수곡이 근무하는 기획국은 민주의원 5개 실무 부서 중 하나였으며 국장으로는 최익환崔益煥 의원이 겸임하고 있었다. 신한민족당 출신의 역전力田 최익환 선생은 3·1 운동 이후 대동단사건(1장 참조)을 주도했던 노애국지사이다. 민족문화에 대한 이상과 경제적 자주독립에 대한 소신이 각별했던 분으로, 해방 후 혼란기에도 정치 운동보다는 양심적인 실업인들을 불러 모아 민족경제 재건책 수립에 주력하였는데, 미군 첩보 계통에서는 그를 민주의원 내의 유일한 사회주의자로 주목했던 것 같다. 최익환 선생이 민주의원 의원이 된 후 기획국을 스스로 맡아서 주로 한 일은 전 국민이 자본과 노동 양면에서 합심 협력하는 균등 공익 경제계획의 틀(애국기업공단)을 짜는 작업이었다. 양심적인 경제인의 자진 출자로 공익 자본의 토대를 만들고, 우수한 두뇌와 실업인을 결집시켜 시급한 민생 문제부터 순차적으로 해결해 경제 자립의 기틀을 만들자는 것이었다. 최익환 국장은 이런 기획 작업에 유정렬, 최인재崔仁才와 같은 명민한 젊은 두뇌를 끌어 모아 함께 일하고 있었던 것이다.

수곡 선생은 우리를 잠시 기획국으로 안내하여 최익환 국장이며 같은 동료인 최인재 등 여러분에게 인사시킨 후, 다시 밖으로 데리고 나와 궁궐을 두루 구경시켜주었다. 마침 미군 장교 하나가 지프차에 서구풍 한국 신사 몇 명을 태운 채 호기 있게 궁궐 뜰을 달리는 것이 보였는데 눈에 거슬렸다. 수곡 선생 말로는 하지 중장의 정치 고문 버치 중위와 김규식 박사의 아들 김진동金鎭東 군 등이 좌우합작운동의 실무 작업차 모이는 모양이라고 했다. 어느덧 우리 일행은 인적 없는 비원 깊숙이 들어가 옥류천가 숲 속에 자리를 잡았다. 그러고는 한없이 시원한 약수로 목을 추겨가며 간단하게 도시락을 끝내고, 곧바로 회의를 시작하였다. 자세를 가다듬은 수곡 선생은 이날 모이게 된 취지를 설명하면서 이렇게 화두를 꺼냈다.

미소공위 결렬은 우리 민족에게 일대 경각심을 촉구하는 사건입니다. 그것은 미소 양국이 더 이상 한국 문제를 자기네의 힘으로는 어찌 할 수 없다는 것을 실토한 사건인 반면, 아무리 어려워도 우리 문제는 우리 스스로 해결할 수밖에 없다는 것을 알리는 신호라고 받아들여야 할 것입니다. 결국 해방이다 자유다 하는 것은 남이 거저 가져다주는 것이 아니라, 이제부터라도 늦지 않으니 우리 스스로 일어나서 우리의 힘으로 쟁취하지 않으면 안 된다는 것을 깨닫게 하였다고 보아야 할 것입니다. 그런데도 누구 하나 선뜻 사태를 직시하고 자주 자력의 정당한 방향으로 깃발을 들려는 사람이 없으니 탈입니다.

수곡이 잠시 말을 멈추고 좌중을 둘러보았을 때, 강대복 씨가 좀 전에 스쳤던 미군 지프차 생각이 떠오른 듯 비아냥조로 말을 걸었다. "아 미

혁명 발의를 논의했던 창덕궁 옥류천의 취한정

군정을 등에 업고 좌우합작운동을 한다는 중간파 정객들이 있지 않습니까. 그들이 나서서 온갖 민족주의자, 사회주의자들을 결집시켜 미소공위의 임시정부 수립 작업에 호응케 한다는 데 무엇이 걱정입니까?"

그러나 수곡은 여기서 단호하게 머리를 흔들었다.

좌우합작의 통일 운동은 기껏해야 반쪽 정부를 세우는 데 그칠 것이고, 잘못하면 온 나라를 남북의 공산주의자들에게 송두리째 내맡기는 꼴이 되고 말겠지요. 도대체 미국 정부나 미 점령군이 우리에 대해 무엇을 알며, 무엇을 어떻게 해줄 수 있다는 것입니까? 그러니 중간파 통합이란 기껏해야 미군의 권력에 안주해서 덕 보려는, 또 다른 기회주의적 행태에 불과합니다.

한참 듣고만 있던 박제경 선생이 마침내 입을 열어 질문의 화살을 던졌다. 그의 어조는 조용하면서도 매몰찼다.

이 중대한 시국에 이 박사와 김구 선생은 무엇을 하고 계십니까? 지난 연말 연초, 거국적 반탁 총궐기의 기세를 우리 임정의 주권 접수 운동으로 끌어올리려던 것이 중도에 유야무야로 끝난 것은 어찌 된 일입니까? 우선 그 원인부터 분명히 알아야 대책이 나올 것입니다.

이어서 수곡이 다음과 같이 말했다.

바로 그것입니다. 병을 치유하려면 진단부터 분명해야 할 것입니다. 그런데 우리의 근본적인 병폐는 위기에 직면하여 정면으로 맞서려고 하지 않고, 지난 잘못을 뼈저리게 반성하고 시정할 줄 모르는 점입니다. 물론 그것은 남에게 짓눌려만 살다 보니 자신감을 상실한 것이 기본적인 원인입니다. 그런 점에서 지도자나 정치를 한다는 분들은 일반 민중보다 더하면 더했지 덜하지 않습니다. 바로 그런 까닭에 우리가 당면한 민족적 위기를 정면 대결하는 데 있어서는 그 누구보다도 순박한 우리 필부의 힘이 더욱 요구된다 할 것입니다. 이런 대전제 위에서 비록 하찮은 우리끼리만이라도 냉철하게 반성하고 비판하면서 앞으로의 대책을 점검해보자는 것이 바로 오늘 모인 목적입니다.

이렇게 서두를 꺼낸 수곡은 그때서야 우리 아나키스트 및 혁명적 민족주의 선배들(이하 혁명운동 동지) 간에 오갔다는 시국 간담의 경과를 하나하나 힘주어 설명하기 시작했다. 수곡은 그런 시국 논의를 언제 어디서 누구누구가 했는지에 대해서는 일체 입을 다물었다. 다만 유위한 지사들이 1945년 말 반탁의 불길을 임정봉대운동으로 옮겨 붙이려다 좌절한 데 낙심하지 않고, 그후 계속 혁명의 불씨가 되살아날 것에 대비하여 다방면으로 일련의 노력을 경주하고 있었다는 것은 누구나 짐작하기 어렵지 않은 일이었다. 그런 점으로 미루어 선배 동지들이 본격적으로 혁명 논의를 시작한 것은 아마도 제1차 미소공위가 5호 성명으로 교착 상태에 빠진 이후인 것이 분명하다. 수곡이 우리에게 들려준 혁명 논의의 골자는 대략 다음과 같은 것이었다.

1945년 말 반탁·임정봉대운동 좌절의 반성

전체적으로 반탁의 열기를 민족의 자주권 탈환운동으로 연결시키기 위한 보다 적극적인 후속 전략을 생각할 여유조차 없었던 것은 대단히 안타까운 일이었다. 혁명 좌절의 결정적인 취약점은 혁명 추진의 전위부대를 형성하지 못한 채 흥분한 민중의 일시적인 열기에만 의존하려 했다는 점이다. 사실 옥석을 분간할 수 없는 당시의 혼란 속에서 혁명적 민족주의자나 아나키스트들의 정돈되지 않은 역량 또한 극히 제한적일 수밖에 없었다. 한편 당시 지리멸렬한 상태에서 입국한 임정 요인들 대다수가 무슨 대단한 혁명가나 되는 듯이 자기도취에 빠져 이기적 개인행동을 일삼은 것 또한 규탄을 받아 마땅하다. 그런 가운데 혁명을 최종적으로 방위해줄 힘의 지원이 전무한 상태에서 김구 주석을 위시한 극소수 요인들이 하지 사령관을 상대로 버거운 씨름을 하고 있었으니 승패는 묻지 않아도 알 만하였다.

미소공위 완전 결렬 이후의 정국 전망

미소공위는 한국을 둘러싼 미소 양국의 배타적 이해관계의 속성으로 인해, 어느 때 재개될지 불투명하고, 재개된다 하더라도 또다시 결렬될 수밖에 없는 상황에 처해 있다. 게다가 미국과 미 점령군의 인기 없는 억압 정책은 필경 벽에 부딪치고 말 것이 뻔하다. 바로 그 시점이 우리 민족·민중이 거족적 자주 자결 의지를 행동으로 나타낼 절호의 기회가 될 것이 아닌가. 아마 북한에 군림한 소련군으로서도 이 거족적으로 타오르는 정의의 불길을 노상 고압적으로 방관할 수만은 없을 것이다.

혁명의 목적의식에 대해

민족·민중 혁명의 궁극적 목표는 '완전한 자유 평등의 상호부조적 신조선'을 건설하는 데 있다. 그러기 위해서는 혁명 추진 과정에서 부득이하게 수반하기 쉬운 권력과 자본의 중앙 집중화를 경계해야 한다. 그리고 혁명의 전위는 당초부터 자유연합적으로 구성되어야 하며, 기층 민중의 자주 자치 역량을 고무, 옹호하는 것을 또 하나의 혁명의 궁극적 목적의식으로 삼아야 한다.

혁명의 당면 전략

1. 우리의 당면 전략은 일단 유사시에 일체의 외세를 배제하고, 3·1 정신에 입각한 법통 임시정부의 깃발을 전면에 내세워, 자주독립의 민족 혁명을 실천할 수 있도록 만반의 준비를 하는 데 있다. 이 민족 혁명을 추동할 운동 역량은 전국 방방곡곡 또는 각계각층 민중 개개의 자주 자발적 의지와, 그 에너지의 자유로운 연합에 의해 결집된다. 진정한 운동 역량은 민중 각자가 자기 운명을 자발적으로 타개하려는 의식을 통해서만 발휘될 수 있기 때문이다.

2. 아나키스트 계열이나 양심적인 민족진영은 물론, 온건 좌익 블

록까지도 다 같이 민족 혁명의 조속한 성취를 당면한 목표로 하자는 데 이견이 있을 수 없는 만큼, 완전 자주독립 통일이라는 공통의 목적 달성을 위해 초당파적 협동 전선의 구축에 매진할 것이다.

3. 혁명운동의 물을 흐리게 할 우려가 있는 일제의 잔재 또는 봉건 여얼餘孼을 우선적으로 소탕할 것이며, 좌우를 막론하고 외세 추종이나 분파활동을 일삼는 극렬분자들이 발을 붙이지 못하도록 경계할 것이다.

4. 연합국, 특히 미소 양 대국에 대해 우리의 행동이 민족의 운명 자결 원칙에 의한 부득이한 조치일 뿐, 결코 적대적 항거 행위가 아님을 양지시키기에 노력할 것이다.

행동 수단

1. 혁명운동의 기반이 될 농촌, 노동자, 서민 대중의 자발적인 자치 조직 확산에 주력할 것이다. 이를 위해 기왕부터 자유사회건설자연맹을 중심으로 추진해오던 농촌자치연맹, 노동자자치연맹, 자유청년연맹 등이 가일층 혁명 의식으로 무장하여 자유연합적 조직 확충에 주력할 것이며, 도시 서민 대중이 자발적으로 자치 조직을 발전시킬 수 있도록 협력할 것이다.

2. 혁명 선열의 유해 봉환 또는 추모 활동 등을 통해 일반 국민의 혁명 의식 고취에 주력할 것이다.

3. 어느 날 갑자기 밀어닥칠 그날에 맞추어 행동을 개시할 수 있도록 만반의 태세를 갖출 것이다.

수곡 선생의 확신에 찬 열변을 듣고 난 좌중은 한동안 말을 못했다. 이윽고 박 선생이 나서서 입을 열었다.

그렇듯 엄청난 일을 일개 소시민에 불과한 저희들에게 알려주시고 의논해주신 것에 대해 감사드립니다. 말씀 중에 한두 가지 궁금한 것은 도시 '서민 대중의 자발적인 자치 조직'을 개척하자고 하셨는데 그것이 혁명 사업과 어떻게 관련이 되며, 그런 활동을 하자면 어디서부터 어떻게 착수해야 할 것인지요?

수곡 선생이 답했다.

독립운동이나 혁명운동에 있어 운동자와 대중과의 관계, 그것은 물과 고기와의 관계라고나 할까요. 한마디로 대중의 튼튼한 뒷받침 없이 성공할 수 없지요. 설사 성공한다 하더라도 그것은 폭력 중심의 상층 권력 탈취를 되풀이하는 비극으로 끝나버리고 말겠지요. 진정한 혁명이 쿠데타와 다른 것은 혁명 그 자체가 우리 민중의 자유와 복리 실현을 목적으로 하여, 일체가 된다는 데 있습니다. 그런 점에서도 우리는 오늘 모이신 여러분에게 기대하는 바가 크다는 것을 다짐하고 싶습니다. 구체적인 진행 방식 등은 다시 한 번 자리를 만들어 의논하도록 합시다.

이날의 모임은 이런 선에서 대충 마무리되었다. 누구랄 것도 없이 모두의 얼굴에서 비장감을 느낄 수 있었다.

5. 자유연합의 원리

미소공위 정국의 잠복 기간을 거쳐 혁명운동 동지들이 다시 기지개를 켜기 시작했다고 해서 금세 무슨 행동에 뛰어들 수 있는 단계는 아니었다. 여론은 여전히 좌우합작운동과 함께 미소공위 재개에 대한 일말의 미련을 떨쳐버리지 못하고 있었고, 극좌 극우 세력을 억제하는 등 미군정의 정국 장악력 또한 한층 확고해진 상태였다. 이와 같은 상항에서 선각적으로 혁명을 발의한 동지들이 제1차로 착수한 의미 깊은 전략 사업이 딱 두 가지가 있었다. 3의사 유해 봉환을 앞둔 국민장 준비 계획 수립과 기층 민중을 상대로 하는 자주적 생활 자치 조직을 개척하는 일이었다. 윤봉길尹奉吉, 이봉창李奉昌, 백정기 3의사에 대한 국민장 봉행 경위를 서술하기에 앞서, 기층 사회의 자치 모델 개척 활동을 전개한 경과부터 돌아보기로 하겠다.

비원 모임 이후 박제경 선생과 나는 만나는 횟수가 더욱 잦아졌고, 그분에 대한 나의 존경심 또한 더욱 깊어갔다. 선생과 나 사이의 대화는 주로 길을 걸으면서 이루어졌다. 대화의 줄거리는 대략 시사 문제, 인생 문제 그리고 사회문제 등이었다. 인생 문제, 사회문제에 대해서는 선생의 가르침을 받는 편이었지만, 시사 문제에 관한 한 나의 알량한 정보 전달에 박 선생이 즐겁게 귀를 기울여주셨다. 그뿐만 아니라 선생은 나를 데리고 다니며 이 사람, 저 사람에게 자랑하듯 인사시키고는, 시사 문제에 대해 내가 말문을 열도록 유도했다. 그리되면 나는 기가 살아 열변을 토했으며, 박 선생은 나의 이야기가 빗나가지 않도록 장단을 맞추어주셨다.

비원 모임이 있은 지 10여 일이 지난 어느 날 오후, 박 선생 등 우리 몇 사람은 수곡 선생과의 사전 약속에 따라 다시 예관동 자택의 문을 두드렸다. 그때 예관동에서는 고참 동지들이 수시로 드나들며, 3의사의 유해 봉환을 앞두고 문안 작성이며 장례 실무 계획을 짜는 중이었다. 회관·우관 형제분과 위당 정인보 선생, 기산 유창준 선생이 와 계셨고,

김명동, 김지강, 김형윤, 이규창 등 혁혁한 고참 동지들도 와 계셨다. 몇몇 분을 제외하고는 모두가 구면이었다.

주인인 수곡은 우리 일행을 다시 한 번 여러 분에게 인사시킨 후, 그날 자리를 만들게 된 경위를 설명한 다음, 스스로 사회자가 되어 돌아가며 한 말씀씩 해주실 것을 부탁했다.

회관 선생: 지금 세상은 좌우를 막론하고 불순한 정당 정파들이 감언이설로 대중을 기만하고 일시적 이용 수단으로 흔들어대는 것이 거의 다반사처럼 되어버렸습니다. 이런 세태에 민중과 호흡을 같이 하기란 대단히 어려운 일이지요. 그러나 진정한 운동은 민중의 토대 위에서 출발해야만 합니다. 그것 자체가 목적이거든요. 그런데 오늘 우리는 뜻하지 않게 아주 귀한 동지들을 만나게 되었습니다. 가감 없는 민중의 소리를 직접 들을 수 있고, 호흡을 같이할 동지들을 맞이하게 된 것은 100만 원병보다도 더 큰 힘을 얻었다는 생각입니다. 이 자리에는 우리가 존경하는 위당, 기산 선생도 계시고, 또한 역전의 사상적 동지들도 자리를 같이하였습니다. 우리 함께 가슴을 풀어헤치고 민중 생활의 자치 문제부터 시작하여 우리 운동의 전개 방략을 어떻게 해야 할지를 이야기해봅시다.

위당 선생: 우리 운동의 진실성을 대중이 믿고 따라준다는 것은, 결국 큰 이야기건 작은 이야기건 민중 자신들의 생활상의 이해관계와 결부된 것일 때 가능합니다. 큰 이야기〔대아〕와 작은 이야기〔소아〕가 서로 다른 것이 아니라 직접 하나로 결부된 것임을 자각하는 데서, 백성들의 힘은 비로소 혁명으로 승화할 수 있겠지요. 그러니 운동가들은 책상다리를 하고 앉아 고담준론으로 세월만 낚을 것이 아니

라, 옷깃을 여미고 백성들 틈으로 파고들어 대화의 길부터 터야 합니다. 마치 갓바치 선생을 찾아갔던 조정암趙靜庵처럼 말이지요.

우관 선생: 대중의 자율 자치 활동, 즉 자유 평등한 상호부조의 사회를 건설하자는 것이 우리 운동의 본령이요. 진정한 혁명의 목적일진대, 운동 전개 방식도 자연 그에 맞추어야 하고 조직 형태도 달라야 합니다. 목적이 정당하고 합리적이면 수단 방법도 그와 같이 정당하고 합리적이어야 합니다. 그런데 지금 좌우익을 막론하고 정치 지도자들은 입으로는 한결같이 자유네 진보네 하여 민주주의를 자기네 전매특허처럼 말하지만, 실지로는 지도자 개인이나 정파의 이익에 맞추어 졸도卒徒들을 줄 세우기하는 데 불과합니다. 그래 가지고야 사회가 어찌 되며 나라 꼴이 어찌 되겠습니까? 민중의 자율적 자치 조직은 그러한 권위주의적 조직 방식부터 뜯어고치는 데서 출발해야 합니다. 각인의 독자적 인격이 존중되는 가운데 서로 의지하고 서로 도와가며 자유롭게 치솟아 올라가는 자유연합 방식의 조직이어야 합니다. 그런 사회조직의 이상이 졸지에 빛을 보이기는 어렵겠지만, 어느 특정한 작은 공간이나 소규모 집단을 중심으로 실험한다는 것은 새 나라 창건 사업에 있어 빠뜨릴 수 없는 대단히 중요한 시도라 할 것입니다.

세 분의 격려 발언에, 이 자리의 주빈이라 할 박제경 선생은 한없이 고무되었다. 박 선생은 발언할 차례가 되었을 때, 당신이 지금까지 도시 소시민을 상대로 했던 일종의 교양 활동의 경과를 겸손하게 소개하는 한편, 내친김에 이 활동을 본격적인 주민 자치 조직 운동에 연결시켜보고 싶다는 희망을 피력하였다. 이에 대해 사회자인 수곡은 한 걸음 더 나아가, 박 선생 중심의 자유 교양 활동과 서민 대중의 자치 조직 운동을 자유연합의 원리에 입각한 민족 혁명 사업의 일환으로 수용하여 고참 동지들이 적극 뒷받침해줄 것을 제의하여, 좌중의 박수를 유도했다. 아울러 박 선생이 중심이 되어 추진하는 운동체의 명칭을 '흑백회'로 하고, 그 발족 준비를 당면 과제로 하자는 제의가 나와, 이 또한 만장일치 박수로 채택되었다. 흑백회라는 이름은 수곡이 제안한 것이다. 수곡은 혁명운동을 하는 것 아니냐, 아나키스트 단체가 아니냐, 그러니 '흑'자를 넣고 흑이냐 백이냐 결판을 내자고 하였다.

6. 3의사 유해 봉환과 국민장

혁명운동 동지들이 3의사 유해 봉환 및 국민장 준비 사업에 깊이 간여하게 된 것은 일본 동지들과의 긴밀한 사전 약속에 의해서였다. 1945년 12월 22일 자유사회건설자연맹 주최의 작고동지추도회에서 3의사 유해 봉환 안건을 제기했던 이강훈은 1946년 2월 일본으로 돌아가자, 곧 신조선건설동맹 동지들과 협의하여 윤봉길, 이봉창, 백정기 3의사의 유해 발굴 작업을 서둘렀다. 신조선건설동맹은 종전 후 좌익계의 재일조선인연맹에 대항해서 박열 등 재일 아나키스트들이 중심이 되어 신조선 건설을 위한 혁명적 국민운동 전개를 목적으로 조직한 단체였다. 박열은 1923년 9월 간토대진재 때, 그의 일본인 아내 가네코 후미코金子文子와 함께 대역죄로 사형 언도까지 받았던 혁명 투사이다. 아내는 옥사하고, 홀로 23년간이나 투옥되었다가 일제 패망으로 겨우 풀려난 박열은, 5,000여 명이나 모인 도쿄의 전쟁범죄자규탄대연설회에서 출옥 제일성을 다음과 같이 토로하였다.(『조선일보』 1945. 12. 10)

이미 허다한 전범자가 체포되었으나 상금尙수〔지금까지〕 전쟁범죄 제1인자는 체포를 면하였다. 그자야말로 일본 제국주의의 주구로 전쟁을 초래한 책임을 져야 한다. 일본천황은 또한 거금距수〔지금으로부터〕 23년 전 도쿄진재 당시 무수한 조선인 살해에 관련을 가지고 있다.

1946년 1월 20일 박열, 이강훈(당시 국내 체류 중), 정태성鄭泰成, 서상한徐相漢, 이옥동李玉童, 김정주金正柱 등 아나키스트계 동지들은 재일본건국청년동맹을 신조선건설동맹으로 개편한 다음 그 출범 사업으로 재도쿄순국의사유골봉안회(회장 서상한)를 구성하여, 일본 각지에서 무참히 처형되어 혼백조차 찾을 길 없는 항일 의사들의 유골을 수습하는 일에 앞장섰던 것이다. 이야말로 신생 조국의 통일 자주독립을 위해 우리 민족 누구나가 가장 우선적으로 챙겨야 할 엄숙한 과제인 동시에, 기회주의적, 영웅주의적으로 철없이 망동하는 국내의 정객·정파들을 숙정시키는 청량제가 될 것이라는 생각에서였다. 이렇듯 거룩한 사업을 착수하기에 앞서 박열은 다시 다음과 같은 요지의 성명을 발표하여 국내 정치 지도자들의 맹성을 촉구했다.(『조선일보』 1946. 3. 18)

> …… 조선의 오늘 현상을 살펴볼 때, 열강이 진주하야 민족 통일이 저해됨에도 불구하고 삼천만 동포들은 대외 의존의 당파를 형성하야 사상적 착종을 야기시킬 뿐만 아니라 그 세력 다툼으로 민족 통일전선을 무참히도 교란시키고 있다. 이는 실로 조선 건설에 대한 구체적 지도 원리가 결핍한 데 기인하는 현상이라 하겠다. …… 우선 우리는 삼천만의 전령全靈을 총집결하야 …… 조선 건국을 장애障碍하는 일체 화근과 싸우는 동시에 …… '한 힘'으로 건국에 노력함으로써 우리 민족의 관용성을 발휘하려 한다.

23년간 투옥되었다가 살아서 돌아온
아나키스트 혁명 투사, 박열 선생

 이렇듯 비장하면서도 투철한 의지를 가지고 행동에 나선 재일 동지들은, 우선 적지에 그대로 방치된 채 아무도 돌아볼 생각을 않는 윤봉길, 이봉창, 백정기 3의사의 유해를 수습하여 국내로 봉환하는 작업부터 서두르기로 했다. 조국 광복을 위해 살신성인한 의사들의 유해 봉환 작업이야말로 좌우익 할 것 없이 누구나가 다 함께 최대의 경의를 가지고 동참할 신생 조국 건설의 제1차 과제라고 생각되었던 것이다. 재일 동지들은 우선 우라와 묘지에서 이봉창 의사의 유해를, 이시하야 감옥 묘지에서 백정기 의사의 유해를 각각 수습하여 오기쿠보에 있는 이전의 건국청년동맹 강당에 봉안했다. 윤봉길 의사의 유해에 대해서는 흔적조차 찾을 길이 없었으나, 천신만고 끝에 가나자와에 거주하는 재일 동포들의 협력으로 겨우 찾아내어 함께 수습할 수 있었다. 이에 재일 동지들은 3의사의 유해를 이봉창 의사가 일황에게 폭탄을 던지던 장소인 사쿠라다문 안에 모셔놓고, 동맹원 3,000여 명이 운집한 가운데 진혼제를 올렸다. 마침 그 장소가 일왕의 궁성에 근접한 곳이어서 군중이 부르는 애국가와 만세 소리가 그들 대궐 안까지 흔들어놓았다는 것이 이강훈 동지의 회고담이다.

도쿄로부터 3의사 유해 수습 경과에 대한 소식이 오자, 서울의 동지들은 아연 긴장하여 연신 경교장, 독촉국민회 등 각계 요로와 접촉하면서 거족적인 봉영 절차 마련을 위한 공론 조성에 나섰다. 미소공위가 엎치락뒤치락하던 4월 초, 서울의 동지들은 우선 김구 주석에게 건의하여 민주의원을 움직여서 거국적 국민장 봉행을 결의케 하는 한편, 범애국 정당사회단체로 구성된 '3의사국민장봉장위원회' 발족을 협의했다. 3의사국민장봉장위원회의 간부들은 위원장 조완구趙琬九, 부위원장 엄항섭, 방응모, 총무부장 방응모(겸임) 외 6명, 의식부장 서세충徐世忠 외 4명, 진행부장 이강훈 외 4명, 장사부장 안종영安鍾瑩 외 3명, 재정부장 김명동 외 5명 등이었다.(『조선일보』 1946. 6. 6) 그러나 경교장에서는 3의사 국민장 봉장 실무를 자유사회건설자연맹, 무명회 동지들에게 위임했다. 앞에서도 말했지만 애초에 혁명 정신을 계승하자는 취지에서 3의사 유해를 국내로 모시는 것을 제안하고 준비한 것이 아나키스트들이었기 때문이다. 그 실무 작업을 예관동 24번지에서 했다. 나도 그때 예관동을 드나들면서 진행 절차, 과정 이런 것을 보고 듣고 그것을 여러 곳에 전달하고, 선배 동지들이 시키는 여러 일을 하며 한 사람의 심부름꾼으로서 실무 작업에 참여하였다.

마침내 3의사의 유골은 100만 재일 동포들의 환송을 받으며 일본을 떠나 선편으로 5월 말 부산항에 무언의 개선을 하였다. 6월 15일 이를 맞이하기 위해 서울서 내려온 김구 주석을 위시한 봉장위 간부들과 각계 요로 인사들, 그리고 시민들로 부산 시가는 온통 애도의 물결로 뒤덮였다. 비통하면서도 장엄한 추모회장에서 김구 주석은 서울서 마련해간 3의사의 영정을 부둥켜안고 이렇게 흐느꼈다.

유골로 조국으로 돌아온 3의사, 왼쪽부터 이봉창, 윤봉길, 백정기 의사

그 세 사람을 죽으라고 내보낸 것은 바로 나다. 그러나 세 사람을 보낸 나만이 살아 있으면서 아직 독립을 이룩하지 못하고 있으니 3의사에 대하여 부끄럽기 한량없다는 회고를 금할 수 없다. 조국을 위하여 신명을 바치고 지하에 잠드신 선열과 충의지사가 어찌 3의사뿐이랴만 대담무쌍 왜국의 심장을 향하여 화살을 던져 조선 민족의 불멸의 독립혼을 중외에 떨친 것은 아마 이 세 분이 으뜸이리라. 나는 지금 유골을 모심에 있어 스스로 부끄러운 생각을 금할 수 없으며 …….(『조선일보』 1946. 6. 18)

6월 16일 아침 8시 부산을 출발한 3의사의 유골은, 의사들이 흘리는 비분의 눈물인 양 때마침 쏟아지는 빗속을 달려 그날 저녁 6시경 서울역에 도착하였다. 특급 '해방자호'의 전망실에 3의사들의 유훈을 깃발로 장식하여 꾸민 영안 열차가 대구, 대전, 천안 등 주요 역사를 지나갈 때마다 우산을 쓰고 운집한 민중의 울먹이는 만세 소리와 열차가 굴러

가는 소리가 뒤엉켜 하나의 장엄한 교향곡을 연상케 했다는 것이 배행했던 선배 동지들의 회고담이다. 서울역에 도착한 3의사의 유골은 태고사에 마련된 빈소에 봉안되었다.

7월 6일 3의사국민장봉장위원회의 의전 절차에 따라 3의사의 장송 행렬은 빈소를 떠나 장지인 효창원으로 향했다. 행렬은 태극기를 선두로 한 소년군악대에 이어 각 정당·단체의 조화와 조기가 따르고, 그 뒤를 무장경찰대의 행렬이 호위했다. 바로 그 뒤에 이봉창, 윤봉길, 백정기 의사순으로 영구차가 남녀 학생들이 앞뒤를 옹위한 가운데 지나가고, 유가족과 봉장위원, 정당·단체 요인들이 줄을 이었다. 안국동을 출발하여 종로, 남대문, 서울역을 거쳐 장지인 효창원으로 이어지는 조문 행렬이 끊일 줄을 몰랐으며, 애도하는 시민들이 연도에 인산인해를 이루고 있었다. 나도 효창원까지 장송 행렬을 따라가며 뜨거운 눈물을 흘렸다. 3의사의 뜻을 받들어 새로운 세상을 여는 데 작은 힘이라도 보태리라고 다짐하고 또 다짐하였다.

이날 국민장에는 이승만, 김구, 오세창, 이시영 李始榮, 여운형 등 지도자들을 필두로, 한국민주당, 조선공산당, 한국독립당, 민주주의민족전선, 대한독립촉성국민회, 전평, 전농, 부총婦總, 애국부인회, 여자국민당 등 좌우를 초월한 정당 정파 인사들이 다 같이 모여들

3의사의 장송 행렬

었고, 장례 절차가 엄숙하게 끝나기까지 종시 자리를 뜨려는 사람이 없었다. 우리 민족이 아무리 생각이 다르고 파당이 다를지라도, 일단 유사시에는 얼마든지 합심하고 협력할 수 있다는 가능성을 말해주는 것 같아 잠시나마 눈시울이 뜨거워질 만한 순간이었다. 국민장을 엄수한 후 백범이 발표한 「3의사를 반장하고」 담화문 1절을 여기에 소개한다.(『동아일보』 1946. 7. 13)

> 만일 선열의 정령精靈이 민멸泯滅되지 않고 이것[민족 분열]을 안다 하면 반드시 구원九原[저승]에서 통곡할 것이다. 선열들이 의義를 장仗하고 사지에 나갈 때 일분이라도 어찌 다른 뜻이 있었으랴! ……
> 나는 박열 군의 성명서를 읽고 깊이 경의를 표하여 마지않는다. 무엇보다도 군은 무정부주의자이다. 군의 이상과 신조로 보아 인간의 자유의지와 개성을 절대 존중하는 군으로서 '조국과 동포를 위하여서는 각자의 주의를 버리고 오즉 독립 일로로 매진하자' 하였으니 이것은 군의 애국의 단성으로 단결을 고요苦要하는 충심에서 표명된 것이다. 동포여! 광복을 완성하여 선열의 영령을 위로할지어다.

7. 흑백회 발족

박제경 선생이 자연 발생적인 거리의 대화 그룹들을 목적의식이 뚜렷한 자유연합 조직으로 엮어가는 데 있어 사실상의 거점 역할을 한 곳은 남대문시장과 의주로의 영동공업소였다. 영동공업소는 전매청 공장(지금의 경찰청) 건너 바로 맞은편(지금의 의주로공원)에 있었으며 주물, 선반 등을 주 업종으로 하는 철공장이었다. 영동공업소와 박 선생의 관계를 소개하려면 그 경영주인 강대복 씨(1909~1969)의 인품이며 이력에 대해 잠시 언급하지 않을 수 없다.

충남 아산이 고향으로, 협성학교를 중퇴한 것으로 알려진 강대복 씨가 착실한 중소기업인으로서 자리 잡게 된 것은 일제 말엽부터였던 것 같다. 강원도 장진에서 헌옷이며 정어리기름 장사를 하다가 서울로 올라와, 이곳에서 일본을 왕래하며 목재를 들여다 나막신(게다)을 제조 판매하였다고 한다. 해방이 되면서 강 사장은 서울역의 적산 군수창고에 싸여 있던 모피물을 인수할 수 있게 되어 털 귀걸이를 만드는 것으로 치재, 이 자리에다 120여 평의 부지를 매입해가지고 본격적으로 철공장 시설을 착수하게 된 것이라고 한다. 때마침 철도국 창고에는 일제가 버리고 간 엄청난 양의 유기鍮器 고철이 그대로 버려져 있었다. 강 사장은 재빨리 이를 불하받아 기관차의 주수기注水器 등 기계류를 제작하여 철도국 또는 바로 이웃에 있는 조선정미소에 납품하는 사업에 성공하였다. 강 사장은 이에 머무르지 않고, 다시 사업을 확장하여 접착제 생산, 타이어 재생 및 광산 개발(청양 천종광산) 등에도 손을 대고 있었다. 해방 직후의 그 어려웠던 시기에, 강 사장이 근 40명이나 되는 종업원을 거느리고 그토록 사업을 할 수 있었던 것은, 본인 자신이 워낙 성실하고 창의력이 뛰어났기 때문이겠지만, 무엇보다도 주위에 훌륭한 조언자들이 많이 모여들었던 것이 큰 힘이 된 것 같다. 강 사장의 인정미 넘치는 인품과 독립운동에 대한 강한 열의는, 그의 이질姨姪 정영鄭永(정광용鄭光龍) 씨(현 설형장학회 대표)의 다음과 같은 증언이 잘 뒷받침해주고 있다. 정 씨는 일찍이 고베神戶고상을 졸업한 후 줄곧 강 사장의 오른팔 역할을 하던 분으로 뒷날 설형회 회장으로 청소년 독서회를 주도했던 분이기도 하다.

영동공업소 자리에는 의주로공원이 들어서 있다. 맞은편이 전매청공장(지금의 경찰청 청사)이었고 바로 옆이 조선정미소였다. 영동공업소 앞으로는 전차가 다녔다.

이모부[강 사장]가 박제경 선생과 알게 된 것은 아마도 처음 이곳에 공장을 차리던 일제 말엽, 항일 지하운동을 하는 지사로만 알려진 안덕형安德亨, 고정봉高貞奉 두 분을 통해서였다고 생각돼요. 그때부터 세 분은 우리 공장에 무시로 드나들며 가간사까지 털어놓는 친한 관계가 되었지요. 후일 이모부는 셋방살이를 하는 안덕형, 박제경 두 분의 빈궁한 생활을 걱정하여 각각 집 한 채씩을 사줄 정도였으니까.(정영의 증언. 2005. 4. 2 창신동 자택)

특히 이 당시 박 선생은 강 사장의 업소나 가정에서 인기가 대단했다. 강 사장 부부는 집안 어른이기나 하듯이 박 선생을 존경하면서도 스스럼없이 대했으며, 집안의 걱정스러운 일들에 대해서까지 모두 털어놓고 조언을 구하기가 일쑤였다. 강 사장의 부인 윤성옥尹成玉 여사의 속을 가장 많이 썩인 것은 한양공고에 재학 중인 무남 독자 호주 군의 건강 문제였다. 호주 군은 체육부 활동을 하다가 몸을 다쳤는데 그것이 결핵성 관절염이 되어 그때 학교도 휴학하고 몸져누워 있는 처지였다(6·25 때 피난 생활 중 끝내 병사). 병원이나 의약이 별로 발달하지 않았고 한방 치료가 고작이었는데, 박 선생은 마치 자신의 아들인 양 강 사장 부인을 도와 병구완하는 일에도 성심과 최선을 다하고 있었다. 이렇게 박 선생과 강 사장 집안 사이에 가정적 신뢰가 쌓이는 가운데, 공장의 종업원들까지도 박 선생의 겸손하면서도 품위를 잃지 않는 인격을 마음으로부터 흠모하고 따르는 관계가 되어 있었다.

예관동 모임 후, 박 선생은 흑백회 준비 문제를 행동으로 옮기기 위해 다시 며칠을 고심한 끝에, 영동공업소의 강대복 사장과 협의했다. 강 사장은 박 선생의 제의에 적극 찬동하면서 자기 사무실을 흑백회 준비 활동의 연락 장소로 쓰도록 양해했다. 박제경, 강대복 두 분은 협의 끝에, 자신들을 포함한 강전姜荃(강대복 사장의 형), 정광용, 박의양朴宜陽(박제경 선생의 장남), 이문창李文昌 등 6인을 흑백회 준비 활동의 실무 협의 위원으로 선정하고 본격적인 활동을 개시하자는 데도 의견의 일치를 보았다. 뒤이어 열린 협의 위원 모임에서는 1) 대화의 장을 통한 계몽 활동을 전개한다, 2) 그룹별 자치 조직의 육성과 지원을 한다, 3) 거족적 자유 쟁취와 새 나라 건설 활동에 연대하여 동참한다 등 3개의 항목을 흑백회(가칭)의 기본 활동 방침으로 정했다. 또한 당면 진행 목표로 우선 일상적으로 접촉하는 주변 사람들로부터 시작해서 행동반경을 넓혀나갈 것이며, 자연스럽게 저변이 확대되는 데 따라 정식 발족 대회를 갖기로 결정했다. 이렇게 활동 방침을 정하고 보니 일은 지극히 간단명

료해 보였다. 무슨 크게 격식을 갖출 일도 아니고, 크게 떠벌린다고 될 일도 아니었다. 그저 평소처럼 박 선생의 뒤를 따라다니며, 그분이 접촉하는 평범한 사람들과 만나 대화를 거드는 가운데 자연스럽게 그들의 관심을 당면한 시사 문제, 사회문제로 유도하면 되지 않겠는가. 그 당면한 시사 문제, 사회문제가 바로 각자의 신상 문제와 직결된다는 것을 깨닫게 하면 될 일이다. 그들을 자발적인 자치 그룹으로 육성하는 문제라든가, 한 걸음 더 나아가 거족적인 자유의 탈환 문제 같은 것은 현안인 흑백회가 정식 발족한 후에 생각하기로 하자. 더욱이 그룹별 자치 조직 육성 문제는 어디까지나 그 그룹 자체의 필요에 따라 자율적으로 결정할 일이니, 공연히 미리부터 신경 쓸 필요가 없다는 것이 협의 위원들 모두의 일치된 의견이었다.

이때부터 우리는 영동공업소를 줄곧 하나의 활동 거점으로 알고 드나들었다. 흑백회 협의 위원들은 거의 3일에 한 번꼴로 모여, 그간의 진행 경과와 당면한 협의 사항을 의논하곤 했다. 협의가 끝나고 나면 그때부터 박 선생과 나의 일과가 시작되었다. 우리의 일과란 박 선생의 생업인 매약 단골 중에서도 비교적 말귀를 알아들을 만한 수개 처를 택하여 집중적으로 파고드는 일이었다. 연락 거점인 영동공업소야 말할 것도 없고, 도렴동 소앵관, 종로 보인당약국 그리고 남대문시장 일대 등이 우리의 주요 무대였다.

남대문시장 청과상가의 상거래는 새벽 일찍부터 시작해서 오전 중에 대개 끝나기 마련이었다. 오후가 되면, 북적거리던 사람들이 모두 빠져나가고, 상인들의 행보도 한결 한가로워진다. 영신환 가방을 멘 박 선생은 바로 그 시간대에 맞추어 어슬렁어슬렁 시장 골목에 들어선다. 바로 그 뒤를 내가 바짝 따랐다. 시장 사람들은 심심하던 차에 큰 소리를 치며 박 선생을 반기고, 숨 고를 틈도 주지 않고 우리 주위를 둘러싼다. 박 선생이 전번에 하다만 삼국지 이야기를 계속 듣고자 함이다. 그러나 박 선생은 일일이 수인사를 하며 한참 뜸을 들인다. 그런 다음 서서히 말문을 연다.

가만 있자. 지난번엔 어디까지 했더라……. 오, 그렇지, 유황숙이 관우, 장비 두 아우를 거느리고 남양 융중으로 제갈공명을 찾아가는 대목이었지……. 그런데 오늘은 삼국지 이야기는 잠시 접어두고, 당장 코앞에 닥친 우리의 시국 문제에 대해 답답증을 풀어보기로 합시다.

이렇게 화두를 꺼낸 박 선생은 힐끔 나를 돌아보며 말을 이었다.

여보게 이 군! 미소공위가 도대체 왜 결렬된 거지? 김규식 박사와 여운형 씨가 좌우합작운동을 한다고 하는데 될 것 같은가? 처음부터 신탁통치 반대 입장에 섰던 임정 요인들은 이제부터 어떻게 나갈 것 같은가? 군은 얻어들은 것이 많을 터이니 어디 한번 속 시원하게 이야기해보게나.

이때부터 나의 알량한 거리 연설이 시작된다. 나는 그간 어깨너머로 얻어들은 단편적인 지식에다 상상력까지 곁들여 나름대로의 조리를 세워 젖 먹던 힘까지 다 쏟아 열변을 토했다. 그리하여 반탁 자주 운동과 미소공위 결렬, 그리고 비자주적 좌우합작운동의 전망 등 46년 전반기까지의 정세 추이를 설명한 다음, 아무래도 우리 스스로의 자유는 우리 스스로의 힘으로 탈환하는 데서 진정한 해방은 가능할 것이라고 결론을 맺었다. 그런대로 흥미 있다고 여겨졌던지 어느덧 청중은 50여 명으로

불어났고, 중간 중간에 질문도 하고 자기들 의견을 덧붙이기도 하였다. 나로서야 그토록 진지하게 귀 기울여 들어주는 것이 더없이 고마웠지만, 그보다도 우리의 시국관이 말없는 시민 대중과 일치하고 있음을 알게 되어 더욱 흐뭇하게 생각되었다.

나의 시사 해설(?)이 끝나자, 독심술에 능한 박 선생이 다시 앞으로 나서면서 말했다.

이런 것이 모두 남의 집 이야기가 아니라, 우리네 살림살이와 직결되는 문제라는 것을 명심할 필요가 있지요. 내 집 노적가리를 내가 간수할 생각은 않고, 눈 가리고 등쳐먹으려는 사대주의 야심가, 음모분자들에게 내맡기고 태연무심한대서야 말이 아니지요. 우리 이제부터 시간 나는 대로 우리 이야기를 해보자구요. 눈을 크게 뜨기 위해 큰 이야기를 하는 것도 중요하지만, 그것 못지않게 우리 서민들로서는 직접 피부로 느끼는 신변의 애로나 그 대책을 생각해보는 것이 더욱 중요하겠지요. 한 예로서 이 시장 돌아가는 이야기라든가……

어느덧 청중은 모두 한마음이 되어 갈채를 보내고 있었다.

그후 우리 대화의 모임은 각 서클을 돌아가며, 매주 한 번꼴로 이어져 나갔다. 그때마다 우리의 유세 활동은 개인이나 나라의 완전한 자유를 되찾기 위해 일대 경성警醒이 있어야 하겠다는 쪽에 무게를 두고 대화를 이끌어나갔다. 7월 6일 효창원에서의 3의사 국민장을 앞두고서는, 임정을 중심으로 하는 혁명 지사들이 이봉창, 윤봉길, 백정기 의사의 유해를 적지 일본에서 모셔다가 국민장을 모시는 엄숙한 속뜻을 전달하기에 힘썼다. 8·15 1주년을 맞이하여서는, 패전 일제의 간악한 무리들이 무장해제를 당하기 전 1개월여 동안 어떤 식으로 얼마나 우리 민족의 진로를 훼방 놓았던가를 똑바로 알리기에 주력했다. 하지만 우리의 화두가 이렇듯 거창한 담론 쪽으로만 치우쳤던 것은 아니다. 모이는 횟수가 거듭되고 대화 마당이 자연스럽게 하나의 서클과 같은 결사체로 변모해갔을 때, 우리의 대화 내용 또한 일반 서민이 당면한 생활 자치 문제와 상호 협력의 분위기를 조성하는 방향으로 보다 구체화되어갔다. 다음 절에서 얘기할 남대문시장 자치 문제가 바로 그런 발전 과정에 대한 사례의 하나로, 마침내는 시장 운영 문제까지도 기탄없이 토론하는 마당이 이루어졌다.

작은 대화의 모임이 시내 곳곳에서 움트고 있던 8월 하순, 박제경 선생을 중심으로 하는 협의 위원들은 다시 고참 동지들과의 연석회의를 갖고, 흑백회 결성 모임을 정식으로 갖자는 데 합의했다. 흑백회 결성 대회는 9월 16일 오후 2시 반도호텔 옆 아서원(중국 음식점)에서 내외 귀빈과 각 자치 그룹 대표 등 40여 명이 참석한 가운데 성황리에 열렸다.

유정렬 동지의 사회로 진행된 이날 대회에서는 임정 요인인 이시영, 조성환 선생의 격려사와 정인보, 이을규 양 선생의 특별 강연이 있은 다음, 박제경 선생이 나서 일일이 각 자치 그룹의 활동과 참석자를 소개하였다. 이어 안건 토의에 들어가, 개별 활동 과제와 공동 활동 과제로 나누어 토의가 진행되었다. 제1부에서는 각 자치 그룹 단위의 개별 과제로 1) 자유 교양 증진을 위한 사회 학습 활동 전개, 2) 공동 이익 증진에 필요한 과제의 발굴과 연대 실천, 3) 정국의 추이를 주시해가며, 자유연합의 활동 역량을 배양하기 위해 노력할 것이 결의되었다. 제2부에서는 공동의 당면 추진 과제로 1) 남대문시장 자치 그룹이 시도하는 상인 중심의 시장 운영권 탈환(외부 불순 세력의 시장 운영 개입을 배제하고)과 자주 자치 개혁 운동을 연대 지원하는 일, 2) 혁명적 민족운동 진영이 추진하는 법통 임정 중심의 주권 회복과 새 나라 건설 운동에 미력이나마 동참할 것을 만장일치로 가결하고 폐회하였다.

이날 대회에는, 내빈 측에서 이시영, 조성환 선생 등 임정 요인 외에, 정인보, 유창준, 고평高平(독립군 중장) 등 민족주의 혁명 선배들과 자유사회건설자연맹의 이을규, 이정규, 김지강, 이규창, 이석규, 이종연, 양희석 등 고참 동지들이 시종 자리를 같이하였다. 자치 그룹 대표로는 강대복, 강전, 안덕형, 고정봉, 정광용(이상 영동공업소 그룹), 박용철, 장원종張元鍾, 김인성金仁成, 박영옥朴永玉 형제, 유병환兪炳丸(이상 남대문시장 그룹), 전세영全世榮, 민 모(이상 기마경찰대 말 사육사 그룹), 배성만裵成萬(북창동 골동품상 그룹), 최 모(도렴동 소앵관 그룹), 안대진安大鎭, 권영준權英俊, 이우상李寓相(아현동 한약방 그룹) 외에 종로의 보인당, 조선매약과 만리동의 오주부약국 인사가 참석하였다. 시인이자 토월회 동인인 노작 홍사용도 병구를 이끌고 동참하였다. 행사의 준비는 박제경, 유정렬, 박의양, 이종택, 이문창 등이 전담했다.

8. 남대문시장 자치운동

흑백회는 결성 대회 후 공동 과제로서의 포커스를 남대문시장 자치 문제에 집중하게 되었다. 잠시 남대문시장의 역사며 내부 사정부터 살펴보자.

남대문시장은 동대문시장과 더불어 조선 시대부터 서울의 경제를 주름잡던 양대 시장 중 하나였다. 남문 밖 칠패장에서 기원하는 남대문시장이 농수산물시장으로서 이름이 나게 된 것은 조선 시대에 관용 물자의 출납을 담당하던 선혜청 주변에 상인이 군집하면서부터였다. 1894년

관제 개혁으로 선혜청이 폐지되자 창고를 개방하고 상인을 수용, 영업하게 함으로써 관설 시장으로 운영되었다. 서울 토박이들 또는 서민들 사이에서는 항용 이 남대문시장을 '센창원', '신창원 장' 혹은 '남문안 장'이라고 부르는 습관이 있었다. 오랜 관습 탓이었겠지만, 무엇보다도 일제 침략에 대한 소박한 저항감의 발로로 볼 수 있다.

뜨내기 난전에서 출발하여 상설 노점 상가로 성시를 이루던 남대문시장을 일제 침탈 후 송두리째 짓밟은 것은 친일 괴수 송병준宋秉俊이었다. 송병준은 1912년 조선총독부로부터 이곳 남창동 283번지 일대에 공설 시장 인가를 받아 조선농업주식회사를 설립, 시장 경영권을 독점했다. 그러다가 조선총독부는 1914년 다시 시장 규칙을 제정한 것을 계기로 일본 상인들에게 중앙물산주식회사를 직접 설립토록 하여 점차로 남대문시장 일대에 대한 경영권에 마수를 뻗게 하였다. 1921년 가을에 큰 화재로 시장 점포가 전소되었을 때, 일본인이 경영하는 중앙물산은 송병준으로부터 시장 부지 사용권 및 시장 경영권을 이양받고, 시장 정리를 구실로 우리 일반 상인들을 시장 밖으로 몰아내는 강압책을 쓰기 시작했다. 1923년 중앙물산은 총독부의 인가를 얻어 140개의 점포를 신축하고, 점포 세를 단번에 무려 5배 이상(월 6원 36전이던 것을 33원 50전으로)이나 인상하여 상인들을 울렸다.

이런 판국에, 상인들은 때로는 상인연합회를 조직(1935년)하여 회사 측의 부당한 점포 세 갈취에 저항하기도 하고, 때로는 (1937~8년 총독부의 중앙각매[도매]시장 설립 방침으로) 동대문시장과 함께 남대문시장의 존폐 문제가 현안으로 떠오르게 되자 감연히 궐기하여 이에 대항 투쟁하기도 하였다. 그러는 가운데 상인들은 내 가족 내 자신의 사활이 걸린 생명줄로서 이 밥자리를 지켜내기에 사력을 다하여 해방에 이르렀던 것이다. 참고로 남대문시장의 1920~30년대 농산물 판매 점유율은 서울 시내 전 시장의 농산물 판매의 58.6%(같은 시기 동대문시장 점유율은 15.1%)를 점할 정도로 당시 시민 경제에서 차지하는 비중이 높았던 것을 부언해둔다. 한편 이 시기 남대문시장 중요 업종 분포도는 상인 177명 중 채소(청과) 39%, 어물 18.6%, 미곡 13.6%, 잡화 13%, 과당류 6.2%, 육류 2.8%, 기타 11%의 순이었으며(이태진 외, 1998: 340~341), 업태별로는 도매 36%, 위탁 34%, 소매 18.6%, 중매 11%의 순으로 도매상이 81%의 압도적 다수를 차지하고 있었다.(경성부 편, 1936: 22)

  8·15는 남대문시장 상인들에게 있어 그야말로 생존권을 되찾는 자유해방의 날이었다. 온갖 횡포를 자행하던 일본인들이 손을 들었으니 이제부터 마음 놓고 장사할 수 있는 세상이 되었다고 상인들은 한없이 기뻐했다. 그러나 그 기쁨도 잠깐, 시장 운영권과 총괄적 재산권의 실체인 이른바 중앙물산주식회사의 관리권은 쥐도 새도 모르는 사이에 이주복 李柱福, 엄복만嚴福萬이라는 약삭빠른 이권 모리배들의 손에 넘어가고 있었다. 일본인 밑에서 종노릇을 하던 그들은 시장이 무주공산이 되었으니 혼란은 막아야 한다는 명목으로 회사 건물을 차고앉았다. 그러고는 대한민청지부의 간판을 내걸고 불순한 폭력 집단을 끌어들여 버젓이 중앙물산의 적산 관리인 행세를 하고 있었다. 그들은 거기에다 한술 더 떠, 남대문시장상인연합회의 이름까지 임의로 도용하는 한편, 상인들이 반발하지 못하도록 완장 두른 청년 단원들을 동원하여 무소불위의 위협과 횡포를 자행하고 있었다.

  그리 되고 보니 시장 분위기는 완전히 무법천지요, 주먹이 지배하는 세상이 되고 말았다. 선량한 점포 상인들은 당장 관리권에 불이익이 돌아오지 않을까 겁내어 번연히 불법인 줄 알면서도 이리 뜯기고 저리 뜯기고 하지 않을 수 없었다. 하물며 이 눈치 저 눈치 살펴가며 점포의 한 귀퉁이를 빌려 장사하는 소위 앞자리 소매상인들이나, 그보다도 못한 노점상, 행상, 지게꾼들의 처지는 더욱 말이 아니었다. 그들은 온종일 이 구석 저 구석으로 쫓기며 갖은 수모를 당하면서도 늘 전전긍긍해야 했고, 그러고도 입에 풀칠하기가 바쁜 것이 솔직한 실정이었다.

요컨대 생존경쟁, 약육강식으로 뒤엉키게 마련인 것이 시장 본래의 생리라고 한다면 할 말은 없겠지만, 당시 남대문시장만큼 정치 세력의 보이지 않는 검은 손길이 선량한 상인들을 이중으로 괴롭힌 곳도 드물지 않았던가 생각해본다.

남대문시장 대화 모임의 상인들은 흑백회 발족 이후 급속도로 자기들의 생존 문제가 시장의 운영권과 직결되어 있다는 것을 자각하게 된다. 상인들은 대화 모임을 통해 시장의 부조리 문제가 자연스럽게 거론되면서, 시장의 주인은 누가 뭐래도 상인인 자신들일 수밖에 없다는 의식에 눈을 뜨게 된다. 그때부터 이해타산이 누구보다도 빠른 상인들은 공개적인 대화 모임과는 별도로 끼리끼리 시장의 운영권 문제에 대한 밀담을 나누는 빈도가 잦아졌다. 그것이 몇 개의 협의 그룹을 형성하게 되고, 자연스러운 연대 조직으로 발전해나갔다. 청과물 점포 쪽의 장원종, 김인성 등과 어물전 쪽의 박용철 등을 주동으로 하는 점포주들끼리의 구수 회담이 활발해지고, 또한 박영옥 형제, 유병환 등 앞자리 상인들의 연락망이 분주하게 움직였다. 모두가 대화 모임의 중심 멤버들이었다.

협의 그룹이 우선적으로 논의한 내용은 어떻게 상인연합회를 명실 공히 상인 중심으로 정상화하느냐 하는 것이었다. 당시 상인연합회라는 간판은 앞에서 말한 이주복, 엄복만이라는 자칭 관리인이 임의로 붙여놓은 것이었다. 그들의 간계와 위협에 넘어가 일부 우매한 상인들이 그들의 수족 노릇을 하고 있을 뿐이었다. 상인들을 단합시켜 상인연합회를 정상화하는 데 있어 가장 큰 걸림돌은 완전히 시장을 폭력으로 지배

남대문시장. 현재는 주로 문구점들이 들어선 이곳이 당시에는 청과상가 자리였다. 남대문시장 상인, 흑백회, 자유사회건설자연맹의 혁혁한 동지들이 함께 투쟁한 남대문시장 자치운동이 이곳을 중심으로 전개되었다. 흑백회 동지들은 사진 중앙의 '아톰문구센타' 간판이 붙어 있는 건물 2층을 많이 사용하기도 했다.

하다시피 하고 있는 우익 청년 단체(대한민청지부)의 존재였다. 그들은 자칭 시장 관리인과의 유착하에 시장의 질서유지와 경비라는 명목으로 중앙물산 건물에 대문짝만 한 간판을 내걸고 상인들을 위협하고 있었다.

모든 것을 운명에 내맡기고 또다시 머리 숙여 노예의 길로 접어드느냐, 아니면 한번 들고 일어나 상인 중심의 상인연합회를 복원하느냐 하는 것은 시장 상인들에게 있어 실로 사활이 걸린 문제였다. 그렇다면 흑이 되던 백이 되던 한번 용기 있게 일을 저질러보아야 할 것이 아닌가라는 것이 대화 그룹 멤버들의 공통된 문제의식이었다. 그리하여 일부 유력 상인들이 구체적인 실천 방법에 대해 흑백회 동지들과도 격의 없이 상의하며 조언을 구하는 단계에 들어갔다.

남대문시장 문제는 전일의 흑백회 결의 때부터 전 혁명적 민족운동 진영의 비상한 관심사가 되어 있었다. 남대문시장 상인들이 추진하는 자치운동! 그것은 곧 외압에서 벗어나 자주독립을 쟁취하려는 우리 혁명운동의 축쇄판과 다를 바 없었기 때문이다. 당시 흑백회의 박제경, 유정렬 및 나를 통해 수시로 남대문시장 상인들의 운동 소식을 접하고, 자진 연대 관계를 맺어준 자유사회건설자연맹의 동지로는 군산부두 자유노조운동의 투사 이종연, 노동자자치연맹의 이론가 이석규, 조한응 동지 등이 있었다. 그들은 종래의 시사 중심 대화 그룹에 자연스럽게 어울리면서 시장의 실정을 보다 객관적으로 파악하는 데 세심한 주의를 기울이고 있었다. 또한 유력 점포주를 찾아 만나기도 하고, 점원이나 난전 상인들을 붙들고 그들의 고충이며 희망 사항을 캐묻기도 했다. 그런 연후에 그들은 대화 그룹의 핵심 멤버들과 집중적으로 토론하며 남대문시장 개혁의 구체안을 마련하고 있었다. 그때 시장 상인들과 자유사회건설자연맹 동지들 사이에 논의되던 시장 개혁안을 기억나는 대로 적어보면 대략 다음과 같다.

1. 남대문시장(적치하에서 일인들이 관리하던 주변 시장 포함)은 전통적으로 이 시장에 젖줄을 대고 살아온 상인들의 것이다. 그들은 이 시장을 개설했고 발전시킨 장본인이므로, 그 과정에서 생겨난 재화는 당연히 그들 공동의 소유일 수밖에 없다. 따라서 종래의 상인 또는 상인 자치 조직에 그 권리가 귀속되는 것은 당연한 이치이다. 당국은 마땅히 이 원칙에 따라 소위 귀속재산을 상인 또는 상인 자치 조직에 환원시켜주어야 한다.

2. 민주주의 원칙에 따라 순수한 현존 상인들만으로 남대문시장총상인연합회(가칭)를 조직하되, 각 점포 대표에게는 정회원의 자격

을, 좌판(앞자리 포함), 점포 종사원, 노점, 하역자, 행상 등에게는 준회원의 자격을 부여한다. 시장 내에서 그 기능에 따라 복무하고 생계를 꾸려가는 모든 종사자가 시장 구성원으로서의 자격과 의무가 있기 때문이다.

3. 귀속재산인 것을 기화로 무단히 중앙물산(주)의 관리인을 자칭하면서 선의의 상인들을 갈취하고 온갖 행패를 일삼는 일체의 불순세력 또는 기생적 존재들을 즉각 추방하여 다시는 발을 붙이지 못하게 한다.

4. 연합회는 공공재산 및 상인들의 개인 재산 보호에 필요한 경비 대책, 위생 관리 및 자치 운영에 필요한 최소한의 회비를 징수할 수 있다. 단 회비 규정은 총회의 만장일치 결의에 의한다.

5. 연합회는 회원들의 상호부조와 복리 증진을 목적으로 하는 신용조합을 발족시키며, 생산자 및 소비자의 협동조합 조직에 적극 협력한다.

6. 연합회는 상인(회원 및 준회원)의 자질 향상과 상업 윤리 의식의 고취를 목적으로 교양 학습 활동을 지속적으로 전개하고, 회원들 간의 소규모 자치 활동을 적극 지원한다.

7. 연합회는 일반적인 정치 활동에는 일체 관여하지 않는다. 단 민족 총체의 생존권이 걸린 사안에 대해서는 구성원의 총의에 의해 연대할 수 있다.

1946년 10월 중순경 이상과 같이 시장 개혁에 대한 개략적인 그림이 그려지자, 유력 상인들 간에는 암암리에 시장총연합회 조직 사업이 논의되기 시작했다. 한편 그 시기에 중앙물산의 헤게모니를 장악하고 있던 이주복은 부당하게도 군정 당국으로부터 적산 관리인 명의의 남대문

사설시장 허가(1946. 10. 21)를 얻어가지고 상인들을 견제하려 들었다. 하지만 상인들은 이에 굴하지 않고, 이듬해인 1947년 6월 27일 남대문시장상인연합회 명의의 진정서를 민정장관과 입법의원에 제출하였다. 상인들은 이 진정서에서 남대문시장이 '적산'이 아님을 소명하고, 이주복이 부당하게 관리권을 도용하고 있음을 규탄하였다.

6·25로 폐허가 된 데다 몇 차례의 화재를 당하는 액운을 겪으면서도 선량한 상인들은 시장의 원상 복구와 운영권 회수를 위해 피나는 투쟁을 반복하였다. 그 결과로 1957년 9월 상인들은 마침내 시장 관리권을 농단하던 엄복만 일당을 보기 좋게 시장에서 축출할 수 있었다. 상인들이 엄복만 일당을 몰아내고 시장 관리권을 되찾는 데는 그 주동적 역할을 했던 신참 젊은 상인들의 공로가 컸다.

성균관대학의 이정규 부총장의 애제자로서 총애를 받던 이근택李根澤은 수복 후 남대문시장에서 순전히 땅콩 장사를 하여 성공한 입지전적 인물이다. 원래가 황해도 출신인 그는 월남하여 장사를 하며 학교를 다녔는데, 어느 정도 기반이 잡히자 옛 청과시장 자리에 점포 하나를 인수하여 미영상사라는 간판을 내걸고 시장 재건에 나섰다. 상인들의 힘을 모아 남대문시장상인연합회를 재조직한 그는 본격적으로 시장 분위기 쇄신 운동에 나서, 상인 주도하의 남대문시장주식회사를 창설하기에 이르렀다. 그리하여 이근택은 이 신설된 남대문시장주식회사에 성대 동창들 중 우수한 두뇌들(강남향, 채영철, 이승옥 등)을 영입하여 시장을 현대적 종합 시장으로 육성하는 데 심혈을 기울였다. 실로 오늘날 남대문시장의 면모는 대부분 이근택 사장이 재임했던 1960~70년대 당시 참여한 고참 상인들과 경영진의 합작품이라고 보아도 과언이 아니다.

한편 남대문시장주식회사의 이근택 사장은 당시 국민문화연구소의 농촌수산授産운동에도 깊이 관계했다. 그는 용유도 등 도서 지역에서 농촌선교운동을 하던 성대 동기 동창 강환국姜煥國 목사를 도와 농민들이 생산한 땅콩을 계획적으로 매수 가공하는 등 소득 증대 사업에 크게 기여하기도 했다.

9. 예관동의 지사들

앞에서도 말했지만 나는 예관동 24번지 유정렬 선생 댁에서 기거를 하게 되면서 유명한 민족운동가, 아나키스트 대선배 등 혁명 지사들을 직접 뵙고, 가르침을 받는 행운을 누리게 되었다. 무엇보다도 보잘것없는 어린 나를 인격적으로 대우하며 혁명을 논하는 자리에 동석시켜준 그분들의 소탈하고 너그럽고 열린 마음을 잊을 수가 없다. 앞에서 회관, 우관, 수곡 선생 등에 대해서는 자세히 얘기했지만 그 외에도 특히 위당 정인보 선생, 기산 유창준, 지강 김성수, 목발 김형윤, 이석규, 이규창 선생 등이 기억에 많이 남는다.

위당 정인보 선생은 늘 한복을 입고 다니셨다. 예관동뿐만 아니라 영동공업소, (뒤에서 얘기할 혁명위원회 때) 수은동 등에서 참 많이 뵈었다. 한번은 내가 형처럼 생각하고 따랐던 유성렬劉聖烈 형(유정렬 선생 동생)과 같이 위당 선생 댁을 찾아가 뵌 적이 있었다. 한강 건너 흑석동 명수대 인근에 사셨는데, 일본식 집이었다. 우리 같은 사람들을 꼬마둥이라고 생각하셨을 텐데, 위당 선생이 날 보시더니 손을 잡으시면서 "그대야말로 지사야"라고 말씀하시는 거였다. 이제 막 소년티를 벗어난 내게 대학자가 지사라는 호칭을 줄 때 내 얼굴이 얼마나 발개졌을까. 나는 지금도 그 말씀이 잊히지 않는다. 위당 선생은 겁도 많은 양반이셨다. 공산당 무섭다고 어디 조용한 데 집 좀 구해달라고, 영동공업소에서

회의도 하고 모임도 하고 그럴 때 강전 선생한테 얘기하던 게 생각난다. 집을 구하려고 북아현동 근처를 둘러보기도 했으나 구하지는 못했다. 딸과 사위가 공산당이 되니까 집에서는 말도 못하고, 우리한테는 마음 터놓고 얘기하고 그랬던 것 같다. 위당 선생은 당시 존경받는 대학자였지만 평소에는 학문 얘기를 하지 않고, 시국 관련 얘기만 하셨다. 오만한 권위를 내세우는 것이 조금도 없었다.

내가 예관동 24번지에서 자주 뵙고 가르침을 받았던 민족 지사 위당 정인보 선생

기산 유창준 선생은 앞에서도 말했듯이 백은白隱 유진태 선생의 아들이다. 백은 선생은 고향이 안성 죽산으로 구한말 독립협회 요원, 호서은행 창설자, 조선교육회 초대 회장을 지내신 분으로 우당, 심산, 이승만 등과도 교분이 두터운 분이었다. 기산 선생은 한학자로서 늘 한복을 입고 다녔다. 그리고 아주 깐깐한 분이었다. 언젠가 한번은 영동공업소 2층에서 혁명위원회(혁위)와 관련하여 기획하느라고 회관, 위당, 기산, 수곡 등이 모여 회의를 하는데, 나도 거기에 참석했다. 당시에 나는 어른들 말씀에 잘 끼어들었는데, 사실 분수없이 끼어드는 경우가 많았다. 그때도 내가 회의 중에 끼어들어 말을 했는데, 그때 기산 선생이 어른들 말씀하시는데 좀 경청하며 듣고 있지 그렇게 분수없이 나서냐고 나를 되게 나무랐다. 아주 노발대발하시면서 나를 야단쳤다. 물론 그때 회관 선생이 "옛날에는 남아 15살이면 호패를 찼는데, 무슨 소리요. 젊은이가 당연히 발언할 만하지 않소. 좀 자유롭게 발언할 수 있도록 내버려둡

시다"라고 내 기운을 죽이지 않으려고 나를 두둔하면서 자리가 잘 마무리되었다. 하지만 당시 기산 선생이 나를 야단친 것과 회관 선생이 나를 두둔한 것 둘 다가 나로서는 잊을 수 없는 소중한 풍경이다.

기산 선생에 관한 다른 일화는 이승만 박사와 얽힌 이야기이다. 이승만 박사는 백은 선생과의 관계 때문에 기산 선생을 가까이 데리고 있으려고 했는데, 기산이 "내가 뭐하러 아첨하고 다니냐"고 하면서 이 박사한테 가지 않았다. 한번은 YMCA에서 월남月南 이상재李商在 선생 추모식이 있었는데, 기산이 거기에 참석했다. 가서 보니 사람이 많이 참석해서 앉을 자리가 없었다. 그래서 뒤에 서서 벽에 기대어 추모식 진행을 보고 있었다. 그때 마침 이승만 박사가 비서들을 대동하고 뒤늦게 참석을 했다. 그러자 갑자기 참석자들이 우르르 이 박사한테 몰려들어 식이 중단되고 난리가 났다. 이 박사는 분위기를 깬 것을 미안해하지도 않고 앞자리에 가서 앉았다. 식을 마치고 다시 이 박사가 나오니까 또 사람들이 우르르 몰려나와 인사를 하고 야단법석이었다. 다들 몰려나와 이 박사한테 인사를 하는데 한복을 입은 기산만 꼼짝하지 않고 뒷자리에 그대로 서 있었다. 그러니까 오히려 이 박사가 한복 입고 서 있는 저 사람이 누구냐고 물었다. 그때서야 기산 선생이 유진태의 아들이라고 인사를 했다. "아, 이 사람아, 내가 자네를 찾으려고 얼마나 애를 썼는지 아는가? 왜 돈암장에 오라고 해도 안 왔나?" 하고 핀잔을 주었다. 그래도 기산 선생은 돈암장에 인사하러 가지 않았다. 참 대단한 양반이었다. 그 뒤 정부 수립 후 이승만 박사가 다시 기산을 찾으려고 사람(비밀 요원)을 예관동 24번지로 보냈다. 서울 오면 예관동이 언제나 숙소였다. "이 사람, 와서 날 좀 도와줘야지, 이게 독립운동 하는 거야. 이게 독립운동이지 정부야? 내 비서로 있게." 그래서 기산 선생은 어쩔 수 없이 이 박사 비서를 하였다. 그런데 월급도 없는 비서였다고 한다. 정부 수립 후에도 그랬다고

1954년 어느 날 광한루에서 망중한을 보내고 있는 소산 이규창 선생(왼쪽에서 세 번째)과 지강 김성수 선생(오른쪽 끝)

한다(독립운동이었다는 거다). 그러다가 6·25가 일어나 고향에 가 있었는데, 그때 잡혀가서 학살을 당했다. 유성렬 형에게서 들은 말이다.

지강 김성수 선생은 밀양 출신(의열단 김원봉과 같은 고향) 의열단원으로 황푸군관학교黃埔軍官學校를 졸업한 후 남화한인청년연맹, 항일구국연맹(흑색공포단) 등에 가입하여 상하이, 톈진을 중심으로 맹렬한 항일 직접 투쟁을 전개하다가 1937년 피체되어 10년 형을 받고 복역 중 해방을 맞아 석방된 아나키스트이다. 지강 선생은 키가 크고, 아주 기골이 장대하고, 과묵하신 분이었다. 입술이 검붉고, 관운장 같은 분위기였다. 처음에 소개를 받을 때 나는 '이분이 혁명가다'라고 생각했다. 인자하지만 웃지도 않으시고 말씀도 없으시고 또한 혁명가로서 일본 놈들을 쏘아 죽였다는 얘기를 들으면서 나는 '이분이 무서운 양반이다'라고 생

목발 김형윤 선생

각했다. 뒤에서 얘기하겠지만 혁위 때는 대구를 중심으로 하는 조직을 담당하려고 했다. 지방 조직은 말단에서부터 해야 한다는 신념을 가지고 계신 분이라서 정부 수립 후에는 밀양에 가서 면장을 했다는 얘기를 들었다.

아나키스트 중에는 행동파가 많다. 아나키즘은 직접행동을 최고로 친다. 행동하지 않고 말로만 하는 것은 아나키즘이 아니다. 그런 직접행동파 중의 한 사람이 목발 김형윤 선생이다. 앞에서도 말했지만 김형윤 선생은 일본 순사의 눈을 손으로 뽑은 분이다. 그래서 호가 목발目拔이다. 키가 작고 통통하셨다. 참으로 인간성 좋고 순박하신 분이었다. 예관동 24번지가 늘 숙소였다. 나는 언제나 우러러보았다. 뒤에 마산일보 사장을 지내신 분으로 마산의 대표적인 아나키스트이자 언론인이었다.

이석규 선생은 몸이 호리호리하고 재사였고, 지적이었으며, 이론가였다. 그분은 골수 아나키스트였다. 1928년 고등학교 다닐 때 동방무정부주의자연맹 국내 대표로 난징에 파견되었던 분이다. 당시에 동래고보에 다닐 때인데 학생이니까 머리 빡빡 깎고 다녀오면 될 것이다 해서 국내 대표로 중국에 갔는데, 결국 우관과 함께 잡혀 들어왔다. 이석규 선생은 학생이라서 보석으로 풀려났다. 그러나 동래고보에서 쫓겨나 보성고보에 적을 두게 되면서, 당시 보성고보에 다니던 조한응 선생과 친해졌다. 그때 하기락 선생도 서울에 있었고, 조한응, 이석규, 하기락 등이 몰려 다녔다. 이석규 선생은 정부 수립 전까지는 자련에서도 중심적으로 활동하는 등 매우 활발하게 활동했다. 농촌자치연맹 선언과 강령을 기초하는 데에도 큰 역할을 했다. 글도 잘 쓰고, 기획적이고, 조직적이었다. 집이 북아현동(서대문에서 능안으로 들어가는 어귀쯤)에 있었는데, 그곳에서 민우회 활동을 하며 동지 규합에 열을 올리기도 했다(단주 유림 선생 환영회도 그 집에서 했다). 그러나 혁위 때까지는 많이 활동하였으나 정부 수립 후에는 비교적 표면에 나타나지 않았다. 물론 국민문화연구소 활동을 할 때 조언도 해주고 그러셨다.

소산嘯山 이규창(이규호) 선생은 우당 이회영 선생의 3남으로 신흥무관학교 설립지인 서간도 합니하哈泥河에서 태어나, 유년 시절부터 부친의 사업을 도와 베이징, 톈진에 집결한 수많은 독립운동가들과의 비밀 연락 활동을 하며 자랐다. 1930년부터는 상하이에서 남화한인청년연맹

1974년 이규창 선생 퇴임 위로연을 마치고. 왼쪽부터 이정규, 이규창 선생, 정문경 여사, ○, 이석규 선생, 이은숙 여사, 이종연 선생, ○, ○, 조한응 선생

원으로 『남화통신』 간행에 깊이 관여하는 한편 1935년 엄형순嚴亨淳 열사와 함께 이용로 처단 사건에 가담했다가, 피체되어 15년 형을 언도받고 복역 중 해방을 맞아 석방되었다. 어렸을 적 마적단의 습격을 받아 얼굴에 깊은 상처 자국이 있는 것이 인상적이며 항상 대쪽 같은 곧은 기개를 잃지 않았다. 청년들과 사귀기를 좋아했고 나를 친형제처럼 대해 주셨다. 해방 후 쌍공의 영애 정문경鄭文卿 여사와 결혼하였으며 이름을 이규창李圭昌으로 개명하였다. 한동안 감찰위원회에서 근무했다.

그리고 신현상, 김명동, 구연걸, 성낙서 등 충청 출신 지사들도 기억에 많이 남는다. 이분들은 대부분 호서 거유인 지산 김복한 선생의 제자들이었다. 앞에서도 말했듯이 김명동은 지산의 아들이었고, 신현상과 김명동은 동문수학하여 아주 가까운 사이였다. 이분들이 무명회의 중심이었다.

10. 아나키스트와 그 집단

1946년 전후 아나키스트 단체로는 크게 자유사회건설자연맹과 독립노농당으로 분류할 수 있지만, 그와 연대한 수많은 사회단체 또는 군소 서클들이 경향 각지에서 자율적인 활동을 하고 있었다.

1장에서도 살펴보았지만, 안의 그룹의 하기락, 박영환, 하종진 동지 등은 1946년 2월 21~22일 부산 금강사에서 전일의 진우연맹 및 마산 아나 그룹 동지들과 연대하여 경남북아나키스트대회를 개최하였다. 안의 그룹 동지들은 그 기사를 해방 후 최초의 아나키스트 기관지라 할 『자유연합』(1946. 4. 1)에 실었다. 그들의 이러한 활동은 경남 안의에서

한국 아나키스트를 대표하는 학자로서 평생 활동한 하기락 선생. 『한국아나키즘운동사』를 대표 집필했다.

전국아나키스트대회(1946. 4. 22~24)를 개최하는 데 주춧돌 역할을 하였으며, 나아가 독립노농당 창당(1946. 7. 7)을 촉진하는 데도 크게 기여하게 되었다. 한편 안의 그룹 동지들은 고향인 안의에서 농촌자치운동을 전개하는 한편, 안의중학교(후일 안의고등학교)를 설립하여 후진들의 자유교육에 힘썼다.

나는 하기락 선생을 해방 후에 직접 만나지는 못하다가 1960년대 이후에 박영환 선생과 함께 태을다방에서 자주 뵈었다. 베레모를 쓰고 파이프 담배를 피우는 모습으로도 유명하지만, 아나키스트 운동을 정말 열심히 하신 분이다. 한때 청운동에 사셨는데, 아마 그 언저리가 『한국아나키즘운동사』를 마무리하던 단계였던 것 같다.

독립노농당 산하의 자율 조직으로는 노농청년총연맹(노청)과 재일의 독노당 일본 지부를 들 수 있다. 1947년 3월 30일 우한용을 위원장으로 하여 결성된 노농청년총연맹 맹원들은 이 간판 아래 아나키즘 사상 학습 활동에 많은 힘을 기울였다고 평가된다. 독노당 일본 지부는 1948년

청구대학을 설립한 대구 아나키스트그룹의 최해청 선생(왼쪽), 일제 강점기 때부터 활동했고 1970년대 농촌운동을 함께했던 이동순 선생

8월 도쿄에서 원심창, 장상중張祥重, 정태성, 한현상韓睍相, 오우영吳宇榮, 변영우卞榮宇, 정찬진丁贊鎭, 정철鄭哲, 조영주曺寧柱 등 재일 고참 동지들이 중심이 되어 결성하였다.

대구의 최해청 동지 등은 새 사회 건설의 정신적 토대가 될 시민 자유 교양 강좌를 개설하여 대구 지역 주민으로부터 많은 호응을 받았다. 최해청의 이 운동은, 후일 홍형의洪亨義 동지 등이 가세함으로써 대구 중심의 에스페란토 운동을 개화시켰으며, 대구문리과전문학원의 단계를 거쳐 본격적인 대학 설립 인가를 받아 청구대학으로 발전하였다. 나중에 청구대학은 영남대로 편입되고 말았는데, 아들인 최찬식 씨가 아버지 문제를 신원하기 위해 관련 책을 내기도 했다. 한편 이 운동과 병행하여 홍형의, 이동순 동지 등은 교육 사업으로서 선산에 도개중학교를 설립 운영하였다.

이동순 선생은 일제 때 일본에서 활동했던 분들 중에서 해방 후에도 열심히 활동한 분들 중 한 분이고 그 중심 역할을 한 분이다. 이하유 선생하고 가까웠고, 나하고도 퍽 가까웠다. 이하유를 상하이로 보낸 사람이 이동순 선생이었다. 이동순 선생은 어렸을 때 철도에서 다쳐 다리를 절었다. 정치에 대한 관심은 컸으나 본인이 나서서 하는 것은 아니었다. 참 솔직담백한 분이었다. 나하고는 4·19 이후에 더 가까워졌는데, 특히 1970년대에 농촌운동을 하면서 친해졌다. 이동순 선생이 국민문화연구소의 농촌운동을 지도했는데, "운동을 하려면 우리 아지트를 만들어야 한다. 농촌운동의 아지트는 농사를 짓는 것이다. 농사하는 아지트를 만들어야 한다. 우리 자신이 직접 농사를 지으면서 해야 한다. 그런 곳이 있다. 인제에서 조금 들어가면 그런 분지가 있다"라고 강조하던 말씀이 잊히지 않는다. 최근에 그곳에 가보니 그곳이 '해안'이라는 지역인 것 같았다. 이동순 선생은 그런 것을 개척하면서 우리가 '통신'을 만들어야 한다고 했다. 그래서 이동순 선생의 의견에 따라 '통신'이라 이름 붙여서 부정기적으로 농촌운동에 관한 글을 모아서 내기도 했다.

묵당默堂 양희석 동지는 서울 원남동에서 선구회를 조직하고, 청년 학생들을 불러 모아 사상 연구 활동을 하고 있었다. 원남동 로터리, 지금의 원남우체국 바로 뒤 그의 양옥집 거실이 바로 선구회 사무실이었다. 여기서 그는 사회문제 연구의 한 방편으로 아나키즘 관계 외국 서적을 번역 소개하였으며, 사상 교양 잡지 『선구』를 간행하여 널리 보급하기도 하였다. 그의 사무실에는 언제나 혈기에 넘치는 많은 청년이 모여들어 묵당의 아나키즘 강의를 경청하였다. 자유사회건설자연맹의 맹원임을 자부했던 묵당은 언제나 아나키스트가 정치 활동을 하는 것은 외도라고 못마땅해했다. 묵당은 정부 수립 후 한때 진정한 자유 사회는 '자유'에 대한 올바른 인식을 심어주는 데서부터 시작해야 한다는 신념으로, 명동 입구 지금의 외환은행 바로 뒤에 자유문화학원(원래는 '자유학원'을 고집했으나 당국은 '자유' 자체를 불온시하여 할 수 없이 '자유문화'로 했다고 한다)을 개설하여 본격적인 자유교육 사업을 전개한 적도 있었다. 자유를 가르친다는 것을 모토로 하였지만 일종의 진학 과

〈위〉 양희석 선생이 설립한 자유문고에서(1975년). 왼쪽부터 이학의, 히로코(빌링스리의 부인), 양희석, 정화암 선생
〈아래〉 왼쪽부터 나, 정래동, 조한응 선생

정, 학습 과정을 가르쳤다. 광고하여 학생을 모집하기도 하여, 학원이 아주 번창하였다. 우리 젊은 동지들이 거기 가서 가르치기도 하고, 설형회 회원 몇몇은 거기서 배우기도 하였다. 그런 활동에 누구보다 일가견이 있는 분이 묵당이었다. 자유문고도 묵당이 차린 것이다. 그래서 자유문고에서 아나키스트 회고록이 나오기도 했다. 나중에 우석대에서 강의도 하였다. 뒤에서 또 얘기되겠지만 나는 개인적으로 묵당 선생과 친했고, 얽힌 일도 많았다.

해방 직후부터 아나키즘의 연구와 실천 양면에서 보다 두드러진 활동을 한 분은 계봉溪峰 조한응 동지였다. 양평 용문 출신인 계봉은 보성고보 재학 시절 광주학생운동에 가담한 것을 계기로 교내에 아나키스트 서클을 만들어 활동했으며, 연희전문에 입학한 후에도 학생 아나키스트 운동을 계속했던 인물이다. 해방 후 계봉은 조시원, 차고동, 이종연 동지 등과 경인 지역의 노동자자치운동을 전개하는 한편, 변순제邊純濟, 김선적金善積, 백계현白械鉉, 정재택鄭在澤, 김성한金成漢, 신두수申斗秀, 이종익李鍾翊 등 청년 학생들과 힘을 모아 자유사회건설자연맹의 행동단체인 자유청년동지회 조직을 시내 도처에 확산시켰다. 그는 중국에서 늦게 귀국한 이하유 동지와 애미사라는 출판사를 조직하여 청년 학생들의 학습 교재로 크로포트킨의 『상호부조론』, 『빵의 약취』 및 스페인혁명의 민중 영웅 『두루티 평전』을 번역하여 소책자로 출간하기도 했다. 한편 그는 시간이 나는 대로 고향인 양평 용문으로 내려가 농촌 청년들을 계몽하며 농촌 자치 조직 육성에 주력했다.

계봉의 아나키즘 입문은 보성고보에 편입학한 이석규와 학생 아나키스트 서클을 조직하고 우관 선생의 지도를 받게 되면서부터였다. 이런 인연으로 계봉은 후일 회관 선생의 영애 이인옥李仁玉과 결혼하게 되었고, 해방 후 일생 동안 아나키스트 혁명 가문과 영욕을 같이했다. 계봉은 평시에 말이 없다가도 일단 생각이 서로 통한다 싶고, 술이 몇 잔 어울리기 시작하면 온갖 신명으로 사람을 끌어당기는 재주가 있었다. 정릉 청수장 계곡에 있는 그의 집은 언제나 젊은이들로 북적거렸으며, 아나키즘 사상 토론으로 밤을 지새우기가 보통이었다.

베이징학생아나연맹의 정래동 동지도 생각난다. 정래동 선생은 나중에 성균관대 교수로 가셨는데, 조용하고 얌전하며 깊이가 있는 분이었다. 돌아가실 무렵 늘 나한테 우관 선생 찾아뵈러 가자고 하셨다. 나한테 전화 오면 내가 모시고 가서 우관 선생을 뵙기도 하고 그랬다.

베이징학생아나연맹과 제일루사건의 오남기 동지도 계셨다. 오남기 선생은 1970년대에 우리의 농촌운동, 소비자운동을 직접 이끌어주셨다. 오남기 선생은 동아일보 동경지국장을 지냈는데(아들 오석홍은 서울대 행정대학원장을 지냄), 아주 곧고 부정을 모르는 분이었다.

우관과 함께 제일루사건을 다 뒤집어쓰고 잡혀간 관서흑우회의 채은국 동지는 해방 후에도 최갑용 동지 등과 북에서 활동을 하였으나 서울로 오지는 못하고 아들만 보냈다. 그 아들이 채명신(전 주월 한국군사령관)이었다. 채명신은 서울에 오면 우관 선생 댁에 묵었고, 우관을 큰아버지라고 불렀다.

농촌자치연맹 위원장을 지낸 장연송 동지도 열심히 활동하였다. 장연송 선생은 함경도 출신으로 회기동에 살았는데, 나하고는 퍽 가까웠다. 나를 알아준 분이었다. 나중에 동대문에서 출마하여 제헌국회의원을 했으나 6·25 때 납북되었다. 이곳에 계셨으면 더 많은 활동을 했을 분인데, 아까운 인물이다.

이분들 외에도 한하연, 홍성환洪性煥(홍일洪日), 김신원金信遠, 고성희高成熙, 박기성, 육홍균陸洪均, 이홍근, 최갑용, 이학의李鶴儀(지활之活),

1977년 조한응 선생 장례식을 마치고. 가운데 앉아 있는 세 사람 중 왼쪽부터 오남기, 이해평, 유산방 선생

  최학주, 조시원, 이종연, 윤홍구, 차고동, 유산방, 이해평 등 많은 선배 동지 아나키스트들이 해방 공간에서 나름대로 활동하고 있었다. 나는 대부분 이분들로부터 가르침을 받고 배우며 젊은 날을 채워나갔다.
  한편 해방 후에 아나키스트들은 주로 자유사회건설자연맹이나 독노당 사무실에서 모이다가 6·25 때는 부산 부민동의 태양다방에서 모였다. 태양다방이 말하자면 서로의 연락처였던 셈이다. 그리고 휴전 후에는 종로2가의 백진주다방(YMCA 건너편의 영보빌딩에서 종로3가 쪽으로 두 번째 건물 1층에 있었다)에서 매주 수요일 오후 2시에 모였다. 점심은 각자 해결하고 2시 언저리가 되면 모여 소식을 주고받거나 정보를 나누었다. 이렇게 다방을 개척하는 데 선도적 역할을 한 것은 역시 묵당 선생이었다. 묵당이 나서서 매주 한 번씩 모이는 것을 정례화하였다. 한동안 백진주다방에서 모이다가 그후에는 종로빌딩(화신별관) 38

일본에서 활동하는 아나키스트인 필립 빌링스리 교수 부부의 방문을 맞아 기념 촬영한 아나키스트들 (1975년). 뒷줄 왼쪽부터 정화암, 이정규, 육홍균, 이학의, 유산방, 박기성, 정래동, 고성희, 오남기 선생. 앞줄 왼쪽부터 빌링스리, 히로코, 나, 조한응 선생, ○, ○

호실이 아나키스트들의 아지트가 되었다. 그리고 1960년대 이후 거의 1970년대에는 주로 태을다방(공평빌딩 건너편에 있었다)에서 모여 시국과 운동을 논하였다. 당시에 태을다방을 한 번씩 들르면 언제나 선배 아나키스트들을 만날 수 있었고, 혁명을 추억하는 노아나키스트들의 정열을 마주할 수 있었다.

아나키스트 동지들이 개별적으로 남긴 일화들을 여기에 일일이 소개하기는 어렵다. 다만 공석 사석에서 선배 동지들이 주창하던 아나키즘 담론 중 기억에 남는 몇 가지를 추려본다.

생존경쟁과 상호부조의 세계관

지금까지의 인류 역사는 무력 정복의 역사였다. 전쟁에서 승리하는 종족이나 국가만이 살아남아 번창했고, 패배자는 멸망했다. 그러나 승자건 패자건 모두가 공멸할 수밖에 없는 원자폭탄의 등장은 정복, 전쟁의 역사에 종언을 고하게 되었고, 이제부터의 인류 역사는 누가 더 아량이 있고, 누가 더 상호부조적이며, 협력을 잘할 줄 아느냐에 따라 우열승패가 기록될 것이다.

혁명과 무질서에 대한 해석
혁명, 곧 무질서라는 말은 권력이 민중의 봉기를 겁내어 만들어낸 기만에 불과하다. 권력자는 통치 조직이나 법망이 없으면 도적이 들끓고 강도 강간이 횡행하는 무질서가 판을 칠 것이라고 겁을 주지만, 권력의 아성에서 해방된 민중은 도리어 각자 스스로의 책임으로 자활 자치하는 능력을 발휘하기 마련이다.

통계에 의한 조정자로서의 정부
권위적, 통솔적 지배 기구로서의 정부 대신에 통계에 의한 국민의 생산 생활 기능을 교통 정리하는 극히 단순한 자율적 조정 기구로서의 정부가 필요할 뿐이다.

자유연합
집단 의지가 개인의 존립을 좌우하는 것이 아니라, 각개의 존립(생존 생활) 필요성에 의해 복합 집단으로 발전해나가는 사회 생리가 자유연합이다. 위로부터 아래로 중앙으로부터 주위로 조직해나가는 종래의 권위적 사회구조와는 반대로, 밑으로부터 위로 주변으로부터 중앙으로 모여드는 사회운동 형태가 자유연합이다.

본능적 자유에 대해

아나키즘은 욕망의 절제를 요구하는 기성도덕관을 거부하고, 자연의 본능에 따라 행동하는 자유를 중시한다. 자기 하고 싶은 대로 제멋대로 행동할 때, 사회가 걷잡을 수 없이 혼란에 빠지지 않을까 걱정하는 것은 하나의 기우에 불과하다. 왜냐하면 나의 자유 못지않게 남의 자유 또한 침해해서는 안 된다는 자각과 배려하는 마음이 사회질서의 자연스런 균형자 역할을 해주기 때문이라는 것이다.

솔직히 말해 그 시절의 내가 이상과 같은 화두의 의미를 제대로 이해했다고 보기는 어렵다. 더욱이 기성도덕의 가치관이 몸에 밴 채 자란 나에게 있어, 마지막 항목인 욕망의 억제냐, 본능의 자유해방이냐 하는 문제는 일생을 두고도 풀지 못할 어려운 수양 과제였다.

제3장

혁명의 시간 : 한국혁명위원회

1. 다시 얘기되기 시작한 혁명불가피론

1946년 12월 해가 저물어갈 무렵 항간에서 다시 '혁명불가피론'이 설왕설래하기 시작했다.

해방 1년이 지나 세모에 접어들면서, 더 이상 이대로 가다가는 파멸만 있을 뿐이라는 것이 모든 사람의 눈에 점점 분명해졌다. 이렇듯 닥쳐오는 절체절명의 위기를 헤치고, 이 나라 이 민족이 기사회생할 수 있는 활로를 개척하기 위해서는 3·1운동과 같은 어떤 거족적인 결단이 있어야 하겠다는 것이 진정으로 겨레의 앞날을 걱정하는 뜻있는 인사들의 공통된 견해였다.

자주적 생존권을 되찾을 해방이라는 천재일우의 호기를 언제까지나 남이 차려주는 밥상에 매달려 눈치만 보다가 날려버릴 것인가! 필사즉생必死卽生! 절체절명의 위기를 절체절명의 위기로 의식하고 대처할 때 비로소 살 길이 트이는 법, 그러니 비상시에는 비상수단이 필요할 수밖에 없다! 때로는 혁명적 수단에 호소해서라도 내 생존권을 되찾는 것이 죄가 될 수 없음은 이미 우리 독립운동 선각자들이 가르쳐준 교훈이 아니던가. 그 혁명의 불가피성을 절감하고 그 최종 수단으로서의 직접행동 이외에 무슨 달리 빠져나갈 길이 우리에게 있단 말인가? 바로 이런 것이 당시 좌우 중간을 막론하고 다소라도 민족적 양심을 가진 지사들이라면 누구나가 설왕설래 숙덕거리던 합의점이요, '혁명불가피론'의 진원이었던 것이다. 특히 혁명적 민족주의계와 아나키스트들 사이에서는 누가 먼저랄 것도 없이 모두가 이 민족 공동체의 사활이 걸린 위기를 돌파하는 길은 오직 건곤일척의 직접행동밖에 없다는 데 진작부터 뜻을 같이하고 있었다.

혁명 동지들이 건곤일척의 직접행동에 나설 전략을 수립하기에 앞서 그 선편先鞭을 치고 나온 것은 이승만의 도미 외교 행각이었다. 이승만은 도미 외교 계획을 수립하는 데 있어 누구보다도 먼저 백범과 협의하고 협조를 구할 필요성을 느꼈다. 우남雩南(이승만의 호)과 백범은 미소공위 이래 줄곧 미군정으로부터 소외된, 같은 처지였다. 이승만이 국제 외교에 성공하기 위해서는 무엇보다도 국내 운동의 뒷받침이 있어야 했고, 그러기에 백범을 정점으로 한 범민족진영의 뒷받침이 필수적이었다.

이승만은 1946년 11월 22일 도미 외교 계획을 공표하기에 앞서 백범을 위수로 하는 범민족진영 수뇌들과 회동하여 이 문제를 토의하는 자리를 마련하였다. 그 자리에서 우남은 자기가 이번에 민주의원 대표의 자격으로 유엔을 상대하여 국제 외교에 나서려는 것은 민족의 생사가 걸린 중대사이니 거족적으로 단결해서 협조해줄 것을 요망한다고 했다. 그의 설명 요지는 대략 다음과 같았다.

지금 국내 정세는 말이 아니다. 전혀 앞날이 보이지 않는 데다 공산주의자들이 전국 각지에서 방화 폭동을 일으키고 비인간적인 잔학 행위를 자행하여 국민을 불안에 떨게 하고 있다. 이대로 가다간 언제 어떤 사태가 발생할지 누구도 장담할 수 없다. 이런 사태의 책임은 전적으로 우유부단하고 무정견한 미군정이 져야 한다. 그런데도 사령관 하지는 여전히 좌우합작이니 중간노선이니 하는 데 매달려 공연히 우리 애국자들을 억압하고 현상 유지에 의한 군정 연장을 획책하고 있다.

지금 우리는 좌니 우니 중간이니 하며 국내 정객들을 상대로 콩팔칠팔할 때가 아니다. 한가롭게 하지를 상대로 미군정의 실책이나 미소공위 재개 여부 문제를 가지고 따지고 있기에는 우리의 사정이 너무나 급하다. 그러니 워싱턴이나 뉴욕으로 달려가 미국의회와 행정부 그리고 지금 한창 개막 중인 국제연합 총회를 상대로 씨름을 해야 한다.

우리가 직접 미국이나 연합국을 상대로 물고 늘어져야 할 핵심적 아젠다로는 지난 9월의 독립촉성국민회 제2차 전국대표자대회에서 선언한 대로 첫째, 우리 민족의 자유를 구속하는 암적 존재인 모스크바 3상 결정을 완전 폐기하고, 한국 문제를 유엔에 이관해서 우리 민족의 자주적 결의가 반영되게 할 것, 둘째, 얄타비밀협정의 한국 관계 내용을 공개하고 소련군은 북한으로부터 무조건 철수케 할 것, 셋째, 무엇보다도 우리 스스로의 힘으로 조속한 시일 내에 통일 독립적인 민주 정부를 수립하도록 호소하려는 데 있다. 이렇듯 중대한 문제는 일개 현지 사령관 따위가 간여해서 될 수 있는 성질의 것이 아니다. 내가 도미 외교에 나서려는 것은 바로 이 때문이다.

누구보다도 정치권력에 민감한 그의 의중에는 이때 이미 미국 정계와 국제 여론에 호소하여, 한계점에 달한 미소공위나 모스크바 3상 결정에 더 이상 매달리지 말고 한국 문제를 유엔총회로 이관시켜주도록 설득하려는 복안이 도사리고 있었다. 때마침 미국 정계가 중간선거 결과 급속도로 우경화할 조짐이 나타나고 있었으니 자신의 의도대로 미국의 여론을 몰고 나가기에는 안성맞춤이라고 보았던 것 같다.

이승만은 이와 같은 방향으로 미국을 위시한 국제사회의 호응을 유도하기 위한 작업을 이미 조직적으로 추진하고 있었다. 그 기구가 바로 워싱턴에 본거를 두고 있는 한국위원단Korea Commission으로, 거기에는 임병직林炳稷, 임영신任永信, 김동성金東成 등 한국인 보좌진과 함께 로비스트인 스태거스John Staggers, 레이디Herold Lady, 윌리엄스Jay Jerome Williams, 굿펠로우 대령, 우달Emory Woodal 대령, 브라운Frederick Harris Brown 목사, 올리버Robert T. Oliver 등 유능한 미국 인사들이 포진하고 있다는 것이었다.

우남은 일부에서 자기의 이번 여행이 망명 행각으로 끝나기를 바라는 눈치이지만, 그 반대로 꼭 성공을 자신하는 근거로서 최근의 미국 민주당 행정부에 대한 여론 지지도가 급속도로 하락했고 상대적으로 미국 정계가 보수 우경화하고 있음을 들었다. 그에 따라 바로 얼마 전의 중간선거에서는 공화당이 하원 286 대 188석, 상원 51 대 45석의 압승으로 상하 양원을 제패하고 민주당 행정부를 압박하게 되었다는 것이다. 우남은 미국 공화당 인맥에 각별히 많은 친분이 있음을 힘주어 강조했다. 그는 바로 이런 시기에 도미 외교를 서두르는 이유로서, 유엔총회 개최 시기에 맞추려고 한다는 공언과는 다르게, 미국의 일대 정계 개편을 앞둔 시점에 맞추어 한국 문제에 대한 정책 방향을 전환케 하는 데 영향력을 행사해야 할 것임을 강조했다. 동시에 자기의 미국 방문은 미군정 측

과도 어느 정도 협의가 된 상태이지만, 이번 기회에 하지의 무능과 실정, 특히 그간의 민족진영에 대한 부당한 탄압을 고발하여 그의 교체를 요청할 것이라고도 말했다.

우남의 물샐틈없는 방미 외교 활동 계획을 듣고 난 범민족진영에서는 아연 활기가 감돌았고, 경교장이 중심이 되어 민족 외교 후원 사업을 범국민운동으로 추진할 것을 결의하였다. 조소앙을 위원장, 신익희를 부위원장으로 하는 한국민족대표외교후원회가 조직되었으며 이와 함께 박종화朴鍾和, 김동리金東里 등 각계 인사로 민족대표외교사절후원회가 별도로 결성되었다. 열렬한 환송 분위기와 함께 여비 지원을 위한 모금 캠페인이 전국적으로 펼쳐졌다. 이승만 도미 외교 캠페인의 절정은 그가 미국으로 떠난 직후인 12월 7일에 개최된 외교사절파견국민대회였다. 우익 정당 사회단체 등 1만여 명이 서울운동장에 모여 유엔총회에 한국 즉시 독립을 호소하러 가는 민족 대표를 지지한다고 결의했고, 아울러 유엔, 맥아더, 하지에게 보내는 결의문을 채택했다.

민족 외교의 성과를 극대화하기 위해 범민족진영의 두 영수인 백범과 우남의 내외 합작이 절실한 것이었음에도 불구하고, 기실 두 사람의 생각에는 많은 상치점이 있었다. 단독정부 수립 쪽으로 도미 외교의 성과를 극대화하기 위해 백범의 조력을 필요로 했던 것이 이승만의 입장이었다. 그와는 다르게 보다 혁명적이고 원칙주의적인 백범은 우남이 초지일관하게 충칭임정의 법통에 의지하여 외교 활동을 전개해줄 것을 은근히 기대하는 쪽이었다.

1946년 12월 초 도미 여정에 오르기 직전, 우남과 백범은 공동 전략을 짜기 위한 마지막 단독 회담을 가졌다. 이 자리에서 우남은 백범에게 미국 여론에 호소하는 외교 활동에 힘이 실릴 수 있도록 국내에서 모스크바 3상회의 결정의 폐기와 반탁 자주독립을 호소하는 운동에 다시 불을 지펴줄 것을 요청했다. 백범은 충칭임정으로서 가장 취약했던 대외 외교 문제를 우남이 직접 담당하고 나서는 판국이었으니, 이때야말로 팔을 걷어붙이고 국내 운동(반탁이든 혁명적 임정봉대운동이든)을 밀어붙일 절호의 찬스라고 보았다.

이런 견지에서 백범은 만약 미국 측으로부터 조속한 확약을 받지 못한다면 그때야말로 내외 호응하여 자신의 혁명적 계획을 행동으로 옮기겠다고 역설했다. 우남은 국내와 워싱턴에서 미군정에 항거하여 반탁 자주독립운동을 격렬하게 전개하자는 선에 머무를 것을 권했다. 하지만 백범은 물러서려 들지 않았다. 단순한 시위나 호소만 가지고는 과거에도 성공하지 못했고, 또한 성공할 가망이 없으니, 이제는 주한 미점령군 5만 명에 대항하는 민중 봉기를 일으키는 것이 우리의 결연한 의지를 미국 조야와 유엔에 알리는 보다 효과적인 방식이 될 것임을 강조했다. 두 사람은 장시간 협의 끝에 일종의 어정쩡한 타협점을 찾았다. 그것은 백범이 우남의 방미 외교에 적극 협조하되, 방미 외교가 조속한 시일 내에 성공하지 못하면 준비된 혁명적 계획을 통해 미군정의 행정권을 이양받는 것도 고려해볼 수 있다는 것이었다. 여기서 두 사람은 모종의 권력 구상, 즉 우남을 수반으로 하는 대한임시정부의 봉대 계획까지 논의하였을 것이라는 것이 일반적 관측이다.

2. 혁명위원회 발족

종로3가 수은동, 그러니까 지금의 단성사 근처 소방서 뒤쪽에 조선무역이라는 매약 회사가 자리하고 있었다. 조선무역은 바로 을사늑약 당시 고종의 지근에서 헤이그 만국평화회의에 밀사 파견을 주선했던 것으로 유명한 내시 호연浩然 안호형安鎬瀅(?~1946) 씨가 경영하던 회사였다.

당시 70여 세의 안호형 씨는 구한말 환관이 되어 입궁한 이래 강직하고 의협심이 강한 성품으로 인해 고종의 신임을 받았다고 한다. 우당 이회영 선생과는 대한협회에서 만나 뜻이 통했고 나랏일을 서로 걱정하는 사이가 되었으며, 헤이그 밀사 파견을 성사시키는 과정에서 더없이 가까운 동지가 되었다. 국권을 일제에게 찬탈당한 후부터 안 씨는 줄곧 현재의 자리에 은거하면서 제약 회사를 경영하여 상당한 치부를 할 수 있었다. 그런 중에서도 안 씨는 정인보 선생 등 애국지사들과의 교분을 은밀히 유지하였고, 해방 후에는 특히 해외에서 환국하는 지사들을 물심양면으로 성심껏 도와주었던 것으로 유명하다.

조선무역의 건물 구조는 제약실과 영업장소가 딸린 바깥채와는 별개로, 안채는 이중으로 된 출입문을 통과해 들어가도록 되어 있어 비밀 아지트로서는 아주 안성맞춤이었다. 안채에 들어서면 주인이 기거하는 내실이나 거실과 떨어져 특별한 일이 있을 때에만 개방하여 손님을 접대하는 별실이 따로 있었다.

집은 한옥과 비슷했지만 한옥과도 좀 달랐던 것 같다. 안채는 바깥채와 분리되어 있을 뿐만 아니라 바깥채에서 보면 안채가 있는지도 알 수 없을 정도였다. 물론 바깥채에서도 안채로 들어가고, 다른 통로를 통해서도 안채로 들어갔다. 그 안채의 별실이 한국혁명위원회의 비밀 아지트였다. 별실은 아주 널찍했다. 위원들은 그곳에 모여 회의도 하고, 식사도 하고, 술도 마시고, 작업도 하였다. 나도 거기서 어른들 얘기하는 것도 듣고, 밥도 얻어먹고, 회의도 참석하였다. 탁자는 없었고 큰 방에 죽 둘러앉아 얘기를 나누었다. 그리고 그 옆에서 문서를 작성하고 정리하는 작업도 하였다.

한국혁명위원회의 비밀 아지트였던 종로3가 수은동 안호형 선생의 조선무역 자리. 지금은 옛 흔적을 찾아볼 수 없고, 커다란 건물이 두 채(귀금속 상가) 들어서 있다.

이 장소가 혁명운동의 비밀 집회소로 활용되기 시작한 것은 이규창 선생과 위당 정인보 선생의 주선에 의해서였다. 『우관문존』에서 우관은 당시 이곳에서 안 노인을 중심으로 혁명 동지들이 수시로 모여 시국 문제를 논하던 정경을 이렇게 회억하고 있다.

> 우리들은 비밀 그룹처럼 위당, 기산, 나의 중형 회관 이을규, 우당 선생의 차남 이규호[이규창] 등이 격일 상종하였는데 그 한 장소가 안호연 노인이 경영하는 조일제약회사[조선무역의 오기로 보임]였다. 안 노인은 으레 주연을 차렸으며 위당은 채식을 못하고 서양 사람처럼 육식만 한다고 조롱을 하면서 어육을 갖추어 내놓곤 하였다. ……

혁명위원회의 주축이었던 이을규(왼쪽),
이정규 형제

위당은 학자이면서도 사교적인 일면을 가지고 있어서 많은 사람들이 그를 따랐다. 그래서 동시에 그는 여러 가지 일에 관여하게 되었던 것이다. 해방 후 국민회를 만들 때도 그가 막후 역을 하여서 청사 조성환 선생이 초대 회장(3대 회장의 오기로 보임)이 되었던 것이니 이런 점으로 보아서 그는 다기 다능한 인물이었다.(이정규, 1974: 289)

이승만 박사를 환송하는 외교사절파견국민대회를 성대히 치른 며칠 뒤에 바로 안호형 옹의 집에 독립운동의 총집결체라 할 독촉국민회의 청사 조성환 위원장, 위당 정인보 부위원장, 노농부장 회관 이을규, 청년부장 연해然海 황갑영黃甲永, 조사부 차장 수곡 유정(유정렬) 외에, 우관 이정규와 기산 유창준 그리고 집주인인 안호형 옹 등 7, 8인이 모여 앉았다. 주인장과 기산 그리고 자유사회건설자연맹의 우관을 빼면 이

자리는 사실상 독촉국민회의 핵심 간부 회의라고 해도 과언이 아니었다. 그러나 조성환 위원장이 굳이 이때에 안호형 옹 댁을 빌려 이 자리를 마련하게 한 것은 이제부터 독촉국민회 안팎에서 전개될 혁명운동의 구체적 전략을 협의하기 위한 속뜻에서였다.

해방 후 귀국하여 독촉국민회의 위원장(제3대)에 새로 옹립된 청사 조성환(1875~1948) 선생! 그는 과연 누구였던가? 3·1운동 이후 27년에 걸쳐 일관되게 임시정부 항일 무력의 중추 역할을 했던 선생은, 구한국 무관학교 시절 군 내부의 부패를 척결하려다 사형 언도(3년간 복역 후 칙령으로 특사)까지 받은 적이 있는 철저한 무인이자 전략가였다. 선생은 을사늑약으로 국운이 기울어갈 때 신민회에 가담한 데 이어 대종교에 입교하는 등 일찍부터 연해주와 만주, 중국을 활동 무대로 항일 구국운동의 기틀을 마련하기 위해 진력했다. 1912년 만주에서 가쓰라 다로 桂太郎(일본 총리) 암살 실패로 체포되어 거제도에 1년간 유배되었다가 다음 해 다시 중국으로 망명했다. 1919년 3·1운동 이후 상하이임시정부의 군사부차장에 임명된 것을 뒤로하고, 선생은 곧 다시 만주로 달려가 서일徐一, 현천묵玄天默, 김좌진 등과 북로군정서를 조직하여 사관을 양성하는 등 청산리대첩의 승기 조성에 힘썼다. 봉오동·청산리대첩 이후, 선생은 일본군 대부대의 내습을 피해 11개 독립군 단체를 하나로 통합한 대한독립군단 3,500명을 이끌고 소만 국경을 넘었다가 소련 적위대에게 몰살당하는, 소위 흑하참변을 몸으로 체험했던 산증인이기도 하다. 그후 선생은 김좌진 장군을 도와 흐트러진 군세를 재수습하여 신민부를 조직하는 등 재만 독립운동 단체 통합에 주력했으며, 1936년 임정 국무위원 겸 군무부장으로 취임한 이후 8년간 줄곧 광복군 창설 등 임정 통수부의 중심에 서서 무력 양성에 혼신의 역량을 쏟았다.

주인 측에서 정성스럽게 마련하여 내온 음식에 술잔이 어지간히 돌아

임정의 국무위원이며 북만 무장 투쟁의 영웅인 청사 조성환 선생. 독촉국민회 위원장으로서 한국혁명위원회 위원장을 겸했다.

ⓒ 조선일보

간 다음, 좌중은 본격적인 혁명운동 추진 기구 설치 문제를 토의하기 시작했다. 이 자리에서 조 위원장이 설명한 운동 전개에 대한 구상은 대략 다음과 같은 것이었다.

> 대체로 운동의 고비를 두 단계로 나누어, 내년 1월 하순까지를 반탁운동에 곁들인 임정봉대운동의 여론 조성 단계, 3월 초까지를 자주독립 주권 선포의 단계로 정하고, 매 단계마다 적절하게 운동의 수위 조절을 해가며 최종 고지를 향해 진군해나가야 할 것이다. 그러나 이 거창한 사업이 성공하기 위해서는 무엇보다도 거족적으로 단합된 주체 세력이 형성되어야 하고, 그 거족적 운동을 견인할 보다 일관된 방향에서의 중심 조직이 요구된다. 이 중심 조직의 역할을 담당하는 것이 바로 독촉국민회의 몫이라는 데 이의가 있을 수

없다. 다만 현재와 같은 독촉국민회의 방만한 조직 체계로는 극도의 책략과 보안이 요구되는 혁명운동을 총괄하기에는 무리가 따른다. 바로 이런 점에서, 은밀한 별도의 두뇌 기구를, 사생을 같이할 정예 동지들로 구성하여 독촉국민회와 내외 쌍벽을 이루며 혁명 사업을 추동해나갈 필요성이 존재한다. 그 명칭을 잠정적으로 '한국혁명위원회'(약칭 혁위)라 하고, 구성원으로는 우선 이 자리에 모인 여러분이 담당해주기 바란다.

청사 선생의 제안 설명을 들은 후, 좌중은 한동안 난상 토론을 한 끝에, 이구동성으로 한국혁명위원회(혁위)를 발족할 것을 결의했다. 또한 조성환 선생을 위원장, 정인보 선생을 부위원장으로 모시고, 이 자리에 모인 이을규, 유창준, 안호형, 이정규, 황갑영, 유정(총서기)이 위원이 되어, 당분간은 1주일에 한두 차례씩 모여 자연스럽게 일을 추진해나가자는 데도 만장일치 합의했다. 한국혁명위원회는 공식적인 조직은 아니었다. 형식적으로는 독촉국민회 산하에서 임정봉대운동이라는 혁명을 추진하기 위한 내부적인 비밀 조직이었다. 혁명의 전체적인 기획과 진행 계획은 혁위가 맡아서 하고, 전국 행동조직은 독촉국민회 내의 한독당 세력, 즉 김석황, 조상항, 신일준辛一俊 이런 분들이 중심이 되어 준비했다.

한국혁명위원회가 발족할 무렵, 독촉국민회 본부에서는 다음과 같은 부서 개편이 있었다.
총무(후생 겸) 이운李雲, 재정 김석황, 조직 조상항, 선전 양우정梁又正, 조사 전호엽全浩燁, 청년 황갑영, 문교 이득년李得年, 산업 유기동柳基東, 노동(농민 겸) 이을규, 부인 황기성.(『조선일보』 1946. 12. 8)

이 명단에는 빠졌지만, 내가 기억하기에, 그 당시 차장급 부서로 조직부 차장 신일준, 선전부 차장 이단李團, 조사부 차장 유정, 청년부 차장 홍성준洪聖濬, 그리고 김기남金基南, 김약천 등 제씨가 들어 있었다. 대체로 독촉국민회 본부는 이 당시 이승만의 민통계(양우정, 이단 등), 한민당계(이운 등), 임정 한독당계(조성환, 김석황, 조상항, 신일준 등), 이북 출신(황갑영, 홍성준 등)이 비교적 고루 안배되어 있었으며, 비정치적인 무소속계(정인보, 이을규, 유정, 김약천, 김기남 등)가 대거 등장하여 비교적 균형이 잡혀가는 상태였다. 더욱이 조성환, 정인보 정부위원장 체제로 개편되면서, 오합지졸과 같았던 독촉국민회는 점차 법통 임정을 구심점으로 하는 독립 촉성 기관이라는 대중적 조직 기반으로 자리를 잡아갔다. 1946년 9월까지만 해도 독촉국민회는 이승만의 비호 아래 이종영李鍾榮(대동신문 사장) 등 친일파들이 득세하는 데다, 신익희 부위원장이 정치공작대 그룹을 끌어들여 독주하는 등 잡음이 끊이지 않았지만, 이제 조 위원장 체제가 정착되면서 안정되어갔던 것이다.

3. 반탁운동의 재연

"한국은 내란에 직면해 있다."
"북한군 50만이 남침을 준비 중이다."
"하지는 한국을 소련에 팔아넘기려 한다."
민족 외교 대표로 미국에 도착한 이승만은 엉뚱하게도 하지에 대한 공격의 포문을 여는 것으로 일과를 시작했다. 그는 심지어 하지가 좌익을 편애하고 우익을 탄압하는 군사독재를 실시하고 있다고 몰아붙이면서, 하지와 미국무부의 '일부 관리'를 공산주의자라고 극언하기를 서슴지 않았다.

　이승만의 쇼에 가까운 이런 행태는 다분히 국내 무대를 의식한 것이었다. 워싱턴에서 연속적으로 쏘아 올리는 포성에 한동안 잠잠하던 국내 정국은 점차 다시 달아오르기 시작했다. 아래에 1946년 12월 말부터 1947년 1월까지의 반탁 정국 추이를 당시의 국내 언론 보도 등을 중심으로 간추려본다.

　반탁운동 1주년을 앞두고 민족통일총본부가 12월 26일 반탁 성명을 발표한 데 이어 27일에는 백범의 강경한 반탁 성명이 나왔다. 반탁운동의 선봉인 독촉국민회는 12월 30일부터 1주일간을 반탁주간으로 설정하여 행동 개시를 예고했지만 아직은 반탁 삐라를 살포하는 수준이었다. 12월 31일 이승만이 미국에서 전송한 '한국민에게 보내는 신년사' 메시지는 '독립을 쟁취하기 위한 즉각적인 행동'을 강력히 촉구하는 내용이었지만 군정 당국으로부터 지나치게 선동적이라는 이유로 공개 금지 처분을 받았다.

　1947년 신년 초가 되면서 김구는 더욱 공세적으로 나와 민주의원 총리의 이름으로 38선 철폐, 얄타밀약 취소를 요구하는 메시지를 연합국에 발송하였으며, 민족통일총본부는 1월 11일 미국 의회의 다수당이 된 공화당이 모스크바 3상회의 결의 중 신탁 조항의 철폐와 얄타밀약의 공개를 제안할 것이라는 이승만의 장밋빛 전문을 공개했다. 그에 앞서 전국학생총연맹은 1월 7일 탁치 절대 반대와 자주독립 완수를 위해 최후의 한 사람까지, 최후의 일각까지 투쟁한다는 비장한 성명을 발표했다. 워싱턴과 서울에서 맞불질을 해가며 반탁 반미군정의 열기가 한창 달아오를 무렵, 이를 제압한다는 하지 장군의 조치가 도리어 불에 기름을 부은 격이 되었다.

　1947년 1월 11일 하지는 그간 소련 측과의 사이에 오간 서신 내용

(1946년 11월 26일부 소련 측 서신에 대한 12월 24일부 회신)을 공개하여 국내 정국의 초점을 미소공위 재개 쪽으로 끌어들이려 했다. 하지의 이 발표는 사실상 소련 측의 기왕의 주장에 대한 반대를 철회하겠다는 것과 다름이 없는 것이었다. 즉 "반탁 투쟁을 한 정당·단체에게 모스크바 결의를 지지 서명하게 하여, 공동위원회의 협의 참가가 허용된 후에는, 이들 정당·단체들이 모스크바 결의를 반대 선동하는 것을 금지하게 한다"는 조건으로 미소공위 재개를 수락한다는 내용이었다. (이 조건에 따라 제2차 미소공위가 1947년 5월부터 9월까지 재개되는 동안 국내 정국에 또 한차례 실익 없는 일대 파란이 일어났다.)

국내 정국의 분위기가 아연 격앙되었다. 경교장에서 연일 대책 회의가 열리고, 백범은 조소앙, 유림 등 임정 요인들을 대동하고 하지를 항의 방문했다. 이 자리에서 백범은 "작년 반탁운동 때는 귀하가 아직 신탁은 오지 않았으니 앞으로 반탁운동을 할 기회가 있다고 해서 참았지만 이제는 생명을 걸고 반탁을 하겠다"고 몰아쳤다. 뒤이어 1월 16일 열린 35개 정당·사회단체 대표 연석회의에서는 1) 미소공위 5호 성명 서명을 취소하고, 2) 민족을 분열과 의혹으로 오도하는 좌우합작위를 단호히 부인한다는 강경한 결의를 채택했으며, 18일의 전국학생총연맹 반탁학생궐기대회 1주년 기념일에는 1,300여 명의 학생들이 모여 '탁치반대투쟁웅변대회'를 열어 기염을 토했다.

이에 대해 미군정 측에서는 연일 성명을 발표하여 "남북을 통합한 한국 정부를 수립하는 길은 모스크바 3상회의 결의를 실천하는 길뿐"이라는 성명을 내어 한국의 지도층을 달래려 들었으나, 그런 것이 먹혀들 곳은 좌우합작을 고수하는 극소수 중간 세력들뿐이었다.

구체적으로 이승만과 김구의 반탁 반군정 시위 폭동 계획을 미군정이 감지한 것은 1월 10일경이었다고 한다. '은밀하고 신뢰할 만한 제보자들'에 의하면 제2의 3·1운동으로 기획된 이 시위 폭동의 거사일은 1월 18일부터 20일까지이며, 이 거사 기간 동안에 한인 중에 순교자를 발생시키고 혼란을 야기시켜, 군정으로 하여금 김구나 여타 우익 지도자를 투옥하게 할 계획이라는 것이다.(정병준, 2005: 634) 미군정은 워싱턴의 이승만과 부인 프란체스카가 주고받은 암호 편지를 일일이 점검하여, 이승만의 광범위하고 격렬한 반탁·반군정·반하지 거사 계획을 확신하기에 이르렀다고 한다. 하지는 이승만이 모든 악질적 음모를 꾸민 장본인이며, 김구 일당이 이승만의 이름을 빙자해 그의 추종자들을 이용하고 있다는 심증을 굳히게 된 모양이었다. 그리하여 이승만의 맹목적 추종자들이 '정치적 자해 행위'를 하기 직전, 미군정은 이를 제압하기 위해 백방으로 필사적인 노력을 기울이게 된다. 이 과정에서 하지가 가장 심혈을 기울인 것은 워싱턴에 있는 이승만을 설득하는 작업이었다. 1월 11일 하지는 굿펠로우에게 급전을 보내 이승만의 대규모 시위 계획을 알리며, 이들이 순교자를 내고 조기 독립을 획책하고 있으니, 이승만을 설득하여 미연에 방지해달라고 요청했다. 그러나 굿펠로우는 "이승만은 한국에서의 음모와 무관하다"고 딴청을 피우면서, 이승만이 파국을 막기 위해 곧 귀국할 터인데 당신이 그의 귀국을 방해한다는 소문이 있으니 사실이냐고 따졌다. 다급해진 하지는 재차 굿펠로우에게 전문을 보내, 김구 일파가 이승만의 후원하에 거사할 준비를 완료해놓고 최종 통보를 기다리는 중인 모양이니, 이승만이 취소 연락을 하도록 도와줄 것을 호소했다.

　굿펠로우의 설득을 받아들인 이승만은 대규모 시위를 중단하고 반외세·반미 행동을 자제하라는 언론 보도문을 발표하는 동시에, 1월 15일에는 김구에게 별도 전문을 보내 소요와 폭력 시위 계획을 중단할 것을 권유했다. 이승만의 협조를 얻어낸 하지는 1월 16일 김구와 한 시간 반동안 회담하여 계속 설득을 시도했고, 브라운은 그 외의 우익 지도자들과 접촉했다. 이날 하지는 라디오방송을 통해 반탁 시위가 남한의 단정 음모와 긴밀히 연계된 것이라고 경고하고, 또한 이승만과 김구를 지목하여 몇 사람이 국내외 혼란을 야기하고 오도된 행동을 하고 있기 때문에 미소공위가 연기되었고 정부 수립이 몇 개월이나 연기되었다고 비난했다. 하지가 공위 결렬의 책임이 우익의 반탁운동에 있다고 지목한 것은 처음 있는 일이었다. 어느 정도 상황 장악에 자신감을 얻었다고 착각한 하지는 1월 17일 수도경찰청장 장택상張澤相을 시켜 모든 선동자를 강력히 처벌하겠다는 경고 성명을 발표케 했다.

반탁운동 세력은 미군정의 예봉을 약간 피해가려는 듯 화살을 좌우합작운동 쪽으로 돌렸다. 미군정이 해체 성명을 낸 바 있는 민주의원에서는 18일 좌우합작위원회에 파견한 김규식, 원세훈元世勳, 안재홍, 김붕준 등을 소환한다고 발표했으며, 20일 이승만은 미국에서 민주의원에 대중을 기만하는 좌우합작위원회를 해체시켜야 한다는 전문을 보냈다. 독촉국민회에서는 19, 20일의 회의에서 좌우합작위원회를 '독립운동'의 반역 집단으로 규정하고, 경향을 막론하고 이러한 회색 행동을 철저히 소탕할 것을 결의하였다.

하지만 이것으로서 우익 진영의 기세가 수그러든 것으로 착각하는 것은 오산이었다. 심지어는 1946년 7월 이래 하지가 공들여 만들어낸 작품인 입법의원마저 정면으로 하지의 미소공위 재개 성명에 반기를 들고 일어섰으니 말이다. 1월 20일 입법의원은 39명 의원의 연명으로 상정시킨 반탁결의안을 중도계의 반발을 무릅쓰고 기어이 통과시키고 말았던 것이다. 당초에 한독당 임정계에서 참가 자체를 거부했던 그 입법의원이었음에도 불구하고, 반탁결의안이 통과되기 전날인 1월 19일 김구와 조소앙은 "脅脅과 유誘의 공세가 있을지라도 대무외大無畏의 신용神

勇을 고동鼓動하소서"라는 내용의 메시지를 입법의원 의원들에게 보냈던 것이다.

하지에 대항하여 반탁의 공동전선을 편 민족진영의 35개 단체는 이 기세를 타고, 20일부터 연일 경교장에서 대표 회의를 열어 일후의 반탁운동 전개 방침과 함께 민족진영 조직의 통일 문제를 심도 있게 토의했다. 이 자리에서 백범은 "스스로가 남만 믿고 또 희망만 하고 있는 데서 건국 사업이 부진한 이유를 반성하고, 이제부터 강력한 독립운동으로서 건국 사업을 전개해나가기 위한 기구가 필요하다"고 역설했다. 이에 호응하여 1월 24일 민족진영 42개 단체를 총망라한 행동 기구로서 '반탁독립투쟁위원회'(약칭 반탁독립투위)가 발족하였다. 반탁독립투위는 위원장에 김구를 추대하고, 부위원장으로 조성환(독촉), 조소앙(비국), 김성수(민통) 등을 고루 발탁해 민족통일총본부, 비상국민회의, 독촉국민회 등 세 단체의 통합 문제를 본격적으로 논의하기 시작하였다.

반탁독립투위는 4인의 위원장단 연명으로 '반탁독립투쟁에 관한 건'이라는 통첩을 전국 각처에 발송하여 이후 운동 전개의 지침을 시달했다. 이 통첩을 통해 반탁독립투위는 가가호호마다 대문에 입춘축立春祝처럼 '절대반탁 자주독립'이란 표어를 붙일 것과, 3·1절 기념일을 계기로 다시 반탁주간을 특설하여 거국적인 궐기 행동에 나설 것을 지시하였다.

4. 운현궁의 독촉국민회 풍경

이 시점에 독촉국민회를 거점으로 하는 한국혁명위원회의 내밀한 활동이 단연 바쁘게 돌아갔다. 당시 혁위는 수은동 아지트 외에도 종각 옆의 영보빌딩(YMCA 바로 맞은편에 있던 건물, 6·25 때 소실), 인사동 최인재 씨 댁, 의주로 영동공업소 2층 등에 은밀한 방을 마련하여놓고 필요에 따라 수시로 옮겨 다니며 연락을 취하고 있었다. 이 무렵 나는 매일 아침 조반을 먹은 후, 수곡 선생을 따라 운현궁의 독립촉성국민회로 출근하다시피 했다. 수곡이나 나는 대개 을지로4가, 청계천을 지나 종로 낙원동 골목을 거쳐 운현궁까지 걸어서 다녔다. 도중에 수은동 연락소라든가 낙원동 골목에 있는 강원여관을 들르는 것이 상례였다. 이따금은 지금의 세운상가 옆 골목을 지나다가, '대한상무사'라는 간판이 붙은 어느 2층 사무소를 들를 때도 있었다. 강원여관은 여주인이 민족운동계에 발이 넓은 걸물로서 이름이 나 있었다. 그 여관에는 언제나 지방에서 올라온 정치인들로 떠들썩했고, 특히 독촉국민회 지방 대표들이 많이 투숙하는 곳이었다. 수곡은 수시로 이곳에 들러 지방 대의원들과 접촉했으며 그때그때의 운동 진행에 대한 협의를 하고 있었다. 대한상무사는 호서 지방에 본거지를 둔 전국보부상연합의 도회의소로서, 카이젤 수염에 풍신이 대단히 좋은 영감님이 수곡을 맞아 환담하던 모습이 눈에 선하다. 태평양전쟁 전 수곡이 조선일보 지방 기자로 있을 때 호서 보부상 관계를 취재하다가 경찰서장과 맞부딪쳐 옥고를 치루는 등 곤욕을 겪은 적이 있었는데, 아마 그 당시 맺어진 인연인 모양이었다.

    대한독립촉성국민회 중앙총본부는 경운동 운현궁의 별채에 있는 양관 전체를 회관으로 쓰고 있었다. 지금은 덕성여자대학에서 매입하여 학교 사옥으로 쓰고 있는 모양이지만, 원래는 구한말 때 대원군이 외국 사신을 접견하기 위해 양식으로 지어놓은 곳이라고 한다. 운현궁 본채와는 별도로 된 서향의 웅장한 궁궐 대문을 들어서서 상당히 넓은 정원을 경유하여 들어간 곳에 남향의 수려한 러시아식 건물이 모습을 드러낸다. 양관 정문을 들어서면 아래위층이 탁 터진 둥그스름한 로비 홀이

독촉국민회 중앙총본부의 사무실이었던 운현궁의 양관. 현재는 덕성여대 재단사무실로 쓰고 있다.

매우 넓고 컸다. 계단으로 편하게 오르내리도록 되어 있고, 그 아래위층 주위 사면에 각각 크고 작은 여러 개의 방이 있었다. 독촉국민회는 이 양관 전체를 회관 겸 사무실로 쓰고 있었는데, 2층에는 위원장, 부위원장 및 고위 간부실과 대소 회의실이 있었고, 아래층에는 각 부서의 사무실이 있었다. 조성환 위원장, 정인보 부위원장을 위시한 간부들은 지방 출장이라든가 특별한 일이 생기지 않는 한 대개 하루 한 차례씩 이곳에 나와 회의하며 업무를 처리하고 지방 인사들을 접견하곤 했다.

수곡 선생을 수행하여 국민회 회관에 나온 나의 일과는 조사부 차장인 수곡의 사무를 보좌하는 일 외에, 틈틈이 시간 나는 대로 영동공업소며 남대문시장으로 강대복, 박제경 선생 등을 찾아가 새로 생긴 정보를 전달하고 아울러 흑백회 측의 동향을 살피는 것이었다. 그 결과를 가지고 저녁에 수곡에게 보고하고 다음 단계 대책을 의논하곤 했다. 국민회 회관에서 특별히 바쁜 일이 없이 수곡의 퇴청을 기다리는 동안에는, 나는 곧잘 로비에 모여 있는 군중들 사이에 뒤섞이곤 했다. 뜬금없이 움직이는 그들의 움직임이 신기하기도 하였지만, 그들 사이에서 형성되는 여론이 좋은 것이건 나쁜 것이건 혁위 사업 추진에 적지 않은 영향을 미칠 수도 있을 것이라고 보았기 때문이다.

아래위층 로비나 양지바른 바깥 잔디밭에는 언제나 간부의 수행원들이나 지방 인사들 그리고 청년회, 학생회, 부녀회 등 외곽단체원들이 뒤섞여 온통 장을 이루었다. 그들의 대체적 성향은 크게 보아 당시 반탁독립운동 진영의 압축판과 같은 것이었으며, 그것은 독촉국민회 간부진의 성향에 따라 한독당 임정계, 민통계 그리고 한민당계로 대별할 수 있었다. 각기 자기 계파 사람들끼리만 모여 수군거릴 경우가 많았지만, 때로는 누군가가 모두들 들으라는 식으로 목청을 높여 결론 없는 토픽을 중심으로 한 말꼬리를 이어나가곤 했다. 그들 총중 사이에서 오가던 화두 중 특히 촉각을 곤두세우게 하는 것으로는 이 박사의 도미 외교 포문, 반탁독립운동에 대한 미군정의 반발과 하지의 동정, 임정봉대운동을 둘러싼 각 계파 간의 이해관계 등이었다.

로비의 군중들은 모이기만 하면 여출일구如出一口로 '반소 반공의 예언자 이 박사'의, 도미 외교 활동에서 우유부단한 미군정을 함포사격하는 데 그치지 않고 급변하는 미국의 세계 전략을 선두에 서서 리드하는, 그 뛰어난 정보력과 예리한 판단력을 칭송하기에 혀가 달았다. 여북하면 2월 7일자로 마셜George C. Marshall 국무장관이 맥아더에게 전문을 쳐서 궁지에 몰린 하지 사령관을 소환하기에 이르지 않았느냐는 것이다. (실지로 하지는 이 당시 교체설이 떠도는 가운데 2월 14일자로 업무 협의차 장기 체미했다가 4월 초에 귀임하였다.) 반탁독립운동이 고조되면서 총중들을 한껏 흥분시킨 것은 아무래도 1월 20일 입법의원이 개원한 지 채 한 달도 되기 전에 미군정을 정면으로 거슬러 반탁결의안을 통과시켰을 때였다. 하지가 갖은 공을 들여 만들어낸 작품이라 할 그

입법의원에서 우익계가 중간파가 퇴장한 가운데 반란을 일으켰으니 말이다. 그에 앞서 로비의 군중은 '제2의 3·1운동 거사일'로 내정했던 1월 18, 19일의 대규모 반탁·반군정 거사 계획이 이 박사의 지시로 잠정 중단되자 기가 한풀 꺾여 있었다.

운현궁 독촉본부의 로비에서 웅성대던 군중들 중, 민통계나 한민당계를 제외한 절대다수의 청년들에게 있어 무엇보다도 궁금한 것은 다가오는 3·1절을 기한 임정봉대 거사 계획에 대한 기대였다. 임정봉대 거사는 반탁운동과도 또 다르다. 혁명의 주도권을 우리가 장악해나갈 때, 아무리 안팎으로 궁지에 몰려 있는 미군정이지만 가만히 있을 리가 없다. 그렇다라도 이미 카이로선언에서 보장된 '독립'이 아닌가. 그 독립을 1년 반 동안이나 기다리다 지친 우리 3천만 스스로의 힘으로 전취하고자 궐기하는 마당에 그들인들 무엇을 더 어찌할 것인가. 그러니 문제는 이제부터 우리의 각오 여하에 달렸다. 경교장의 임정 요인들과 독촉국민회 간부들의 일거수일투족에 관심의 초점이 쏠리는 것은 그 때문이다. 그러나 일단 3·1절을 기해 거사가 실현되면 그 양상이 어떠할 것이며, 우리는 무엇을 어떻게 앞장서서 실천에 옮길 것인가. 이런 문제들이 당시 로비에 모이던 청년들의 주요한 화두였다.

한편 이렇게 혁명을 열망하며 암중모색하던 청년들의 눈을 번쩍 뜨게 해준 것은 그때 한참 연일 지면을 떠들썩하게 했던 베트남 민중의 프랑스를 상대로 하는 자주독립 궐기 소식이었다.(매클리어, 2003: 19~59)

5. 베트남인의 교훈

베트남이란 어떤 나라인가? 혈루로 얼룩진 『월남망국사』로 더 많이 알려진 베트남은 오랫동안 제국주의 국가의 식민 지배 아래 신음했던 것도 우리와 비슷하지만, 태평양전쟁 중 일본군에게 짓밟혔다가 해방된 것도 우리와 유사하다. 베트남은 대서양헌장의 식민지 민족자결주의에 입각해 당연히 전후 독립이 허용돼야 했고 카이로선언에서도 그것이 보장되어 있었다. 하지만 동남아의 식민지에서 손을 떼어야 할 영국, 프랑스, 네덜란드 등 서구 종주국들은 여전히 지난날의 단꿈에서 깨어나려 하지 않았고, 이 점에서 전후 필리핀의 즉각 독립을 승인해준 미국과는 당초부터 견해가 달랐다.

우리나라가 미소 양군에 의해 두 동강이 났던 것처럼, 베트남 역시 일군의 항복을 받기 위해 북위 16도선을 경계로 남부에는 영국군의 동남아사령부가, 북부에는 장제스蔣介石의 국부군이 진주한 데서 국토 분단의 비극이 시작되었다. 남부에서 영국군이 일찌감치 종주권 행사를 하고 나선 프랑스군의 진주를 묵인함으로써 남베트남(코친차이나交趾支那, 안남安南)은 라오스, 캄보디아와 함께 또다시 프랑스의 통치권 아래 들어갔지만, 북부의 사정은 달랐다. 장제스의 20만 국부군이 일군의 무장해제 임무를 끝마치고 국경 너머로 철수하려 할 때, 호치민(1890~1969)의 베트민독립군과 일본점령군에 억류되었다 풀려난 프랑스군 사이에 충돌이 발생할 수밖에 없었다.

베트남 독립운동의 영웅 호치민은 중일전쟁이 한참이던 1941년 7월 중국 남부의 오지 쿤밍昆明에서 베트남독립동맹(약칭 베트민=월맹)을 결성하여 연합국 편에 서서 베트남의 해방 투쟁을 선도하고 있었다. 1945년 종전이 가까워질 무렵, 베트민의 특수전 요원이 미 OSS의 지원하에 군사훈련을 받아 국내 침공에 대비했던 것도 우리 충칭임시정부의 광복군이 OSS의 특수 훈련을 받았던 것과 일맥상통하는 점이다. 종전 즉시 호치민은 열광하는 하노이 시민의 환호성 속에, 일본군의 보호를 받던 바오다이保大 구황제까지 퇴위시키고, 베트남민주공화국을 선포(1945. 9. 2)하여 내외에 자주독립을 과시했다. 하지만 전후 어떤 강대국도 호치민 정부를 승인해주지 않았다. 그렇다고 프랑스의 인도차이나 점령의 정당성이 허용될 수 있는 것도 아니었다.

호치민은 망명 생활 시절 또 하나의 별명 궨아이꿔오琬愛國로 통할 만큼 평생을 신명을 바쳐 베트남 민족의 해방과 민중에 대한 헌신으로 일관한 사람이다. 그는 일찍부터 공산주의를 습득했고 베트남공산당을 이끌어왔지만, "나는 전략가이지 사상가는 아니다"라고 천명했던 것처럼 일반적으로 말하는 공산주의자와는 달랐다. 그러기에 호치민은 국내에 들어와 특히 미국의 적대감을 사지 않기 위해 사회주의국가라는 것을 선언하지 않고 국호도 베트남민주공화국으로 표시했다. 또한 독립선언서의 서두에 미국독립선언서의 한 구절을 인용, "모든 사람은 평등하게 태어났다. 사람들은 모두 생명의 자유와 행복을 추구할 권리를 조물주로부터 부여받았다"고 할 만큼 미국에 대해 호의적이었는데, 그것이 무시되어 버린 것은 안타까운 일이었다. 독립 승인을 위해 호치민은 미국뿐만 아니라 프랑스에 대해서도 종시 간곡하고 타협적인 자세를 허물지 않았다.

하지만 오만한 드골 정권은 베트남에 대한 연고권에 집착하여, 베트남이 '프랑스 연합'의 미명하에 자치령으로 눌러앉을 것을 강요했다. 우여곡절 끝에 호치민은 프랑스 사회당 정권이 1946년 3월 6일 북베트남민주공화국을 명목상으로나마 승인하도록 양보하는 선에서 겨우 합의를 했고, 프랑스 정부를 상대로 하는 끈질긴 협상 끝에 잠정적인 정전협정(1946년 10월 말부터 유효)까지 이끌어내는 데 성공했다. 그럼에도 불구하고 그 협정문의 먹물이 채 마르기도 전인 11월 20일 통킹 만에서 베트남·프랑스 양군 간에 중국 밀수선 나포를 둘러싸고 또다시 충돌이 발생한 것을 구실로, 프랑스군은 대대적인 포격과 공습으로 수천 명의 무고한 시민을 학살하고 하이퐁 항을 무력으로 점령해버렸다. 이에 항의하는 베트남 시민들의 시위가 걷잡을 수 없이 거칠어졌고, 이를 제지하는 프랑스인들과의 사이에 방화, 살상 사건이 불붙듯 번져나갔다.

1946년 12월 중순, 대규모 프랑스 증원군이 마르세유에서 함대에 승선했다는 뉴스에 접했을 때, 호치민은 최종적으로 블룸Léon Blum 프랑스 수상에게 전문을 띄워, 평온 상태 복귀를 위하여 프랑스·베트남 양국이 상호 양보할 것을 제안하였다. 미국 정부에도 이성을 잃고 날뛰는 프랑스에 제동을 걸어줄 것을 호소해보았다. 어느 쪽으로부터도 시원스러운 반응이 오지 않자, 호치민은 마침내 12월 20일 밤 하노이를 탈출하면서 '베트남의 소리' 라디오방송으로 전 베트남 민중을 향해 총궐기할 것을 호소한다.

> 베트남인은 노예가 되느니보다 차라리 죽음을 택할 것이다. 따라서 우리는 자유 획득에 아무리 오랜 시간이 걸린다 하더라도 여하한 참담한 투쟁이든지 이를 감행할 작정이다. 2,000만 베트남인은 겨우 20만밖에 안 되는 반동 프랑스인을 타도하고야 말 것이다. 또한 금번 사태의 원인은 프랑스 측에 있는 것이며, 프랑스 측은 북남인 도차이나 민중에 대하여 억류 구타 행위를 마음대로 하였으며, 심지어 부녀자에 대하여 기상機上 공격까지 감행하였다.(『조선일보』 1946. 12. 25)

전 하노이 시민들, 아니 전 북부베트남 민중은 궐기했다. 노동자들이 총파업을 단행했으며 수십만의 농민들이 곤봉과 언월도를 들고 일어났다. 시민과 청년들이 하노이 전 주요 도로의 교통을 차단했으며 시청과 우체국을 점령했다. 기차와 전기 시설이 올 스톱되었으며, 공공 기관이 마비되고, 프랑스인 거주 지역이 습격을 당하여 사상자가 속출했다. 그러나 이런 사태는 오래갈 수가 없었다.

12월 23일 프랑스 당국은 통킹 및 북베트남 지역에 대한 계엄령을 선포했다. 본국으로부터 증원받은 계엄군이 출동하여 무자비한 살육전을 감행하면서 하노이를 다시 장악하고 시 외곽 지대의 소탕전을 전개했다. 이에 맞서, 보응우옌잡武元甲이 이끄는 베트민의 하노이 연대와 민병대들은 하노이 후방에 대한 교란 작전을 계속하면서 베트민 혁명정부의 총지휘부가 북베트남의 오지인 탄트라오(항전기 베트민의 본거지)로 무사히 안착하도록 도왔다.

이로부터 시작하여 베트민은 다시 8년에 걸친 항불 독립전쟁기에 돌입하게 되었다. 아니, 대미항전기까지를 합쳐 무려 30년간의 통일 해방전쟁기에 들어서는 것이다. 1946년 말 봉기 당시의 무장 병력이라야 겨우 1,500정의 구식 장총으로 무장한 '하노이 연대'(약 2,000명 수준)가 고작이었다. 그러나 그들의 뒤에는 죽창이며 언월도며 곤봉을 들고 나온 수많은 노동자·농민·시민·청년 단체원들로 만들어진 민병대가 있었다. 그들을 열광적으로 지지하는 농민이 있었으며 무엇보다도 일치단결한 전 베트남 민중의 혁명적 정열이 뒷받침하고 있었다. 그러기에 그들은 북부월남 수백 마일에 이르는 모호한 전선에 수많은 동굴과 은신처를 구축해놓고 독수리같이 공격하고 날쌘 짐승처럼 몸을 숨기곤 해가며 프랑스군을 상대로 8년간을 버티어 승리를 쟁취할 수 있었던 것이다.

요컨대 프랑스군으로서는 5만의 병력을 출동시켜 호치민을 체포함으로써 사태를 조기 수습하려고 했지만, 베트남 혁명 세력에게는 그 무엇으로도 양보할 수 없는 뚜렷한 명분과 굳은 신념이 있었다는 것을 잊어서는 안 될 것이다. 100년간의 식민 지배하에 능욕당했던 베트남 민족의 완벽한 독립 쟁취에 대한 그 투철한 명분! 그리고 속속들이 약탈당한 베트남 민중의 생존의 자유를 기어이 탈환해오고야 말겠다는 그 불굴의 신념! 이것이야말로 당시 반탁독립투쟁에 온갖 힘을 기울이고 있던 우리에게 적지 않은 시사를 안겨주었으며, 반면교사가 아닐 수 없었다.

6. 「조선혁명선언」을 텍스트로

반탁독립투위가 출범한 직후인 어느 날 저녁, 한국혁명위원회 인사들은 본격적인 거사 계획 수립을 목적으로 수은동 아지트로 모여들었다. 먼저 참석한 인사들 사이에 가벼운 인사를 나누며 차를 마시는 동안 일동은 자연스럽게 내외 정세에 대한 토론부터 시작하였으며, 최근의 베트남 봉기 사건이 단연 화제의 초점이 되었다. "베트남인은 노예가 되느니보다 차라리 죽음을 택할 것이다"라고 외친 호치민의 호소나, 그 호소에 호응하여 5만의 프랑스 계엄군을 상대로 총궐기한 베트남 민족의 담력과 기개야말로 결코 남의 일로 지나쳐버릴 일이 아니라는 것이 중론이었다. 한편 좌중은, 전승 연합국들이 모두 모른 척하는 마당에, 홀로 미국의 언론들이 휘갈기는 정의의 필봉이야말로 100만 원군보다 나은 것이라고 극찬하기도 했다. 당시 헤럴드트리뷴은 사설에서 "아시아에 있어 백인이 착취하던 시대는 이미 종말을 고하고 있다"라고 하였으며, 뉴욕타임즈 또한 "동서를 불문하고 어느 나라건 아시아에서의 식민지 시대는 이미 끝났다는 것을 인식해야 한다"고 평했던 것이다.(『동아일보』 1946. 12. 25)

설왕설래하던 끝에 연해 황갑영 선생이 음성을 가다듬고 입을 열었다. 연해는 평양의 전통적인 유림 가문 출신으로, 월남 후 대동강동지회 등 많은 청년 단체들이 그를 스승으로 떠받들고 있다는 데서 독촉국민회 청년부장으로 옹립된 인물이었다.

듣자니 호치민은 원래 공산주의자였다고 하지 않습니까. 그런데도 그가, 패전 일군, 중국 군벌 그리고 식민지배의 불란서 군대가 번갈아가며 난동질하는 와중에서, 항외세 자주독립의 대의명분을 앞세워 능히 제 정파들을 제압하고 월남인 총궐기 태세를 갖춘 것은 크게 본받을 만한 일입니다. 그런데 우리는 지금 극좌 극우 할 것 없이 온통 남북에 진주한 외세에 등을 비벼대기에 더 정신이 없는 판이니 탈입니다. 특히 북한의 정세가 문제입니다.

이에 응수하듯 옆자리의 기산 유창준 위원이 한마디 했다. 앞에서도 말했지만 그는 일찍이 선대인 백은 유진태 선생과 이 박사 간의 교분 관계로 돈암장 쪽에도 비교적 선이 닿는 인물이었다.

당초에 북쪽에서 '월남민주공화국'을 선포한 호치민이 모든 난관을 무릅쓰고 자기가 서 있는 자리에서 독립 주권을 쟁취하기 위해 싸우고 있다는 것을 주목해야 합니다. 그들은 현재 비록 국경 지대 한 뼘의 땅에 웅크리고 있으면서도 일차적으로 그 간판을 세계만방이 인정해줄 것만을 요구하고 있는 것입니다. 그런데 우리는 지금 어떻습니까? 좌익이나 중간파가 공연히 비현실적인 통일 정부론에 매달려 이 박사의 현실적 정부 수립론을 비방만 하고 있지만, 중요한 것은 완벽한 자주독립의 주권을 내 손으로 쟁취하겠다는 결의와 행동이 아닙니까!

임정의 원로이며 북만 무장 투쟁의 영웅, 청사 조성환 위원장께서도 노혁명가다운 의미심장한 말씀을 첨가하셨다.

'월남민주공화국' 사수를 위한 월남인의 담력이나 용기가 아무 사전 준비 없이 발가벗은 상태에서 발동한 것이 아님을 주목해야 합니다. 더구나 그들에게는 최소한의 무력의 뒷받침이 있다는 것을 명심해야 할 것입니다. 그런데 우리는 지금 완전 적수공권의 상태이니……

화두가 국내 문제, 특히 미군정의 최근 동향에 대한 분석 쪽으로 옮겨졌다. 이보다 조금 뒷날의 이야기겠지만, 하지가 본국으로 소환되었을 때, 그가 워싱턴 당국을 향해 던졌다는 다음과 같은 질문은 너무도 유명하다. 즉 "왜 미국은 소련과 좌익을 막아내는 일도 벅찬데, 우익 진영에게까지도 걷어차이는 축구공 신세가 되어야만 하는가?" 이런 질문을 던질 정도로 그 당시 하지는 사실상 기진맥진한 상태에서 비틀거리고 있었다. 되지도 않는 미소공위 재개 문제를 가지고 소련군 측과 씨름하랴, 워싱턴과 서울에서 교대해가며 몰아치는 이승만과 김구의 맞불 포화에 대응하기도 벅찬 일인데, 반년 이상 공을 들인 좌우합작운동이 실패로 끝나버리고, 입법의원마저 반탁 결의를 하는 등 등돌리기를 서슴지 않으니, 미군정으로서는 완전히 그로기 상태인 것이 역력했다. 마침내 난타전의 마지막 라운드에 이르자, 하지는 이승만으로부터 '공산주의자' '소련에 한국을 팔려고 하는 자'로까지 매도당하는 처지가 되어버렸다.

이 무렵 미군정은 뒤늦게나마 소위 '정치발전계획'이라고 하는, 중간파를 등용한 과도정부 수립 방안을 내비치며, 슬그머니 퇴로를 열어두려는 시도를 하기도 했다. 하지만 그 정도의 때늦은 미지근한 처방을 가지고 이 폭발 직전의 민심을 달랠 수 있다고 보는 것은 너무도 안일한 생각이었다. 그럴 바에야 미국이 지금이라도 빨리 가슴을 활짝 열고 대한민국임시정부와 손잡는 것이 모양새도 좋고 또한 유리한 고지에서 한반도 문제에 대한 우선권을 행사할 수 있는 기회가 아닐까?

한편 근간의 북한 쪽 사정은 어떤가? 동아시아에서의 패권 선점을 노리던 소련군이 해방 직후 진주하자마자 38선의 빗장부터 꽉 걸어 잠근 다음, 데리고 들어온 일단의 훈치된 공산주의자들을 앞세워 동구식 친소 사회주의 체제 수립에 일로매진한다는 것을 모르는 사람이 없었다. 그들은 특히 미소공위 결렬 이후부터 소위 '민주 기지' 운운하며 더한층 내부 단속과 남북 좌익의 좌익 블록을 형성하는 방향으로 몰아나가고 있었다. 하지만 소련공산당의 정치 공작이 아무리 완벽한 듯이 보일지라도 아직은 많은 허점이 노정되는 상태이며, 그곳에 남아 있는 백성들이 무조건 순종만 하는 것이라고 단정하기도 어려웠다. 더욱이 언론 자유 자체가 말살되어 확실하지는 않지만, 그들의 무자비한 탄압과 굶주림에 대한 주민들의 항거 소식을 무조건 유언비어로만 치부할 수야 없지 않은가! 요컨대 마치 베트남에서처럼, 자주 자결하려는 우리 겨레의 결사적 의지가 행동으로 폭발하는 날, 남북 양쪽에서 대치하고 있는 소련군과 미군이 장차 어떤 모습으로 대응할 것인지를 미리부터 속단할 필요는 없다는 것이 내외 정세 토론의 결론이었다.

이렇게 서론 겸 예비 토의가 무르익는 동안 주인 측이 내온 반주에다 간결하면서도 정성 어린 저녁 식사를 대접받은 후, 혁위는 본격적인 비밀회의로 들어가 혁명 거사 계획 수립에 착수하게 되었다. 당시 혁위 간사이던 유정렬 선생의 회상담에다 나의 기억에 남는 내용을 정리해서 그때 논의되었던 혁명 전략의 대강을 간추려보면 대략 다음과 같다.(유정렬, 1998: 38~56)

우선 혁위의 거사 계획 전략 수립에 있어 주목을 끄는 것은, 혁명 추진의 기본 방침에 대해 단재 신채호의「조선혁명선언」을 중심 텍스트로 채택했다는 점이다. 1923년 펴낸「조선혁명선언」(일명 의열단 선언)에서 단재는 혁명의 기본 지침에 대해 다음과 같이 열정을 토로했다.

> 조선 민족의 생존을 유지하자면 …… 오직 혁명으로서 할 뿐이니 혁명이 아니고는 강도 일본을 구축할 방법이 없는 바이다. 그러나 우리가 혁명에 종사하려면 어느 방면부터 착수하겠느뇨? …… 금일 혁명으로 말하면 민중이 곧 민중 자기를 위하여 하는 혁명인 고로 그 비등팽창의 열도가 숫자상 강약 비교의 관념을 타파하며 …… 무전무병한 민중으로 백만의 군대와 억만의 부력을 가진 제왕도 타도하며 외구도 구축하나니 그러므로 우리 혁명의 제1보는 민중 각오의 요구니라.

계속해서 단재는 어떤 영웅호걸이 민중을 각오하도록 지도하는 데서 각오가 생기는 것이 아니라, "선각한 민중이 민중의 전체를 위하여 혁명적 선구가 됨이 민중 각오의 제1보"임을 갈파하였다. 즉 기아와 억압과 착취에 졸리어 살려니 살 수 없고 죽으려 하여도 죽을 바를 모르는 판에 만일 그 압박의 주원인인 강도 정치 타도의 선봉에 서는 자 있다면, 이에 사람마다 아사 이외에 오히려 혁명이란 길이 남아 있음을 깨달아

민족주의자이자 아나키스트였던 단재 신채호 선생

모두 이 길로 모여들 것이란 말이다. 이러한 민중의 직접행동이 일단 발생하고 나면 그 기세가 마치 벼랑에서 굴리는 돌과 같아서 목적지에 도달하지 아니하면 정지하지 않는다는 것이다. 결론적으로 단재는 이렇게 단언했다.

〔지금〕조선 안에 강도 일본이 제조한 혁명 원인이 산같이 쌓이었다. 언제든지 민중의 폭력적 혁명이 개시되어 "독립을 못하면 살지 않으리라", "일본을 구축하지 못하면 물러서지 않으리라"는 구호를 가지고 계속 전진하면 목적을 관철하고야 말지니 이는 경찰의 칼이나 군대의 총이나 간활한 정치가의 수단으로도 막지 못하리라.

요컨대 이 선언은 1920년대 대일 민중 궐기를 목적으로 쓴 글이지만, 그 문맥이 풍겨주는 박진감은 오히려 4반세기가 지난 해방 공간에서 더 어울린다고 보아야 했다. 굳이 다른 점을 말한다면 민중 궐기의 대상이 흉포한 강도 일본에서 민족자결 평화주의를 내세운 전승국으로 바뀌었다는 것뿐이었다. 그런데 바로 그 전승국이 더욱 절망적인 반신불수의 상황으로 조선을 몰고 가고 있었다.

  이러한 위기 상황에서 절대적으로 요구되는 것은, 단재가 말한 대로, "선각한 민중"에 의한 "혁명적 선구"이며, 그에 의해 폭발된 "민중 직접 혁명"의 파괴력을 건설로 이끌고 갈 "행동적 중심"이라 할 것이었다. 민중의 "혁명적 선구" 못지않게 "행동적 중심"이 없이는 혁명이 성공할 수 없다는 것은 무엇보다도 3·1운동이 잘 증명해주고 있다. 독립운동의 만세 소리가 아무리 전국 방방곡곡에 메아리쳐도, 그것이 필경 혁명의 중심 세력에 의해 뒷받침되지 못할 때 한낱 물거품으로 끝날 수밖에 없다는 것이 3·1운동의 교훈이 아니었던가.

단재의 「조선혁명선언」을 텍스트로 한다는 중론에 따라 이날 혁위 회의에서는 대략 다음과 같은 행동 방략을 짜고, 이를 혁명의 최고 총괄자인 백범 김구 주석에게 보고하기로 했다.

첫째, 오는 3·1절 기념식을 민족 주권 선포와 대한민국임시정부 봉대 행동으로 공식화한다.

둘째, 전 민족진영이 반탁독립투위에 결집한 것을 계기로 비상국민회의, 민족통일총본부, 독립촉성국민회를 하나로 통합하여 범국민적 혁명 추진 세력을 형성하는 데 필요한 제반 조치를 강구한다.

셋째, 대한민국임시정부 당면정책 제6호, 제9호에 따른 제 기능 및 과도정부 체제로 이행하는 데 필요한 정령 초안 등 제반 조치를 점검한다.[1)]

넷째, '혁명 중심'을 보위하기 위해 안전망을 구축하고 무장력을 확보한다.

다섯째, 독촉국민회 전국 지방 조직을 통한 행동 요원 훈련과 그 혁명적 전환 대책을 수립한다.

여섯째, 거사 시점에서의 방송국 장악 등 언론 대책을 강구한다.

일곱째, 도미 외교사절(이승만) 설복 및 미소 군정 또는 각국 정부를 상대로 하는 외교 대책을 수립한다.

---

1) 1945. 9. 3. 충칭임정 국무위원회 주석 명의로 발표된 임시정부 당면정책 일부 내용 참조. "6) …… 전국적 보선에 의한 정식 정권이 수립되기까지의 국내 과도 정권을 수립하기 위하여 국내의 각층 각 혁명당과 각 종교 집단, 각 지방 대표와 저명한 각 민주 영수 회의를 소집하도록 적극 노력할 것 …… 9) 국내의 과도 정권이 성립되기 전에는 국내 일체 질서와 대외 일체 관계를 본 정부가 부책 유지할 것."(송남헌, 1985: 243)

임정봉대에 의한 주권이 선포되는 날, 혁위가 일차적으로 염두에 두어야 할 것은 미군정과의 마찰이었다. 그 문제를 어떻게 대처하고 극복해나가느냐가 혁명 성패를 좌우하는 현안이라고 볼 수 있었다. 이 단계에서 혁명의 성패 여부는 거사 이후 1개월간을 흔들림 없이 혁명의 중심부를 어떻게 지켜낼 수 있느냐 여부에 달려 있다고 가정해볼 만했다. 우선은 최대한으로 격돌을 피해야 할 것이며, 민중들의 궐기가 절대 비폭력 무저항으로 일관해야 할 것이며, 그 표어나 구호 또한 반미 반소적인 것이 아님을 납득시키는 데 최대의 노력을 기울여야 할 것이다. 워싱턴의 외교 활동 팀이 이런 면으로 풀가동돼야 할 것이며, 국내 미군정과도 끈질긴 교섭 활동을 할 수 있도록 접촉 창구를 상시 열어두어야 할 것이다.

그런 점에서는 10월 봉기, 반탁운동 등으로 궁지에 몰린 미군정이 남한 정국 수습책의 일환으로 입안 중이라는 소위 '정치발전계획'에 대해서도 노상 묵살주의로 나갈 문제는 아니었다. 소련군을 상대로 경쟁 중인 미국으로서도, 기왕에 정권 이양에 대비한 과도정부 수립을 계획할 바에는, 이 기회에 깨끗하게 한국민의 자주적 과도정부인 대한민국임시정부에 주권을 이양해주는 것이 명분으로나 실리 면에서 보다 유리하다는 것을 설득시킬 필요가 있을 것이라는 것이 하나의 가정이었다.

거사 이후 1, 2개월간 혁명을 버티어내기 위해서는 혁명 중심이 노출되지 않도록 시내 또는 외곽 지역에 은신할 수 있는 거점을 만들어두어야 하며, 실력으로 끝까지 지켜낼 수 있어야 한다. 이 단계에서 최소한의 무력적 대비가 요구되는바, 그 방안을 찾는 것이 이제부터의 가장 중요한 당면 과제다.

당면 전략으로서는 전국 지방 단위의 혁명 조직 구성을 위해, 독촉국민회 시도별 시군지부 단위의 행동 요원을 훈련시키는 일 또한 중시하지 않을 수 없다. 지방 민중의 자발적인 봉기를 엄호 지원할 수 있는 태세를 갖추어야 하기 때문이다. 이와 관련하여 혁위는, 지난 연말 이래 반탁운동이 재연되는 과정에서 독촉의 지방 조직 강화라는 명분으로 열성적인 자원 봉사 요원들을 발굴, 연락망을 만드는 중이었다. 그와 함께 혁위 회의에서는 각 노동·농민·청년·학생 등 사회단체들이 자주 자발적으로 운동에 참여할 수 있도록 문호를 열어놓아야 하며, 상시 연락망이 가동되도록 해야 한다는 것 등을 집중적으로 논의하였다.

7. 경교장의 혁명 대책

대략 이상과 같은 혁위의 혁명 구상은 곧 조성환 위원장과 이을규 위원을 통해 경교장의 김구 주석에게도 소상히 보고되었다. 미국에서의 이 박사의 눈부신 외교 활동에 발맞추어 이제 겨우 반탁독립운동 전선의 얼개를 만들어놓은 김구 주석으로서는 혁위의 혁명 구상을 더없이 흡족하게 생각했다. 그대로만 실행에 옮긴다면, 바로 1년여 전에 시도했던 반탁 주권 탈환 운동의 좌절을 되풀이하지 않아도 될 것이라고 격찬했다.

백범은 혁명 총수로서 자기가 직접 챙겨야 할 막중한 업무가 무엇인지를 알고 있는 듯했다. 최고혁명평의기구를 구성하는 일, 초당파의 통일전선을 구축하는 일, 그리고 건국 업무를 담당할 정예 기간 요원을 양성하는 일 등이 그것이었다. 우선 혁명평의기구 구성 경과에 대해 알아보자.

1947년 2월 8일 백범은 전 국민과 독립 진영 정당·단체를 향해 비격飛檄을 띄워, 독립운동의 최고 방략을 안출하고 실행할 수 있는 유일 최고의 혁명적 독립운동 기구 설치를 제안했다. 이 비격에서 백범은 솔직히 "그간 나 자신부터 민주의원 참가, 5호 성명 서명, 좌우합작 지지 등 갈팡질팡하여 국민을 오도하였던 것"을 반성한다고 전제한 다음, 이제부터 독립 진영의 모든 정파가 그간의 군웅할거하던 오류를 씻어버리고 하나가 되자고 호소했다. 그런 다음 백범은 이제부터 우리가 해야 할 일은 민족진영 정당·단체를 총망라한 보다 적극적인 추진 기구를 부상시키는 문제인데, 반탁독립투위와 같은 임시적 성격의 느슨한 협의체만으로는 혁명의 중심축으로서의 유기적 활동을 담당하기가 어렵다고 털어놓았다. 그보다는 1년 전에 구성만 하여놓고 방치하다시피 한 비상국민회의를 차제에 명실상부한 최고혁명평의기구로 활성화시키는 것이 임정의 법통을 승계한다는 명분으로 보아도 합리적이라고 하였다.(『조선일보』 1947. 2. 9)

우리는 여사한 기구를 구태여 신설할 필요가 없이 민통, 독촉, 비국 등에서 하나를 선택하면 족할 것이다. 그런데 그중에서도 비상국민회의가 수십 년 이래 독립운동의 법통을 계승하였으니 나는 민통과 독촉을 이에 합류시키어 먼저 세 기구를 단일화한 후에 그것을 적당히 확대 강화하여서 독립운동의 최고 기관의 임무를 담당할 수 있도록 개조할 것을 주장한다.

요컨대 백범의 주장은 민족진영의 통합체인 반탁독립투위가 부상된 이 마당에, 혁명의 목표를 보다 분명하게 하고, 초점을 임정봉대 총궐기의 방향으로 몰아가기 위해 비상국민회의를 최고 추진 기구로 하고 그 아래서 민족통일총본부, 독촉국민회, 기타 정당·사회단체들이 단일화되어야 할 것이라는 것이다.

이러한 백범의 호소에 따라 1947년 2월 14일부터 17일까지 비상국민회의 제2차 전국대의원대회가 꼭 1년 만에 창덕궁 인정전에서 열렸다. 때마침 내외로 궁지에 몰린 하지 중장이 정무 협의차 워싱턴으로 떠나던 날이어서 미군정의 최고 책임자가 서울을 비워놓고 있는 때였다. 비상국민회의는 개회 벽두, 입법의원에 참가했거나 군정청 고급 관리로 취임한 대의원은 자동적으로 자격을 취소하는 것을 전제로 한국독립당 이하 63개 단체 대표와 13도 대표 50명을 정수로 해서 대의원을 구성했다. 비상국민회의는 조소앙, 유림을 의장, 부의장으로 선출하여 핵심 의안의 하나인 3개 단체의 통합안을 토의했으나 격론만 무성하다가 별다른 진전 없이 상임위에 일임하는 것으로 끝나고 말았다. 그러나 비상국민회의는 또 다른 핵심 의안인 임정 추대 건을 토의하던 중, 동 회의의 성격을 더욱 분명히 하기 위해 명칭을 '국민의회'로 개칭할 것을 만장일치로 가결하였다. 이로써 '국민의회'는 임시적 협의 기구가 아니라 '상설 대의 조직'으로서, 38선 이남뿐만 아니라 한국 전 영토에 걸쳐 권능을 행사하는 대한민국의 유일한 역사적 입법기관이자 '독립운동의 피가 묻은 최고 기관'임을 자부하였다. 국민의회의 선언 요지는 다음과 같다.

> 국민의회는 민족자결을 담보하는 최고 보루로서 외부의 간섭을 받지 않고 민족의 기본법인 헌법과 선거법을 자주적으로 제정할 권리와 의무를 갖는다. …… 본회는 국내외 혁명 세력을 집결한 기초 위에 독립운동의 최후 단계인 과도적 임시정부 수립 및 입법 기구의 성능과 독립운동의 최고 직권을 발휘할 것을 과제로 소집되었다.(국사편찬위원회, 1971: 280~282: 유효식, 1987: 68)

이때부터 백범은, 초당파적 통일전선을 구축하기 위하여, 한독당과 한민당의 통합에 전력투구하는 한편, 김규식 등 중도파도 민족 대승의

견지에서 동참시키려고 노력하였다. 백범은 독촉국민회 제2차 대의원 대회(1946. 9. 7~8) 때 사퇴한 이시영 위원장의 후임으로 김규식 박사를 옹립하려고 시도했었으나 이루어지지 못했다. 또한 좌우합작운동이 한창일 때 백범이 마음에도 없는(?) 지지의 추파를 던졌던 것도 같은 맥락에서 해석할 수 있을 것이다. 백범이 중도파뿐만 아니라 여운형 등 좌파까지도 끌어안으려고 시도했던 기록이 근래에 미국 정보 문건에서 발견되고 있다.[2]

백범은, 이러한 노력으로 임정 중심의 범민족적 통일전선이 가시화될 때, 미군정도 어쩔 수 없이 임정 중심의 과도정부 수립 쪽으로 돌아설 수밖에 없을 것이라는 데 대한 미련을 떨쳐버릴 수가 없었다. 그런 점에서 하지도 업무 협의를 마치고 귀환하면 더 호의적 태도를 가질 것이라고 생각했다는 것이다.[3]

건국에 대비한 백범의 인재 양성 계획으로는 건국실천원양성소 설립을 들 수 있다. 백범이 환국 이래 독지가들의 성금을 바탕으로 꾸준히 추진하여오던 이 단기 인재 양성 계획은 그동안 원효로2가 73의 구적산 사옥에 간판을 걸고 3월 15일 개소 준비를 서두르고 있었던바, 이 소식을 전해들은 응모자들이 미리부터 쇄도하여 즐거운 비명을 올렸던 것으로 전해진다. 교육과정은 1~2개월로 사계의 쟁쟁한 교수 및 명사들

---

2) 여운형은 김구가 임시정부의 내각에 몇 명의 좌익을 참여시킬 것을 요청하였다고 하지에게 말했다. 여운형이 하지에게 이 말을 한 것은 1월 25일 이전이므로 김구가 임시정부를 선포하려던 최초의 계획이 있었던 것은 1월 하순 이전이었던 것으로 보인다.("G-2 Report" 3, 1947. 1. 25: 432)
3) 김구는 이승만과 김규식에게 '기회가 있었지만', 이제 그가 임정을 구성하게 되었다고 생각하고 있었다고 한다.("G-2 Report" 3, 1947. 3. 18: 605)

백범이 인재 양성 계획의 일환으로 설립한 건국실천원양성소의 제2기생들(1947년 11월 30일). 앞줄 맨 가운데 앉아 있는 사람이 백범 선생이다.

이 초빙되어 강의를 담당하였고, 9기생까지 배출했다.

이 외에도 백범은 중국의 장제스 정부에 대해 미화 20만 달러를 임시정부 활동비로 지급해줄 것을 요청하는 등(추헌수 편, 1971: 518 참조) 혁명 사업의 윤활한 진전을 위해 일반이 미처 생각하지 못할 고심을 했던 흔적이 도처에서 감지된다.

8. 반탁 진영의 불협화음

1947년 초의 민족진영의 반탁운동은 한편으로 좌우합작운동을 봉쇄하고, 우익 세력을 통합하는 데 있어 나름대로 소기의 성과를 거둔 것으로 평가할 만하다. 모스크바 3상 결의 폐기 운동, 좌우합작운동 봉쇄 공작에 있어서는 이승만, 김구, 한민당 측이 모두 이해관계가 일치하였다. 하지만 충칭임정을 '정부'로 추대하려는 문제에 대해서는, 1946년 초와는 다르게, 3자 간에 이해관계가 엇갈리고 있었다. 말하자면 다 같이 즉각적인 정부 수립을 요구하면서도 그 방법에 대해서는 3자가 동상이몽을 하고 있었던 것이다.

  이승만과 한민당은 1947년의 시점에 와서는 충칭임시정부의 외피가 그다지 크게 필요하지 않다고 판단하고 있었다. 이승만은 반탁 시위를 자신이 주도하는 단정 캠페인을 지원해주는 사격수로 생각하고 있었다. 이승만의 단정안은 미국의 승인과 지원을 전제로 한 것으로, 그에게 있어 보다 중요한 것은 단정이건 미군정이 추진하는 과도정부건 주도권을 자신이 직접 장악해야 한다는 것이었다. 결국 백범의 성충을 다한 노력에도 불구하고, 독촉국민회 내의 이승만계와 민통계를 임정 중심의 통합 운동으로 끌어들이는 데는 한계가 있었다. 그리하여 1월 중순 반탁 독립운동 세력의 통합 문제가 처음 거론되었을 때부터 이승만 측은 의구심을 가지고 백범을 대했던 것으로 보인다. 이는 그 당시 민통의 이윤영(조선민주당 대표)이 워싱턴의 이승만에게 "김구, 민족통일총본부, 독촉을 해산하고 비국을 그 위에 놓으려 함. 우리는 반대. 이 박사 귀환 후 해결하자고 요구. 즉시 조언 바람"이라는 전문을 보낸 것으로도 짐작할 만하다. 당시 임정이나 경교장에 대한 민통, 즉 이 박사계 인사들의 시각은 이처럼 곱지가 않았던 것이다.

  이와 관련된 일화로서 그 무렵 나는 독촉국민회의 유정(수곡), 김약천 두 차장을 수행하여 전주, 대전 지방으로 출장을 간 적이 있었다. 두 분의 출장 목적은 독촉국민회의 중앙 간부로서 지부 대회에 임석하여 지방 인사들을 격려하는 한편, 현안인 전국 반탁독립운동 단체 통합 운동의 취지를 설명하고 협조를 구하는 일이었다. 아울러 유, 김 두 간부가 이번 지방 출장 중 수행해야 할 보다 긴절한 임무는 지부 중심의 임정봉대 행동 요원을 차출하여 조직하는 일이었다. 부푼 가슴으로 첫 기착지인 전주에 들러 일박하면서 전북도지부 간부 회의에 임석했을 때 놀란 것은, 의외로 우리를 대하는 저들의 태도가 너무도 냉랭했던 것이다. 도지부장인 배은희 목사는, 수곡과 교회 관계로 구면인 데다, 바로 1년 전 독촉국민회 결성 대회 때 서로 협력했던 일도 있고 해서, 결코 서먹한 사이가 아니었다. 그런데도 그들은 처음부터 수곡, 김약천 두 분의 인사를 듣는 둥 마는 둥 외면했고, 임정봉대·주권선포계획 설명에 대해서는 아예 말도 꺼내지 못하게 했다. 그들은 이미 민통으로부터 무슨 지시를 받았던 듯, 이 박사의 도미 외교가 대성공하고 있는 마당에 공연한 잡음을 일으키지 말라는 투였다.

아무런 성과를 올리지 못하고 서둘러 전주를 떠나, 대전에서의 충남도지부회의(지부장 성낙서)에 참석해서야 비로소 유, 김 두 분의 표정은 사뭇 페이스를 되찾은 듯했다. 사족이지만 이 당시 수행원으로서의 본분을 모르고 도처에서 주책을 부렸던 나의 치기 가득 찬 언동이 두 분의 입장을 거북하게 하는 데 일조했을 것을 생각하니 지금도 얼굴이 붉어진다.

한편 연초부터 논의되기 시작했던 한독당과 한민당의 합당 문제 역시 수월하지 않았다.

한민당은 합당 문제를 중앙위원회에 일임해놓은 상태였다. 하지만 미군정과 여러모로 밀착 관계에 있는 한민당으로서는 임정계와 합당한다는 것이 매우 난처한 문제였던 것 같다. 그뿐만 아니라 남한 단독정부를 추진하는 이승만 노선에 가깝다는 면에서도, 한민당은 한독당과는 차이가 있었다. 기실 한민당으로서는 특별히 정부 수립에 대한 독자적 방안을 가지고 있는 것은 아니어서, 이승만의 단정안이건 미군정의 과도정부안이건 기회에 따라 손잡지 않을 이유가 없었다. 그것은 한독당과도 예외일 수 없었다. 한민당의 강점은 미군정과 보다 밀접한 데다, 조직과 자금 면에서 우세하여 현실적으로 정치적 영향력에 있어 어느 정파보다도 강하다는 점이었다. 다만 한민당의 약점은 자파를 대표할 만한 큰 인물이 없다는 것이었다. 이러한 사정으로 인해 한민당은 그때그때 사정을 보아가며 실리를 저울질할 수밖에 없었다. 이런 연유에서 1월 중순 반탁 궐기 움직임의 중심에 섰던 한민당은 막상 입법의원의 반탁결의안 통과로 미군정의 진노를 사게 되자, 김성수, 장덕수張德秀, 김도연 등 간부들이 수차례 브라운 소장을 찾아가 이를 사과하고 재발 방지 약속까지 했다. 이후 한민당은 반탁독립운동 진영과 미군정에 양다리를 걸치고 있는 처지였다.

　한편 한독당의 사정 또한 지난해 4월의 3당(한독, 국민, 신한민족) 합당으로 국내파가 다수파로 자리 잡고 있는 상태에서, 운신의 폭이 과히 넓지가 못했다. 특히 국내파들이 한민당과는 정치 이념으로나 감정상으로 융합하기 어렵다는 데서 합당 반대 입장을 견지하고 있었다. 이런 상황에서 반탁 세력의 양대 지주라고 할 수 있는 한독당과 한민당의 합당 회담이 2월 25, 26일 이틀에 걸쳐 한독당의 김구, 조완구, 조경한 등과 한민당의 김성수, 백남훈, 장덕수 등이 참석한 가운데 열렸다. 김구 위원장은 2월 26일에 열린 한독당 간부 회의에서 3·1절까지 양당의 합당이 성사되지 못하면 위원장을 사퇴하겠다고 배수진을 치고 독려하였지만 결국 회담은 무위로 끝나고 말았다.

　그러나 한독당과 한민당의 합당 회담이 2월까지 열리기는 했지만 실제로 한민당은 1월 중순 이후 혁명운동에서 발을 뺐다고 보아야 한다. 당시에 한민당은 미군정의 회유를 받아 운현궁에 모인 그룹 가운데 유일하게 회의적으로 나오기 시작하였다. 전 민족이 대동단결하고 모든 세력이 힘을 합쳐도 모자랄 판에 독촉국민회를 구성하고 있던 세력 중, 한민당계가 발을 빼기 시작하자 혁명 준비 또한 지장을 받았다. 나는 당시의 중차대한 국면에서 한민당의 행태를 접하면서 많은 실망을 하였다. 오늘날까지도 면면히 이어지는, 국민이나 대의, 역사와 정의보다는 자신들의 이익만을 앞세우는 한국의 추악한 보수주의자들의 기회주의적인 모습을 직접 보면서 참으로 서글펐다.

여기서 나는 당시 아나키스트들의 입장을 한번 짚어볼 필요가 있다고 생각한다. 사람들은 단도직입적으로 아나키스트가 좌파냐, 우파냐, 중도파냐 하고 묻기를 좋아한다. 나는 이렇게 묻는 사람들은 아나키즘을 잘 모르는 사람이라고 생각한다. 아나키즘은 기존 잣대로 볼 때의 좌도, 우도, 중도도 아니다. 아나키즘은 그런 잣대로 잴 수 없는, 차원을 달리하는 전방위적 사상이다. 한국 아나키스트들은 독립운동 과정을 통해 좌파 민족주의자들과 오랜 연대의 역사를 가지고 있었다. 해방 공간에서도 그것은 마찬가지였다. 그런데 해방 공간에서 좌익은 헤게모니를 쥐고 있었지만, 반탁 정국에서 결정적으로 자충수를 두고 말았다. 그후 아나키스트들은 임정봉대 혁명운동으로 나아갔다. 이때 아나키스트들은 모든 것을 열어놓고, 이념을 떠나서 전 민족의 모든 세력이 모여서 스스로의 힘으로 나라를 건설할 수 있기를 열망하고, 실천하였다. 아나키스트들(특히 자련)은 공산주의까지도 받아들일 수 있다는 입장이었다. 소련을 조국으로 보지 않고 사대적으로 흘러가지 않는다면 제휴할 수 있다고 보았다. 한편 아나키스트들의 한민당에 대한 입장은 처음에는 같이할 수도 있지 않겠느냐 하는 정도의 입장이었는데, 시간이 가면서 환멸을 느끼고 한계가 그어졌다. 특히 혁위를 하면서 그 기회주의적인 작태에 치를 떨었다. 그들과는 같이할 수 없다고 완전한 선을 그었다.

이 시기(2월 전후) 채 가시지 않은 10월 봉기의 여진과 반탁 진영으로부터의 내외 협공 등으로 궁지에 빠져 허덕이던 하지 장군과 미군정의 동태를 일별할 필요가 있다. 하지는, 미군정의 한국인화를 통해 실정 책임을 눈가림하려는 궁여지책으로, 다시 중간 우파를 중심으로 하는 '정치발전계획'을 추진하고 나섰다. '정치발전계획'에 의한 과도정부 수립안(실질적인 권한이 부여되지 않는 자문 기구)은, 북한의 소군정이 중앙임시인민위원회를 중앙인민위원회로 한 등급 격상시키고 김일성을 위원장으로 옹립하던 것과도 대략 시기를 같이한다. 하지는 안재홍을 민정장관에 임명(2월 5일)한 데 이어, 합작파의 김규식을 수반으로 하는 과도정부를 3월 1일을 기해 발족시키려 했다. 하지만 반탁결의안 사건으로 입법의원 의장직을 사퇴하기까지 하며 은퇴한 김규식 자신이 겉껍풀만의 미군정 안을 달가워하지 않았기 때문에 성사 여부가 미지수였다. 게다가 입법의원 내의 보수 우익계 의원들은 합작파에 대한 공세에서 한 걸음 더 나아가 '행정조직법안'(신익희 중심)이니, '남조선과도약헌안'(서상일徐相日 등 한민당계 중심)을 내세워 행정권 또는 입법, 사법, 행정의 권한 이양을 요구하고 나서 하지의 입장을 더욱 난처하게 했다. 후일 하지는 김규식의 대타로 미국에 있는 노령의 서재필 박사를 초빙하기도 하였지만 이 또한 촌극으로 끝나고, '정치발전계획' 자체를 스스로 거두어들이는 상황에 이르렀다.

진주한 지 1년 반이 지나도록 갈지자걸음만을 해온 하지 사령관의 점령 정책은 한국인은 물론 미국무부 관리들로부터도 그다지 인기가 없었다. 물론 하지가 그렇게 될 수밖에 없었던 근원적인 책임의 태반은 미국 무부에 물어야 할 것이다. 그러기에 하지는, 지난 해 5월 미소공위가 결렬되던 때, 본국 정부를 향해 한반도 문제에서 손을 떼고 미소 양군이 연말까지 동시 철수하도록 조치할 것을 건의하기까지 했었다지 않은가.

1947년 1월 새로 취임한 마셜 미국무장관은 취임하자마자 대한 정책의 틀을 새로 짜기 위해 국무, 육군 양 장관 주도하에 고위특별위원회를 설치하고, 맥아더를 통해 하지를 업무 협의차 본국으로 소환했다. 이때 국무, 육군 양 장관은 하지를 사령관 직에서 물러서게 하는 것이 한국 문제 해결을 위해 도움이 된다는 결론을 가지고 하지를 소환했던 것으로 추측된다. 하지만 2월 14일 워싱턴을 향해 떠나간 하지의 설득력 있는 한국 실정 설명은 그런 계획을 다시 변경시켜 하지를 유임시키는 쪽으로 방침을 굳히게 하였다. 워싱턴에서 하지는 트루먼Harry S. Truman 대통령과도 회견(24일)하고 의회에도 출두하였으며, 앙숙과도 같았던 이승만과의 면담에도 응했다. 이때 하지의 기자회견 내용 중 특히 주목을 끈 것은, 북한의 "소련 측에서는 17세부터 25세까지의 조선인들을 징모하여 상당한 세력의 군대를 편성" 중이며, "조선에서 현지 당국 간에 소련과 교섭하는 것은 절망적으로 보인다. 소련의 철의 장막은 조금도 요동시킬 여지가 없다"고 말한 사실이다.

> 소련 점령 지대 내에는 이 연령[17~25세]의 조선인이 약 50만 명 있는 것으로 추산된다. …… 나로서는 조선 내에서 이러한 세력의 군대를 징모할 이유가 어디에 있는지 알 수 없다. 그리고 이러한 군대는 아마도 일본인에게서 취득한 장비로 무장되어 있을 것이다. 소련 지대 내의 조선인 부대 편성에 있어서 중국공산당 제8로군 병원兵員이 중핵체로 사용되고 있다.(『동아일보』 1947. 2. 26)

이승만의 외교 활동과 하지 중장의 본국 소환 등을 계기로 미국에서 조선 문제가 활발하게 논의되는 단계에서 독촉 등의 대한임정봉대를 통한 직접행동설이 자꾸 새어나오는 것은 적지 않게 미군정의 신경을 건

드렸다.[4] 군정 경무부장 조병옥趙炳玉이 3·1절을 앞두고 작년 10월 봉기 같은 현상이 다시 연출되는 것을 경고하는 담화를 발표(『동아일보』 1947. 2. 26)하는가 하면, 워싱턴에 가 있는 하지 자신이 직접 남조선 임정 조직설에 대한 우려를 표명한 것이 지상에 보도되었다. 하지는 이 박사 부재중 김구의 비상수단으로 "지도권을 장악하려는 모종 공작이 진행되고 있다는 풍설"이 진실이 아니기를 바란다고 하며 임정계 중심의 국내 정세 동향에 대해 은근히 촉각을 곤두세우는 모습을 보였다.(『동아일보』 1947. 3. 6)

일단 하지는 보다 강력한 신임과 권한을 받아 4월 초순 귀임했지만, 한국에서 이승만·김구를 대신할 만한 새로운 민주 세력을 찾기는 힘들었다.

9. 거사 계획 최종 점검

1947년의 3·1절이 다가오면서, 혁명위원회 위원들은 디데이를 앞두고 거사 준비에 몰두했다. 거사의 준비 작업으로는 총체적 혁명 추진의 이정표를 짜는 일, 방계 행동조직을 보강하는 일, 행동대를 편성 훈련시키는 일, 각종 발표 문안을 작성해서 인쇄 보관하는 일, 그리고 인선 배치 문제 등이 분주하게 얽혀 있었다. 총체적 이정표를 짜는 문제에 대해서는 위원들이 거의 격일로 수은동 아지트에 모여 토론해서 결정했으며, 발표문·메시지 등 문서 초안은 이정규 위원이 전담하다시피 했고, 정령 심의 등은 이을규 위원, 유창준 위원, 유정 총서기가 의주로 등 별

---

[4] G-2보고에서는 3월 1일과 3일 사이에 충칭임정이 한국의 합법 정부라고 국민의회에서 제의할 것으로 2월 하순에 예견했다.("G-2 Report" 3, 1947. 2. 26: 524)

도의 한적한 장소에서 따로 모여 심의했다. 일단 완성된 문안의 인쇄 및 보관도 수월한 일은 아니었다. 최인재 씨 댁 등이 주로 보관 장소로 활용되었다. 대체로 운현궁의 독촉국민회 본부는 공개적으로 공중과 접촉하는 장소로 활용되었고, 보다 비밀을 요하는 업무는 아무도 모르는 비밀 장소를 여러 군데 물색하여 사용하였기 때문에, 평소에는 어디서 어떤 일을 하는지 위원들 서로 간에도 잘 알지 못했다. 다만 총서기인 수곡은 총체적인 관할 업무 때문에 대체적인 윤곽을 파악하고 있을 것이었고, 그의 일개 수행원에 불과한 나로서야 그저 이곳저곳을 뛰어다니며 내용도 잘 모르는 심부름을 할 뿐이었다. 앞에서도 일부 언급했지만, 후일 수곡 선생의 회고담 또는 단편적으로 남긴 기록 등을 토대로 대충 그 준비 과정에서 있었던 일을 다시 더듬어 정리해보면 다음과 같다.

앞서도 언급한 대로 혁위는 경교장을 중심으로 하는 임정 원로들(백범, 청사 등)을 위수로 하여 혁명적 독립운동 세력(정인보, 유창준, 안호형 등)과 자련계 아나키스트(회관, 우관, 수곡 등) 지사들이 연합하여 중핵을 이루고 있었다.

혁명위원회 구성
위원장 조성환, 부위원장 정인보, 위원 유창준, 이을규, 이정규, 안호형, 황갑영, 유정렬(총간사).

'혁위'의 협동체
혁위의 협동체로서 무명회의 김명동, 구연걸, 성낙서 씨와 언론인 김형윤, 의열단 출신 김지강, 중국 남의사 출신 엄재경嚴在庚 씨 그리고 이시영, 김창숙 옹과 각 지방 향교 전교, 국민회의 신일준, 조상항 씨와 강원여관 여주인과 자유사회건설자연맹의 양희석, 양일동, 이규창, 조한응 씨 등과 학계의 변영만卞榮晩 옹, 김범부金凡父, 손우성孫宇聲, 한태수韓太壽 교수, 북로군정서 출신의 고평, 김만와 金晩窩 씨 그리고 대동강동지회의 홍성준 씨, 경교장 김석황 씨와 독립신문 김승학, 안병찬安秉瓚, 신현상 또한 남대문시장의 흑백회와 박제경, 강전, 강대복 씨 등이 동참하였고, 종로의 김두한金斗漢 (이을규 선생의 설득으로 전향)과 화원시장의 김성광金盛光 씨도 유사시에 일역을 담당하기로 하였다.

행동 조직 편성

혁명 거사의 추진 및 엄호를 목적으로 하는 전국 규모의 행동 조직 편성 작업이 조성환 위원장의 직접 지휘하에 극비리 추진되었다.[5]

1. 대한민국특별행동대 총사령부(총책임자 김석황, 부책임자 신일준, 조상항)는 창덕궁에 본부를 두고 임정 요인과 혁명 중심의 신변 경호, 방송국 장악 등의 책임을 지며, 혁명 사업 추진의 전위 역할

---

5) 이와 관련하여 G-2보고는 "김구 혹은 그 추종자가 임정 추대 공포를 위해 남한에 46명, 북한에 128명의 밀사 파송설"이 있다고 했다. 2월 17일 입수된 것으로 되어 있는 이 보고에 의하면 이 행동 계획은 "3월 1일 미군정 직원들을 총사퇴시키고, 경찰이 임시정부 경찰의 완장을 찬다. 3월 5일 관할 지역 경찰의 호송을 받은 젊은 밀사들은 38선을 넘어, 독자적 행동을 취하게 된다. 3월 10일 이전까지 전 한국적 규모의 데모를 일으켜, 임시정부 지지에 대한 세계적 공론을 자아내게 한다"로 되어 있다고 했다. "한낱 설에 지나지 않지만, 이 행동 계획에는 가능성이 전혀 없는 것도 아니다. 임정봉대 공포를 위해 3월 5일 128명의 밀사를 38선 이북으로 파송한다는 계획은, 그들이 북쪽으로 넘어가 기초 작업을 하는 데 성공만 한다면, 충분히 같은 민족으로서의 감정을 자극하여 북한 동포들의 협력을 이끌어내기 어렵지 않은 새로운 발상이다. 기타 두 계획 또한 전혀 불가능한 계획이었다고 할 수 없다."("G-2 Report"(7사단), 1947. 3. 10)

을 담당한다.

2. 비상사태에 대비해서, 서울 시내 일원은 신일준·홍성준이 담당하고, 경북 팔공산에 김지강, 전북 무주구천동에 엄재경, 신현돈申鉉燉을 중심으로 하는 비상 안전망을 설치 운영한다.

3. 행동 조직 편성을 목적으로, 연말 이래 운현궁에서 독촉국민회 지방 조직 강화의 형식을 빌려 각 시·군지부장 회의를 소집하고 행동 요원 후보 2명 이상을 추천받아 정밀한 검증을 거쳐, 그중 1명씩을 비밀리에 소관 지역의 행동 책임자로 선발 훈련시켰다. 이렇게 선발된 비밀 요원을 매일 아무도 모르는 한밤중에 낙산장(조 위원장 자택)으로 개별 인도하여 혈서의 맹약 의식을 거행하였다. 조성환 위원장이 직접 지명자를 만나 선서를 받았으며, 곁에서 유정 위원만이 입회했다가 선서가 끝난 후에 별도로 단둘만이 통하는 암호를 수여하여 앞으로의 비상 연락에 대비키로 했다. 12시 이후의 야간 통금 시간에, 그것도 종로나 낙원동 쪽에서 낙산까지는 상당히 초간稍間한 거리인데도 자유롭게 왕래하며 이런 일을 할 수 있었던 것은 특별행동대 책임자로 내정되어 있던 김석황과 부책임자 신일준, 조상항이 종로경찰서의 내밀한 협조를 받았기 때문이라고 한다.

4. 각 시군 행동 책임자는 소관 지역 내의 청년 사회단체와 연계하여 협동 행동 대원을 확보하고 유사시의 봉기에 대비한다.

5. 특별행동대의 무장을 위해, 독립신문사 사장 김승학 옹이 제주도에서 미제 권총 100정을 2월 10일까지 조달하기로 한다.

혁명정부 인선

가장 중요하고도 어려운 문제로 여러 차례 숙의한 끝에 다음과 같은 중요 인선 결과를 가지고 국민의회에 상정, 인준을 받기로 하였다.

- 주석 이승만, 부주석 이시영, 총리 김구, 내무 신익희, 외무 조소앙(이하 약)

거사의 첫 단계

1. 1947년 3월 1일 정오 서울운동장(축구장)에서의 기미독립선언 기념 대회 종료에 앞서, 긴급동의 형식으로 조성환 위원장이 대한민국임시정부봉대를 제안하는 일대 연설을 한 다음 만장일치로 연호하여 채택하고, 곧 이를 내외에 정식 선포하여 행동에 옮길 것을 결의한다.

2. 대회 참석자 전원이 대한민국임시정부 만세를 연호하며 을지로, 서울시청, 광화문, 파고다공원까지 시가행진하며 정부 선포 사실을 일반 시민에게 알린다.

3. 서울방송국을 장악하고, 전국 국민에게 대한민국임시정부의 주권 회수 사실과 그 의의를 긴급 뉴스로 연속 보도한다.

4. 창덕궁을 대한민국임시정부의 임시 청사로 사용한다.

5. 국무위원회 주석, 부주석 및 각원 명단을 발표. 첫 국무회의를 당일 오후 5시 창덕궁 인정전에서 개최하고, 제1호 정령 및 5종의 메시지를 채택 발표한다.

- 제1호 정령 1) 검경은 민생 치안에 전력할 것 2) 현행법 준수 3) 기왕의 군정 관공리는 새 정부의 명령이 있을 때까지 계속 그 위치에서 대기할 것 4) 교통·체신·방송국은 혁위의 직접 지시하에 움직일 것 5) 민생에 지장을 주지 않도록 모든 경제 활동의 정상화에 각별히 유의할 것.

- 메시지 1) 전 세계 인민에게 2) 전 국민에게 드리는 글 3) 군정청 관리에게 4) 미군정 장관에게(남한) 5) 소군정 장관에게(북한)

창덕궁 인정전. 혁명위원회에서는 창덕궁을 대한민국임시정부의 임시 청사로 쓰기로 하고, 첫 국무회의를 거사 당일 오후 5시에 창덕궁 인정전에서 개최하기로 계획하였다.

후속 조치

1. 입법의원, 군정청의 한인 직원, 기타 각급 공공 직장 단위로 임정봉대 결의 대회를 갖도록 유도한다.
2. 전국 각 정당·사회단체 및 지방단체들이 자발적으로 임정봉대 결의 대회와 환영 행진을 거행하도록 유도한다.
3. 좌우·중간파를 포함한 양심적인 정치 세력들에게 상시 문호를 개방하여 언제든지 혁명 대열에 동참할 수 있도록 유도한다.
4. 극단적 친일파·정상배·부패 분자들의 도량跳梁을 엄단하며 혁명 대열 잠입을 경계한다.
5. 모든 행사에는 특히 반미·반소 구호를 엄계嚴戒하며, 비폭력을 원칙으로 하여 되도록 외부와의 마찰을 피하되, 만일의 경우에 대비하여 자주 자위의 태세를 갖춘다.

이렇듯 방대한 계획이 전국적인 규모에서 추진되고 있는데도 워낙 비밀을 엄수한 탓으로 외부에서는 별반 눈치 채는 사람이 없었던 듯하다. 하지만 이때 이미 서울 시내 8개 경찰서장들은 특별행동대 사령관(김석황)과 은밀히 내통, 충성 서약을 하고 대기 중이었으며, 입법의원 내에서도 의원들 간에 거사 즉시 임정을 정식 정부로 추대할 것을 결의하기 위한 논의가 진행 중이었다고 한다. 그런데도 민완을 자랑하는 미군정 정보 보고("G-2 Report" 3, 1947. 2. 26: 524)조차 "3월 1일과 3일 사이에 충칭임정이 한국의 합법 정부라고 국민의회에서 제의할 것으로 예견"하였다지만, 그 선 이상을 넘어서지는 못한 듯하다.

1947년 2월 20일까지 혁위는 일단 각 항목별 준비 과제들을 90% 이상 완료해놓고, 이제는 최종 평의기구의 카운트다운을 기다리는 단계가 되었다. 이에 조성환 위원장과 유정 총서기는 이 엄청난 사실을 보고하기 위해 극비리 경교장을 방문했다. 수곡은 당시의 흥분을 이렇게 회고하고 있다.

김구 주석께서는 나의 보고를 들으시고 대단히 흡족하신 듯 나의 어깨를 두드리며 격려해주셨다.

10. 물거품이 된 혁명 거사

그러나 안팎의 정황은 안타깝게도 혁위가 성력을 다해 짜놓은 거사 계획을 봉인도 뜯기 전에 하루아침에 물거품으로 돌아가게 만들었다. 경교장에 보고한 이틀 후인 23일, 이 안건을 토의하기 위해 모인 경교장 회의(국무위원 간담회)는 몇몇 인사, 특히 엄항섭, 조완구 두 분의 노기등등한 책임 추궁식 발언으로 일대 성토장이 되었다. 그 사연인즉 이러하다.

충직한 백범은 조성환 위원장 일행의 거사 계획 일체를 보고받은 즉시 워싱턴의 이 박사에게 "마침내 12월 초 밀약했던 대로 임시정부의 주권을 선포할 시기가 되었다"는 요지의 전보를 띄웠다는 것이다.[6] 그러나 이 박사의 답전은 너무도 냉랭하고 위압적인 것이었다.

> 내가 도착할 때까지 기다리시오. 우리가 처음 논의했던 계획에 따라 행동할 수 있도록 그동안 모든 힘을 통일하시오. 이것은 나와 당신이 우리 사람 모두에게 보내는 지시요.("G-2 Weekly Summary"(24군단) no 78, 1947. 3. 13; 도진순, 1997: 150)

실에 있어 이 박사는 도미에 앞서 자신의 측근 정보망을 통해 국내 동향, 특히 백범을 위수로 하는 임정계의 동정을 유리알 보듯 알고 있었다. 그는 동일한 전문을 백범에게뿐만 아니라 임정 요인 각자에게까지 일일이 타전하여 꼼짝 못하도록 하였다. 그는 또한 이 사실을 미군정 당국에도 고발하여 3·1절을 전후하여 경교장 일파가 불온한 행동을 저지를지도 모르니 엄중 단속할 것을 당부하였다는 것이다. 한편 이 박사는 국내 정세가 급박하게 돌아가고 있음을 감지하자, 급거 귀국 차비를 서두르면서 귀국 도중 중국을 방문, 장제스 주석과 조중 문제를 협의할 뜻을 밝혀 우회적으로 임정을 압박하려는 의도를 보이기도 하였다.(『동아일보』1947. 2. 22)

---

6) 이승만은 이 전문을 1947년 2월 하순에 접수한 것으로 되어 있다.(이원순 편저, 1988: 266; 우남실록편찬회, 1976: 217; 송건호, 1977: 183)

이렇듯 배신적인 이 박사의 술수는 백범의 입장을 진퇴유곡에 빠지게 만들었다. 별수 없이 이날의 경교장 회의는 혁명 거사를 최종적으로 평결하는 장이라기보다, 이미 물 건너간 사태를 미봉하기 위한 애매모호한 회의가 되고 말았고, 더욱이 이 자리에 참석한 혁위의 조성환 위원장과 이을규 위원이 몽땅 책임을 뒤집어쓰고 물러날 수밖에 없게 되었다는 것이다. 여기에 설상가상으로 수습 대책에 부심하고 있는 혁위에 절망적인 소식이 날아온 것은 경교장 회의 이틀 후인 2월 25일이었다. 무기 조달을 책임졌던 김승학 옹이 전해온 소식은 제주도(일설로는 대만)로부터 어선 편으로 밀반입하여 마포 나루에 도착한 신품 미제 권총 100정이 수송 도중 바닷물의 침수로 녹이 슬어 무용지물이 되었다는 것이다.

사세事勢가 이쯤 되고 보니 운동의 총수인 백범으로서도 그만 할 말을 잃고 말았다. 이승만·한민당계는 말할 것도 없고 가장 협조적이었어야 할 임정 각료들 중 일부마저도 호흡을 맞출 수 없는 상태인 데다, 자체 방어에 필요한 최소한의 무기마저도 허공에 떠버린 마당에 더 이상 무엇을 할 수 있단 말인가? 그나마 불행 중 다행이라 할 것은 워낙 철저하게 이중삼중으로 베일을 가리고 준비한 것이기 때문에 혁위의 실체가 끝까지 노출되지 않았다는 점이었다. 실망과 분노가 엇갈린 가운데서도 혁위 동지들은 서둘러 2월 25일 수은동 아지트에 모여, 불필요한 희생을 유발시키지 않도록 그간 진행하던 일체의 계획을 취소하는 동시에 준비 서류나 문서 일체를 폐기 조치하기로 합의했다. 이에 따라 유정 서기는 즉각 분산 보관 중이던 서류 및 유인물을 소각 조치하는 한편, 전국의 비선 조직에 모든 준비 업무를 일단 중지하도록 연락했다. 하지만 혁위 핵심부 사정이야 어찌 되었건, 이미 굴러가기 시작한 수레바퀴가 좀처럼 멈추어지기는 힘들었다.

독촉국민회에서는 2월 28일 예비 회의에 이어 다음날인 3월 1일 오전 9시부터 전국대표자대회가 열리고 있었다. 국민의회에 대해 "기미년에 수립한 임시정부가 한국의 주권을 계승한 지 이미 30년이 된 법통정부이므로 우리는 이 정부를 추대하고 천하에 공포"한다는 결의문 통과를 건의하기 위해서였다. 그러나 이것은 독촉국민회 상층부가 중심이 되어 한 것이고, 같은 독촉 내의 한민당·이승만 세력은 이에 반대하였다.[7)]

독촉국민회의 건의에 따라 3일 운현궁에서 국민의회 대의원 회의가 대의원 60여 명이 참석한 가운데 비공개로 소집되었지만 별반 실속 있는 대책이 토의되지는 못했다. 주로 임정의 조직 강화 대책이 토의된 이 회의에서는 주석에 이승만, 부주석에 김구를 추대하고, 국무위원으로는 이시영, 조소앙, 조완구, 조성환, 조경한, 박찬익朴贊翊, 유림, 황학수黃學秀 외에 차리석車利錫(사망), 장건상, 김원봉, 성주식, 김성숙, 김붕준 6명의 결원을 충원하기 위하여 오세창, 김창숙, 박열, 이청천, 조만식, 이을규 6명을 보선하였다. 각 부장의 개선은 주석, 부주석에게 일임하여 인선한 후 국무회의의 결의를 거쳐 발표하기로 하였다. 이어 5일 창덕궁에서 개최된 국무위원회와 국민의회 상임위원회 연석회의에서는 독촉대표자대회에서 건의한 임정봉대 결의에 대한 공포 시기에 관한 토의가 진행되었다. 하지만 주석(이승만)의 부재 관계로 행정 각 부서 인선 후에 공포하느냐, 우선 임정봉대 결의문을 공포한 후에 각 부서 인선을 결정하느냐에 대하여 서로 의견이 달랐다. 이에 이 문제를 토의한 결과 주석 부재 시에는 부주석이 권한을 대행하므로 6일 정식 공포를 한 다음 불일내不日內에 각 부서의 인선도 결정 발표하기로 했다.

---

7) 임정 추대 결의에 대해 이운 총무부장 등 한민당계 간부는 일제히 사표를 제출하고, 국민회 상층부에 대한 협력을 거부하였다고 한다.("G-2 Report" 3, 1947. 3. 10: 589; 서중석, 1991: 531에서 재인용)

그러나 미군정이 이와 같은 사태를 그대로 보고만 있을 리 없었다. 임시정부 수립을 선포하면 반란 행위로 처벌할 것임을 을러대는 가운데, CIC와 경찰을 동원하여 운현궁의 독촉국민회 본부와 민주의원 그리고 서대문의 경교장 등 우익 진영의 총본산에 대한 일제 수색을 단행했다. 이때 3·1절 불법 퍼레이드 건으로 엄항섭 임정 선전부장 등 기념 행사 주최 측 간부들이 연행되어 가고, 독촉본부에서는 대한민국특별행동대 사령부 포고령 제1호 등 인쇄물(미배포 상태로 보관 중이던 것)을 압수 당하는 동시에 특별행동대 총책임자 김석황 씨 등이 체포되었다. 운현궁에 들이닥치는 경찰과 대치하던 상황이며, 수도경찰청장 장택상이 "남조선에는 미군정이 있을 뿐이다. …… 맹목적인 참칭 정부를 조직하여……" 운운하는 민족 반역적 발언을 하여 분노를 자아내게 했던 것이 아직도 눈에 선하다. 덧붙여 대한민국특별행동대 사령부 포고령 제1호 내용인즉, "국가 존망을 좌우할 때가 지금이니 본 특별행동대 사령부의 포고령을 준수하라"고 전제하고, 1) 현 군정청 관공리로서 대한민국임시정부의 명령을 위반한 자, 1) 대한민국임시정부에 대하여 불온한 언사와 문서로써 비방 또는 반대하는 자 등의 다섯 가지 조목을 위반한 자는 엄중히 처단한다는 것이었다.(『조선일보』 1947. 3. 6) 한편 미군 정보 보고는 "이 포고문은 대중에게 선포되지 않았다고 한다. 각 도시에서 열리는 집회를 통해 새 정부의 선포식을 가지려고 했기 때문에, 이 포고문에서 새 정부 선포 날짜는 공란으로 남겼다"라고 하고 있다.("G-2 Report" 3, 1947. 3. 5: 558)

3월 5일 김구, 이시영, 조완구, 유림 등 임정 요인들은 브라운 소장의 요청을 받고 덕수궁에서 면담한 자리에서 '포고문', '포스터' 등은 임정과는 무관함을 해명하면서도, 내친 김에 아주 임정을 승인하고 정권을 이양할 것을 요구하였다. 하지만 브라운은 한 수 더 떠 만약 임정이 행

동을 개시하면 조소앙·조성환·조경한까지도 체포하겠다고 위협했다.(『동아일보』 1947. 3. 9)

11. 반성

혁명 좌절의 통분으로 가슴을 앓던 한국혁명위원회 동지들은 검거 선풍이 일단락된 어느 날 수은동 아지트에서 다시 만나 조용히 술 한 잔을 나누었다. 지난 수개월간 일어났던 일들을 자성하고, 최소한 자기 위안의 결론이라도 내리고 헤어져야 한다는 심정에서였을 것이다. 도대체 무엇이 이 천재일우의 기회를 이토록 엉망진창으로 만들었는가? 혁명 불발의 원인은 어디에 있으며, 그 책임은 누가 져야 하는가? 그리고 이제부터 우리 각자가 갈 길은?

이런 화두를 중심으로 내 나름의 회고를 곁들여 당시의 혁명 선배들의 심정을 조금이나마 이해보고자 한다.

혁위 동지들은 혁명 실패의 일차적 원인이야 당연히 혁명을 주관했던 자신들의 불찰에 있다는 데 의견을 같이했다. 이 박사 추종 세력들 그리고 한민당 인사들을 평소 좀 더 폭넓은 교류를 통해 차분하게 끌어안는 데 실패한 것도 그렇고, 내 마음만 믿고 경교장의 백범 측근들과 사전에 충분한 공감대를 만들어두지 않았던 것도 그랬다. 특히 이 박사의 갑작스러운 전문을 받고 당황한 몇몇 임정 요인으로 하여금 사태를 오판하게 한 책임을 그분들 자신의 마음의 준비 부족에만 돌릴 일은 아니지 않은가. 이 모두가 혁명 추진의 주체로서 스스로의 열기에만 들떠 있었던 데 문제가 있었다고 보아야 한다. 샅샅이 좌우를 챙기는 세심함이 부족했고, 타자를 포용하는 정치력을 발휘하는 데도 옹졸했으니, 일을 그르친 책임을 남에게 돌리기는 어렵다는 것이었다. 그런 점에서는 경교장 국무회의에서 독촉국민회의 위원장이자 혁위 위원장인 조성환, 위원 이을규 두 분을 문책했다는 소문은 억울하기는 하지만 무리는 아니라고 참아버릴 만도 했다.

그러나 이 시점에서 참으로 안타까웠던 것은 혁명 총수로서의 김구 주석의 카리스마 부족이었다. 백범이 이 박사에 대한 대수롭지 않은 신의감에 얽매여 민족사의 일대 방향을 판가름할 천재일우의 호기를 우유부단하게 천연하지 않았느냐 하는 점이었다. 어차피 와석종신臥席終身을 바라지 않는 것이 혁명가의 사생관이라고 한다면……, 이 판국에서 만약 백범이 권모술수로 내외 정국을 농락하는 이 박사와 일찌감치 결별을 선언하고 건곤일척의 신용神勇을 발휘했더라면……, 과감하게 혁명 세력을 등에 업고 법통 임시정부의 주권을 내외에 선포하고 나섰더라면……, 그리하여 당당하게 미군정 당국 그리고 소군정을 향해 주권이양을 요구하고, 그들이 벼르던 대로 투옥, 자폭의 불길로 자진해서 뛰어드는 용기를 보였더라면……. 결과적으로 백범이 그럴 기회를 모두 놓쳐버린 것은 백범 개인으로서뿐 아니라 민족 전체에게도 천추의 한을 남겨준 꼴이 되고 말았다!

사실인즉 혁명의 구심력을 잃은 임정봉대운동은 그후에도 한동안 명맥을 이어갔다. 도미 외교의 성공을 과대 포장하여 가지고 돌아온 이 박사와 그를 추종하는 남한 단정 세력(민통, 한민, 독촉 등)이 그해 여름 제2차 미소공위 참가 여부를 가지고 이합집산을 거듭하는 가운데서도 임정계가 일관되게 자기 노선을 고수하기 위해 '법통 임정 사수', '반탁 자주독립'의 혈투를 거듭하던 모습을 보는 것은 애처롭기 그지없는 일이었다. 하지만 이미 대세가 기운 지 오래였으며, 임정 법통 지지에 대한 대중의 열기 또한 옛 모습을 찾기 힘들었으니, 대중에게는 그저 일부 정객이나 활동가들이 물 건너간 전날의 넋두리를 반복하는 것으로 비칠 뿐이었다.

돌이켜보건대 우리가 혁명을 하는 목적이야 고유적 조선의 문화를 기반으로 한 완전 자주 통일 독립의 주권 탈환이었지만, 우리가 상대하여 흥정해야 할 대상은 미소 양 진주군이라는 어마어마한 물리력이었다. 그들이 버티고 있는 해방 1년 반의 시점에서 보다 분명해진 것은 미소 양군의 한반도 점령 목적이 결코 조선 민족의 완전한 해방과 자주독립을 도와주는 데 있지 않았다는 점이다. 그들의 일차적 진주 목적은 패전 일본군의 항복 접수와 피점령 지역을 자기 세력권으로 편입하는 것이었다. 그들은 처음부터 역내 민중의 관습이나 의사는 안중에도 없었다. 그들은 카이로·포츠담선언의 약속에 의한 '적당한 시기의 독립 부여'를 최대의 시혜 조건으로 5개년 신탁통치(후견제)안을 내걸고 남북 대치 상황을 조성해놓았다. 그들은 막강한 힘의 위세를 몰아 자기네 방식대로 국민을 동화시키고 자기네 직성대로 나라 건설을 해주겠노라 극성이었다. 이런 판국이니 우리 역전의 독립투사들 또는 활동가들의 자주적 의지가 용납될 여지는 그 어디에도 없었다. 그저 점령군의 구미에 따라 쓰이기도 하고 버려지기도 하는 용재로서 취급되는 수모를 겪고 있을 뿐이었다.

진주 초기 미군정 관계자들은 우리 임시정부 요인들을 자기네의 점령 정책 수행에 이용할 인적 자원 이상으로 생각한 적이 없다는 것을 자백하고 있었다. 그들은 갓 귀국한 임정 요인들을 지목하여 "자신의 위신을 더 생각하는 거짓 선지자이자 정치 모리배"라고 타박했고, 김구에 대해서는 "구식의 편협하고 완고함으로 인해 장기간의 집행부 수반 자격은 없다"고 평가절하했다. 그러던 것이 군정이 장기화되면서 정가의 거센 반발로 난경難境에 봉착했을 때 하지 중장은 "만약 이승만과 김구를 투옥할 경우 민족진영의 약화는 물론, 정계가 뒤죽박죽이 되고, 미군정을 파탄적 위기로 빠지게 할 것"이라고 우려했다. 이렇듯 한낱 필요에 따른 이용물로밖에는 생각되지 않았던 임정 요인들이 이제부터 어떤 수모를 당할 것인가는 보지 않고도 짐작할 만한 일이었다. 뒷날 임정 인사들의 용도가 다했을 때, 즉 이승만 중심의 남한 단정 방침이 확정되고 군정 말기에 접어들었을 때, 하지는 "김구를 포함한 전 [장덕수 암살 사건] 관련자에게 사형 등 극형을 내리도록" 노발대발했으며(임홍빈, 1983b: 192), 심지어는 노구의 백범을 미군정 재판정에 직접 출석시켜 일개 육군 대위 검찰관으로 하여금 "장덕수 암살을 직접 지시하지 않았느냐"고 꼬치꼬치 심문케 하는 수모를 주었던 것을 떠올려볼 때 실로 피가 거꾸로 솟아오르는 느낌이 든다. 이를 어찌 백범 개인의 모욕으로 보아 넘길 일이었던가!

이후 임정 요인을 위시한 민족 지사들에게 불어 닥친 불행을 여기서 일일이 열거할 겨를은 없다. 다만 대표적인 예로서 청사 조성환 선생과 조선무역의 안호형 옹이 각기 거사 좌절 후 발병하여 돌아가신 일이나, 수곡 선생이 장남의 참척慘慽을 당하게 된 불행한 사건 등은 모두가 직접 간접으로 연관이 없지 않은 것이어서 아직도 기억에 생생하다. 청사나 안 옹이 다 같이 70 고령이어서 천수를 다했다고도 할 수 있겠지만 거사 좌절로 인한 타격이 워낙 컸던 것 같다. 특히 안 옹의 경우는 자신의 전 재산을 해방 후 환국한 애국지사들을 돕고, 자신의 거처를 혁명 사업의 아지트로 제공하고, 재정 조달에 혼신의 노력을 기울이던 고충이 생명을 단축했던 것으로 보인다. 이와 더불어 참으로 애처로웠던 것은 수곡 선생이 가정을 돌볼 겨를이 없이 발분망식發憤忘食 운동에 몰두하다가, 아들을 잃게 된 사연이었다.

뒷날의 일이지만 황갑영 선생은 자결을 하셨다. 황갑영 선생은 앞에서도 말했듯이 평양 유림의 대표로서 키가 크고 고고하신 분이었다. 정릉에 살고 계셨는데, 전쟁이 끝난 후 어느 날 설형회 친구인 허정인許貞仁과 함께 찾아뵈었다. 다른 말씀은 안 하시고 "자기 할 일이 끝났으면 그만 세상을 떠나야지 시시하게 살아서 뭐 하느냐"라고 말씀하셨다. 우리에게 남긴 연해 선생의 유언이었다. 그로부터 얼마 뒤 연해 선생은 돌아가셨다. 자결을 하신 것이다. 정치에는 전혀 관여하지 않으시고 고결한 선비 정신을 가지고 계셨던 분인데, '우리가 할 일을 못 다했는데, 이제 세상은 이 꼴이 되고 말았는데, 여기서 지지하게 살면 뭐 하겠느냐'는 엄중한 경고였다.

혁명 좌절로 인한 후유증은 결코 사사로운 불행만으로 끝나는 것이 아니었다. 법통 임정 선포에 걸었던 기대가 산산조각이 나고 보니 온 나라 민중들은 하루아침에 갑자기 진로를 잃고 말았다. 완전 자주독립에 대한 한결같은 비원도, 38선의 철쇄를 끊어버리고 통일을 달성하려던 염원도 이제는 졸연히 다시 되찾기 힘들게 되었다. 이로 인한 남북 삼천만 민중의 낙망을 무엇으로 달래줄 것이며, 직접적으로는 지난 1년여 동안 완전 자유 조선의 건설을 목표로 불철주야 분투하던 동지들의 상혼傷魂을 무엇으로 위로해줄 것인가? 이런 문제들을 곱씹으면서, 그때 혁명 동지들이 최종적으로 종합한 결론은 대략 다음의 몇 항목으로 요약할 수 있다.

1. 세계적 냉전 체제하에서 우리의 38선이 미소의 국경선이 되고 말았다. 민족과 국토가 분단, 분열되는 막다른 골목에서 극좌 극우의 극단적 대립은 필연적으로 동족상잔의 비극을 불러올 뿐이니, 그 대세를 막을 힘을 우리는 이미 상실하고 말았다. 그런 대세에 정면으로 저항하려는 자가 발붙일 곳은 아무 데도 없게 되었다.

2. 당분간 다시는 값싸게 '혁명'을 논하지 말자. 격에 안 맞는 망상을 버리고 각자 제 분수대로 제 힘껏 이 나라를 위하여 할 일을 찾아 나서자.

3. 혁명은 자각한 민중 스스로의 궐기를 통해서만 가능한 것이니, 우리에게 급한 것은 우선 백성들을 깨우치고 민도를 높이는 일이다.

4. 진정한 민중의 각성은 사상 자체의 자주독립에서부터 시작해야 한다. 타력 의존의 누습陋習에서 벗어나 '나'를 똑바로 알고 인식하여 스스로를 세우는 데서부터 출발해야 한다.

제4장

자유 쟁취의 그날까지

1. 다시 원점에서

3월 거사의 무산은 나 개인에게 있어서는 생활의 모든 것을 다시 원점으로 되돌아가게 하는 시련으로 나타났다. 나는 완전히 허탈감에 빠져버렸으며 어디 한 곳 마음 붙일 데 없는 처지가 되고 말았다. 더욱 나쁜 것은, 그간 볼품없이 간덩이만 잔뜩 부어, 안하무인으로 행동하는 버릇이 나도 모르는 사이에 몸에 배어 있었다는 점이다. 그러한 나의 장래를 걱정하여 수곡 선생을 위시한 여러 선배께서 무진히 걱정해주시던 기억이 생생하다. 수곡 선생은 입법의원에 취직자리를 마련하여주려고 직접 나를 중앙청으로 데리고 간 적도 있었다. 고평 장군은 나를 국방경비대 간부후보생(당시 육사 5기생) 모집에 응시시키려고 정일권 대령에게 소개장을 써주기도 했다. 그 모두가 나의 불민 혹은 미숙 탓으로 성사되지는 못했다. 그럴 때마다 나의 낙심은 이만저만이 아니었지만, 후생의 진로를 열어주려고 배려하여주시던 그분들의 고마움이 잊히지가 않는다.

이렇듯 전도가 극히 불투명한 상태였으면서도, 나는 당장 살아갈 것 따위를 걱정하고 싶지는 않았다. 그런 것은 그때그때 닥치는 대로 해결해나가면 그만이었다. 문제는 소아로서의 삶에 관한 것이 아니라, 이제부터 대아로서의 나의 목표를 어떻게 설정하고 걸어가야 할 것이냐 하는 것이었다. 뾰족한 대안이 있을 리 없었다.

나는 별수 없이 해방 전부터 천착하던 이상, 아니 환상의 세계로 되돌아가고 있었다. 태평양전쟁이 한창일 때, 나는 배일운동에 몸을 던지겠다는 나름의 포부를 안고 고향을 떠나 서울로 올라왔다. 한의학 공부를 해보라는 주위의 권고에 따라 청파동의 광제한약국에 몸을 기탁하였으나 마음은 이미 한없이 들떠 있었고 기회를 보아 중국으로 튀어야 한다는 것이 나의 목표였다. 중국어를 배우고 중국의 사정이며 지리를 익혔으며, 『손무자』, 『삼략』, 『위료자』 등 금기의 병서를 구해다 열심히 탐독하였다. 한편으로 나는 건국동맹 같은 국내 지하운동과도 맥을 대어 중국행을 위한 준비를 서두르고 있었다. 그러던 중에 8·15 해방을 맞았으니, 중국으로 가고자 하던 나의 열기는 일단 국내 운동의 격랑 속에 매몰되는가 싶었다.

3·1절 혁명 거사 계획의 무산으로 인한 타격은, 별수 없이 텅 비어버린 나의 가슴을 수면 아래 잠겨 있던 옛 집념이요, 환상의 세계로 되돌려놓았다. 나의 꿈은 어느덧 현실과는 아무런 연관도 없는 중국 평원을 다시 달리고 있었다. 그러는 데서 대리 만족감이라도 충족시켜보려는 것이었을까? 하지만 그렇듯 환상의 세계 속에서나마 내가 절실히 깨달은 것은 모든 면에서 자신이 미숙한 태아 상태에서 벗어나지 못하고 있다는 사실이었다. 이를 극복하기 위해서는 우선 배워야 하며 교양을 쌓고 사물을 분간할 실력을 갖추어야 한다. 그러기 위해서는 학교에 들어가 정규교육을 받는 것도 좋겠지만, 타인으로부터 가르침을 받는 것 이

상으로 몸으로 파악하고 스스로 깨우치는 것이 더욱 중요하다. 그러자면 혼자는 하기 어렵다. 거리에는 아직도 반탁운동이네 청년운동이네 하는 청년들이 많으니, 그들 중에서 꿈을 같이할 만한 순수한 친구들을 설득해보는 것이 어떨까. 공연히 거리를 방황하며 허송세월을 보낼 것이 아니라 함께 모여서 책이라도 읽고 토론하는 자리를 만드는 데서 시작해야 할 것이 아닌가.

바로 우리 청년들이 이런 생각으로 암중모색하고 있을 때에 고참 선배들에 의해 백년대계의 교육 문제, 문화운동 문제가 거론되고 국민문화연구소 발족이 결의된 것은 결코 우연한 일만은 아니었다.

2. 백년대계의 문화 교양 운동

혁명 거사 계획이 무위로 끝난 지도 월여가 지난 4월 어느 날 위당, 회관, 우관, 기산, 연해 등 한국혁명위원회의 고참과 무명회의 동지 등 10여 인사가 오래간만에 예관동 옛 둥지로 모여들어 자리를 같이했다. 이 자리에는 산강재山康齋 변영만, 수주樹州 변영로卞榮魯 형제분도 자리를 같이했던 것으로 기억된다. 원래 몸과 마음이 함께 지쳐 있는 데다 가환家患까지 겹쳐 고생하는 수곡을 위로해줄 겸 한담이나 나누자는 것이 이심전심으로 전해진 모임의 취지였으나, 막상 모이고 보니 화두는 자연 보다 근본적인 문제 쪽으로 옮겨 가게 되었다. 이제부터는 정치다 경제다 하는 고담준론을 버리고, 가장 근본적인 사회구조 개혁 사업을 실천하자는 데 의견이 모아졌다. 그러기 위해서는 우선 국민 대중의 낮은 민도부터 높이는 것이 중요하니, 우리 각자가 교육 활동을 통해 제 힘껏 이 나라를 위하여 일하고, 그러는 한편 틈틈이 대중 문화 교양 운동을 하는 데 힘을 모으기 위해 국민문화연구소를 출범시키자는 데로 의견이 모아졌다. 당시의 경위를 우관 선생은 후일 『국민문화회보』 창간사에서 대략 다음과 같이 언급하고 있다.

이제 '민족의 완전 자주독립운동을 이끌고 갈 사실상의 혁명 중심'은 맥이 끊어졌고, 그런 기회가 좀처럼 다시 나타나기를 기대할 수도 없다. 그런데도 온 세상은 정치요 경제요 하고 여전히 광태를 부리고 있으니, 우리가 그런 판국에 뛰어들어 할 수 있는 일은 아무것도 없다. 그렇다고 백이숙제처럼 수양산으로 들어가자는 이야기와는 다르다. 정치에 대한 공연한 망상을 버리고, 각자가 자기 위치에서 제 분수대로 제 힘껏 이 나라, 이 사회의 앞날을 위하여 일할 태세를 갖추자는 것이다. ……

국내외의 모든 정세는 문자 그대로 혼란의 극치를 이루고 있다. 이 끝없을 노도광란怒濤狂亂에서 벗어나려면 제정신을 똑바로 차리는 것이 중요한데, 지금 우리는 너 나 없이 정신 나간 얼빠진 상태에서 허우적거리고 있다. 호랑이한테 물려 가도 정신만 차리면 산다는데, 자기가 누구인지조차 모르는 상태에서 알려고도 하지 않으니, 이렇듯 얼빠진 인간들이 무엇을 할 수 있단 말인가. 모든 병폐의 근원은 우리가 오랫동안 자기를 잊었거나 잃어버린 채 알려고도 하지 않는 데서 비롯되었다. 그러니 이를 극복하기 위해서는 깊은 반성과 억센 노력으로써 자기를 돌이키고 우리 자신의 실체를 정확하게 되돌아볼 수 있어야 하지 않겠는가. 나아가서 우리 민족의 본질과 역량, 즉 넓은 의미에서의 종합적인 우리의 문화적 역량을 파악하고 국민 대중에게 인식시키는 일이 신생 한국의 가장 기본적이고 가장 긴급한 과제가 아니겠는가. ……

〈위〉 대학생 수련회에 참여한 국민문화연구소 회원들(1971년)
〈아래〉 국민문화연구소의 전국농촌운동자협의회 회원들(1973년, 충남 보령)

이러한 문화 교양 운동 또는 교육 사업은 다 같이 백년대계를 가지고 다루어도 될까 말까 한 일인데 몇몇 개인이나 소수의 단체로서는 무리한 일일지도 모른다. 하지만 시작이 반이라고 부분적이나마 누군가 깨달은 이가 먼저 시작해놓고 정말 일꾼이 뒤따라 나타나기를 기다리는 것은 극히 자연스러운 순리일 것이다.(이정규, 1974: 364~365)

3. 성균관대학의 학풍

한편 국민문화연구소의 발족을 논의하던 혁명 지사들은 임정봉대운동을 추진하던 시기를 전후하여 이미 교육 문제를 우리의 가장 근본적인 문제로 생각하고, 그 실천 방안을 강구하는 데 남다른 노력을 기울이고 있었다. 1946년 9월 심산 김창숙 옹이 성균관대학을 창립한 데 이어, 국학의 대가인 위당 정인보 선생이 독립촉성국민회에 관계하는 한편으로 국학대학 학장을 맡게 되었다(1946. 11). 1947년 2월에는 성재省齋 이시영 선생이 신흥무관학교의 후신인 신흥전문학원(후에 신흥대학)을 설립했으며, 앞에서 말했듯이 김구 주석도 비록 단기적인 인재 양성 기관이었지만 3월 중순 원효로에다 건국실천원양성소를 개설하여 유위한 청년들을 훈련시키는 일에 관심을 기울이고 있었다.

이렇듯 민족 원로 또는 아나키스트들이 교육 사업에 손을 대기 시작하자, 그때까지 혁명운동 쪽에 몰두하던 많은 인사들이 1947년 봄을 전후하여 점차 각각 자기의 전문 분야에 따라 교육, 문화 사업 쪽으로 자리를 잡게 된다. 그중에서도 국학대학 학장에 취임한 위당과의 인연으로 그 대학에서 경제학 강의를 맡아 국내 교육계에 첫발을 들여놓은 아나키스트 우관의 그후 행보가 주목을 끌기에 족했다.

위당과 우관 형제의 초대면은 1932년 11월 하순 경기도 장단에서 일경의 삼엄한 경계 속에 우당 이회영 대선배의 유해를 맞이하던 영결식장에서였다고 한다. 우당장의 부인 이은숙 여사가 경황 중에도 회관·우관 형제를 촌사람처럼 퉁퉁한 솜버선에 퇴색한 중절모를 쓴 위당에게 소개하여 처음 인사를 나누었다는 것이다. 베이징 시절 때 우당 선생을 통해 진작부터 전해들은 위당에 대해 우관은 학자로서보다도 애국지사로서 친밀감을 가지고 있던 터라, 이분들의 사이는 곧 일면여구一面如舊하게 가까워졌다.

위당과 우관 형제, 그리고 기산 유창준 씨 등이 해방 후 다시 만난 것은 임정 요인과 더불어 환국한 성재 이시영 옹의 거처에서였다. 그후 수은동 안호형 옹의 집에서 혁명위원회를 조직하여 비밀 모의를 하는 과정에서 더욱 가까워지고, 그러던 어느 날 위당이 돌연 국학대학 이야기를 꺼내 우관의 협조를 요청한 것이다.

1946년 초 건국전문학교로 출발한 국학대학은 일제하에서 박해를 받은 문인, 언론인, 학계 인사들을 교수진으로 초빙하여 장래가 유망한 듯하였으나, 설립자인 정열모鄭烈模 학장이 개교한 지 1년도 되기 전에 퇴임하고 말았다. 이에 제2대 학장으로는 유명한 학계 인물을 모시자는 데서 위당에게 교섭이 왔던 것이다. 국학 부흥에 대한 꿈을 실현할 좋은 기회라고 생각한 위당은 곧 이 문제를 혁명위원회 모임에서 한 안건으로 제기하였다. 좌중은 지금 근본적인 해결 방책이 교육밖에 없으니 우리가 빨리 동지적 결합으로 참다운 학교 하나를 세우든지 해야 할 판인데 무조건 취임할 것을 역설하였다. 이렇게 해서 위당은 동지들의 권고를 받아들여 국학대학 학장 직을 수락하였고, 기왕에 관계하던 혁명적 독립 촉성 운동과 교육 사업을 같은 비중으로 추진하게 되었다. 그런 과정에서 위당은 특별히 우관을 교수로 영입하여 함께 일하기로 하였던 것이다. 누구보다도 뜻과 생각이 서로 통하는 동지인 데다, 중국에서 상하이노동대학 설립 준비에 참여하는 등 교육 실무에 일가견을 가지고 있는 우관의 인격과 실력을 높이 평가했기 때문이었을 것이다.

이것이 우관이 국내 교육계에 발을 들여놓은 시발점이었지만, 공교롭게도 국학대학에서 경제학을 강의한 지 불과 한 학기 반 만에, 우관은 다시 성균관대학으로 자리를 옮겨 앉게 되었다. 사연인즉 1946년 겨울 성균관대학은 개교한 지 얼마 아니 되어, 서울대학의 국대안 반대 맹휴로 인한 좌우충돌 사태에 함께 휩싸여, 휴교 상태에 있었다. 그리 되자 학교 경영에 경험이 없는 설립자 심산 김창숙 옹은 분규에 관여한 교직원 전부를 몰아내고, 새로운 해결 방안을 모색하기 위해 복심의 동지인 위당을 불러 협의하였다. 위당은 심사숙고 끝에 더없이 놓지 않으려고 아끼던 우관을 일단 성균관대학으로 보내 급한 불부터 꺼놓고 보자는 쪽으로 가닥을 잡고, 이를 심산께 건의하였다.

심산 옹의 삼고초려를 받은 우관은 임정봉대운동에 앞장섰던 주요 동지들과도 협의한 끝에, 1947년 봄 성균관대학 교수이자 학감(뒤이어 부학장이 됨)으로 정식 부임하여 본격적으로 난마와 같이 얽힌 학교 정비 사업에 팔을 걷어붙였다. 독립운동의 대선배이자 학교 설립자인 학장 심산 옹의 절대적 신임 아래 학교 운영의 전권을 위임받은 우관은 우선 학교를 위기로 몰고 간 좌익 불순분자들을 일소하는 한편, 양심적이고 유위한 인사들로 교직원진을 재편성하는 데 심혈을 기울였다. 바로 이것이 계기가 되어, 임정봉대운동 무산으로 뿔뿔이 흩어졌던 많은 혁명 동지들이 다시 우관을 따라 명륜동 성균인 사회로 모여들게도 되었던 것이다. 성균관 부관장에 평양 유림 출신인 황갑영 씨, 성대 후원회장에 우관의 중형인 이을규 씨, 동 상임이사 겸 대학 경리에 유정렬 씨가 피

초창기(1940년대 말)의 성균관대학교. 임정봉대운동 무산으로 흩어졌던 혁명 동지들과 쟁쟁한 학자들이 성균관대학으로 모여들어 교육을 통해 새로운 시대를 열고자 하였다. 당시에는 비천당을 대학 건물로 사용했다. 가운데 흰옷 입은 사람이 심산 김창숙 선생이다.

임되었고, 기타 김기남, 김약천, 조한응, 김대기金大基 등 제씨가 각각 학교의 행정 요직을 맡았다. 교수진은 시내 모든 대학 중에서도 일류 중의 일류라 할 인사들로 구성되었는데, 그중에서도 박종화, 변희용卞熙瑢, 조윤제趙潤濟, 이관구李寬求, 변영로, 김진섭金晋燮, 손우성, 이하윤異河潤, 피천득皮千得, 이항녕李恒寧, 한태수, 김범부 등 제씨의 쟁쟁한 이름이 기억에 남는다. 성균관대학 초창기에 우관이 남긴 찬란한 업적을 여기에 모두 소개하기에는 나의 필력에 한계가 있고, 다만 손우성 교수가 쓴 「우관과 젊은이」의 한 절을 인용하여 당시의 편린을 유추할 수 있는 자료로 삼고자 한다.

　거기다가 뒤에는 애국의 상징적 존재인 김창숙 노인이 있었고 우관

초기 성균관대학교에서 활동했던 손우성, 한태수, 김범부 교수(왼쪽부터)

의 온화한 인격이 교수실 안에 화기애애하게 춘풍이 돌게 하여 서울 안의 모든 대학들 중에 가장 기분 좋은 학교로서 이름났고 거기다가 교수진은 일류 중의 일류를 끌어 모아 …… 성대의 앞날은 크게 촉망받았다. …… 지엄한 교육도장을 즐기는 장소로 묘사하는 것이 망발 같지만 …… 가장 숭고한 사명의 완수와 생을 즐김이 이 초창기 성균관대학 교수실에서는 합치하였다. …… 시험 실시의 준비장에 약주 병이 들어오며 컵 술잔이 도는 예까지 있었다. 그러면서도 시험 감독의 엄정은 서울 안의 어느 대학보다도 더하였던 것을 장담한다. …… 아마도 이것이 우관의 무정부주의의 진수였을까. 그는 늘 외관의 무질서 속에 알찬 질서를 세울 줄 알았다. 교수들은 기쁨을 느끼며 강의에 임하였다.(이정규, 1974: 428)

4. 수곡과 가내 부업 운동

3월 거사의 좌절로 인해 가뜩이나 상심해 있는 수곡에게 설상가상의 불행이 엄습했다. 국민문화연구소 발의 모임 직후인 4월 24일 영양실조와 폐결핵으로 중태에 빠져 있던 장남 단 군이 열여섯 꽃다운 나이에 결국 숨을 거두고 만 것이다. 경기중학에 다니던 수재인 데다 총명하기 이를 데 없는 아들을 잃은 부모의 마음이 오죽했으랴만 그것을 꾹 참고 이겨나가는 수곡의 모습은 오히려 곁에서 지켜보던 사람의 마음을 애처롭게 했다. 비교적 명랑했고 아는 것이 많아 아버지를 찾아오는 손님들과 대화도 곧잘 하여 주위 사람들을 감탄케 했던 단이가 몸져눕게 된 것은 유난히도 춥고 길었던 겨울이 지나면서부터였다. 아버지인 수곡 선생이 독촉국민회와 혁명 사업으로 집을 비우다시피 하던 때이니, 수입원은 없는 데다 식량은 떨어지고 가족들의 고생이 말이 아니었다. 그것을 꾹 참아가며 아들의 병간호를 하고, 번다하게 찾아오는 손님들을 차별 없이 응대해나간 것은 부인 장 여사였다. 장 여사는 그 경황 중에도 아침이면 늘 근처에 있는 화원시장에 나가 생선 대가리며 내장을 구해다 고아서 객군들에게까지도 단백질 영양 공급을 해주던 것이 잊히지 않는다. 흑백회의 강대복, 박제경 동지 등이 때때로 다소의 식량이며 상약常藥을 구해가지고 와서 일조가 된 적도 있었다. 이렇듯 민생 문제가 극에 달하던 시기였으니, 처음에는 누구도 단이의 영양실조쯤 대단하게 여기지 않았는지도 모른다. 그러나 단 군의 병세는 이미 결핵 3기의 위중한 상태까지 가 있었다. 그때서야 뒤늦게 필동에 사는 고평 장군이 와서 사상방四象方 처방을 하여주었고, 정인보 선생의 배려로 창덕궁 전의 박호풍 씨의 특진을 받기도 하였으나, 워낙 기울어버린 병세를 돌릴 길이 없었다.

　참척을 당한 처참한 심정을 가다듬을 겨를도 없이 수곡은 성균관대학 후원회의 상임이사 겸 대학 회계의 직을 맡아 근무하게 되었다. 새로 부임한 우관 부학장이 심산 옹의 결재를 받아 수곡을 이 자리에 기용한 것은 무엇보다도 그의 기획적 두뇌와 냉철한 경리 실력을 높이 산 데서였던 것 같다. 한겨울 동안의 국대안 반대 맹휴 사태로 엉망이 된 학교의 질서를 바로잡고 발전적 설계를 짜기 위해서는 회계 체제의 확립으로부터 출발해야 한다는 것이 학교 운영에 임하는 우관의 방침이었을 것이니 말이다.

한편 수곡은 이 시기 성대에 근무하는 것과는 별개로 도시 소시민들의 생활난 해결책의 일환으로서 가내 부업 운동의 전개 방안을 구상하고, 실지로 그런 일거리를 찾아 다각도로 실험하고 있었다. (물론 이것은 수곡이 민주의원에 재직할 때 애국기업공단 운동을 추진하던 역전 최익환 국장의 영향을 받은 것이기도 하지만, 그후 수곡의 서민 생활 보호 대책 수립에 대한 집념은 가내공업 또는 농축산 부업 운동의 형식으로 거의 일생의 과제가 되다시피 하였다.) 수곡이 우선 착안한 것은 민주의원 동료였던 최인재 씨의 권유에 따라 가내수공업으로 화장품을 제조하는 사업을 벌이는 것이었다. 즉 그것은 조선유지회사로부터 유지와 향료 등 원료를 받아다 집에서 화장품을 제조해서 납품하는 위탁가공 사업이어서, 재료와 기구 등은 전부 무상으로 공급받을 수 있는 데다 처음에는 번다하게 많은 인력이 필요하지 않고 혼자서도 감당할 수 있는 일이었다. 수곡은 그 일을 나에게 맡겨 2층 한구석에다 기구를 차려놓고 실지로 크림을 만들어 병에 담는 작업을 실험해보았지만 상품화하는 단계까지 이르기에는 역부족이었다.

그다음으로 착수한 것이 병아리 보급 사업이었다. 이 사업은 만주에서 귀국한 장인길 씨(수곡의 처조카)가 병아리 감별사 자격을 가지고 있는 데다 닭, 오리 등 가금 사업에 풍부한 지식을 가지고 있었기 때문에 착안된 것이었다. 장 씨에 따르면, 당시는 서울의 도심에서도 활용할 공지가 많을 때여서, 영세민들이 마음만 먹으면 닭이나 오리 4, 50수를 길러 알과 고기를 내다 팔면 생계유지에 단단히 한몫을 하게 될 것이라는 것이었다. 가내 부업 운동으로서 오리 보급 사업을 전개해보자는 장씨의 권고를 받아들여, 수곡은 곧 나를 위시한 젊은 동지 몇 사람과도 상의하여 한국가금주식회사(수복 후 한국축산주식회사로 명칭 변경)를 설립하고, 오리 알을 부화해서 분양하는 사업에 착수했다. 오리 알을 수집하는 일은 내가 했고, 휘경동에 있는 부화장을 지키는 일은 박의양 동지 외 몇몇 흑백회 청년들이 교대해가며 했다. 모두들 가냘픈 희망을 가지고 열성적으로 움직였지만, 결과적으로 사업은 부진을 면치 못했다. 급한 생각으로 무턱대고 시장에서 걷어 모은 알을 부화기에 집어넣기에 바쁘다 보니, 21일의 부화 기간이 지나면 대부분의 알이 곯았거나 무정란으로 판명되는 것은 너무도 뻔한 이치였다. 게다가 이처럼 방대한 사업을 거의 무자본 상태에서 하다 보니 뒷감당을 할 수 없었던 것이 근본적인 실패 요인이었다.

5. 자아실현의 길: 설형회 발족

수곡의 가내 부업 운동이 실패한 후는 말할 것도 없고, 아니 어쩌면 그 일을 하는 동안에도 나는 짬만 나면 대부분 명륜동의 성균관대학 근처에서 놀았다. 을지로4가에서 명륜동까지는 전차가 다니고 있었지만 나는 늘 걸어다녔으며, 오고 가는 중간 지점인 원남동의 양묵당 댁에도 들러 젊은 동지들과 만나기도 했다. 성균관에서는 대성전의 은행나무 밑을 배회하기도 하고 대학의 사무소와 강의실이 있는 비천당 주위를 맴돌기도 했다. 그러다가 수곡 선생과의 용무 때문에 직접 대학 본부로 들어가게 되면 대개가 자련이나 독촉국민회의 구면 선배들이어서 낯설지가 않았다. 특히 일제의 고문으로 불구가 되어 행보할 때면 누군가가 업어서 모시던 벽옹甓翁 김창숙 학장을 처음 뵙고 인사를 드렸던 것이 인상적이었다. 밖에까지 낭랑하게 들려오는 교수님들의 강의 소리도 나로 하여금 넋을 잃게 했다. 그런 가운데서도 특히 나를 반겨준 것은 조한응 교무과장이었다. 자련의 핵심 멤버인 조 과장은 나를 만나기만 하면 번역하려고 펼쳐놓은 크로포트킨의 원전을 소개하며 열심히 아나키즘 이야기를 들려주었다. 아나키즘 이야기 쪽으로 일방적으로 끌고 가기는 원남동의 묵당 선생도 마찬가지였다. 그러나 그 당시 내가 조 선배나 묵당의 아나키즘 이야기를 얼마나 소화할 수 있었는지는 의문이다. 교수들의 강의 내용 또한 나로서는 알아듣기가 힘들었다. 그 모든 것이 현실과는 아무 관련이 없는 공허한 꿈속의 담론으로만 들렸다.

그러나 분명한 것은 나의 지식의 한계였다. 이를 극복하기 위한 노력이 없이는 한 발짝도 앞을 향해 나갈 수 없다는 절실한 배움에 대한 욕구! 그 욕구를 해소하기 위해 입장을 같이하는 청년 동지들이 모여 조직한 것이 바로 '설형회雪螢會'였다. 맨 처음 이 모임은 정영(정광용), 박의양, 허정인, 이문창, 하덕용河德容, 최병곤崔秉坤 등 흑백회 청년회원들 그리고 영동공업소에서 일하는 근로 청년들 사이에서 책을 서로 빌려주며 읽는 극히 단조로운 동기에서 출발한 것이었다. 당시 만리동의 시계포에 근무하던 하덕용 동지로부터 일본어 번역 소설『엉클 톰스 캐빈』을 빌려 감명 깊게 읽고 함께 토론하던 생각이 난다. 해방 후 일본 홋카이도에서 귀국한 하 동지는 대단히 근면하면서도 잠시도 손에서 책을 놓지 않는 모범 청년이었다. 고학, 독학하는 같은 처지의 동조자가 늘어나면서 유정렬, 박제경, 강대복, 양희석, 조한응 등 제 선배들과 이 일을 의논하게 되고, 특히 벌써 수년째 나에게 영어, 한문, 역사 등을 개인교수해주고 계시던 최연택 선생님에게 간청하여 다음과 같은 발기 취지서까지 만들게 되었다.

설형회 발기 취지서

독서는 고금을 통하여 사리事理에 달하고자 함이다. 그러므로 유년, 소년기에 누구든지 학學하여야만 할 것이며 독讀하여야 할 것이다. 그러나 무산無産 혹은 불우의 환경에 비운을 비상悲傷하는 그들로서야 학하고자 한들 어찌 그 편便을 득하며 독하려 한들 어찌 그 가暇를 득하랴. 학불렴學不厭하되 사부師父를 어찌 영迎할 수 있으며 독불이讀不已하되 여가를 어찌 승承할 수 있으랴. 필경 학성學成의 지志를 달達치 못하고 낙오의 비애를 느끼는 자 그 얼마나 많을 것인가. 금수에 오인은 만시지탄이 불무不無하나 동지 삼오인이 궐기하여 일회一會를 발기하니 곧 '설형회雪螢會'이다. 오인吾人은 이제라도 맹연猛然히 궐기하여 섬광이라도 이용하고 촌음이라도 시경是競하여 설형의 고를 감수하여 백 중에 일을 만각晩覺하고 천 중에 십을 지득知得할지라도 독지불이讀之不已함이 지식의 시始가 된다면 여내성공지반如乃成功之半으로 전도가 다망多望할 것이다. 고인이 설광雪光에 조독照讀하며 형화螢火를 채집하여 등화를 대代함이 어찌 평범한 고담이랴. 그 고심성의苦心誠意가 족히 오인의 규범이며 보감이다. 자에 오인은 차로써 취지를 대하여 혜히 자경自警하려 하노라. (최연택 초)

상호부조적인 자주 학습 조직과 독서 활동을 통해 스스로의 인격을 연마하고 지식을 쌓는 한편으로 각자의 직장과 주거지를 중심으로 하여 대중의 계몽 교양 운동을 추진한다는 것을 목적으로 한 이 '설형회'가 정식으로 발기 총회를 열고 출범한 것은 1948년 3월 24일 동대문 밖 창신동 정광용 회장 댁에서였다. 20여 명의 독학, 고학하는 청년들이 중심이 되어 모인 이 회의에서는 취지서와 규약을 채택하고, 지도 위원으로 유정렬, 조한응, 이하유, 양희석, 최연택, 박제경, 강대복, 강전 등 제씨와 임원으로 정광용(회장), 허정인(총무), 이문창(기획), 하덕용(연구), 최병곤(회계) 등을 선출했다. 기타 주요 회원으로는 김선적, 김보환金寶煥, 장건주張建周, 고영세高永世, 홍원태洪元泰, 강상기姜相基, 이한식李漢植, 이봉율李奉律, 박희원朴喜元, 이재옥李在鈺, 지긍현池兢鉉, 박의양, 황태화黃泰華, 유병환, 이상재李相宰, 조상선曺相善 등 수십 명의 유위한 청년 학생들이 속속 참여했으며, 그러다 보니 흑백회가 활동을 중지한 후 사실상 그 후신으로서의 역할까지를 겸하게 되었다.

'설형회'의 일상 활동으로서는 우량도서를 수집하여 본부(창신동)에 회원 문고를 조성하는 한편, 창신동, 예관동, 원남동(양묵당 댁), 의주로(영동공업소), 천연동(이상재 댁), 영천(강상기 댁), 아현동(박제경 댁) 등에서 매주 반班 단위 학습 집회를 열고 독후감 발표, 토론회, 교양 강좌 등 학습 활동을 전개했다. 그 밖의 주요 활동으로는 봄, 가을에 원유회園遊會 형식을 빌려 진관사, 봉은사 등 야외에서 전체 회의를 열었으며, 저동의 자유사회건설자연맹 강당에서 창립 1주년 기념 강연회를 성대하게 개최했다.

기념 강연회에서는 이하유 선생이 「긴박한 내외 정세」라는 제목으로 3차 대전을 예고하는 미소 냉전하에서의 한반도에 드리운 어두운 그림자를 예리하게 풀이해주었다. 나월환, 박기성, 이해평, 김동수, 한유한, 김인과 함께 전시공작대를 사실상 주도한 이하유 선생은 그동안 중국에서 돌아오지 못하고 계시다가 1948년 초에 귀국한 저명한 아나키스트였다. 회관, 우관의 조카로, 그들의 형인 이갑규의 둘째 아들이었다. 일본에서 공부하고 중국으로 건너가 남화한인청년연맹, 조선혁명자연맹을 거쳐 전시공작대의 정치주임을 하면서 전시공작대를 실질적으로 이끌었다. 그런데 나월환 대장이 대원에 의해 암살을 당하는 사건이 발생

아나키스트 형제. 나월환과 함께 전시공작대를 이끌었던 이하유 선생(왼쪽), 군산부두 자유노조운동의 투사 이종연 선생

하자 이로 인해 고초를 많이 겪었고 귀국도 늦어지게 되었다. 물론 귀국이 늦어진 실제적인 이유는 정화암 선생과 함께 조선학전관을 만들어 운영했는데, 이것을 정리하느라고 시간이 걸렸기 때문이다. 이하유 선생은 쾌활하고 재기 발랄하고 재주가 많았다. 그리고 아주 행동적이었다. 나도 이하유 선생의 사랑을 많이 받았다. 자주 만나서 좋은 말씀도 많이 듣고 많이 배웠다. 그런데 1950년 5·30선거에 마포에서 무소속으로 입후보한 후 갑자기 맹장으로 돌아가시고 말았다. 참 아까운 인물이었다. 혁위 때는 계시지 않았는데, 이하유 선생이 혁위에 관여했다면 모양이 달라졌을 것이다. 당시 정국을 수습할 수 있는 역량을 가지고 계셨던 분이다. 이 설형회의 1949년 강연회에서 3차 대전을 예고했는데, 그 다음 해에 6·25가 일어났다. 대단히 통찰력이 있는 분이었다.

이어 양희석 선생이 「아나키즘의 원리」에 대해 모두 알아들을 수 있는 쉬운 비유를 들어 듣는 이들을 감명시켰다. 양묵당 선생에 의하면 자본주의자는 찬바람을 피하기 위해 타인의 이불까지 빼앗아 극소수끼리만 덮으려 하고 공산주의자는 추위에 떠는 다수를 위해 소수자가 가진 이불을 몽땅 뺏어버리려 하지만, 아나키스트는 소수자와 다수자 어느 누구도 희생이 되지 않도록 모두를 따스하게 해준다는 비유를 들었다.

설형회의 대소 집회에서 있었던 수많은 일화 중 잊히지 않는 것이 백범 김구 주석 서거 때 유정렬 선생이 했던 말씀이다. 비통한 모습으로 의주로의 학습 집회장에 들어선 선생의 발언은 너무도 기상천외한 것이었다.

사람은 죽을 자리를 잘 택해야 한다. 사실 혁명가로서의 백범 선생은 환국 후 몇 차례 민족을 위해 죽을 기회가 있었는데 그것을 놓친 것은 참으로 아까운 일이었다. 임정봉대 주권 선포의 자리가 그것이었고, 남북협상에 실패하고 돌아오는 삼팔선에서가 그것이었다. 그나마 이제 민족의 가슴에 영원한 응어리를 남겨놓고 세상을 뜨신 것을 우리는 역설적으로 깊이 새겨야 할 것이다.

그후 6·25가 터지기 전까지 나는 열심히 서점을 뒤지고 다녔고 소공동(지금의 롯데백화점 자리)의 국립도서관을 찾아 책을 읽었다. 때때로 동지들과 몇몇 대학의 유명한 교수들의 강의 시간을 알아가지고 염치불구 도강을 감행한 적도 한두 번이 아니다. 그러다가 뜻 모를 어려운 항목이 생기면 기록해가지고 설형회 학습 모임에서 의제로 내놓거나 최연택 선생님에게 가르침을 청했다.

여기서 나는 기억나는 대로 설형회 동지들에 대한 기억을 더듬어보고자 한다. 설형회는 앞의 발기 취지서에서 볼 수 있듯이 특별한 이념을 내세우지 않았다. 즉 좌우 이념은 없었던 것이다. 좌익 우익을 갈라서 한쪽으로 나간 것은 아니었다. 순수한 청년들의 모임이었다. 그리고 각 개인의 이념적 지향을 문제 삼지도 않았다. 물론 지도위원이나 많은 회원이 아나키스트이거나 아나키즘을 지향한 것은 사실이었다. 그러나 그것을 각 회원에게 강요하지는 않았다.

앞에서도 말했지만 정광용(정영)은 설형회의 중심이었다. 흑백회 때도 영동공업소를 중심으로 핵심적으로 활동했지만, 설형회도 앞에 나서서 중심적으로 이끌었다. 지금도 설형회 시절을 기리며 '설형장학회'를 만들어 어려운 학생들에게 장학금을 지원하며 작은 역할이나마 기쁘게 하고 있다.

허정인은 황해도 안악 출신으로 키가 크고, 참 곧고, 용감한 사람이었다. 용기가 아주 대단했다. 도서관에 늘 같이 다니고, 공부를 하자, 그런데 꼭 월사금 내고 하는 것만 공부가 아니지 않느냐, 가서 도강을 하자, 그래서 서울대, 성대, 고대 등의 유명 강사들이 강의하는 데가 있으면 가서 듣고 그랬다. 이 친구는 재정학 같은 데 관심이 많았다. 그래서 정부 수립 후 예산 편성에도 관심이 많았다. 광운전기를 나온 전기통신 기사였는데, 기독교방송 송신소에 취직이 되었다. 그래서 수복 후에는 생활이 안정이 되고, 그 덕에 나도 그 집에 가서 있기도 하고 그랬다. 당시에 송신소가 연희대학 뒤에 있었는데, 어느 날 이 친구가 문제를 일으켰다. 정규 뉴스 방송을 차단하고 자기 방송을 넣은 것이다. "남북 민중 여러분, 우리가 무엇 때문에 전쟁을 해야 합니까? 우리가 무엇 때문에 대립해야 합니까? 군인들은 모두 물러가시오. 모두 군인들을 해체하시오." 이런 내용의 방송을 한 것이다. 1955~56년쯤이었다. 그때 나는 국제통신이라는 통신사에 다니고 있었는데, 형사가 나를 찾아왔다. 허정인이 자기 방송하고 나서 잡혀갔는데, 친구가 누구냐 하니 내 이름을 댄 것이었다. 내가 조종을 했다고 본 것이다. 물론 내가 조종한 것은 전혀 없었고, 사전에 그 계획을 듣기는 했다. 그리고 이 친구가 권총을 구하고 그랬다는 것도 알았다. 나하고도 친했던 송신소장이 있었는데, 자기 방송이 끝날 때까지는 소장에게 권총을 들이대면서 '소장님은 가만 계시라'고 위협했던 것이다. 나는 경찰에 이렇게 증언했다. "이 사람이 충격이 크다. 전쟁 때 북쪽에 가보니까 가족들이 전부 몰살되었다더라. 이

설형회 회원들(1948년 10월 봉은사)

런 비극을 보고 머리가 돌지 않을 사람이 있겠느냐. 배후가 있는 것도 아니다."

앞에서 말했지만 하덕용은 일본 홋카이도에서 살다 온 친구였다. 아버지가 탄광 노동자로 끌려갔다가 거기서 자란 것 같았다. 우리말이 좀 서툴렀지만 얌전하고 독서를 열심히 하였다. 시계 고치는 기술이 있었다. 나중에 경제통신사에서 활동했는데, 재주가 좋았다. 서로 만나서 책을 교류하며 설형회 활동을 하였다. 국민문화연구소 초대 감사도 했다.

최병곤은 충남 출신으로 성실한 사람이었다. 당시 중학생(중학생이라도 모두 나이가 어린 것은 아니었다)이었는데, 주경야독을 했다. 낮에는 영동공업소에서 일하고 밤에는 학교에 다녔다. 아주 재리에 밝았다. 그래서 설형회의 회계를 맡아보았다. 불행하게도 일찍 죽었다.

김선적은 철학 공부를 한 친구로 당시 연대를 다녔다. 아나키 훈련을 받은 사람 중의 한 사람이었지만 설형회에서는 항상 머리가 한발 앞서 간 사람이었다. 6·25 때 그 판에 남북이 새로운 뭘 하나 만들자는 엉뚱한 생각을 하여 다른 학생들과 충돌하기도 했던 것 같다. 그후 대종교의 안호상 박사와 북쪽에도 다녀오고 하였다.

김보환은 성대 학생이었는데, 머리도 좋고 공부도 잘했다. 정영 회장이 끌어들여서 같이 어울렸다. 나는 그 친구한테 좋은 얘기를 많이 듣고 배웠다.

장건주는 허정인과 같은 고향 사람으로, 느슨하면서 저력이 있는 친구였다. 지금은 소식이 끊어져 만나지 못하고 있다.

홍원태는 문인, 시인이었다. 연합통신 편집부장을 지냈다.

강상기는 아버지가 영동공업소에 다녔다. 당시 학생이었다. 전기기술을 가지고 있어 잘사는 것 같았다.

이봉율은 최병곤이 끌어들였는데, 최병곤과 같은 학교 학생으로 주경

야독을 했다.

이재옥과 지긍현은 우리 고향 사람들이다. 내가 서울로 끌어들여 한약 계통에 있었고, 돈도 제법 벌었는데, 일찍 죽었다.

박의양은 앞에서도 말했지만 박제경 선생의 아들이다. 동두천에서 국민학교 교사를 했고, 나중에 6·25 때는 경찰에 들어가서 활동하다가 나왔다. 1960년대까지 국민문화연구소에서 같이 활동했다.

황태화에 대해서는 잘 기억이 나지 않는다.

유병환은 남대문시장에서 장사를 한 친구다. 유병환을 생각하면 미안한 생각이 든다. 시장에서 열심히 장사하는 사람을 데려다가 자유다, 혁명이다 하면서 세상이 금세 바뀔 것처럼 얘기하면서 정신을 혼란하게 한 것 같다. 자유와 혁명을 얘기하면 순박한 사람들은 그런 세상이 금세 되는 줄 알지만 그렇게 안 되고 나면 타락하고 마는 것 같다. 유병환도 그런 경우다. 부산 시절에 한 번 만났는데, 좀 안 좋아 보였다. 그 이후로 소식이 끊어졌다.

이상재는 광운전기 학생이었는데, 비교적 성공적으로 발전한 것 같다. 당시에 특정한 기술 가진 사람들은 일찌감치 다 자리 잡고 잘되었다. 나 같은 사람은 내내 자리 못 잡고 운동만 하면서 빌빌거렸지만 기술 가진 사람은 다 잘 자리 잡았다.

전쟁 후에 보니 설형회 회원 중 세 사람이 북으로 간 것 같았다. 체신부 계통에 있으면서 연건동 체신 아파트에 살았던 고영세 북으로 갔다. 아주 인텔리하고 대단히 자상하고 똑똑한 친구였는데, 나중에 보니 북으로 갔다고 했다. 또 하나 박희원이 북으로 갔다. 서대문 천연동, 성재 선생 댁에 살았던 것 같은데, 6·25 때 영동공업소 앞에서 만났다. 뒤에서도 얘기하겠지만 내 앞을 총을 메고 지나갔다. 갑자기 만나서 난 얼떨떨해 있는데(나는 당시 몸을 피해 다니는 입장이었다), 반갑다고 악수를 하고 그랬다. "이제 때가 왔다. 더 좋은 세상이 왔다"라고 내게 당당하게 얘기했다. 나한테 더 묻거나 더 끌어잡아당기지는 않았다. 날 내버려두고 그만 지나가버렸다. 설형회 인연이 있었으니까 그냥 두었다는 생각이 든다. 그리고 마지막으로 조상선이 북으로 갔다. 덕수상고에 다녔는데, 가난한 가운데 고학을 하며 학교를 다녔다. 순수한 좌익이었던 것 같다.

6. 광란의 서곡: 6·25전쟁 발발

남한에 유엔 감시하의 5·10선거로 국회가 구성되고, 1948년 8월 15일 이승만 주도하의 대한민국 정부가 들어섰을 때, 남한 정부는 졸연히 풀 수 없는 여러 가지 숙명적 난제들을 떠맡고 있었다. 그중에서도 가장 핵심적인 것은 남한만의 단독정부라는 숙명적 한계성을 어떻게 극복할 수 있겠느냐 하는 것이었다. 단적으로 말해 남북을 가로막는 분단의 38선이 상존해 있는 한, 이 정부의 앞날을 낙관하는 사람은 아무도 없었다고 해도 과언이 아니었다. 오랫동안 내 나라 내 정부 없이 살았던 우리 민중이 이 신생 정부에 대해 당초부터 큰 기대를 걸 수 없었던 것도 바로 이 때문이었다.

남한 정부가 안고 있는 또 다른 난제로는 이 정부가 지니고 있는 태생적 보수 우파 성향을 어떻게 불식하고 그 경직성에서 탈피할 수 있느냐 하는 것이었다. 북한의 공산주의 정권이 급진적 좌 편향의 환상을 떨쳐버리지 못하는 데서 한계성을 드러내듯이, 남한 정부가 보수 우익 일색의 탈을 벗어버리지 않고는 진정한 국민 통합이나 민족 통일의 정통성을 확보하기는 어려울 것이었다.

남북 대치의 격렬한 정치 판국을 헤쳐나가며 고군분투 대한민국 정부를 탄생시키는 과정에서 대통령 이승만이 불가피하게 일시적인 편법을 쓸 수밖에 없었던 것을 이해 못할 바는 아니다. 하지만 이승만이 집권에 대한 지나친 욕망과 개인 독재의 아성을 쌓기 위해 무리하게 마키아벨리즘으로 시종했던 것은 결과적으로 뿔을 바로잡으려다 소까지 잡는 (교각살우) 우를 범한 꼴이 되어버렸다. 아무리 갓 태어난 어설프기 짝이 없는 정부라 하지만, 엄연히 식민 시대의 구악을 떨쳐버리고 민주주의 새 나라를 건국하는 마당이 아니었던가. 건곤일척의 새 세상 새 기운을 조성하기 위해서라도, 대통령은 사소한 개인감정이나 편협한 이해관계를 떠나서, 마땅히 민족정기를 바로 세우고 광범하게 정치적 포용력을 발휘하여 헝클어진 민심을 수습하는 일대 결단을 할 필요가 있었다. 하지만 이승만 정부는 처음부터 그런 것에는 관심조차 보이려 하지 않았다.

취임 제일성에서 이승만 대통령이 내건 (국시 아닌) 건국의 구호는 '반공'이요, '북괴타도'요, '북진통일'이었다. 이런 구호를 내걸고 국민의 단결을 촉구한 그는 정권을 지탱하는 수단이자 유일한 바탕인, 미군정으로부터 물려받은 경찰력과 국군 조직에 의지하여 정치적 반대파를 억압하고 숙청하는 데에만 총력 투구하였다. 친일 경찰을 앞세워 반민특위 활동을 박살냈고, 소장파 국회의원들을 대거 숙청했는가 하면, 심지어는 백주 대낮에 민족정기의 화신이라 할 백범 김구가 정복 군인에 의해 시해당하는 일까지 벌어졌다. 그런 가운데 물가는 천정부지로 뛰고 생활난으로 허덕거리는 국민들의 원성이 높아지니, 그 틈을 타서 좌익 불순분자들이 다시 꿈틀거렸다. 도처에서 남로당 지하 세력이 폭동을 일으켰으며, 제주도 4·3사건, 여수·순천 반란사건 등이 꼬리를 물고 터져 세월을 흉흉하게 했다. 이들을 토멸한다는 명목으로, 정부는 국가보안법을 공포하여 조금이라도 눈에 거슬리는 자는 모조리 '빨갱이'로 몰아 체포 투옥하거나 보도연맹으로 옭아매어 꼼짝달싹 못하게 했다.

제각기 민족 통일의 정통성을 주장하는 남북의 배타적 두 정권을 남겨두고 미소 양 점령군이 한반도에서 철퇴(1948년 말부터 다음 해 5월까지)한 마당에 38선에서의 긴장이 한층 고조되는 것은 불가피한 일이었다. 그런데도 남한 당국자들은 국민의 관심을 온통 대북 무력 충돌 쪽으로만 집중시켜, 대내적인 실정의 책임을 호도하기에 바빴다. 실상 남한 정부로서는 이렇다 할 군사 안보에 대한 대비책을 세워놓은 것이 아무것도 없었다. 그저 징병제를 실시하여 청장년을 병영으로 끌어 모으는 것이 고작이었다. 그러고도 남한 당국은 공공연히 군사력을 과장하면서, "점심은 평양에서 먹고 저녁이면 신의주를 점령한다"는 등 당장이라도 북진통일이 다 될 것처럼 호언하기를 서슴지 않았다. 결과적으로 민심은 완전히 떠나 있었고, 5·30선거(1950년)에서 이승만 정권은 참패의 신산한 고배를 마셔야 했다.

외출 중인 국군 장병들은 지체 없이 부대로 복귀하라!

무장한 헌병의 지프차가 시내를 질주하며 외쳐대는 국군 비상소집의 가두방송 소리였다. 1950년 6월 25일 일요일 오전, 신문로에서 광화문 쪽으로 걸어가던 나는 심상치 않은 예감에 걸음을 멈추고 전파상을 찾아 라디오의 긴급 뉴스에 귀를 기울였다. 뉴스는 다음과 같은 내용의 국방부의 긴급 보도를 되풀이할 뿐이었다.

오늘 새벽 북괴군이 38선을 무단 월경 내침하였기에 용감무쌍한 우리 국군이 이를 요격하여 패퇴시키고 현재 옹진반도, 동두천 북방에서 북으로 진격 중에 있습니다. 시민들은 안심하시고 종전대로 더욱 생업에 힘쓰시기 바랍니다.

다음날이 되면서 파주, 의정부 쪽에서 난민들이 꾸역꾸역 서울로 쏟아져 들어오기 시작했다. 농우를 몰고 들어오는 촌민, 머리에 짐 꾸러미를 인 채로 아이들의 손목을 붙잡고 걸어오는 여인네들. 도무지 뭐가 어떻게 돌아가는지 종을 잡을 수가 없었다. 27일이 되면서 사태는 더욱 급박하게 돌아가, 마침내 서울은 몰려드는 피난민과 피난을 떠나려는 사람들로 발칵 뒤집히고 말았다.

그런데도 정부 방송은 이승만 대통령의 육성을 내보내면서 같은 말만 되풀이하고 있었다.

우리 정부는 조금치의 흔들림 없이 서울을 지킬 것이니, 시민 여러분은 나 대통령과 우리 용감무쌍한 국군을 철석같이 믿고 안심할 것이며 동요하지 말기를 바랍니다.

시민들은 행여나 하는 생각으로 대통령의 육성에 매달리고 있었지만, 나중에 알고 보니 그것은 한낱 녹음을 되돌린 것에 불과했다. 그날 밤 점점 가까이 들려오는 포성에 눈조차 붙이지 못하고 떨고 있던 대다수 시민들은 한강 다리를 폭파하는 굉음 소리를 듣고서야 비로소 정부에게 배신당한 것을 알고 부르르 떨었다.

정부라는 것이 백성들을 감쪽같이 속여 백성들을 적의 수중에 넘겨주고 자기들끼리만 살겠다고 도망쳐버려! 더욱이 백성들이 도망갈 수도 없게 한강 다리까지 끊어버리다니……

1950년 6월 28일 새벽 한강 인도교를 조기에 폭파하는 바람에 배로 한강을 건너는 피난민들

    이것이 뒤늦게 피난길에 나섰다가 뜻을 이루지 못하고 되돌아오는 시민들의 푸념이었다.

    6월 28일 아침! 뜬눈으로 밤을 새운 시민들은 서울 한복판에 인민공화국 기를 단 소련제 탱크가 진입하고, 따발총에 수류탄으로 중무장한 인민군이 전투태세로 행진해 들어오는 것을 바라보며 넋을 잃었다. 거리에는 여기저기 국군의 시체가 나뒹구는 가운데, 형무소에서 갓 튀어나온 죄수들이 트럭을 잡아타고 붉은 깃발을 들고 인민군 환영 만세를 목이 터져라 외치며 질주하고 있었다. 졸지에 인민공화국이 지배하는 세상이 되어버리니, 거리거리에는 '영용무쌍한 인민군 만세!' '우리의 영명한 지도자 김일성 장군 만세!'라는 벽보가 도배질을 하였다. '세계 약소민족의 해방자이신 스탈린 대원수 만세!'라는 플래카드도 요소요소에 나부꼈다. 한편으로 '만고역적 이승만 괴뢰 집단 완전 괴멸!'이라고 대서특필한 대자보가 행인의 주목을 끌었다.

38선을 돌파한 지 불과 나흘 만에 한강 이북이 완전히 인민군의 손에 넘어가자, 꼼짝없이 독 안에 든 쥐의 처지가 된 것은 150만 서울 시민이었다. 그중의 한 사람으로서, 졸지에 세상이 완전히 뒤바뀐 것을 느꼈을 때, 나는 무엇을 어떻게 해야 할지 그저 어리벙벙하기만 했다. 삼십육계 줄행랑이 제일이라고 하니 남들이 하는 것처럼 한강 이남으로 피난길에 오를 것인가? 하지만 온 민중이 가마솥에 든 고기 신세가 되어 있는 판에 나 혼자 살아보겠다고 도피 행각이나 하는 것은 암만해도 비겁한 일인 것만 같았다. 당시 나는 마침 『전쟁과 평화』를 읽으면서 톨스토이 사상에 심취해 있을 때였다. 그리하여 이 고난의 끝을 알아보기 위해서라도 한 번 민중 속에 섞이어 갈 때까지 가보자는 쪽으로 생각이 기울고 있었다. 생각이 이렇게 기울고 보니 오히려 마음에는 여유 같은 것이 생겼다.

　때마침 하늘에는 미군 정찰기가 고공비행을 하고 있었다. 적군의 포로가 된 서울 시민에게 국제연합의 개입 결의를 알려주기라도 하려는 것인가. 그러고 보니 어제 라디오방송에서 연신 "정부를 믿고 동요하지 말기를 바랍니다"라고 시민을 안심시키는 중간 중간에, 유엔안보리가 "북한 괴뢰 집단에 대해 남침 중지를 경고"하는 결의를 했다느니, 미 극동군의 맥아더 사령관이 곧 지원군을 파견하기로 했다느니 하는 긴가민가한 외신을 보도하던 것이 생각났다. 그것이 사실이라면, 절망의 서울 민중에게 일루―縷의 서광이 아닐 수 없었다. 북한의 김일성은 남침 공격에만 몰두한 나머지 일대 오판을 한 것이리라는 생각이 퍼뜩 들었다.

　미국의 입장에서 볼 때, 남한의 대한민국은 이러지도 저러지도 못하는 한낱 계륵 같은 존재였다. 1949년 중공의 중국 장악으로 동아시아 대륙이 온통 붉은색으로 물들여졌을 때, 겨우 한반도 남단 한구석에서 자유의 잔명殘命을 할딱거리던 대한민국의 운명은 (김일성이 아닌 누구의 눈에도) 이미 손아귀에 든 파닥거리는 새나 다름없게 보였을 만하다. 실상 미국으로서야, 악몽과도 같았을 3년간의 군정을 유엔 감시하의 총선거로 대한민국 정부에 이양한 데 뒤이어 철군까지 단행한 마당이니 남한 정도는 이미 포기한 것이나 다름없었다. 그러기에 미국무장관 애치슨이 자유 진영의 극동 지역 방위 한계선 선언(1950. 1. 12)을 하면서 남한 자체를 제쳐놓고 있지 않았던가. 그런데도 미국으로서는 최종적으로는 한국 문제를 나 몰라라 할 수 없는 몇 가지 유보 조항이 없잖아 있었다.

그 첫째가 바로 국제연합과의 관계이다. 1947년 제2차 미소공위가 통일 정부 수립 방안에 대해 남북 정당·단체 회의 소집이냐 자유 총선거냐를 놓고 교착 상태에 빠졌을 때, 미국은 서둘러 한국 문제를 유엔총회로 이관시켰고, 유엔감시위원단을 파견하여 접근 가능 지역(남한)에서부터의 선거 실시로 대한민국 탄생을 서둘렀다. 유엔감시위원단의 입북을 거부한 소련군이 북한의 민주주의인민공화국 창설과 함께 일방적으로 철군을 선언했지만, 유엔총회는 대한민국 정부를 승인한 데 뒤이어 다시 통일 추진을 목적으로 하는 항구적인 유엔한국위원단 구성을 결의했다. 그 유엔한국위원단이 임무 수행을 위해 6·25 발발 때까지도 서울에 엄연히 머물고 있었는데, 공산당의 탱크에 의해 하루아침에 짓이김을 당하고 내몰리는 순간이었다.

유엔이 누구인가? 모든 인류의 자유 인권과 국제 평화 질서 확립을 목적으로 미국 주도하에 새로 탄생한 세계 신질서의 기준이요, 제2차 세계대전 이후의 전 세계 인민이 바라보는 꿈나무가 아니던가! 그러한 유엔총회의 결의로 구성된 유엔한국위원단이 한국 통일의 공식 사명을 띠고 머물러 있는 마당에 일방적인 침략 행위를 눈감아준다는 것은 일본의 만주 침략 앞에 맥없이 주저앉았던 국제연맹의 전례를 되풀이하는 것이었기에 미국으로서는 딜레마가 아닐 수 없었다.

게다가 냉전 시대를 가르는 중대한 분수령이라고 할 수 있는 당시의 시점에서, 미국이 북한의 남침을 방관하기 어려웠던 또 다른 이유가 있었다. 즉 한반도의 완전 공산화는 중국 대륙이 이미 공산화한 마당에 일본열도가 위협에 노출되고 서태평양 연안 전체를 소련 블록에 내주는 것이나 다름없는 중대사였기 때문이다.

트루먼 미국 대통령은 현지 시간으로 6월 24일 토요일 저녁 주한 미국 대사 무초가 보내온 북한 공산군의 남침 보고를 접하자마자 즉각 행동에 나섰다. 미국 정부는 그 즉시로 이 문제를 유엔안전보장이사회에 제소했다. 유엔안보리는 북한 공산군에 대해 침략 행위를 즉시 중지하고 원상회복할 것을 촉구하는 결의안을 9 대 0 만장일치(유고슬라비아만 기권함, 공교롭게도 소련은 그해 초부터 장제스 중국의 상임이사국 자격을 문제 삼아 안보리 출석 자체를 보이콧하고 있는 상태였다)로 통과시켰다. 그뿐만 아니라 미국은 유엔 전 회원국이 북한 제재를 위한 '경찰 행동'에 나설 것을 요구하는 유엔안보리 결의안을 뒤이어 통과시켰다. 이로써 트루먼 대통령은 미국 국회의 결의를 요하는 선전포고 없이도 군사개입을 할 수 있는 길을 터놓는 동시에, 극동군사령관 맥아더에게 한반도에 출병하여 침략을 저지하도록 지시함으로써 사상 최초의 유엔군 창설의 길을 터놓게 되었다.

7월 7일 유엔군이 창설되고 맥아더가 주한유엔군사령관에 취임함에 따라, 이승만 대통령은 임시 수도 대전에서 작전지휘권 이양 서한을 통해 유엔군 휘하에 국군을 자진해서 편입시키고 작전지휘권을 유엔군사령관에게 넘겨주었다.

7. 김일성의 오판과 전쟁 책임

6·25전쟁의 기원에 대해 국내외 연구자들 사이에서는 한동안 남침이냐 북침이냐, 국제적인 영향력에 비중을 둘 것인가, 국내적인 민족적 요인이 얼마만큼 작용했다고 보아야 하는가 등 이론이 분분했던 것이 사실이다. 결과적으로 국제전의 성격을 띠고야 말았던 한국전쟁의 원인을 따지자면 한반도를 분할 점령했던 미소 양국에 그 원초적 책임을 묻지 않을 수 없을 것이다.

미소 양 점령군 당국은 처음부터 한민족의 자주성이나 자유의지에 대해서는 관심조차 없었다. 그들은 각기 자국 점령 지역에서 자국의 구미에 영합하는 특정 인물을 중심으로 자기네에게 유리한 이념과 체제를 부식시켜놓고, 그것으로써 한반도 전체를 아우르고자 기도했다. 그것이 불가능한 것으로 판명 났을 때, 미소 양 당국자는 정면을 향해 마주 돌진하는 기관차를 그대로 두고 무책임하게 뛰어내려버렸다. 그렇다고 그 기관차에 타고 있던 우리 민족 자신, 특히 그 당시 골육상잔을 야기한 남북 당국자들의 직접적인 책임이 조금이라도 감면될 수 있다고 할 수는 없었다. 소련에 의한 북한의 공산주의 체제 형성 과정과 김일성의 한국전에 대한 직접적 책임론에 대해서는 하와이대학 한국연구소 소장으로 있으면서 북한 문제 전문가로 많은 저서를 낸 서대숙의 논지를 바탕으로 해서 되돌아보는 것이 좋겠다.(서대숙, 1989: 67~108)

소련 점령 당국은 점령 초기부터 김일성을 권력의 핵심에 끌어들여, 해방된 지 1년도 안 되어 북한에서 주도권을 장악하게 했다. 소련 점령 당국은 김일성이 대중정당을 조직하여 당권을 장악하도록 도와주었고, 한 걸음 더 나아가 1948년 2월, 북한 정부를 선포하기 7개월 전, 그의 권력을 지탱해줄 군대(조선인민군)를 창설하도록 도와주었다. 이 과정에서 "김일성은 북한에 공산주의 체제를 수립하려고 노력하는 소련을 위해 충실하게 봉사했고, 소련은 그 대가로 그가 권력을 추구하는 것을 도와주었다. 소련에게는 북한의 소비에트화가 한 지방 지도자를 부상시키는 것보다 더 중요했으나 그들의 계획을 성공시키는 것은 자기들이 선택한 대리인의 능력에 달려 있었다. 김일성은 소련의 지시를 충실히 수행함으로써 지도자의 지위를 획득하였다."

1948년 초 소련 점령 당국이 유엔감시위원단의 입북을 거절할 무렵, 김일성은 그의 빨치산 동료들을 거느리고 이미 북한의 당(노동당), 군, 행정권을 한 손에 틀어쥐고 단독정부 수립의 작업을 완료한 상태였다. 그런 줄도 모르고 김구, 김규식 등 남한 지도자들은 남북협상을 하겠다고 터벅터벅 38선을 넘어 개인 자격으로 북한에 갔던 것이다. 그때 그들이 마주친 김일성은 단순한 협상의 상대자가 아니라 이미 차디찬 소련의 권위를 등에 업고 북한을 주름잡는 권력자였다. 그의 지휘 아래 일사불란하게 스탈린 초상화를 들고 소련 만세를 외치며 시가행진을 하는 북한 인민들의 광경을 목격했을 때, 백발이 성성한 남한 혁명가들이 느꼈을 감회는 상상하고도 남음이 있다.

1948년 9월 9일 조선민주주의인민공화국을 선포하고 나서 김일성에게 가장 시급한 현안으로 떠오른 것은 경제문제였다. 심지어 가축의 숫자까지 집계해서 발표할 정도로 자세했던 것이 북한의 초기의 경제통계였다. 그러던 것이 2개년 경제계획 초년도인 1949년에 이르러, 생산 수치를 전년(1948년) 대비가 아니라 분단 이전인 1944년을 기준으로 한 가상적인 수치로 나열한 것만 보아도 북한 경제가 얼마나 난관에 봉착했던가를 짐작할 수 있다. 북한 경제가 난관에 빠진 것은 두말할 것도 없이 수천 년간 전해 내려오던 조선 고유의 통합 경제를 인위적으로 분단한 데서 기인한 것이다. 그런 점에서 김일성이 경제 차질을 봉합하기 위한 수단을 통일에서 찾고자 했던 것은 때늦기는 하였지만 틀린 것은 아니었다.(서대숙, 1989: 98~105)

1949년 3월에서 4월에 걸친 김일성의 첫 번째 소련 방문은 2개년 경제계획에 대한 경제원조를 요청하는 데 그쳤다. 그러나 남한의 절반밖에 안 되는 노동력을 가지고 북한을 독립된 경제단위로 발전시킨다는 것이 무익하다고 느꼈을 때, 김일성은 남한을 군사적으로 정복하여 통일하는 것이야말로 한반도 전체의 경제개발을 계획할 수 있는 하나의 수단이라고 여겼을 것임에 틀림없다. 남한을 대상으로 한 토지개혁법안을 전쟁이 시작되기 1년 전인 1949년 5월 초에 이미 발표하였던 것만 보아도 그들의 남침 저의가 얼마나 주도면밀했던가를 짐작할 만하다.

김일성이 공화국을 선포(1948. 9. 9)한 뒤에 대남 공격을 위해 군사력을 갖추는 데에는 2년도 채 안 걸렸다. 때마침 만주에서의 국공내전에서 중공이 승리를 쟁취하는 데는 연안계 조선의용군과 재만 조선인부대, 그리고 북한의 후방 기지 역할이 결정적인 변수로 작용했다. 중국 혁명에 성공한 마오쩌둥毛澤東은 김일성의 요청을 흔쾌히 받아들여 두 차례에 걸쳐 5만 6,000명의 단련된 조선인 병사를 조선인민군에 이관시켜주었다.(와다 하루키, 1999: 36~39) 마오쩌둥이 김일성에게 힘을 실어주는 데 이처럼 적극적이었던 것은 단순히 인국隣國에 대한 우의나 보은의 차원에서만은 아니었다. 좋게 말해 제국주의와의 힘겨루기를 할 가능성이 있는 가장 편리한 장소로서 한반도를 염두에 둔 것이었다.

김일성이 군사력 강화를 위한 무기 지원을 교섭하는 데 있어서 가장 공을 들인 대상은 역시 스탈린이었다. 김일성은 박헌영과 함께 전쟁 개시 직전인 1950년 4월 최종적으로 스탈린을 만나기 위해 모스크바를 방문했다. 김일성이 인민 봉기 방식으로 남한에서 지도력을 회복하는 데 집착했던 박헌영을 대동한 것은, "남침이 시작되면 자기에게 충성하는 약 20만 명의 남한 내 추종자들이 일제히 봉기할 것"이라는 그의 과장을 직접 스탈린에게 설명하도록 하기 위해서였다는 것이다.(메릴, 2004: 261~269)

김일성은 스탈린을 전쟁에 협력하도록 설득하기 위해 남한 내 좌익 활동의 성과를 과장했으며, 중공의 마오쩌둥 군대가 국공내전의 마지막 단계에서 파죽지세로 승리했듯이 공산 빨치산들이 남한에서 대대적인 성과를 거두고 있다고 호언했던 것이다.[1]

그러나 소련으로서는 북한이 무력 통일을 위해 행동을 개시하는 것을 공공연하게 지지하고 협력할 수는 없었다. 노회한 스탈린은 얄타협정을 깨면서까지 미국과 정면충돌을 하는 것은 소련에 이익이 되지 않는다고 보았을 것이다. 소련이 지지할 수 있는 것은 단 하나, 즉 침략에 대한 응징으로서의 북한의 행동이었다. 이에 김일성이 남한 측의 선제공격에 대해 북한이 부득이 자위 행동으로 반격에 나선 것이라고 발표하기로

---

[1] 1949년 6월 박헌영은 소위 조국통일민주주의민족전선(민전)이라는 공산당 전위 조직에 의한 평화통일 공세로 이승만 정부에 압력을 가하는 동시에 남한 내 반정부 세력과 연합해 투쟁하는 전술에 매달렸다. 그해 9월부터 다음 해 3월까지 북한에서 파견된 게릴라 수는 강동정치학원을 졸업한 간부 600명을 포함하여 3,000명에 달했다. 그들 대부분이 제대로 활동도 못하고 체포되었으며, 그들의 지도자 김삼룡金三龍과 이주하李舟河가 체포된 것을 마지막으로 봉기 계획의 꿈이 수포로 돌아갔을 때, 박헌영은 김일성의 조기 남침 주장 쪽으로 급선회했다. 박헌영은 남한에 있는 그의 조직 단위 및 활동 기반이 일단 인민군에 의해 해방되고 나면 공화국 헌법의 규정에 따라 당과 정부가 평양에서 서울로 이동하게 될 것이니, 그때가 되면 자기 일파의 위상은 전혀 달라질 수 있다고 믿고 행동했던 것이다. 김일성은 1956년 박헌영을 미국 스파이로 몰아 재판에 회부하였고, 박헌영은 "거짓말쟁이"였으며 한국전쟁 당시 남한에서는 "단 1,000명의 인민 봉기자도 없었다"고 비난했다고 한다.(서대숙, 1989: 107)

소련과 밀약했을 가능성이 없지 않다는 것이 흐루시초프의 회고담이다.(와다 하루키, 1999: 33)

소련 정부가 북한 인민군을 강화시키기 위해 적극적인 군사원조에 나선 것은 사실이었다. 1977년에 발행된 『소련군사백과사전』에 의하면 개전 시점에 북한군은 "10개 저격병사단, 1개 전차여단, 1개 오토바이연대"로 편성되어 있었으며, 1,600문의 포와 박격포, 전차 258대, 군용기 172기를 가지고 있었다."(*Sovetskaia voennaia entsiklopediia*, 1977: 358) 남한 측의 군사력과 비교하면 병력 수는 1.4배, 화기는 1.5배, 전차는 8배, 항공기는 4배였다.

북한이 전쟁 직전에 몇 차례에 걸쳐 통일 협상을 제의했던 것은 침략을 위장하기 위한 고도의 심리전이었다. 6월 7일 북한의 민전중앙위원회는 6월 중순에 이승만 등 남한 정부의 9인을 제외한 남북의 정당 단체 대표협의회를 열고 8월 상순 남북에서 총선거를 하여 8월 15일에 최고입법인민회의를 서울에서 개최할 것을 호소하는 서한을 보냈으며, 19일에는 김삼룡金三龍, 이주하李舟河와 조만식을 맞교환하자고 제의하기도 했다. 전쟁을 일으키기 3일 전인 6월 23일 인민회의 의장 김두봉金枓奉은 일선 부대를 시찰하는 자리에서 서울을 해방하고 나면 남한의 국회를 소집하여 이승만 대통령 대신 새로운 대통령을 뽑고 남북의 통일을 선언한다는 매우 아리송한 연설을 하기도 하여 남한 인사들을 당황하게 했다. 태풍 전의 정적이라고 할까, 북한은 남침 수개월 전부터 남한에서 활동하던 게릴라 부대를 모두 북으로 철수하는 수상한 거동을 보였다. 잠잠했던 게릴라들이 6월 초부터 다시 목격되었으나 과거와는 달리 직접 응전하기보다는 남쪽 내륙으로 깊숙이 침투하여 각 지역으로 산개하는 수상한 행동을 취하기도 했다.

1950년 6월 25일 미명! 김일성은 마침내 예하의 조선인민군에게 명령을 하달하여 남으로의 진격을 개시하였다. 스탈린과 마오쩌둥의 은밀한 동의하에 이루어진 극적인 행동이었으며, "2차 대전 종전 이후 유럽의 베를린에서 아시아의 38선까지 연결된 미소의 합의된 세계 분단 division of the world의 경계선이 처음으로 터지는 순간이었다."(박병림, 2002: 75)

결론적으로 "김일성이 가졌던 한국전쟁의 가장 큰 목적은 분단된 나라를 군사적 수단으로 통일하는 것이었다." "그에게 이 전쟁은 무엇보다도 자기의 정치적 야망을 실현하기 위한 것이었고 한국의 분단이라는 문제를 [군사적으로] 해결하고자 시도한 노력이었다. 그러므로 김일성으로 하여금 전쟁을 일으키도록 …… 결정을 내린 것은 그 자신이었다." (서대숙, 1989: 97~98)

8. 서울의 레지스탕스: 자유를 되찾으려는 몸부림

'북진통일'을 외치며 큰소리치던 대한민국 정부는 불과 개전 3일 만에 수도 서울의 150만 시민을 불구덩이 속에 내동댕이친 채 야반도주해 버렸다. 백성 귀한 줄을 모르고 권력 방망이를 휘둘러대다 야반도주해 버린 그런 정권에 대해 서울에 내팽개쳐진 민중들은 무슨 미련이 남아 있었겠는가?

그렇다고 일반 민중들이 하루아침에 무시무시한 소제 탱크를 몰고 들어온 정복자에 대해 무작정 지지할 심정이 된 것은 더욱 아니었다.

서울에 나타난 김일성의 너무도 위압적인 제일성은 백성들의 가슴을 더 서늘하게 만들었다.

남부의 빨치산은 해방구를 확대하여 …… 반역자들을 처단하며 인민의 정치 기관인 인민위원회를 복구하자.

그로부터 시작하여 일방적으로 쏟아 붓는 조선민주주의인민공화국의 일련의 점령 정책 앞에 민중들은 혼이 빠져버리고 말았다. 선동 선전과 집체화 교육, 토지개혁, 노력 동원, 의용군 강제징집 등!

북한이 전쟁을 일으킨 목적은 단순하게 말해 북한 체제를 전 한국적으로 확산시키는 것이었다.(박명림, 2002: 197) 당시 북한의 헌법은 수도를 서울로 규정하고 있었을 뿐만 아니라 조선민주주의인민공화국이라는 표현은 남한과 북한을 모두 포함하는 의미로 쓰고 있었다. 북한은 개전 즉시 군사위원회를 조직한 데 이어 최고인민회의 상임위원회 정령으로 "조선민주주의인민공화국 전 지역에 동원령을 선포"하였다. 군사위원회 위원장은 김일성이고 박헌영, 홍명희洪命熹, 김책 세 부수상과 최용건 민족보위상, 박일우朴一禹 내무상, 정준택鄭準澤 국가계획위원장 세 각료가 위원이었다. 김일성을 인민군최고사령관, 최용건을 부사령관으로 하는 최고사령부를 만들고 김책이 전선사령관, 강건姜健이 총참모장, 김일金一이 군사위원이 되어 전선사령부를 구성하였다. 이런 체제로 개전 나흘 만에 서울을 점령한 북한군은 30일에는 벌써 한강을 넘어 영등포까지 진격했고, 이어 7월 4일에는 수원, 7월 20일에는 대전을 점령했다. 인민군은 계속해서 파죽지세로 7월 말까지 호남 일원을 석권하고 지리산 남쪽, 진주를 엿보는 지점까지 도달했으며, 한편으로 영남 쪽에서는 8월 초순까지 한국군과 미군을 낙동강 방어선까지 몰아붙이고 있었다.

인민군이 점령한 지역에서 북한은 군사적 승리를 공고히 하기 위한 정치적 조치로서 전쟁 직전에 남한에 연고가 있던 게릴라와 공산당 활동가들을 대거 남파하고, 일부 지역에서의 출옥자 등 토착 공산주의자들의 가세로 공산당 조직을 복구시켰다.(박명림, 2002: 221) 그 토대 위에서 최고인민회의 상임위원회 정령으로 남한의 전 해방 지구에 대해 인민위원회 선거와 토지개혁 및 전시 동원 체제를 선포하였다. 인민군이 하룻밤 사이에 진주하고 나니 지하에 숨어 있던 공산주의자들이 영웅과 같이 사람들의 면전에 나타나고, 어중이떠중이들이 모두 좌익인 체, 투쟁 경력이 대단한 체 뽐내고 덤벼들어 더욱 세상을 어지럽혔다.

　서울시임시인민위원회는 6월 28일 서울을 점령한 즉시 박헌영의 심복이자 북한 정부의 사법상인 이승엽李承燁을 위원장으로 하여 가동되었다. 서울시임시인민위원회는 정당·사회단체에 대한 일제 등록을 실시하여 간부 명단을 제출토록 했으며, 전 한국 정부 관계자 및 공무원에게 자수를 호소하였다. 과거를 청산하고 조선민주주의인민공화국의 정책을 적극 지지하며 조국 통일에 헌신하려는 자는 과거 자기 죄과 내용을 기록한 자술서와 청원서를 제출하라는 것이었다. 한편 시민에게는 몸을 숨긴 반동분자를 적발할 의무가 부과되었고, 밤 9시부터 새벽 4시까지 야간 외출 금지 조치가 취해졌으며, 유언비어를 유포하거나 삐라를 뿌리는 자는 공화국 정부에 적대하는 반동분자로 처단하겠다고 선포하였다. 도처에서 반동분자가 인민재판을 받고 총살당했다는 소문이 나돌았으며, 미처 탈출하지 못한 60여 명의 남한 국회의원들이 줄줄이 내무서에 잡혀와 전향하는 자술서를 썼다는 것이다. 라디오방송에서는 김효석金孝錫, 조소앙, 엄항섭, 안재홍, 김규식 박사 등 자수자들의 비굴한 전향 성명이 꼬리를 이었다.(김성칠, 1993: 138)

　그토록 요란스럽게 선전하던 각급 인민위원회 선거가 서울에서도 일제히 실시되었는데 실제로 그 선거 광경이 가관이었다. 마을 주민들을 정릉 뒷산에 모아놓고 행한 인민위원회의 선거 광경에 대해 서울대학

조교수였던 김성칠은 7월 26일자 일기에서 이렇게 기술하고 있다.

> 사회자가 입후보자를 한 사람씩 불러 세우고 "이분이 어떻소" 하니 이 구석 저 구석에서 좋소, 좋소 하는 소리. "그럼 이분에 반대하는 분 손을 드시오" 하니 한쪽 구석에서 멋도 모르고 손을 들었다가 옆엣 사람에게 핀잔을 듣고 내리곤 한다. …… 이리하여 이윤기 씨가 만장일치로 당선. 박수로 환영. 그다음 사람도 유권자 백%의 절대 지지로 당선.(김성칠, 1993: 128~136)

그것은 말만의 선거일 뿐 인민재판 때와 마찬가지로 유권자의 의사가 제대로 반영될 수 있는 것은 아니었다. 친미파나 친일파, 반동 단체에 가담했던 자는 물론 피선거권이 없었고, 인민위원으로 선출된 자는 하층민이나 지방 토착 좌익 인물들이 대부분이었다.

북한이 단시일 내에 인민들을 의식화시키기 위해 집중적인 노력을 기울인 분야가 문화 선전 사업 규정에 따른 정치교육과 선동 선전 활동이었다. 지난날의 신문 잡지는 전부 발행이 정지되었고, 그 가운데 나온 것이 전 남로당 기관지인 『해방일보』와 『조선인민보』, 그리고 평양의 『로동신문』 3종뿐이었다. 신문의 1면은 김일성의 메시지, 연설 전문이 사진과 함께 우선적으로 전 지면을 장식하고, 그렇지 않을 경우는 조선민주주의인민공화국 헌법, 군사위원회 결정, 내각의 지시 등 정부의 모든 시책과 그 해설로 빡빡하게 메워지기 마련이었다. 제2인자인 박헌영이나 서울시임시인민위원장 이승엽의 연설까지도 대개 왼쪽 편 아니면 2면으로 밀리기가 일쑤였으며, 전 지면이 선동 선전 기사뿐, 일반 사회 기사는 찾아볼 수가 없었다. 적에 대한 적개심과 투쟁을 고무하고 북한과 수령 김일성을 찬양하는 선전물이 거리에 홍수를 이루었으며, 노동자, 학생, 여성들의 집회장에도 스탈린과 김일성의 거대한 초상화가 전면을 차지하고 있었다. 나중에는 스탈린, 김일성의 초상화를 각 가정에까지 배포하여 걸어놓도록 했다. 한편 각 동리마다 인민위원회는 요소요소에 '민주선전실'이라는 것을 차려놓고 아침저녁으로 토론회니 강습회니 하며 주민들을 불러내어 '정치교양'을 주입시키기에 열을 올렸다. 주민들은 매번 되풀이되는 "강도 미제와 전쟁 도발자 이승만 역도들"을 "우리 인민군이 내일모레면 바다 속으로 밀어낼 것이니, 남반부 인민들은 한결같이 우리 만고의 영웅 김일성 장군의 영도 아래 굳게 뭉쳐야 한다"는 상투적인 내용에 신물이 날 지경이었다. 공산주의 치하에서 서울 시민들이 너나없이 가장 힘들었던 것은 내 가족의 연명을 위한 먹을거리 걱정이었지만, 북한군이 서울에 입성하던 날부터 붉은 완장을 두른 마을 자치대원들이 눈알을 굴리고 다닐 때, 주민들은 공연히 지은 죄도 없으면서 자신이 반동분자로 몰리는 것이 아닐까 전전긍긍할 수밖에 없었다.

그때 우리 집은 마포형무소 뒤쪽의 공덕동에 있었다. 겨우 방 한 칸을 세 들어 살고 있었다. 부모님(어머니는 새어머니)이 농사를 지으시다가 연세도 많으시고 또 3대 독자인 내가 빠져나가서 딴 짓을 하고 있다는 생각에 1950년 봄에 "애하고 합치자" 해서 서울로 올라오셔서 공덕동에 자리를 잡은 거였다. 나도 그래서 6·25가 나기 전까지는 얼마 동안 생활이 안정되기도 했다.

전쟁이 터졌을 때 나는 내 의지로 일부러 피난을 가지 않았다. 조금 이름 있는 사람들은 숨거나 피난을 갔지만 서울 시내에 살던 보통 사람들은 대개 서울에 남아 있었다. 얼결에 당해서 갈 수가 없는 사람도 있었고, 우리 같은 서민들에게 무슨 일이 있겠느냐는 생각을 하는 사람도 있었다. 나는 처음부터 피난을 갈 생각이 없었다. 나는 너무 비통했다. 비참한 장면을 보면서 나는 대다수 민중과 함께 이 운명과 정면으로 한번 대결하겠다는 생각을 했다. 당시 나는 민중 사상에 도취되어 있었다. 나는 민중의 역사와 민중의 미래가 어디로 가고 있느냐 하는 것을 정면으로 냉철하게 관찰하면서 거기에 내 몸을 실어야 하겠다는 생각을 했다.

우리 집은 그해 봄에 부모님이 서울로 오실 때 1년치 식량을 싸가지고 올라오셨기 때문에 먹을 것 걱정을 하는 입장은 아니었다. 그러던 터에 자치대원이 들이닥쳐 둘러보고는 쌀을 전부 거두어 가는 일이 벌어졌다. "1주일 안에 상부에서 배급을 줄 것이니 그동안 없는 사람과 나눠 먹어야지요."

그러나 며칠이 지나도 배급을 준다는 말은 어디에서도 없었다. 반장에게 물어보았더니, "식량 문제는 자력으로 해결하라!"는 것이 상부의 지시라는 것이다. 어찌 그 실망이 우리 집뿐이었겠는가. 게다가 인민위원회는 일반 주민들을 잠시도 그대로 놓아두지 않았다. 주민들은 낮에는 무슨 교육, 무슨 궐기대회니 하여 불려 다니고, 밤에는 노력 동원에 끌려 나가 제대로 잠잘 시간조차 없었으니 어느 여가에 마음 놓고 식량을 구하러 다닌단 말인가. 주로 미군 비행기의 공습이 없는 야간에 시행되는 노력 동원에 나가면 군수물자를 나르거나 폭격 피해지를 복구하는 일로 밤을 새우기가 일쑤였다. 아무리 애국도 좋고 통일도 좋지만, 굶주린 백성들을 해방시키기 위해 왔다는 수령의 나라가 이토록 거짓말을 밥 먹 듯하며 주민들을 들볶을 수가 있는 것인가?

북한이 개전과 함께 남한에서 가장 본격적으로 실시한 정책은 '인민동원'이었다. 최고인민회의 상임위원회의는 7월 1일 동원령을 발표하였고, 그에 뒤따라 조선인민의용군 본부가 가동되기 시작하였다. 북한이 이렇듯 신속하게 동원 체제를 갖춘 것은 전선의 급속한 확대와 미군의 직접 참전 결정에 따른 반격에 대응하기 위한 것이었다. 이를 여실히 증명하는 것이 『조국의 통일 독립과 자유를 위하여 정의의 전쟁에 총궐기하자!』라는 선전 선동 책자였다.(박명림, 2002: 207) 이 책자에서 북한 당국은, "미제는 …… 직접 침략자로서 등장하여 우리나라와 사실상 전쟁 상태에 들어갔다"고 시인하고, "우리의 목표는 부산, 목포, 여수, 제주도이다! 모든 애국자들이어! 전체 로동자 농민 청년 학생들이어! 미제를 반대하여 조선인민의용군에 모두 다 참가하자!"고 호소하고 있다. 그 밖에도 신문과 선전물들 또한 일제히 의용군 지원을 호소하는 내용과 지원 상황에 대한 찬사 및 각 기관, 직장, 지역 학교별로 의용군에 집단 지원한다는 보도로 넘쳐흘렀다.

전쟁이 치열해지면서 의용군 초모招募 규정도 점점 더 강화되어, 자발적인 지원 형식이 아니라 만 18세부터 만 36세까지의 청년에 대한 사실상의 강제징집제로 바뀌어갔다. 징모 수를 지역별로 강제 할당하였으며, 동리의 민청원民靑員들이 그 수를 채우고자 가두 검색을 하는 바람에 젊은 사람들이 마음 놓고 길을 다닐 수조차 없게 되었다.

한편 북한은 개전 초기인 7월 4일, "해방된 공화국 남반부 농민들에게 자유와 행복을 주며 낙후된 농촌 경제를 급속히 발전시킬 목적"으로 "공화국 남반부 지역에 토지개혁을 실시"한다는 정령을 발표하고 그 시행에 착수하였다. 북한에서의 예를 따라 무상몰수 무상분배를 원칙으로 하는 이 토지개혁 사업의 선전 효과가 남한 농촌 지방에서 북한에 대한 지지를 일시적으로 끌어올릴 수는 있었을지 모른다. 그러나 번갯불 치듯 하향식으로 밀어낸 이 토지개혁 사업이 채 마무리되기도 전에, 이번에는 '농업현물세제'를 들고 나와 물의를 일으켰다. 농민들은 땅을 거저 얻어 농사짓는 것도 좋지만, 작물의 낟알 수, 이삭 수까지 세어가며 피땀 흘려 지은 곡식을 강제 징수한다고 하는, 공산당의 그 숨 막히도록 냉혹하고도 철저한 비인간성에 머리를 절레절레 흔들게 되었던 것이다.

사세가 이쯤 돌아가다 보니 나는 우선 급한 대로 부모님을 다시 고향으로 내려가시게 했다. 아무래도 부모님이 여기 계셔서는 내가 활동하는 데 많은 지장이 있을 것 같았다. 아버지는 나도 같이 내려가자고 했지만 나는 갈 수가 없는 입장이었다. "아버지, 저는 고향에서 사상 운동 하는 사람으로 소문나 있다는데, 내려가면 바로 잡힙니다." 그래서 아버지는 7월 초에 배를 타고 한강을 건너 고향으로 내려가셨다. (어머니는 전쟁 전에 먼저 고향에 내려가셨다.) 그러고는 나 자신도 혼자 집에 있을 수가 없어서 종일 밖으로 나다녔다.

그러나 밖이라고 안전한 것은 아니었다. '자치대'니, '민청'이니 하는 붉은 완장에다 총을 멘 우락부락한 청년들이 수삼 명씩 짝을 지어 길목을 지키며, 조금이라도 수상쩍다고 생각되는 행인은 무조건 세워 검문하기 때문이다. 한번은 의주로 영동공업소 앞에서, 앞에서 말한 것처럼 설형회 회원 박희원이 어깨에 총을 메고 지나가다가 나와 마주쳤다. 나는 가슴이 섬뜩했지만 그는 아무렇지도 않다는 듯이 나를 반겼다. 내가 놀란 것은 함께 독서회 활동을 하면서도 전혀 자기의 본색을 드러낸 적이 없었는데, 더 깊이 들어가지 않았던 것이 다행이었구나 하는 생각 때문이었다. 그것뿐이었다. 그러고는 그와 다시 만난 적이 없었다. 뒷날 안 일이지만, (앞에서 설명했듯이) 설형회에는 몇몇 좌경 성향의 청년들이 끼어 있었다. 그들을 위해 설형회가 일종의 보호막이 되어주었는지는 확실치 않지만, 공산주의 세상이 된 후에도 그들은 사상 문제를 가지고 우리에게 직접 피해를 끼친 적은 없었다.

내가 뒷길로 숨어 다니다가 자치대원들에게 잡혀가 죽다 살아난 기억으로는 북아현동 골목길에서 총을 멘 청년들의 불심검문에 걸렸을 때였다. 나는 그들의 사무실로 끌려가, 몽둥이에 물고문을 당해가며 취조를 받았다. 주소와 정체를 대라는 것이었다. 그리고 자술서를 쓰라는 것이었다. 그러면 나는 이렇게 대응하였다. "내가 일자 무식꾼에 노동자인데, 자술서를 어떻게 쓸 수 있느냐. 남대문시장 청과물상에서 하루 벌어 하루 먹고 살며 겨우 입에 풀칠이나 하는 내가 집이 어디 있느냐." 그러면 또 두드려 맞고 고문을 당했다. "네 놈이 수상쩍은데, 경찰인지도 모르는데 그냥 놓아줄 수가 없다. 그러면 너를 보증해줄 사람을 하나 대라." 이렇게 말하길래 나는 평소에 좌익 사상을 가진 사람 중에 나를 신임해줄 분을 한 분 대면 되겠다는 생각이 들었다. 마침 북아현동 능안에서 한약방을 하던 '이우상'이란 분이 생각이 났다. 그분 얘기를 하자 나에게 사람 둘을 딸려서 그분에게 확인을 받아오게 했다. 그 집 앞에 이르렀을 때 나는 그분이 놀라면 안 되므로 먼저 대문을 열고 들어가면서 "아, 이 선생님 계세요. 이분들이 내가 어떤 사람인지 알자고 하는데 내가 어떤 사람인지 말 좀 해주세요"라고 선수를 쳤다. 따라온 두 사람이 그때서야 놀래 나를 제치고 들어가 나에 대해 물었다. "우리 이 군은 아무 문제없는 사람입니다. 우리와 다 같은 프롤레타리아입니다." 이 선생이 나를 잘 변명해주어 커다란 위기를 잘 넘긴 기억이 지금도 생생하다.

그런 후에도 나는 동지들이며 지인들의 안부를 알 겸 매일같이 시내를 돌아다녔다.

동지들이나 지인들은 대개의 경우 남하했거나 행적을 감추어 연락이 닿지 않았다. 수곡 선생을 만나 공주까지 남하했다가 대전이 떨어지는 바람에 되돌아왔다는 이야기를 들었고, 원남동의 묵당 선생과도 만났다.

내가 최근에 유성렬 형을 만나 당시 얘기를 하다가 들은 얘기인데, 당시에 심산 김창숙 선생도 서울에 계셨다고 한다. "심산 선생은 신체가 부자유하니까 피난을 못 가고 성대 옆의 명륜동 자택에 그냥 계셨다는 군. 처음에는 이승엽의 부하가 와서 연설을 좀 하라고 했대〔아마도 전향성명 같은 걸 발표하라는 얘기였던 것 같다〕. 거절을 하자 이승엽이 직접 왔대. 이승엽 위원장이 '나오셔서 인민들에게 좋은 연설을 좀 해주시면 좋겠습니다'라고 하자, 심산 선생이 '이 사람아, 내가 걷지도 못하는 병신인 데다가 다 죽어가는 늙은이인데, 나가서 무슨 얘기를 할 수 있겠나' 하고 바로 거절을 했다는군. 심산 선생은 기개가 참 대단하시잖아. 어떤 권력도 어떤 사람도 두려워하지 않은 심산 선생이 아니었으면 이승엽 앞에서 벌벌 떨었겠지. 심산 선생은 그후 바로 좌익이었던 둘째 며느리와 주변의 도움으로 삼선교 우리 형님 집〔수곡 선생은 전쟁 전에 삼선동으로 이사를 하였다〕의 다락방으로 몸을 숨겼어. 그때 형수는 다른 곳에 몸을 피한 형님을 뒷바라지 하느라고 거의 집을 비웠고, 우리 어머니〔김응숙 할머니〕가 조카들을 돌보면서 심산 선생에게 밥을 날라드리고 뒷바라지를 했어. 가끔 둘째 며느리가 부녀동맹 완장을 차고 다니면서 들러 시아버지를 돌보기도 했다는군."

묵당 댁에서는 마침 에스페란토 서클에도 관계하던 이시영李時榮 등 청년 동지 몇 사람이 은밀히 모여, 시국 분석이며 나름의 대책을 의논하는 중이었다.

누군가가 말을 꺼내, "이승만 역도가 먼저 북침을 시작했기 때문에 반격에 나선 것"이라고 밀어붙이는 볼셰비키 특유의 선동 선전술에 대해 비판했다. 이시영 동지는 남한 정권을 욕하는 것까지는 그렇다 치더라도, 진보니 민주주의를 운위하는 자들이 김일성 우상화로 역사의 시곗바늘을 거꾸로 돌리려는 광태를 꼬집었다. 묵당 선생이 "그보다도 우리를 더욱 분노케 하는 것은 목전의 민중 생활이 직면한 현실"이라고 지적하면서, 다음과 같이 말을 이었다.

끼니를 잇지 못해 눈이 뒤집히는 주민들을 향해 말끝마다 "모든 것을 전선에"만을 호령하고 질타하는 것이 저들의 행태네. "인민의 해방자"임을 자처하는 자들이 밤낮으로 부역이네 궐기대회네 교육이네 하여 인민을 들볶아대고 있어. 하지만 지극히 우매한 듯하면서도 자기 보호 본능이 예민한 것이 백성들이네. 민중의 마음은 이미 저들에게서 떨어져나갔어.

마침내 우리의 토론은 죽음으로 몰고 가려는 자와 살아남아야 한다는 자 사이의 또 하나의 전선이 형성될 수밖에 없다는 데로 중심이 옮겨졌다. 여기서 나도 한마디 하고 나섰다.

해방 후 우리 젊은 사람들이 선배들을 따라다녔던 중요한 이유 중의 하나는 아나키즘이야말로 철저하게 민중을 중심으로 한 사상이요 운동이라는 점에서였습니다. 아나키즘운동에 동참하는 과정에서 우리는 "민중의 일원으로서 자주 자치하는 생활 훈련을 쌓는 동시에 자유롭고 평화로운 공동의 생활공간을 민중 속에 넓혀나가야 한다"는 것을 하나의 신조로 여겼던 거지요. 그런데 지금 저자들은 사회주의를 한다면서 사람 알기를 개돼지만도 못하게 생각하니…….

최종적으로 묵당 선생이 다시 결론에 가까운 말씀을 하였다.

지금 시민들이 무엇보다도 목말라 하는 것은 남쪽 소식이지. 미국 주도하에 유엔군이 편성되어 본격적으로 참전을 한 모양인데 전세가 어떻게 돌아가는지부터 알아야 대책을 세울 것이 아닌가. 나에게 마침 성능이 우수한 휴대용 수신기 한 대가 있네. 그것을 이 동지 자네가 한번 맡아서 들어볼 텐가? 그때그때 정확한 정보를 종합해서 동지들에게 전해주는 것이 자네 임무일세. 그러는 가운데 자연스럽게 시민의 자위책 같은 것을 강구해나가도록 하세.

나는 묵당 선생으로부터 전해 받은 라디오를 감추어가지고 남대문시장의 은신처로 옮겼다. 평소 사람들이 북적이는 남대문시장은 내가 장사꾼인 체하고 드나들면 누구도 의심할 사람이 없어 좋았다. 흑백회 멤버들이 감싸주었고, 특히 청과상회 주인인 김인성 씨는 가게 2층에 꾸며놓은 협실을 쓰도록 해주어 내가 활동하기에 안성맞춤이었다. 그곳에서 나는 묵당 선생이 준 수신기를 아무도 모르게 감춰놓고는 밤마다 이불을 뒤집어쓰고 혼자서 유엔군 방송을 청취했다. 주로 밤 8시부터 서너 시간 정도 들었다. 그 시간이면 시장이 파하고 조용했다. 방송은 되풀이하여 같은 내용을 방송했다. 방송을 듣고 있으면 하늘에서 단비가 내리는 것 같았다.

그러고는 그다음 날 아침부터 하루 종일 서울에 잔류한 선배들이며, 설형회, 흑백회, 선구회 등의 동지들을 찾아 자유의 소식 전하는 것을 일과로 삼았다. 거의 전파하는 코스가 정해져 있었다. 공덕동 내가 살던 집 근처, 마포, 아현동, 천연동, 영천, 서대문, 남대문, 종로, 원남동, 삼선교, 돈암동까지 전 시내를 헤집고 다녔다. 발이 닳도록 서울 시내 주요 지점을 다 다니면서 소식을 전했다. 내가 나타나기를 기다리는 사람들도 많았다. 내가 나타나면 나를 천사처럼 생각하기도 했다.

우리는 내가 라디오를 듣고 소식을 정리하여 묵당에게 얘기하면 묵당이 그걸 전파하는 체제가 되어 있었다. 당시 묵당 주도로 묵당 댁에 드나들던 사람들이 7~8명 정도 되었다. 주로 옛날 선구회 멤버들이라 다 아는 얼굴들이고 친한 사람들이었다. 우리는 소식을 조직적으로 전파하면서 저항할 용기를 북돋우었다. 물론 당시에 라디오를 가진 사람들이 많았기 때문에 유엔군 방송을 들은 사람은 많았을 것이다. 그러나 그걸 들고 조직적으로 전파하고 저항하던 또 다른 조직이나 사람들이 있었는지는 잘 모르겠다. 나는 당시 우리 아나키스트 동지들이 적 치하 서울에서 자유를 되찾기 위해 몸부림치던 '서울의 레지스탕스'였다고 자부한다.

내가 주로 다니는 곳 외에도 서울 시내 요소요소에서 사람들을 만나서 내가 소식을 전하는 수법은 먼저 공산당의 학정에 대한 불평부터 털어놓고 상황을 보아가며 슬금슬금 바깥소식을 흘리는 것이었다. 거의 자포자기에 빠져 있던 서울시민에게 있어, 유엔의 깃발을 앞세운 미군의 참전 소식은 그야말로 구세주가 나타난 듯 일대 복음이 아닐 수 없었다. 그 과정에서 소리 없는 민중의 소리를 읽을 수 있었다. 그들이 진정으로 바라는 것은 동족상잔의 내란을 일으켜서 자신들의 재산을 불태워버리고 자신들을 사지로 몰아가는 그런 군대, 그런 영도자가 아니었다. 그들이 우선 필요로 하는 것은 자기 생명의 안전이요, 무엇보다도 자기 자신의 자유였다. 자기 자신의 자유를 되찾으려는 몸부림 속에 그들의 마음은 누가 시키는 것도 아니지만 하나같이 한곳으로 모일 수가 있었다.

물론 나로서야 다 죽어가던 사람들이 용기를 되찾는 것을 볼 때 더욱 신명이 났지만, 그러나 노상 검문과 공습경보가 있어서 내가 하고 다니는 일이 결코 수월한 일만은 아니었다. 공습경보 사이렌이 울리면 길을 가다가도 모두 방공호 속으로 대피해야 했다. 하루에도 몇 차례씩 공습경보가 울렸으며 그리되면 꼼짝 못하고 길가의 방공호 속에서 시간을 보내야 했다. 물론 미군기의 공습은 그 자체가 희망을 주는 것이어서, 하루라도 공습경보가 울리지 않는 날에는 일반 민중은 도리어 걱정이 태산 같았다. 공습경보가 나고 미군기의 내습이 있게 되면 모든 것이 마비되고 통제 불능의 상태가 되어버리지만, 도리어 일반 민중들로서는 그만큼 자유로워진다는 것을 의미했다. 그런 의미에서 민중들은 공습경보가 하루 종일 해제되지 않기를 도리어 바랐고, B-29편대의 용산 기지 대폭격과 같은 사태가 벌어지면 그것을 은근히 고소해하는 심리가 되었다. 용산 기지 폭격은 끔찍했다. 많은 사상자가 발생했고, 주민들은 모두 효창공원 숲 속으로 몰려들었는데, 그곳을 우연히 지나다가 온몸이 피투성이가 되어 쓰러진 부상자를 병원으로 업어 나르던 것이 생각난다.

시내를 누비고 다니면서 가장 어려웠던 일은 의용군 징집을 위해 길목을 막고서는 민청대원들과 맞부딪힐 때였다. 그들은 무조건 길가는 청년들을 잡아들였고, 나 또한 네댓 차례나 그런 곤욕을 치른 적이 있었다. 한번은 충무로에서 잡혀 일신초등학교로 끌려가 수용되었는데, 하룻밤을 같은 처지의 청년들과 교실 바닥에서 뒹굴다가 이튿날 감시초를 피해 담장을 뛰어넘어 도망칠 수 있었다. 또 한번은 청량리 전차 종점에서 잡혀 홍릉 들어가는 어귀의 민청 사무실로 끌려가 한바탕 소동을 벌인 적도 있었다. 잡혀 들어온 청년들은 하나같이 위축되어 저만 살겠다고 사정이었다. 그럴수록 저들은 더욱 기세등등하여 김일성 장군이 어떻고 빨치산이 어쩌고 하며 설쳤다. 그럴 적에 그들 민청 간부란 자들에게 보기 좋게 카운터펀치를 날려 코너로 몰아넣는 것이 나의 장기였다. 나는 잡혀온 청년들을 향해 이렇게 거꾸로 선동했다.

이왕 잡혀온 바에야 치사하게 굴진 맙시다. 우리처럼 못난 일자무식을 의용군으로 데려간다니 영광스럽지 않습니까. …… 다만 총자루를 거꾸로 잡고 쏘아대지 않을 거라고 장담할 수도 없는 노릇이니 그게 문젭니다. …… 그런데 우리를 고맙게도 이렇게 끌어들인 저 민청 간부 동무 양반들은 의용군 구경을 아직 못하신 모양이니 …… 우리 기왕이면 저 양반들을 낙동강 전선까지 선두에 세워 끝까지 끌고 다니는 것이 어떻습니까!

지금까지 풀죽어 있던 청년들이 그것 참 좋은 생각이라고 소리치며 일제히 민청 간부들 쪽으로 달려가 소동을 피웠다. 이렇듯 궁지에 몰린 쥐의 기세로 판을 뒤집어놓고 그 자리를 벗어나는 것이 나의 비상수단이었다.

전쟁이 가파른 고비에 도달했을 때, 의주로 영동공업소, 남대문 청과시장 그리고 원남동 로터리 양묵당 댁을 연락 거점으로 하는 우리 지하활동 동지들은 각자 주민들의 반전 저항 의지를 북돋우면서 행동반경을 넓혀나갔다. 선배 동지들이 대부분 다락방 등에 몸을 숨기고 있는 데 반해, 중요한 연락 사항은 설형회, 흑백회, 선구회 등 청년 동지들이 중심이 되어 취하고 있었다. 그때 같이 움직이던 젊은 동지들로는 이시영, 박의양, 정영, 하덕용, 허정인, 장건주, 이상재, 유병환, 김인성, 박영옥, 최병곤, 강상기 등의 이름이 생각난다.

1950년 9월 15일! 기다리고 기다리던 유엔군 인천상륙작전이 마침내 시작되었다. 그와 때를 같이하여 그때까지 밀리기만 하던 낙동강 전선의 미군과 국군이 일제히 반격에 나서 전세가 완전히 뒤바뀌었다. 유엔군의 총반격과 후방의 차단으로 인민군이 완전히 붕괴 상태에 놓이게 되자, 좌익의 수뇌부들이 슬금슬금 자취를 감추고, 그와 함께 남한 요인들에 대한 강제 납북이 본격화됐다. 국회의원, 고급 관료, 학계와 문화계 인사, 종교인, 사회단체 간부 등 대부분 반동으로 규정되었던 분들로 서울 시내 각 기관에 수용되었다가 밤을 도와 북으로 연행당해 갔다. 이때 납북된 아나키스트 동지나 가까운 선배들로는 위당 정인보, 청천 김진섭, 장연송, 박렬 등 제씨가 생각난다.

인천에 상륙한 유엔군이 서울까지 오는 데는 2주일 가까운 시간이 걸렸다. 인민공화국은 수도 서울을 선선히 비워주지는 않을 모양이어서, 인민군 전투부대가 시내 요소요소에 바리케이드를 쳐놓고 결사 항전의 시가전에 대비하는 눈치였다. 하지만 그들의 행정 지휘 체계는 이미 녹슨 지 오래인 듯 거리를 나다녀도 누구 하나 전처럼 잡으려는 사람이 없었다. 다만 이삿짐을 싸들고 북쪽을 향해 떠나는 사람들의 행렬이 늘어나고, 정처 없이 우왕좌왕 거리를 헤매는 노약자나 아낙들의 숫자도 부쩍 눈에 많이 띄었다.

대포 소리가 점점 더 가까이 들려오는 시점에 맞추어, 우리 아나키스트들의 '반침략 시민자위활동 연락망'은 서서히 지상 조직으로 탈바꿈할 차비를 갖추기 시작했다. 젊은 동지들은 양희석, 유정렬, 최종철, 박제경, 강대복, 강전 등 선배들과 은밀히 연락하여 숙의한 끝에 우선 유엔군환영시민대회준비위원회(약칭 유엔군환영위)와 서울시민자경단본부(약칭 자경단) 두 가지 명칭을 동시에 사용하자는 데 합의하고 그 준비를 서둘기로 했다. 자경단은 공백 상태의 서울에서 그동안 주민들이 발휘했던 저항 역량을 자위 자치하는 면으로 돌려 공백 상태에 빠진 서울을 지키자는 취지이며, 유엔군환영위는 다분히 앞으로 있을 수도 있는 유엔 관리하의 자유 통일 선거를 염두에 두고 미리 손을 써나가자는 성격의 것이었다. 당장 생사 자체가 어찌 될지 모르는 판국에 이 정도의 낭만적 생각을 우리가 할 수 있었다니 지금 돌아보아도 믿기지 않을 정도다.

그런 중에서도 24시간 공습경보 상태가 지속되고 하늘에서는 비행기가 번갈아가며 날아와 폭격을 계속했다. 시내 중심부에 폭탄이 터지고 불기둥이 치솟아올랐다. 내가 은신처로 이용하던 남대문시장이 불바다가 되고, 5년 동안 우리의 거점이었던 의주로의 영동공업소도 바로 옆의 조선정미소가 폭격을 당하는 바람에 같이 피해를 입어 전소되었다. 그 통에 강전 씨는 전 가족이 피해를 입었으며, 부인이 참변을 당했다. 참으로 애석한 일이었다. 한편 그 당시 이와는 조금 다른 이야기지만, 원남동 양묵당이 이끄는 그룹의 동지들은 시내에서 시가전을 하려는 인민군의 총기를 탈취해가지고 일대 총격전을 벌였다는 무용담이 화제가 되고 있었다.

　서울 수복을 목전에 둔 순간까지도 나는 서울 시내를 이 잡듯 누비고 다니며 동지들과의 연락 임무를 수행하기에 정력을 쏟았다. 그러다가 전 시내가 화염에 휩싸이는 것을 보고는 그때서야 부랴부랴 소격동(전 경기고교 뒤쪽)에 있는 아는 한의원을 찾아들어 의탁했다. 평소 별로 친한 사이가 아니었는데도 불구하고 이 한의원의 노부부는 나를 친자손이 돌아오기라도 한 듯이 반기었으며, 전쟁의 뒤끝이 어찌 될지에 대해 아는 대로 들려주기를 청했다.

　1950년 9월 28일 끝까지 버티던 인민군의 저항이 완전히 멈추고, 마침내 중앙청 국기 게양대에 유엔기와 함께 태극기가 올라갔다. 오래간만에 자유를 되찾은 시민들의 환성이 여기저기서 터져 나왔다. 우리 동지들 또한 일제히 유엔군 환영 만세를 부르며 종로로 모여들었다. 우리는 급한 대로 우선 종각 옆 삼성빌딩 5층에 임시 사무소를 차려놓고, '유엔군환영시민대회준비위원회'와 '서울시민자경단본부'라는 큼지막한 두 개의 플래카드를 밖으로 내걸었다. 공산 치하 3개월 동안 단련된 지하투쟁의 저력을 바탕으로, 이번 기회에 국제연합과도 제휴하여 완전 주민자치의 새 사회를 건설해보자는 것이 우리의 욕심이었다. 그러나 유엔군(미군)에 협력하여 자율적으로 시내 치안을 담당하자는 우리의 당초 계획은 처음부터 빗나갔다. 우리의 안이한 단꿈은 한낱 백일몽에 불과했다.

　29일 중앙청에서 맥아더도 참석한 환도식이 거행되었을 때, 그 자리에는 3개월 전 시민들을 안심시키고 야반도주했던 이승만 대통령이 제일 먼저 와 있었다. 그는 서울을 지키느라 고생한 시민들은 안중에도 두지 않고, 공산군을 물리친 것이 온통 자기의 공인 양 떠벌리고 있었다.

수복되기가 무섭게 서울에 들이닥쳐 잔뜩 해방감에 들떠 있는 시민들을 악연愕然케 한 것은 일부 몰지각한 후방 근무 군인들이었다. 또한 종래부터 악명 높기로 정평 있는 경찰의 행패는 더욱 심했다. 그들은 시민들과 협력하여 맡은 바 치안 질서의 회복에 만전을 기할 생각은 하지 않고, 처음부터 몰지각한 정상배들이나 끄나풀들과 짜고 적이 남겨둔 창고를 뒤지거나 연고가 없는 개인 재산을 넘보는 등 마음이 온통 콩밭에 가 있는 듯했다. 때마침 국회를 통과(9월 28일)한 '부역자처벌법'은 "역도가 강점한 지역에서 그 강점 기간 중 역도에 협력한 사람"을 처벌하기 위한 법률이어서 그들은 이 법률을 자기들의 호신부처럼 써먹고 있었다. 이 법률에 의해 정부를 따라 남하하지 못한 서울 시민들은 모조리 불순분자로 취급되어 누구나 심사를 받아야 할 처지가 되었다. 그러고 보니 서울은 완전히 정부를 따라 남하했다 돌아온 소위 도강파들만이 애국자로 행세할 수 있는 세상이 되었다. 서울에 남아 있던 사람들은 "왜 도강하지 않았느냐"고 부역자로 몰아도 한참 변명하지 않고는 할 말을 찾기에 궁했다. 더구나 평소에 누구와 사이가 좋지 않았거나 척이라도 진 사람은 모함을 당해 부역자로 몰려 애꿎게 잡혀가거나 재산을 빼앗기는 횡액을 당하기가 다반사였다. 인공 시절에 생명을 건지기 위해 부득이 협력하는 체한 것까지 샅샅이 뒤져낸다면 끝이 없을 것이었다. 그런데도 굳이 그 원죄를 따지기로 말하면 백성들을 내팽개치고 달아났던 정부나 대통령이 어찌 자유로울 수 있을 것인가!

9. 1·4 후퇴 그리고 풀뿌리들

인천상륙작전 이후 패주하는 북한군을 38도선 너머로 추격하면서 유엔군이 일차적으로 고심한 것은 유엔으로부터 위임받은 행동의 범위가 어디까지냐 하는 문제였다. 안보이사회 결의는 "북한군을 38도선 너머로 철수시키는 것"만을 규정하였기 때문이었다. 이에 대해 미국 정부 내에서는 개전 초기부터 양론이 대립하였다. 즉 사명 완수를 위한 38도선 이북에서의 군사행동이 가능하다는 반격론과 그것은 소련, 중공을 자극할 염려가 있으니 새로운 안보리 결의가 필요하다는 신중론이었다. 많은 논의를 거친 끝에 9월 27일 최종적으로 미 합동참모본부는 대통령의 재가를 얻어 정책문서 NSC81/1에 기초한 북진 명령을 맥아더에게 하달했다.(FRUS, 1950: 78~82) 보다 심각한 문제가 바로 그다음부터 발생하였다. 즉 38도선 이북 평정 지역에 대한 통치권을 행사할 주체가 누구냐 하는 문제였다.

　질풍과 같은 진격으로 한국군이 앞장서서 불과 한 달 사이에 북한 전 지역을 석권하였을 때, 한반도에서의 유일 합법 정부임을 주장하는 한국 정부 또한 그에 못지않게 기민하게 행동했다. 한국 정부는 점령 지역 후방 치안을 담당할 경찰을 배치한 데 이어 기왕에 임명해둔 이북 5도 도지사를 부임시키는 등 북한에 대한 행정권 확대를 기정사실화하는 데에 주력했다. 그런 과정에서 남한의 특권 기관 인사들이 마치 정복자인 양 끼어들어 공산 치하에서 겨우 살아남은 주민들을 모조리 부역자인 양 취급하며 행패를 부리고 다녔다. 그런 데서 남한을 이상 천국으로 동경하던 주민들의 민심이 확 돌아서게 되었다.

　이를 대단히 못마땅하게 여기던 미국의 자유주의적 정책 입안자들은, 이승만 정부에 대해 비교적 호의적이었던 맥아더와는 달리, 대체로 이승만을 배제하고 한국의 리버럴화를 생각하는 추세였다.(Cumings, 1990: 710; 와다 하루키, 1999: 168에서 재인용) 마침내 유엔총회는 10월 7일 한국 정부의 북한 관할권을 인정하지 않고, 전 한반도에서 유엔 관리 아래 선거를 실시하여 통일 한국 정부를 수립하는 결의안을 채택하였다. 이 결의에 의해 12일 유엔총회 임시위원회는 유엔한국통일부흥위원단이 도착하기까지 북한 지역의 통치와 민정에 대한 모든 책임을 통합 지휘권을 행사하고 있는 유엔군사령관이 임시적으로 수행하도록 할 것을 미국에 요청하였다. 유엔에 의한 전 한국 총선거 실시는 대한민국 통치권이 자동적으로 북한까지 확대되는 것을 기정사실화하려던 이승만 정부로서는 심각한 타격이 아닐 수 없었으나, 그렇다고 유엔을 상대로 정면 대결할 처지도 못되었고, 또한 그런 문제를 논할 한가한 시기도 아니었다.[2]

유엔군의 북한 평정을 가로막은 결정적인 요인은 말할 것도 없이 중공군의 개입으로 인해 전세가 갑작스럽게 역전된 데 있었다. 북한 공산정권의 절멸을 통한 종전이라는 미국의 의지가 분명해질수록, 그리하여 한국군과 미군이 압록강 국경선을 향해 점점 가까이 접근해갈수록, 그것은 바로 마오쩌둥의 참전 의지(보가위국 항미원조保家衛國杭美援朝)에 기름을 붓는 결과로 나타났다. 그런데도 맥아더는 중공군 대부대가 이미 압록강을 건너 조선에 들어온 사실을 까맣게 모르고 있었다.

펑더화이彭德懷를 사령관으로 하는 중국인민지원군은 10월 19일 유엔군이 평양을 점령하던 같은 날 압록강을 건너기 시작하였다. 중공군은 10월 25일부터 제1차 공세를 개시하여 국경 근처까지 접근한 한국군과 미군을 요격하여 거의 힘 안 들이고 청천강 이남으로 밀어냈다. 펑더화이의 제2차 공세는 베이징에 있는 마오쩌둥의 지시를 받아가며 한국군과 미군을 동서 양 전선으로 분리, 유인하여 집중 강타하였다. 이에 크리스마스 때까지 전쟁을 종결시키겠다던 맥아더의 전략이 중공군의

---

[2] 결과적으로 북한에 대한 남한의 관할권 문제는 지금까지도 영구 미제로 남아 있는 숙제의 하나다.

압도적인 대공세 앞에 완전히 빗나가, 평양~원산 선으로 총퇴각하는 초비상사태가 벌어졌다. 그에 이어 12월 말부터 시작된 중공군의 제3차 대공세는 일거에 38도선을 돌파하고 1951년 1월 4일 서울을 재점령하기에 이르렀다. 그러나 미 공군의 연속적인 맹폭격으로 37도선, 즉 오산~제천~원주 이남으로 중공군이 더 이상 남하할 수는 없었다.

1951년 3월 유엔군이 서울을 다시 탈환하고 중공군을 38도선까지 밀어낸 단계에서 전쟁은 완전히 교착 상태에 빠지게 되었다. 이런 상태에서 소련의 중개 형식을 빌려, 미군과 중공군 사이에 판문점에서 정전회담이 시작되었다. 2년여에 걸친 치열한 진지전을 계속하면서 협상을 진행한 끝에 1953년 7월 27일에야 휴전협정이 체결되었다. 남북한 구분할 것 없이 한반도를 완전히 폐허로 만든 뒤였다. 대부분의 산업 시설을 파괴시키고, 전 국토를 초토화시키고, 그보다도 군인(우리 청년들뿐 아니라 미군, 유엔군, 중공군까지를 포함하여), 민간인 모두 합쳐 총 1,000만 명에 가까운 인명의 피를 뿌리게 한 전쟁이었다. 그러면서도 해결된 것이라고는 아무것도 없는 전쟁이었다. 기껏해야 전쟁 직전의 원위치로 되돌아간 것뿐이었다. 북한의 김일성과 박헌영이나 남한의 이승만이 시도했던 당초의 통일 구상도, 자유 진영의 트루먼과 맥아더, 공산 진영의 마오쩌둥이나 스탈린이 제각기 꿈꾸던 동아시아의 패권도 한반도 중허리에서 멈출 수밖에 없는 것이 그들의 한계점이었다.

9·28수복 후에도 한 달이나 지나 서울로 환도한 대한민국 정부는 기껏해야 부역자처벌법에 의한 부역자처벌 특별조치령과 국민방위군설치법을 집행하는 일을 가지고 소뿔을 뽑겠노라 정력을 허비하고 있었다. 중공군이 노도와 같이 밀고 내려온다는 풍문으로 가뜩이나 어수선하던 판이라, 이런 때일수록 부역자 여부를 분명히 가려놓아야 한다는 결벽

증이 작용한 탓도 있을 것이다. 하지만 이 대동지환大同之患 속에서 강을 건넜느냐 못 건넜느냐, 지하에 숨었느냐 그러지 못했느냐는 도토리 키 재기식 기준을 가지고 유무죄 운운하는 소견머리로 어떻게 이 난국을 헤쳐나가려는 것인지 한심하기만 했다. 그보다도 정부 처사에 더욱 분통이 터질 일은 저 악명 높기로 유명한 국민방위군설치법이었다. 정부는 인공이 하던 방식을 꼭 그대로 본떠서, 아니 한술 더 떠서 무턱대고 17세 이상 40세까지의 청장년을 모조리 잡아들여 제2국민병으로 편입시키는 행동을 서슴지 않고 실시했다. 이때 서울에서 청년방위대에 강제로 끌려나온 청장년이 자그마치 50만 명이었다니, 그래가지고 우리 아까운 인력을 거리에서 거지꼴을 만들어 얼려 죽이고 굶겨 죽이고 했다니 참으로 기가 차는 이야기다.

이런 와중에 시민들을 다시 일대 공포 속으로 몰아넣은 것은 중공군의 인해전술이 임박했다는 소문이었다. 국군이 압록강까지 진격했으며, 맥아더 원수가 장병들에게 크리스마스를 집에서 보낼 수 있게 하겠다고 약속한 것이 바로 어제 일인데, 지금 중공의 100만 대군이 38선 코밑까지 와 있다니 도무지 종잡을 수가 없었다. 거리는 수런거렸고 시민들은 다시 봇짐을 싸기 시작했다. 당국도 전과는 달리 시민들이 소개하기를 적극 권장하는 태도였다. 그렇다고 누구나 다 피난을 가라는 것은 아니었고, 17세부터 40세까지의 청장년은 제2국민병 소집이 있을 때까지 집에서 꼼짝 말고 대기하고 있으라는 것이었다. 이로부터 청장년들은 또다시 거리를 마음 놓고 다니지 못했고, 보이는 족족 청년방위대로 잡혀 들어가는 세상이 되었다.

이런 판국에 우리 아나키스트 청년들이라고 노상 낭만적인 꿈에만 사로잡혀 있을 수는 없었다. 역전에 역전을 거듭하는 전란 중에 사람들의 감각이 완전히 무디어져버린 상태였으니, 생각깨나 하노라고 자부하던 우리의 의식인들 제대로 작용할 리가 없었다. 우선은 살아남을 길을 찾아놓고 보자는 생각에서, 우리 동지들은 손에 닿는 외국 잡지(『타임』지 등)를 구해 읽으며 정세 분석을 시도하는 등 백방으로 묘계를 찾느라 고심하였지만 그런다고 사태를 제대로 파악할 수 있는 것도 아니었다. 오직 한 가지 이 시점에서 깊이 반성해야 할 문제는 나 자신 스스로의 자세에 대해서였다. 이 시점에서는 무엇을 얼마만큼 능동적으로 해나가겠느냐 하는 것이 문제가 아니라, 닥쳐올 운명을 얼마나 떳떳한 자세로 받아들일 수 있겠느냐 하는 것이 문제였다. 그러기 위해서는 절대 비겁해서는 안 된다! 정정당당해야 한다! 이것이 나의 종국적 결론이었다.

12월 하순, 마침내 중공군의 노도와 같은 제3차 공세가 시작되었을 때, 서울은 완전히 공동 상태였다. 오직 행보조차 못하는 노약자와 방위병에 끌려가기를 기다리는 청장년들만이 우리 속에 갇혀 꼼짝 못하고 있을 뿐이었다. 그중의 한 분자가 바로 나였다. 오도 가도 못할 진퇴유곡의 와중에서 나는 비로소 나를 포함한 우리 조선 청년들이 자기 의지와는 관계없이 쇠사슬에 묶여 있다는 것을 절감하게 되었다. 십 년 아니 백 년이 걸리더라도 이 쇠사슬을 풀 수 있는 자는 나 자신뿐이라는 것을 곱씹어보았다.

진인사대천명이라고 했다. 모든 것을 운명에 맡기고 오늘을 안신입명 安身立命하자는 심정으로 마음을 가라앉히고 있을 때, 이 호구에서 빠져나갈 구원의 손길이 뜻하지 않게 나를 찾아왔다. 당시 나는 모든 것을 체념한 심정으로 삼선교 수곡 선생 댁에서 아직 피난을 떠나지 못하고 있는 노약자들과 함께 머무르고 있었는데, 갑자기 감찰위원회에 근무하는 유성렬 형이 찾아와서 밖에 차가 대기하고 있으니 어서 나오라고 재촉이었다. 감찰위원회[3]의 이삿짐과 가족들을 실어 나르기 위한 배가 인천항에서 기다리고 있다는 것이었다. 나를 태운 트럭은 태평로의 감찰위원회를 들러 약간의 짐을 실어가지고는 그대로 인천항으로 질주했다. 중간 요소요소에 검문소가 있었건만 감찰위원회 차라는 데서 거칠 것이 없었고, 짐과 나는 곧장 배로 인계되었다. 진남호라고 하는 300톤짜리 작지 않은 기선이었다. 알고 보니 감찰위원회 식구들은 이미 다른 편으로 떠났고, 그 배는 오직 나 한 사람을 데려가기 위해 우정 부산에서 인천까지 온 셈이 되었다. 그 배는 피난민을 실어 나르는 배답지 않고 유람선을 연상시켰으며, 나는 잠시나마 선원들로부터 분에 넘치는 대우를 받는 행운을 누렸다.

부산에 도착했댔자 오갈 데 없던 나로서는 마침 배가 수리하러 들어가기를 기다리는 동안 선상에 그대로 체류하면서, 부지런히 변화한 남포동이며 광복동 거리를 헤매고 다녔다. 시장이며 다방 구석도 돌아보고 신문을 뒤적이며 세상 돌아가는 동정도 살폈다. 서울서 피난 온 동지들이며 구면들을 만나 시국담을 나누기도 하였다.

무엇보다도 나라 돌아가는 꼴이 걱정스러웠다. 어린이 싸움이 어른 싸움으로 확대된 전쟁의 양상은 이제 내전의 수준을 넘어 민족의 주체의지 운운하는 주장은 아예 말도 꺼내지 못하게 되었고, 싫든 좋든 모든 것을 패권주의 외국 세력의 자비심에 의존할 수밖에 없는 처지가 되었다. 그런데도 우리 대통령은 여전히 알량한 정부의 명줄이 끊어지지 않은 것이 모두 자기 정치 수완 덕택인 양 계속 안팎을 향해 뚝심 겨루기에 여념이 없었다. 처음부터 그는 사경을 헤매는 민생 문제 따위에는 관

---

3) 원래 초대 감찰위원장은 정인보 선생이었다. 그러나 정인보 선생은 조봉암 농림장관, 임영신 상공장관 등 이승만 대통령의 총애를 받던 각료들의 부정을 들추어내어 파면시킴으로써 대통령의 진노를 사고 사임한 데다 동란 초기에 납북되었다. 당시 감찰위원회에는 이을규 선생이 아직도 위원으로 재직 중이었고, 그 외에 유치웅, 이규창 등 청렴결백하기로 정평이 있는 선배들이 재직 중이었다.

심도 없는 듯, 오직 개인 독재의 권력을 휘어잡는 데만 신경이 가 있는 것 같았다. 그런 대통령의 막하에서 잔뜩 진을 치고 서슬이 시퍼런 칼을 휘둘러대는 정체성 모호한 군상들! 그들의 부패상!

그런 꼴의 정부에 등을 돌린 정객들이 당쟁 보따리를 이곳 부산까지 싸들고 다니며 온갖 냄새를 풍기는 것 또한 한심스럽기는 마찬가지였다. 그들은 모든 잘못의 책임을 남의 탓 조상 탓으로 돌릴 뿐, 처음부터 무슨 신통한 자기 책임감이나 대안을 가지고 있는 것도 아니었다. 그런 가운데 어느 한구석 썩지 않은 곳이 없고 썩는 냄새로 가득 찬 것이 당시 전시 수도 부산의 만화경이었다.

그러나 이곳 부산이 목적도 희망도 없는 부패의 도시라고만 단정하는 것은 속단이라는 생각이 문득 들었다. 그럴 만한 증거로서 나는 특히 두 가지 잠재적 가능성을 민중 사회에서 발견하고 희망을 되찾게 되었기 때문이다.

우선 그 첫째가 생기 넘치는 국제시장의 풍경이었다. 국제시장, 자갈치시장에서 경이로웠던 것은 토박이 장사꾼이나 외지인들이 이질감 없이 함께 어우러져 눈코 뜰 새 없이 뛰고 있는 점이었다. 특히 13도에서 모여든 피난민들이 제각기 하나라도 더 팔고 한 푼이라도 더 벌고자 경쟁하는 모습은 가위 (죽음을 향해 돌진하는 전장이 아니라) 삶을 쟁취하기 위한 전장 같은 감을 주었다. 그러니 시장 상인들 사이에 활력이 넘칠 수밖에 없었고, 그들을 보고 있으면 전혀 전쟁을 하고 있지 않은 딴 세상에 온 것 같은 생기를 덩달아 느끼게 된다. 한마디로 정주민과 피난민이 서로 어우러진 가운데 이제는 더 이상 물러날 곳도 후퇴해 갈 곳도 없는 끝장까지 왔으니, 죽든 살든 악착같이 앞을 향해 함께 생존할 길을 개척해나가자는 것이 시장 분위기였다. 그런 데서 나는 그러한 민중들의 자발적인 총합적 평화 의지가 임시 수도 부산의 밑바닥에서 꿈틀거리는 것을 느꼈다. 한겨울인데도 이미 이른 봄 새 움이 트는 소리가 들려오는 것이었다.

둘째로 내가 부산에서 앞날의 발전을 위한 희망적 징후로 점찍은 것은 부산 외곽 지역에 무수하게 막사를 치고 있는 외국 부대 기지들의 존재였다. 부산에 온 지 얼마 되지 않았을 때 나는 영국군 부대에 근무하게 되었다. 당분간이나마 영국군 군영 내에서 비교적 안정된 일상을 보낼 수 있게 되면서, 나는 조용히 우리 민족의 정체성이며, 특히 이 전란이 비록 타의에 의해서나마 우리에게 가져다줄 앞으로의 역사적 의미는 무엇일까를 내다보고 싶었다. 동시에, 지금 이 땅에는 세계 6대주 16개국의 청년들이 유엔의 깃발 아래 모여 있는데, 보다 긴 사회문화적 관점에서 그들은 과연 우리에게 무엇일까를 생각해보고 싶었다. 아무튼 국적도, 인종도 상이한 청년들이 유엔의 평화 목적을 위해 한 울 안에 모였다는 사실 자체만은 앞으로 우리에게 어떤 의미로도 중대한 영향을 끼칠 것이 틀림없었다. 일제 식민 치하, 외국 군정의 통치하에서 지극히 퇴영적이고 지극히 위축될 수밖에 없었던 우리 민중들, 우리 청년들이 이들 선진국 청년들을 통해 받을 문화 충격은 실로 놀라운 것일 것이다. 물론 처음부터 말이 잘 통하거나 생각이 같을 리야 없다. 하지만 돈 주고도 사지 못할, 이 국경을 초월한 인간적 접촉의 마당이 우리에게 지금 뜻하지 않게 만들어졌으니, 우물 안 개구리처럼 살던 우리 청년들이 이들을 매개로 하여 서구 문명에 대해 눈 뜨기 시작하는 것은 시간문제일 것이다. 그들을 통해 세상이 넓다는 것을 알게 될 것이고, 지극히 게으르고 우둔한 자기 습성도 되돌아보게 될 것이며, 반면에 우리의 아름다운 전통과도 비교할 수 있어 자기도 모르는 사이에 발분하는 자극제가 될 수도 있을 것이었다. 이 문화의 조우가 앞으로 우리 민족과 우리 민중이 시련을 극복하고 일어서는 날, 우리의 운명을 비상시킬 또 하나의 원동력으로 작용하지 않으리라고 누가 감히 고개를 흔들 수 있을 것인가! 그 원동력에 의거하여 비로소 인류의 고질, 세계의 엉킨 실타래가 풀릴 수 있을 것이라는 것을 어찌 부인할 수 있을 것인가!

나는 처음에 범일동에 있는 영국군 헌병분견대에서 근무하다가 1952년 봄 수영 광안리의 영국군 보급기지로 자리를 옮겼다. 보다 많은 우리 청년들, 외국 병사들과 함께 있고 싶다는 심정에서였다. 전조 주한 영국군 부대의 보급을 담당하는 이 군사기지는 한국인 노무자만도 300여 명이나 되는 대부대였다. 이 부대에서 내가 하는 일은 주로 야간 경비를 서는 일이었기에 낮 시간을 내 자유로 활용할 수 있어 좋았다. 팔도 사방에서 모여온 한인 노무자들의 성향은 잡다했으나, 학력 수준은 대개 고졸 이상으로 대학 재학생들도 여러 명 섞여 있었다. 그럼에도 불구하고 그들 대부분은 전쟁이란 말만 들어도 알레르기 증상이 생기는 듯, 민족이나 정치에 대한 화두 같은 것은 입에 담는 것조차 싫어하는 기색이었다. 심지어 외국인들로부터 참기 어려운 차별적인 모욕을 당했을 때도 그들은 대개 그 자리를 적당히 비켜가며 어리벙벙하게 넘어갈 정도로 신경이 무디어져 있는 것이 사실이었다.

한인 노무자를 대상으로 우리(부산에 와 있는 아나키스트 동지들)가 착안한 일은 비록 외국군 부대의 노무자 생활을 할망정 눈을 똑바로 뜨고 '내가 누구인가'에 대한 정체 의식만큼은 분명히 가지고 살 수 있도록 하자는 것이었다. 그러기 위해 책을 읽고 서로 격려해가며 인간적 품위를 높이는 운동을 전개하자는 데 뜻을 모았다. 이런 취지에서 몇몇 뜻있는 동료들과의 협력하에 신문 회람에서부터 출발하여, 문고를 만들고, 독서회를 조직했으며, 토론회, 좌담회, 교양 강좌를 주기적으로 개최하고, 회지를 편집하는 등 우리 노무자들끼리의 친목과 교양 향상 운동을 전개했다. 소수에서 출발한 이 운동이 알려지면서 전체 한인 노무자들의 호응을 받게 되고, 특히 당시 함께 근무하던 상이군인들의 거친 심성에 많은 영향을 주었던 것은 즐거운 추억거리다. 당시 이 운동에는 유정렬, 조한응, 강환국, 양희석, 허정인 등 부산에 와 있는 선후배 동지들이 모두 정성을 다해 동참해주었으며, 상시 이 운동의 추진 방향에 대해 관심을 갖고 협의해주었다. 성균관대의 손우성 교수나 연세대의 김형석金亨錫 교수(당시 중앙고교 교장) 등을 교양 강좌의 강사로 모셨던 것도 감격스러운 일이었다. 당시 이 활동에 직접 동참했던 주요 동지들이나 동료들로는 언뜻 최상식, 김종운金悰運, 장기덕張基德, 이춘대李春帶, 김무정金武定, 노창건盧昌健, 김원태金元泰, 최선영崔善英, 이시영 등의 이름이 떠오른다.

부산 영국군 부대에서 보낸 2년 동안 나는 한때나마 철든 이후 처음 맛보는 안일한 생활환경에 젖어들고 있었다. 그것은 일반적으로 모두가 긴장하고 사경을 헤매는 전시에 어울리지 않는, 일종의 은신처에서 도피 생활을 하고 있는 것이 아니라고 말할 수 없었다. 그런 것에 대한 일말의 가책 같은 것이 없지도 않았던 나를 운명의 여신이 그대로 버려둘 리가 없었다. 꿈속을 탐닉하고 있던 나는 어느 날 갑자기 노상 검문에 걸려 아수라장 같은 신병 징집 장소인 창고에 유폐당하는 신세로 전락하였다. 어떤 발버둥질도 아무런 소용이 없었고, 기어이 제주도까지 끌려가야 했다. 그러나 소위 자유국가에서 백주 대낮에 이렇듯 인권이 유린되다니……. 그보다도 서울의 적 치하 3개월 동안 공산당의 의용군 거부 활동에 앞장섰던 내가 아닌가. 그런데 지금 와서 그 또 다른 상대방에 서서 북의 동족을 향해 총부리를 겨누라! 자발적인 것이 아닌 강압적인 폭력의 힘으로 그것이 나에게 강요되었을 때, 내가 취할 수 있는 유일한 저항 수단은 결사 단식으로 투쟁하는 길밖에 없었다.

나는 기본적으로 전쟁에 반대하였다. 남과 북이 세계적 권력의 꼭두각시가 되어 서로 총부리를 겨누는 것에 항거하였다. 반지배와 반권력의 아나키즘 사상은 나의 신념이었다. 나는 총을 들 수가 없었다. 나는 단식을 하였다. 밥 한 끼, 물 한 모금을 먹지 않았다. 배가 고파서 죽을 지경인 동료 훈련병들 사이에서 단식을 했다. 매번 내 앞에 뭉치밥이 오지만 나는 밥을 먹지 않았다. 그러면 옆에 있는 훈련병들이 서로 빼앗아 먹으려고 싸우고 난리를 쳤다. 그것도 한두 번이었다. 며칠이 지나자 그들도 슬슬 눈치를 보며 염치없어했다. 일주일이 되니까 정말 하늘이 노랗게 보였다. 그래도 아무것도 먹지 않았다. 결국은 병원으로 후송되기까지 했다. 그렇게 21일간 단식을 했다.

이로부터 시작된 수난은 나의 인생행로에 수다한 암운을 드리우게 했지만, 그러면서도 이 시련을 통해 나는 모든 면에서 나의 자주적 자아실현에 대한 신념을 더욱 굳혀나갔다.

사족이지만 이 기회에 분명히 해둘 것은 폭력관, 전쟁관에 대한 나의 신념이다. 몇 해 전 양심적 병역거부를 주장하는 청년들이 찾아와 장시간 격론을 벌인 적이 있었다. 그들은 무조건 반전론을 병역거부의 이론적 근거로 내세웠지만, 나는 그들에게 폭력적인 침략 행위에 동원되는 것을 반대하는 것이지, 우리 공동의 생명과 재산을 자위하기 위한 행위까지를 반대하는 것이 아니라는 것을 설득시키려 했다. 스페인혁명이나 우리나라 의병의 경우와 같이 폭군이나 외침으로부터 내 고장 내 향토를 지키기 위해 자발적으로 궐기하는 것은 인류의 당연한 의무요 미덕으로서 추장推奬할 일이지 그것까지를 전쟁이라고 무조건 반대하는 것은 아니었다. 하지만 아무리 그럴 경우라도 어디까지나 자발적인 행위여야지 강요에 의한 타율적인 것이어서는 안 된다는 것이 나의 주장이었다. 대체로 한국전쟁의 경우 초기와는 달리 침략이냐 방어냐의 성격이 점점 애매해졌기에 지성인의 고민이 깊어질 수밖에 없었다. 그렇더라도 전시 아닌 평상시에 청년들이 집체 생활을 통해 심신을 단련하고 공동생활 훈련을 쌓는 것은 민족사회 발전에 큰 동력으로 작용할 것이라는 점까지 부인하기는 어려웠다.

10. 폐허 위의 새싹

7·27 휴전협정으로 3년 1개월의 전쟁이 승자도 패자도 없이 도로 제자리에 멈추어 섰다. 온 나라는 가공할 전쟁의 참화로 완전히 폐허가 되고 말았다. 생활 터전을 몽땅 잃은 시민들은 한동안 망연자실한 상태였지만 그렇다고 정부가 무슨 힘이 있어 적극적인 구호 대책을 마련해줄 수 있는 상황도 아니었다.

1954년 삼삼오오 다시 서울로 모여든 옛 설형회 또는 부산서 사귄 청년 동지들은 생활의 어려움 속에서도 틈틈이 시간을 내어 활동을 재개하기로 하였다. 그야말로 하나하나 사선을 딛고 일어선 불굴의 용사들이었다. 우리는 우선 우리의 역사관, 세계관을 긍정적인 토대 위에서 정리해보고, 그에 따라 조국의 앞날과 새 사회의 미래상을 설계해보는 방향으로 재출발하자는 데로 의견을 모았다. 그런 뜻을 모아 『강남통신』이라는 통신지를 몇 회 등사해서 동지들에게 돌린 것을 계기로, 중앙여고(관훈동), 진명여고(효자동), 국립도서관 등의 장소를 돌아가며 빌려 10여 차례 교양 집회를 개최하였다. 유정렬, 손우성, 김기석金基錫, 이태영李泰榮, 양희석, 조한응 등 제 선생의 지도 아래 장기덕, 김종운, 노창건, 강대성姜大誠, 한윤식韓潤植, 김응찬金應燦, 이문창, 윤종헌尹鍾憲, 조종술趙鍾述, 허정인, 장재홍張在弘 등 20여 명의 청년들이 모였다. 당시 나는 한국축산주식회사를 차려서, 홍병선洪秉璇 목사, 최응상崔應祥 교수 등과 양계 중심의 협동조합 운동을 전개하던 유정렬 선생을 돕고 있었는데, 회합을 거듭하는 가운데 무엇인가 구체적으로 공동의 관심을 집중시킬 수 있는 실천적인 활동을 해보자는 데로 뜻이 모아졌다. 마침 서울역 앞 세브란스병원 경내에 있던 천막 학교에서 몇몇 동지들이 교과목을 가르치게 된 것이 인연이 되어 우리는 본격적으로 부랑아 교도 사업에 착수하게 되었다. 우리는 서울역을 중심으로 부랑 청소년들을 모아 '근로소년단'을 조직하였으며, 한편으로 즐거운 힘으로 배우며 일한다는 뜻의 '환력歡力학원'이라는 학원을 만들 생각이었다. 우리는 각자 주머니를 털어 천막을 살 기금을 모으는 한편 학원을 차릴 공터를 물색하러 다녔다. 당시 서울역, 남산 근처는 폭격으로 모두 폐허 상태여서 잘만 교섭하면 자리를 잡을 수도 있을 때였다.

내리쪼이는 폭양이 한풀 꺾이고 거리에 그늘이 길어질 무렵이면 우리 동지들 일행은 일과처럼 서울역 광장으로 집결하였다. 우리가 나타나면 사방에서 신문팔이, 잡상, 구두닦이, 심지어는 펨푸, 날치기들까지 우리의 주변에 옹기종기 모여들기 마련이었다. 그때부터 50명에서 80명에 달하는 거리의 소년들을 상대로 하는 노천 교육이 시작되는 것이다.

우리의 교육 방식은 단순한 학습지도에 그치지 않고, 그들 하나하나의 신상 문제를 상담하며 개성을 파악하는 데서부터 시작하여 그들에게 인간으로서의 존엄성과 자부심을 갖게 하는 데 중점을 두었다. 전란 중에 부모를 잃고 천애의 고아로 자라 자주성이 남다른 그들 소년들에게 새삼스럽게 의타심을 갖지 말라는 따위의 헛말을 할 필요는 없었다. 다만 그들에게 10년 후, 20년 후 장성하였을 때까지를 염두에 둔 긴 안목에서의 꿈을 일깨워주고 자생력을 키워준다는 것은 대단히 중요한 일이었다. 동시에 그들에게 근면 절약의 정신을 실천적으로 지도해주는 것

환력학원 회원들(1958년 봄 진관사). 뒷줄 왼쪽부터 전세영, 윤종헌, 이문창, 김종운, 김응찬, 조종술, 유정렬, 한윤식, 강대복

도 빼놓을 수 없는 과제였다. 이렇게 해서 메마른 그들의 가슴에 꿈이 되살아나고 자생력에 대한 자신이 생겼을 때, 그들은 누가 말하지 않아도 부지런하게 일하고 한 푼이라도 절약하는 습성을 가지게 될 것이었다. 펨푸나 날치기 같은 지극히 민망한 환경의 소년들이 신문팔이, 구두닦이와 같은 좀 더 떳떳한 직업을 가지게 되고, 구두닦이, 신문팔이가 잡상이나 기술 습득의 방향으로 발돋움하게 될 것이었다.

이런 일은 의당 정부나 사회사업 기관이 손을 써야 할 일이었지만 당시로서는 당국의 힘이 거리의 청소년 문제에까지 미치기 어려운 것이 현실이었다. 설사 어느 정도 손이 미친다 하더라도 한낱 겉치레일 뿐 진정으로 그들의 장래 문제까지 생각해주기를 바란다는 것은 상상도 할 수 없었다. 그러니 의지가지없이 거리를 떠도는 소년들은 불순분자들의 꼬임이나 범죄에 노출되기가 십상인데도 누구 하나 그들을 거들떠보아

줄 사람도 없었다. 하지만 거리에 버려져 방황하는 이 청소년들이야말로 장차 이 나라 이 사회를 이끌어갈 귀중한 자원이요, 폐허 재건의 동력이 될 수 있지 않은가!

이런 점을 염두에 둔 우리 동지들은 단순한 일시적인 자선사업이 아니라 전후 사회운동의 첫 출발점으로서 이들 거리의 청소년들과 손을 잡아야 한다는 엉뚱한(?) 생각을 하게 되었던 것이다. 그리하여 그들에게 인간으로서의 품위와 긍지를 심어주고 자주 자율적으로 공동생활을 하는 훈련을 쌓게 해주자는 것이 우리가 '근로소년단'을 조직하는 목적이었다. 자율적 공동생활의 일환으로 뜻 맞는 10명 안팎의 소년들이 팀(반)을 이루어 누구의 간섭도 받지 않는 자위 자치의 생활 안전망을 조직하게 했다. 아침이면 함께 일찍 일어나 솔선수범하여 우선 주변의 청소부터 하는 데서 그날의 일과를 시작하도록 했다. 매일 번 돈 가운데 생활비를 제외한 얼마씩을 은행에 정기예금을 하도록 했다. 시간 나는 대로 책 읽는 습성을 기르도록 책을 구해다 주고 독서 지도를 해주기도 했다.

후일 '근로소년단'의 활동에 대해 강대성 동지는 이렇게 회억했다.

아침 일찍 서울역 광장에 일제히 비를 들고 정렬한 완장의 씩씩한 소년단원들, 그들이 서울역 안팎을 비롯하여 온 시내 거리를 내 집 앞뜰로 알고 청소해나가는 믿음직한 모습들이 우리의 눈에 어른거린 것이다.

상류사회일수록 스스로의 이해에 눈이 어두워 발버둥치는 현실에서 초연히 품위와 긍지를 가지고 사회봉사의 일선에 나서는 어린 세대들의 감격스럽고 존경스러운 모습을 통하여 이 사회의 공기를 바꾸어보자는 당시의 이상이 한낱 백일몽이었을까.(강대성, 1998: 404)

당시 우리의 이런 활동에 호응하여 이상현李相鉉, 고효성高孝誠, 김종인金宗仁, 김희주金禧柱 등 서울중학교 학생들이 방과 후 동참하여 근로청소년들의 학습이며 생활지도를 해주었던 것은 특히 인상적이었다. 이들 귀여운 중학생들은 4·19 이후 늠름한 대학생으로서 국민문화연구소의 농촌운동 전개에 중추적 역할을 했던 인물들이다.

에필로그: '민' 중심의 사회로

　1960~70년대의 권위주의 시대에 절대 자유주의의 교두보를 지키던 한국의 아나키스트 그룹으로는 '한국자주인연맹(FMF)', '민주통일당(DUP)' 및 '국민문화연구소'를 꼽을 수 있다.(*Libero International* NO.1 1975. 1 ; 정화암, 1982 : 335~340 ; 하기락, 1985 : 285~288) 그중에서도 직접 민중의 생산 생활 현장에 파고들어 공동생활 훈련을 통한 사회구조 개혁 운동(자유공동체운동)을 시도한 것이 국민문화연구소였다. 국민문화연구소의 자유공동체운동은 4·19혁명을 주도한 청년 학생들이 그 혁명 정열을 농촌에 주입하는 데서 불이 붙었다. 그들에 의해 마을 단위의 문화반을 조직하여 생활 교양 운동이 전개되는 한편, 크로포트킨의 『전원·공장·작업장』 운동, 도시 주민과 연계한 생활 협동조합 운동 등 민중 자율적인 사회구조 개혁 운동이 다각적으로 시도되었다. 하지만 그 성과가 채 부각되기도 전에 유신 개발 독재의 권위주의적 도시화, 산업화 정책이 우리 사회의 모든 가능성을 도륙해버렸다. 농촌·중소 도시의 공동체적 기반이 산산조각이 났을 뿐 아니라, 자주 협동 공동체 운동의

주역이던 청년·학생·지식인을 운동 현장에 붙어 있을 수 없게 만들었다. 또한 그것이 국민문화연구소를 위시한 자발적 사회 개혁 운동 단체들을 더 이상 손발을 움직이기 힘들게 묶어놓는 요인이 되기도 하였다.

　냉전의 해빙에 이어 신자유주의로 인한 '20 대 80의 사회'로 상징되는 암운이 범세계적으로 확산되고 있을 때, 우리의 초미의 급선무는 사상을 원점에서부터 재확인하는 일이었다. 20세기를 풍미하던 공산주의도 자본주의도 더 이상 인류 사회를 이끌어갈 지도 이념으로서 부적격하다는 것이 판정 난 이상, 이제 그 대안으로서 아나키즘 사상을 재점검해야 할 필요성이 무엇보다도 중요한 과제로 떠올랐다. 바로 이런 상황에서 사회구조 개혁 작업의 불꽃을 다시 튀기기 위해 요구되는 것이 공동생활 훈련의 장을 재개하는 일이었고, 그 일을 주도할 청년 주역들이 운동 일선에 재등장하는 것이었다. 하지만 안타깝게도 그들은 이미 옛날 그 자리의 청년이 아니었고, 그들이 만들었던 공동생활 훈련의 장도 녹슨 지 오래였다.

　21세기에 접어든 오늘날 지난 세월을 생각하니 실로 까마득한 느낌이다. 모든 것이 달라졌고 괄목상대할 수준이지만 그런데도 우리는 여전히 세계에서 유일하게도 냉전의 유물인 분단 문제 하나를 풀지 못하고 신음하는 중이며, 게다가 새로이 산업화, 정보화가 양산해낸 전 지구적 부작용에 시달리고 있는 상태이다. 과학 기술 문명의 사회적 위기 요인, 분단 문제의 오늘의 불확실성에 대한 증상을 더듬어보고, 미숙하나마 앞날의 전략적 대안에 대한 약간의 생각을 첨부하는 것으로 '해방 공간의 아나키스트'에 대한 내 얘기의 종장에 가름하고자 한다.

　통일에 대한 전망은 아직도 요원하다. 휴전이 성립된 지 반세기가 지난 근간에 와서야 겨우 남북 당사자 간에 교류가 활발해지고 평화협상이 논의되고는 있지만(이것도 2008년 새 정부가 들어선 이후에는 전면 중단 상태다), 그것이 곧 완전 자유 통일로 연결될 것이라고 믿는 사람은 아직 아무도 없다. 기껏해야 남북 정권 상호 간의 체제 안보를 위한 권력 카르텔을 짜보자는 것이 전부일 것이다. 이와 병행하여 북한의 핵 문제 해결을 목적으로 하는 6자회담의 성과에 촉망을 걸어보기도 한다지만, 그 또한 잘해보았자 동아시아에서의 패권 국가 간의 세력균형 이상을 기대하기는 힘든 것이 사실이다. 유럽연합의 최초의 제안자 쿠덴호프 칼레르기Coudenhove-Kalergi가 말한 "정치는 인간성을 바꾸게 할 수도 없고 또한 사물을 변화시키지도 못한다. …… 정치는 윤리와 기술에 헌신함으로써만 비로소 인간 해방에 기여할 수가 있다"는 구절이 절실하게 와 닿는다.(Coudenhove-Kalergi, 1932: 32~33)

분단 고착으로 인한 사회적 억압 요인이 보다 심각한 곳이 북한인 것은 말할 필요도 없다. 세습 왕조와 다름이 없는 북한의 군사적, 중앙집권적 권력 기구가 언제 어떻게 붕괴될지는 전혀 예측할 수 없으며, 절대다수의 소외된 북한 주민들은 그렇게 폐쇄적, 억압적인 사회 환경에서 탈출하고자 몸부림치고 있다. 그에 비해 남한은 분단 대치의 긴장 속에서도 군사독재를 타도하고 일찍이 정치적 민주화와 경제적 산업화에 성공하였으며, 바야흐로 정보화, 세계화의 시대에 진입하게 되었다. 민주화의 진정한 주체가 풀뿌리 시민사회였다는 데 이의를 달 사람은 없을 것이지만, 우리와 같은 후진국에서 시민의 위력으로 국가권력을 굴복시키고 정권 교체까지 이루어냈다는 것은 참으로 기적에 가까운 일이다. 그러나 남한의 산업화, 민주화가 곧 프루동이 제창했던 사회혁명 이념의 수준에 근접한 것이라고 볼 수는 없다. 산업화 자체만을 놓고 보더라도 그것은 도리어 경제민주화와는 거리가 먼 역방향의 것이었다.[1)]

정보화 시대의 특징은 생산력의 비약적 발전으로 인해 인간의 삶에 기본적으로 필요한 재화와 용역을 누구나 충분히 조달할 수 있기 때문에 더 이상 많이 갖기 위해 애쓸 필요가 없다는 데 있다. 또한 정보화 시대의 특징은 노동시간의 단축으로 인간이 노동으로부터 해방되어 자아실현을 위한 여가 시간을 확보할 수 있다는 데 있다. 산업사회 시대에는 자본과 노동이 생산의 원동력이었으나 정보화 시대에는 지식과 기술과 정보만으로 인간의 숙원인 물질적 풍요가 달성되며, 노동의 무거운 짐으로부터 해방될 수 있기 때문이다. 정보화 시대에는 누구나가 자주 창의적으로 물질과 여가의 풍요를 활용하여 보람과 기쁨을 향유할 수 있으며, 자유롭게 지식과 교양을 넓히고 사람들과 즐겁게 사귈 수 있다는 긍정적인 측면이 없지 않다. 이야말로 크로포트킨이 내다봤던 "능력에 따라 일하고, 필요만큼 사용한다"는 "사회생리학"의 문명적 환경의 문턱에 도달했다는 환상에 빠지기 쉬운 일면이다.

하지만 지금 우리는 정보화 시대의 그런 환상에 취해 있을 만큼 여유롭지가 못하다. 당장 우리 눈앞에는 100만 명을 헤아리는 대학 출신의 고급 인력이 거리를 방황하고 있으며, 직장에서 퇴출당한 중·노년 실업자가 오갈 곳 없어 공원에서 성시를 이루는 판국이다. 의학의 발달로 인한 장수가 축복이 아니며, 여가 자체가 도리어 곤혹스럽기만 하다. 대형 슈퍼마켓의 등장으로 구멍가게가 자취를 감추었으며, 새로운 업종이 하나 대두하게 되면 퇴출하는 업종이 줄을 잇게 되고 부도로 파탄이 난 기업주가 부지기수다. 그런 가운데 소위 20% 대 80%라는 부의 극단적 편재 현상이 생기게 되어, 20%의 특권층이 풍요에 도취되어 썩어가는

---

1) 1848년 프랑스의 2월혁명 당시 '아나키스트'를 자칭했던 프루동은 정치적 차원과 경제적 차원 두 가지 목적의 혁명을 주장하며 그것을 '사회혁명'이라 하였고, 경제적 차원의 혁명운동으로서 그는 무상 신용의 민중은행(교환은행) 운동을 추진하였다. (河野健二 編, 1976: 192)

한편으로 자살자, 아사자가 비일비재하다. 그런 가운데 인간관계가 극도로 소원해지고 급기야는 사회 전체가 핵분열을 일으킬 수밖에 없는 실정이다. 전통적 농촌마을이 사라진 것은 옛날이야기고 집집마다 가정이 산산조각이 났으니 사람들의 정신 상태인들 온전할 수가 있겠는가.

정보화 사회의 부정적 요인은 체제를 이끌어가는 정치적, 경제적 관리 기구가 거대화, 중앙 집중화하는 가운데 자연환경을 파괴하고 공해를 유발시키는 데서 발생한다. 지배적 관리 기구를 이끌어가는 소수의 특권적 관리자층은 상호 간에 자기 세력 확대를 위한 살벌한 각축과 생존경쟁을 하는 가운데 그 주변의 사회 환경까지 황폐화시킨다. 이로 인해 모든 사람이 얼이 빠지고 설 자리가 없게 되며 자연 남에게 의지하려는 의타심만 늘어나게 된다. 그런 데서 인간은 인간으로서의 감수성이라든가 건전한 사고력을 상실하게 되고 자연 무능 무책임한 존재로 위축될 수밖에 없게 되었다. 사회 전체가 목적도 비전도 없는 무기력한 집단으로 전락하게 된 것이다.

성장 일변도에서 오는 부작용의 치유책으로 정부가 내세우는 것이 일련의 환경 정책이요 복지 정책이다. 하지만 병 주고 약 주기식의 정부의 미봉책이 얼마나 효과를 거둘 수 있을지는 미지수다. 오히려 옥상옥의 또 다른 예산 추가에 관리 기구만 늘어나 국민들에게 혈세 부담을 가중시키는 이중고를 안겨주는 것으로 끝날지도 모른다. 한편 자본주의적 관리 체제의 한계성을 비판적으로 보는 가운데 새로운 패러다임을 모색하는 지식인들이 없는 것은 아니다. 그러한 운동 경향 중에서 돋보이는 것이 생태 운동 또는 참여 민주주의 운동이다. 생태 운동은 자원의 낭비, 환경오염에 반대하고 자연 친화의 사회를 추구하는 것이 특색이다. 참여 민주주의는 특권적 소수자가 지배하는 간접 민주제도의 사기성을 간파하고 사회 운영의 각 측면에서 관계 당사자가 적극적으로 참가하여 민주주의의 내실을 기하자는 것이다. 하지만 생태 운동이건 참여 정치건 간에 분명한 자기주장이 없이 정부가 추진하는 정책에 끌려 다니기만 한다는 데 한계가 있기는 마찬가지다. 그런 가운데 대부분의 시민운동의 주장에는 어느 구석에도 자기 결정권을 탈환하겠다는 독자적 의지가 보이지 않는다. 더욱이 비정부기구 시민단체들이 참여 민주주의의 미명하에 체제 내로 끌려 들어가 '죽음의 키스'를 하고 완전히 자생력을 잃어버리는 것은 안타까운 일이다.

이러한 특권적 관리자층의 체제의 틀에서 벗어나 비록 소극적이나마 자기실현의 의지를 살려보고자 몸부림치는 것이 소외 대중들이다. 당장 절벽에 거꾸로 매달려 있는 나의 생명, 나의 미래를 책임질 수 있는 것은 어느 집단도 국가도 아닌 자기 자신뿐이라는 것이 근현대 우리 민중사의 교훈이었고, 해방 60년간의 시련 속에서 발견한 소외 대중의 삶의 슬기였다. 그 자기 결정의 결론이 일제하에서는 만주로 연해주로의 정처 없는 유랑 생활로 나타났고, 분단 시대에는 북에서 남으로 남에서 다시 세계로 탈출하는 코리안 디아스포라Diaspora로 변형되었다. 그 자기 결정의 의지가 오늘날에는 관리사회에서 조기 퇴출당하고 오갈 데 없이 된 중노년층으로 하여금 지방으로 농촌으로 다시 모여들게 하고 있다. 한편 지금 한국 사회에는 어림잡아 100만 명을 헤아리는 결혼 이민 여성, 취업 이주 노동자로 인해 완전히 다인종·다문화의 또 다른 소외 지대가 형성되어가고 있다. 그들로 인해 인력난으로 허덕이던 중소기업 공장들이 문을 닫지 않게 되었으며, 화석화한 농촌 가정에서 다시 손자 우는 소리를 들을 수 있게 된 것은 고마운 일이다. 비록 자기실현을 위한 고생이기는 하겠지만, 낯설고 말조차 잘 통하지 않는 타국의 환경에서 그들이 겪는 애로를 헤아려주기란 쉬운 일이 아니다.

어떻게 해야 우리 소외 민중이 21세기 총관리 체제의 억압으로부터 벗어나 자유·평등·상호부조의 사회로 다가갈 수 있을까? 민족의 숙원인 통일 문제를 앞당길 대안은 무엇인가? 정보화, 세계화의 거센 물결 속에서 풀뿌리 시민사회의 인간적인 삶을 어떻게 유지하고 확장시켜나갈 것인가에 대해 아나키스트가 내놓을 수 있는 대안 몇 가지를 두서없이 열거하면 다음과 같다.

자주 협동적 사회구조 개혁 운동의 구상

민중적 기반

운동의 초석을 노동자, 농민, 도시 소시민 등 일반 풀뿌리 민중에 둔다. 소수 엘리트층(정치인, 관료, 기술자, 대기업가, 고급문화 예술인, 졸부 등)만이 활개 치는 비인간적 지식 정보사회에서, '민'의 존재를 재발견하고 '민' 중심의 원점에서 운동의 기폭제를 발견한다.

인간 중심의 가치관

인간이 물질이나 기술에 지배되지 말아야 한다는 것은 물질문명, 기계문명과의 교섭에서 주체성을 잃지 않고 기계의 주인으로서의 위치를 확보하자는 것이다. 과거에는 제도가 중요했지만, 지금은 한 사람 한 사람의 인간이 더 소중하기 때문이다.

자기 결정권 행사

세계의 중심으로서의 개인이 최고의 주권자일 뿐만 아니라, 자기 운명에 대한 최종적 결정권자다. 집단이 아니라 개인, '우리'가 아니라 '나'로 자신을 재인식하는 데서 스스로 판단하고 결정하는 자기실현의 의지, 자기 결정권의 주체적 역량을 발휘해야 할 것이다.

자주 자율의 사회 안전망

자각의 수체인 개개인은 산업 정보화의 관리 체제에 대항해서 자기 결정권을 공동으로 행사하고 자기 생활의 안전을 집합적으로 방어하기 위해 이웃 주민과 연대해서 생활 안전망, 사회 안전망을 조직 관리하는 훈련을 쌓아나갈 것이다. 직접 대화가 통하는 이웃끼리의 모임, 손에 손을 맞잡는 직접민주주의의 작은 공동체야말로 인권 사각지대에서 개체를 보호받을 수 있는 유일의 자위 수단이 될 수 있기 때문이다. 개개인이 자조적으로 연대하여 가장 절박한 생계 문제에서부터 먼 앞날의 설계에 이르기까지 공동의 위기의식을 가지고 상향적으로 대처하는 데서 개인의 문제, 공동의 문제를 동시에 풀어나갈 수 있을 것이다. 구체적으로는 노약자 및 극빈자 보호나 불의의 재해 극복에서부터 시작해서, 도시 주민끼리의 생활공동체를 조직하는 일이라든가 농촌 전통 마을의 재건 과제 등을 생각해볼 수 있을 것이다.

지금까지 정부나 종교단체의 사회 복지 시책은 방대한 재원을 낭비하면서도 수혜자의 의존 근성만을 조장하는 일방통행의 자선 사업으로 시종하는 결과를 낳았다. 워낙 거대한 문명 소외 시대의 사회 안전 문제가 그렇게 임시방편식으로 해결될 수 있는 것은 아니다. 그에 반해 우리가 말하는 자주 협동적 사회 안전망은 그 집단 구성원의 입장이나 취향에 따라 성격이나 내용이 천차만별로 다를 수밖에 없겠지만, 일단 유사시 보다 높은 차원의 대동의 목적을 위해 자연스럽게 연합하는 것이 가능할 것이다. 자주 협동의 생활 안전망은 인간의 세포처럼 개인적, 사회적 공동관계에서 항상 살아 움직이는 것을 원칙으로 한다. 이와 같은 운동은 실생활을 통하지 않고 말이나 문자만으로 그 실효를 거두기는 어려운 것이다.

노동자 생산협동조합과 협동조합 지역공동체 운동

집단 이기주의적 요구 투쟁 중심의 노동운동의 한계에서 벗어나 소유, 경영, 노동을 결합한 노동자(빈민) 생산협동조합 운동을 상호부조적 차원에서 발전시킨다. 그 구체적 행동 프로그램이 농촌과 연계한 도시 주민의 안전 먹을거리 공동 구매 활동이며, 사회적 목적의 제3섹터로서의 협동조합의 원위치를 되찾는 작업이 될 것이다. 이런 활동에 의해 공해 방지, 환경 친화적 농업의 재건, 효용도와 예술성 높은 중소기업 업종의 공동 개발은 물론 경제민주화에 대한 기여, 사회생리학적 경제에 대한 관심도를 점차 넓히는 가운데 다원적 협동조합 지역공동체 운동을 자유연합적으로 확산시킬 수 있을 것이다.

동아시아 민중 자유연합 운동

평화 민중의 자기 결정권 행사로부터 출발한 자주 협동적 사회 안전망의 외연화 과정이 통일·세계 평화 조직으로 확대 발전하는 것은 극히 자연스러운 것이다. 한편 세계 평화 문제를 한민족 통일 전략의 연장선상에서 생각하고자 할 때, 그 중간 단계로서 우선 떠오르는 것이 동아시아 평화 문제다. 그런데 지금 한반도를 포함한 동아시아 지역은 여전히 패권 강대국들에 의한 만성적 긴장 상태에 놓여 있다. 봉건적 권위주의의 독소조차도 아직 제거되지 않고 있다. 지금이야말로 유럽연합을 본받아 국가나 민족 간의 권위주의적 장벽을 걷어내고, 민중과 민중, 도시와 도시 사이의 경제적, 문화적 자유 교류는 물론 자유연합적 사회 안전망의 범위를 동아시아 전역내로 확장시킬 단계가 아닌가.

동아시아 민중 공동체 운동의 선편을 끊은 것은 일제 때 중국에서 우리 항일 독립운동가들이 주도했던 동방무정부주의자연맹이었나. 한·중·일·대만·필리핀·베트남·인도 등 각국의 혁명가들로 조직된 동방무정부주의자연맹은 일체 권위주의적 요소를 배제한 동아시아 민중의 자율적 평화운동이었다. 지금 동아시아 지역에는 우리 한민족 재외 동포 800만 중 거의 절반에 가까운 숫자가 중·일·러·동남아 등 각국에 흩어져 살고 있다. 이들 코리안 디아스포라야말로, 비록 각기의 위치에서 자기실현을 위해 골몰하겠지만, 곧 우리 민중 공동의 생활력의 신장이요, 앞날의 통일은 물론 동아시아 연합망을 형성하는 데 있어 무시 못할 저력으로 작용할 것임에 유념하여야 할 것이다.

한편 앞에서도 말했지만 지금 우리 남한 사회에는 다인종·다문화 현상이 일어나고 있어 또 다른 사회문제가 되고 있다. 그들이 이질감을 가지지 않도록 지역사회 안전망 내에서 보다 적극적으로 포용하고 동참시키는 것이 중요하다. 그러므로 다인종·다문화로 사회가 복잡화될수록 민족문화에 대한 정체성을 잃지 않으면서도 다른 문화에 대한 배려를 할 줄 아는 것이 동아시아 민중 자유연합 운동의 방향이요, 전 지구가 한마음이 되어 자유공동체로 나아가는 지침이 될 것이다.

자유공동체운동 추진의 초보 단계라 할 공동생활 훈련 과정에 반드시 일정한 정형이 있을 수는 없다. 공동체 생활 훈련이란 광의적으로는 우리의 일상적인 사회생활 자체가 이 범주에 들어간다고 할 수 있다. 하지만 어느 특정한 일시적인 훈련의 경우라 할지라도, 너와 나 개체와 전체가 모두 순수한 마음으로 참여해서 보통 생활에 대한 상호 훈련을 쌓는다는 데서 의의를 찾을 수 있다. 공동생활 훈련은 남녀노소, 지위의 고하, 색깔의 좌우 또는 피부색의 차이를 막론하고 모든 이질적인 요소가 고루 참여하는 기회가 되어야 하며, 어느 특수한 계층이나 그룹끼리의 참여만으로는 보다 넓고 깊이 있는 전인적 효과를 거두기는 힘들 것이다. 공동생활 훈련을 통해 사람들은 서로를 배려하고 이해하는 마음이 생기게 되며, 대화를 통해 상호 이견을 조정하는 훈련을 쌓게 되고 개인적인 행동보다 단결에 의한 협동 생활의 이익을 몸으로 체득하게 될 수 있기 때문이다. 단 공동체 생활 훈련의 전제 조건은 어떤 경우라도 외부의 간섭이나 권위에 눌려서는 안 되며, 절대 자유 평등의 순수한 분위기 보장이 관건이다.

문제는 사람인데, 누가 그런 헌신적인 활동에 앞장설 수 있겠느냐는 것이다. 요즘의 기성세대처럼 자기주장은 잘 하면서도 남의 덕이나 보려고 기웃거리는 세리勢利 추종배들이 앞장설 자리는 못 된다. 별수 없이 그 희망을 미래 사회의 주역이 될 청소년들의 패기와 자신감 그리고 도전 의식에 걸 수밖에 없을 터인데, 한참 자랄 나이의 그들마저도 지금은 과외다 외국 유학이다 하여 조기교육 경쟁에 뒤지지 않으려고 북새통이니 실망스럽기는 마찬가지다. 비록 그렇더라도 미래를 담당할 자라나는 세대들이 장차 사회구조의 패러다임을 바꾸는 첫발을 내딛게 하기 위해서는 지금부터 기회 있을 때마다 있어야 할 미래 사회에 대한 꿈을 심어주고 심신을 연단시켜주어야 하며, 공동생활 훈련을 통한 현장 실습의 기회를 꾸준히 마련해주어야 한다. 그 자리가 자기실현의 의지가 아직도 살아 숨 쉬는 씨알들의 세계로부터 다시 싹터 나와야 한다. 그럼으로써 오늘의 '세계화, 정보화 시대'가 소외된 민중 생활에 미치는 영향을 있는 그대로 꿰뚫어보게 해주어야 한다. 신자유주의 경제체제의 근본적인 모순에 대한 문제 제기와 함께, 그 대안까지도 그들 스스로 생각해낼 수 있어야 한다.

이런 결론과 함께 새삼 떠오르는 것이 프루동의 다음과 같은 경구다. 그는 "재산은 도적이다"라고 극언하며, 무상신용無償信用에 기초한 민중은행(교환은행) 창설을 직접 주도했던 사람이다.

> 우리는 우리의 마지막 왕까지를 축출해내며 외쳤다. '군주제여 가라! 공화제여 영원하라!'라고. 그러나 …… 왕권은 우리가 가장 물질적이면서도 추상적인 형태를 취하고 있는 돈(화폐)의 권위를 몰아내지 않는 한 건재할 것이다.(大澤正道, 1990: 100)

사랑하는 젊은이들이여! 예리한 감수성과 충일하는 생명력의 화신들이여! 그대들이 장차 살아갈 세상을 개척할 자는 그대들 자신뿐이다. 모름지기 지금부터 꿈을 키우고 몸과 마음을 단련하여 그 세상에 들어갈 차비를 갖추자!

부록

해방 정국, 1946년의 한반도 상황

1. 미소 대국 對局의 기상도

모스크바 3상회의의 한국 문제 결의는 결국 한민족의 앞날에 예측할 수 없는 암운을 드리우고 말았다. 3상회의의 결의는 분단 점령의 직접 당사자인 미소 양군 대표자들이 '조선임시정부 구성을 원조'하기 위해 미소공동위원회를 열도록 되어 있었다. 하지만 그들의 본래의 속뜻은 우리 한민족의 즉각적인 자유를 보장해주려는 데 있지 않음이 분명했다. 그들의 우선적 고려 사항은 어떻게 하면 자기 나라의 배타적 영향력을 한반도의 상대방 점령 지역까지 확장할 수 있느냐 하는 것이었다. 그런 목적을 위해 미숙한 한인 정치 세력들을 어떻게 자기 쪽에 유리하도록 끌어 붙여 꼭두각시 노름을 하게 하느냐 하는 것이 대국을 앞둔 양 점령군 당사자들의 초미의 관심사였다. 그러나 그것은 미소 양 점령군 대표들이 최초의 공식적인 줄다리기의 자리에 마주 서는 순간부터 빗나갈 수밖에 없었다.

1946년 초 미소공동위원회 개최를 앞두고, 미소 양 점령 당국의 준비 태세에는 현격한 차이가 있었다. 처음부터 일사불란하게 유리한 고지를 선점한 북한의 소련군으로서야 별반 껄끄러울 것이 없었겠지만, 미 점령군의 사정은 복잡했다. 미 점령군의 하지 사령관은 기본 시책을 둘러싸고 우선 국무부와 조율조차 제대로 하지 못하고 있었다. 그런 상태에서 하지 장군은, 모스크바 3상회의 결정을 정식 통보받고 난 후에도, 여전히 이전의 랭던 계획에 따라 '양 점령군의 통합을 통한 38선 철폐와 과도정부 수립'이라는 구상을 그대로 밀고 나갈 배짱이었다. 1946년 1월 초에 새로 취임한 러치Archer L. Lerch 군정장관의 다음과 같은 발언이 이를 잘 반영하고 있다. "어떤 큰 정책 변화도 생각하지 않으며, 자유 독립 한국 정부의 조속한 수립과 미군의 조기 철수 계획을 계속 추진하겠다."

　그런 맥락에서 1946년 초 미 점령군의 시책 방향은 미구에 있게 될 미소공동위원회에 대한 대책보다도 현상 고수 정책을 일층 강화하려는 쪽으로 집중되었다. 요컨대 미군정은 경교장을 중심으로 하는 한국인의 혁명적 임정봉대운동에 대해서는 단호한 태도를 취하면서도, 범우익의 반탁·반소·반공운동만은 은근히 지원하여 정책의 자가당착적 이중성을 드러내고 있었다. 미군정은 그렇게 함으로써 '신탁통치 반대'의 소박한 민족 심리를 이용하여 찬탁으로 기운 좌익 세력에 타격을 가하고, 우익 세력을 점령 통치의 튼튼한 버팀목으로 고착시키는 데 우선은 성공한 듯했다.

　그러나 소련은 미군정의 그와 같은 얄팍한 술수를 그냥 좌시할 수만은 없었다. 소련 지도부는 언론을 앞세워 보다 고차적인 정치 외교적 폭로 공세로 맞대응함으로써 미국의 입장을 궁지로 몰아넣고 미소공동위원회에서 자국의 우위가 계속 확보되도록 만들었다. 또한 소련 지도부의 일련의 대미 역공세는, 찬탁 문제로 인해 급속도로 퇴조하던 당시 남한 좌익 세력의 기세를 만회케 하는 데도 결정적으로 기여하였다.

대체로 이런 것이 1946년 초 미소공동위원회 개최를 앞둔 시점에서, 한반도를 둘러싼 미소 간의 대국 기상도였다. 그 체스 게임 판도에 볼모로 잡혀 있으면서도 우왕좌왕 제정신을 차리지 못하고 놀아났던 것이 바로 한민족의 몰골이었다.

2. 좌익 구원투수, 모스크바

좌익이 국제 대세의 명분을 핑계로 하루아침에 3상회의 결의 지지 쪽으로 급선회한 것은 민족 자주 자결의 원칙으로 보아서도 도저히 용납될 수 없는 것이었다. 타는 불에 기름을 부은 것은 1월 5일자 조선공산당 당수 박헌영의 다음과 같은 외신 기자회견 내용이 샌프란시스코방송(1월 15일자)을 통해 전파되면서부터였다.

> 소련 일국에 의한 신탁통치를 희망하는 동시에 10~20년 내에 조선이 소련의 한 연방으로 편입되기를 바란다.(정용욱, 2003: 72)

당시 박헌영 자신은 그의 발언이 '언어 장벽'으로 인해 와전된 것이라고 극구 변명하고 있었다. 하지만 적어도 그가 연말연초 평양을 다녀온 후 좌익의 반탁 궐기 대회를 찬탁으로 돌변시킨 것은 변명할 수 없는 사실이었다. 이를 계기로 반탁에서 찬탁으로 돌변한 좌익의 배신적 처사에 격분한 군중의 여론은 보수 우익 지지 쪽으로 쏠렸다. 그와 반대로 해방 이후 욱일승천하던 급진 좌파 세력의 기세에 제동이 걸리면서, 남한의 정치 판도가 확연히 좌우로 분립하게 되었다.

3상회의 결의 지지 쪽으로 방향 선회를 한 데서 세를 잃게 된 남한 좌익 세력에 대한 구원투수는 모스크바가 직접 담당하고 나섰다. 1945년 말 3상회의 이후 남한의 반탁운동을 반소·반공 쪽으로 몰고 간 미 점령군의 교묘한 언론 조작 활동을 소련 당국으로서는 그대로 두고 볼 수만은 없었던 모양이다. 그런데 문제를 정면으로 꼬집고 나선 것은 소련의 타스통신이었다. 소련 당국의 대변지 타스통신은 뉴욕타임즈와 핑퐁식 대응을 해가며 잇달아 폭로 보도를 함으로써 미국의 입장을 궁지로 몰아갔다.(정용욱, 2003: 80~85) 서울에서 미소공위 예비회담이 열리고 있던 시점인 1월 22일자 타스통신은 1월 19일 평양발 급보로, "김구와 이승만 사이비 정부의 도발 행위는 3상회의를 반대하고 있을 뿐만 아니라 한국에서 내전을 시작하고 소련에 대한 적대감을 고취하는 것을 목표로 한다"고 보도했다. 이어서 타스통신은 "남한 주둔 미군사령부의 태도는 미국도 참여한 3상회의 결정에 반대하는 반동 세력의 시위를 고무하는 입장을 취했다는 점에서 놀라운 것"이라고 덧붙였다.(『뉴욕타임즈』1946. 1. 23; 정용욱, 2003: 78에서 재인용)

　타스통신의 이런 기사에 대해, 미국의 대변지라고 할 수 있는 뉴욕타임즈의 1월 24일자 대응 기사가 흥미롭다. 뉴욕타임즈는 도쿄의 맥아더 사령부가 직접 하지를 옹호하고 나서서 연합군최고사령부의 권위에 먹칠을 하려는 행위라고 말한 기사를 1면에 싣고, 그 2면에 서울의 하지가 타스통신 보도의 취재원이 서울에 와 있는 소련군 대표단일 것이라고 암시한 기사를 덧붙였다. 그뿐만 아니라 18면의 「한국의 두 강대국」이라는 장문의 해설 기사에서 뉴욕타임즈는 타스통신의 공격이 사실무근임을 전제로, 이전부터의 미군정의 주장을 옹호했다. 그러면서 동 해설 기사는 양측이 기자 왕래의 자유를 허용할 것과 현재 미소 양군 대표자들 간에 진행 중인 한국 문제의 신속한 해결을 위해 38 분할선을 우선적으로 제거할 것을 촉구했다. 양국 수도에서 논쟁이 달아오르고 있었지만 정작 당사자인 하지 자신은 정면 대응을 삼가면서도, 타스통신이 미군정에 대해 그처럼 야비한 공격으로 일관한 데는 모종의 정치적 의도가 있을 것이라는 의견을 내비쳤다.

그러나 소련의 타스통신은 미국 측이 미처 숨 돌릴 시간도 주지 않고, 1월 24일 밤 라디오방송을 통해 3상회의에서 신탁통치의 원래 제안자가 미국이었음을 폭로했다. 그러면서 미국 측 제안 내용과 협상 전말을 상세히 공개했다. 공개하지 않기로 된 협상 내용을 공개하는 것은 국제 관례에 어긋나는 중대사였지만, 소련 당국은 전용 매체를 이용하여 극약 처방을 쓴 것이었다. 이날 타스통신이 폭로한 미국 측 제안 내용이란 신탁통치가 시행될 때까지 행정권을 행사할 통치 시정 기구를 양군 사령부가 잠정적으로 통합해서 설치하자는 것, 민주주의적 조선임시정부 수립의 시급성을 인정하지 않았다는 점, 4대국에 의한 신탁통치를 실시하되 그 기간도 10년까지 연장할 수 있다고 했다는 것 등이었다.

소련은 단지 타스통신을 통해 이러한 폭로성 보도를 하는 데 머무르지 않았다. 한 걸음 더 나아가 최고 지도자 스탈린 자신이 직접 나서 남한의 반탁운동과 반소·반공운동의 분쇄를 요구하는 열성을 보였다. 1월 23일 이임 인사차 예방한 주소 미국 대사 해리만을 향해 스탈린은 자리에 어울리지 않게 한국에서 온 전문 한 통을 들고 나와 남한의 반탁운동이 미군정 관리들의 조종하에 이루어지고 있음을 힐난하였다. 여기서 스탈린은 미국이 반대하는 신탁통치를 소련만이 굳이 고집한다는 식의 한국 신문 보도 태도를 문제 삼았다. 스탈린은 그 책임이 전적으로 러치와 같은 현지 미군정 관료들의 파쇼적 성향 때문일 것이라고 눙치면서 미국 정부의 선처를 당부하여, 해리만을 당황케 했다. 그러던 중 정작 미국에 결정타를 날린 것은 미소공동위원회 예비회담차 서울에 와 있던 소련군

대표 스티코프Terenty Fomich Shtykov 중장이었다. 스티코프는, 미군정의 언론 통제로 타스통신 기사가 제대로 국내에서 보도되지 않자, 1월 26일 기자회견을 자청해 타스통신 보도 전문을 직접 국내 언론에 공개하는 극단적 수법으로 하지와 맥아더를 궁지로 몰아넣었다.

  타스통신의 직격탄을 맞은 미국이 정치적, 도덕적으로 심각한 타격을 입은 것은 말할 여지가 없었다. 미국무부는 하지와 미군정의 공작 차원의 활동을 잘 몰랐기 때문에 대응하려고 해도 제대로 대응할 수가 없었다. 도쿄의 맥아더사령부는 22일의 타스통신 첫 보도에 강공으로 맞섰다가, 두 번째 폭로 보도가 나오자 갑자기 태도를 바꾸어 수세적으로 한 발 물러섰다. 그러나 하지는 1월 28일 맥아더에게 전문으로 사표를 내고 자기가 물러나서 상황을 바로잡을 수만 있다면 기꺼이 '희생양'이 되겠다고 했다. 그러면서도 하지는 타스통신 보도로 미군정이 입은 정치적 손실에 대한 책임을 국무부에 떠넘겼다. 국무부가 자신에게 제때에 정보를 주지 않았고, 점령 이래 자신의 신탁통치 반대 건의를 무시했기 때문이라는 것이었다. 침묵으로 일관하던 국무부는 하지의 불평에 불쾌감을 감추지 않으면서도, 이 기회에 하지의 재량권을 한층 강화시켜주는 쪽으로 사태를 일단 무마시켰다. 주한미군사령부를 맥아더 장군 관할로부터 독립시켜 국무부와 직접 연결시키는 조치를 취했던 것이다.

  이렇게 해서 소련 측은 3상회의 이후 미소공위 예비회담의 자리에서부터 미군정의 기세를 꺾음으로써 완승을 거둔 셈이었다. 그뿐만 아니라 소련은 반탁운동을 통해 남한 우익의 정치적 입지를 강화시키고자 한 미군정의 정치적 의도를 분쇄하는 데도 일정한 성공을 거둔 셈이었다.(정용욱, 2003: 87)

3. 미소공위 예비회담

미소공동위원회 예비회담은 3상회의 결의 4항의 규정에 의거하여 1946년 1월 16일부터 2월 6일까지 미군 대표 아놀드Archibald Vincent Arnold 소장과 소련 대표 스티코프 중장이 참석한 가운데 서울 한복판 덕수궁 석조전에서 개최되었다.

조선 독립을 결의한 모스크바 3상회의 결정문에 따라 설치된 미소공동위원회의 현안은 크게 보아 두 가지, 조선임시정부 구성 문제와 신탁통치 실시 문제라 할 수 있다. 3상회의 결의 4항은, 미소공동위원회에 앞서 남북 점령군 당사자들이 미소공위 설치를 위한 상호 긴급한 문제부터 토의할 준비 회담을 열도록 규정하고 있었다. 이 규정에 따라 미소공동위원회 예비회담이 서울에서 열리게 된 것이다. 38선 장벽으로 인해 남북한 간에 가로놓인 교통 통신, 전력, 생활 물자 유통 등 행정적·경제적 난제들부터 해소하여 정식 회담의 분위기 조성을 하려는 것이 본뜻이었다.

회담이 열리자 소군정 대표들은 북한의 절박한 식량 사정 해결을 위해 원자재 및 다른 상품과의 교환 조건으로 남한의 쌀을 보내줄 것을 요구했다. 그러나 미군정 대표들은 3상회의 결의 4항을 보다 광범하게 해석하는 입장에서 의제를 발전시키고자 했다. 즉 전 한국 과도정부 수립 구상의 연장선에서 이전부터 주장하던 양 점령 지역 통합을 위한 38도선 철폐 문제를 다루자는 것이었다.

그러나 소련 대표 스티코프는 그러한 문제는 3상회의 결의 2항에 의거해서, 조선민주정부가 수립되어 양 점령군이 주둔할 필요가 없게 되면 자동적으로 해결될 문제이니 미소공동위원회부터 열자는 역제안을 하고 나왔다. 미소공위에서 민주주의 정당 및 사회단체들과 조선임시정부 구성 문제를 본격적으로 토의하자는 것이었다. 결국 미소군정 대표 간의 예비회담은 스티코프가 제안한 대로 1개월 이내에 미소공동위원회를 정식으로 개최하자는 공동성명을 남기는 것으로 2월 6일 종결되었다.

4. 김일성의 등장과 토지개혁(북)

스티코프가 양 점령 지역 통합에 대한 미국 안을 거부하고, 곧바로 미소공위를 열어 민주주의적 '조선임시정부' 구성 문제 토의로 들어가자고 제의한 데는 그만큼 북한에서 자기 체제 구축에 자신이 섰다는 것을 의미하는 것이기도 했다. 미소공위 개최에 앞서 소련 군정은 1946년 2월 8~9일 이틀에 걸쳐 북한의 각 정당, 사회단체, 행정국 및 각 도, 시, 군 인민위원회 대표자들을 회합시켜 북조선임시인민위원회를 출범시키고 그 주석으로 김일성을 정면에 내세웠으며, 3월 5일에는 토지개혁 실시 임시조치법을 공포하여 무상몰수 무상분배의 토지개혁에 착수했다. 북한의 토지개혁 작업은 불과 한 달 사이에 끝낼 정도로 신속하게 진행되어 사회주의국가에서도 유례를 찾기 어려울 정도였다. 한편 소련 군정은 신탁통치 조항이 포함된 3상회의 결정을 받아들이지 않는다는 이유로 민족주의 진영의 지도자 조만식을 고려호텔에 연금시키는 동시에 우파 세력이 더 이상 하나의 정치 세력으로 존립할 수 없도록 철퇴를 가했다. 게다가 김일성이 '반동분자와의 투쟁'을 강조한 임시인민위 20개 정강을 발표(3월 23일)하고 지주·자본가가 대거 월남함으로써 북한 사회는 아무 거치적거리는 것이 없는 밀폐된 체제로 바뀌어가고 있었다. 어쨌든 토지개혁을 통해 북한의 임시인민위원회는 물적 토대를 공고히 할 수 있었고, 그것을 기반으로 미소공동위원회의 임시정부 구성에 영향을 미칠 수 있게 된 것이 사실이었다. 또한 그것을 기반으로 북에서의 소련의 지위가 한층 강화되었을 뿐 아니라, 그 영향은 곧 남한에까지 파급되어 그렇지 않아도 복잡한 남한 정국을 한층 꼬이게 만들었다.

5. 비상정치회의와 독촉중협의 합작

남한 정국은 1946년 1월 3일 좌익이 벌인 군중대회가 반탁에서 3상회의 결정 절대 지지로 돌변한 것을 분수령으로 찬탁과 반탁 두 진영으로 갈라지게 되었다. 좌우 양익의 분열이 노골화되었을 때, 임시정부는 미군정의 제지로 일단 좌절된 정권 접수 시도의 발걸음을 민족통일전선 형성 쪽으로 옮겨 갔다. 1월 4일 임시정부는 김구 주석 명의로 신탁통치를 사실상 배격할 수 있는 비상 대책으로서 비상정치회의를 즉각 소집할 것을 천명하였다. 본론(제1장)에서도 말했지만 임시정부는 종전 직후인 9월 3일 충칭에서 국무회의 결의로 환국에 대비한 임시정부 당면 정책 14개항을 발표한 바 있다. 이 당면정책 중 제6항에 의거하여, 임시정부를 중심으로 국내외 각계각층 대표로 구성되는 비상정치회의를 소집한다는 것이었다. 비상정치회의에 의해 국내 과도 정권을 수립한 후, 여기에서 다시 전국적 보선에 의한 국민대표대회를 소집하여 헌법을 제정하고 정식 정권을 수립하자는 것이었다. 이와 같은 임정의 비상정치회의 소집 성명은, 지난 연말 이승만 중심의 독립촉성중앙협의회가 중도에 좌절하였고, 공산당이 찬탁으로 급속히 전환하게 됨에 따른, 임정 나름의 시국 수습을 위한 대책이기도 하였다. 그에 앞서 12월 23일, 임정은 이미 조소앙, 김붕준, 김성숙, 최동오, 장건상, 유림, 김원봉 등 임정 요인과 국내외 혁명 투사를 망라한 특별정치위원회를 조직하여 정부 수립의 원칙과 통일 방안에 대한 독자적인 계획 수립에 착수한 바 있었다. 한편 비상정치회의 소집을 발표한 임정은 그 실행 조치의 일환으로 김약산, 김성숙, 조소앙, 조완구, 장건상 5인을 교섭 위원으로 선정하고, 좌우익 정당 및 각계 인사들과 활발한 합작 공작을 전개하였다. 그와는 별개로 임정 측은 임정과 인민공화국 두 정부 간에 통합 협상을 하자는 일부 온건 좌익 인사들의 제의서를 보기 좋게 일축한 바 있다. 좌익 인사들이 내세운 "미소공동위원회를 앞둔 현실"이라는 명분도 거슬렸지만, '인민공화국'의 존재 자체를 받아들일 수 없었던 것이다.

그러나 좌익의 조선인민당은 다시 좌우 정파 간의 행동 통일이 시급한 때라는 명분을 내세워, 조선공산당의 동조하에 4당 회의를 추진했다. 그 결과 한국민주당(원세훈, 김병로金炳魯), 국민당(안재홍, 백홍균白泓均, 이승복李昇馥), 조선인민당(이여성, 김세용金世鎔, 김오성金午星), 조선공산당(박헌영, 이주하) 대표자들은 6일부터 회담을 거듭한 끝에 공동성명 작성에 합의 8일 4당 성명을 발표하기에 이르렀다. 좌우합작운동의 단초를 연 것이라고도 볼 수 있는 이 회의에는 좌파 성향의 임정 측 인사로 김원봉, 장건상, 김성숙이, 인공계에서 홍남표洪南杓, 이강국李康國이 옵서버로 참여하고 있었다. 4당 성명의 주요 내용은 "모스크바 3상회의의 결정에 대하여 조선의 자주독립을 보장하고 민주주의적 발전을 원조한다는 정신과 의도는 전면적으로 지지한다. 신탁은 장래 수립될 우리 정부로 하여금 자주독립의 정신에 기하여 해결케 함"이라고 되어 있어, 3상회의 결의 자체에 반대할 뜻이 없음을 분명히 한 것도 좌우합작운동의 서막으로 볼 만했다.

4당 성명의 반응으로 임정 측은 외교부장 조소앙을 통하여 신한민족당을 포함한 5당 회합을 주장한 반면, 한민당 측은 긴급 간부 회의를 소집하여 신탁통치 반대 입장을 분명히 하는 동시에 회담 대표까지 장덕수, 서상일로 교체했고, 국민당도 이 회담이 기본적인 문제를 얼버무리려 한다고 비난했다. 결국 9일부터 열린 5당 회의에는 임정 측에서 조완구, 장건상, 조소앙, 김성숙이, 좌익 측에서 이강국, 정진태鄭鎭泰가 옵서버로 참가하여 격론을 벌였으나, 임정 측과 좌익 측의 의견 차이를 끝내 좁힐 수는 없었다. 임정 측은 이 회합을 비상정치회의 예비회담으로 몰고 가려 했고, 좌익 측은 정당회의의 연장으로 보았기 때문이다. 그 후로도 이들은 두 차례(11, 16일) 더 정당 회합을 가졌으나, 때마침 "소련의 한 연방으로 편입되기를 바란다" 운운하는 박헌영의 외신 기자회견 오보 등이 겹쳐 끝내 찬탁, 반탁의 벽을 넘지 못하고 결렬되고 말았다.

　5당 회의가 실패로 돌아가자 임정은 비상정치회의 소집에 박차를 가했다. 1월 20일 개최된 비상정치회의 주비회에는 38 이남 대표로 한국민주당(서상일), 국민당(안재홍), 조선인민당(불참), 조선공산당(불참), 신한민족당(권태석權泰錫)이, 38 이북 대표로 조선민주당(이종현李宗鉉), 조선독립동맹(불참)이, 충칭혁명단체로 한국독립당(조완구), 조선민족혁명당(성주식), 신한민주당(김붕준), 조선민족해방동맹(김성숙), 무정부주의자총연맹(유림)이, 재미혁명단체로 한족연합회(한시대韓始大), 한국동지회(장덕수)가, 재만주혁명단체로 조선혁명당(김돈金墩)이, 종교 단체로 대종교(정관鄭寬), 천주교(남상철), 기독교(김관식), 천도교(백세명白世明), 불교(박윤진朴允璡), 유교(이재억李載億) 등이 참가하였다. 21개 단체 중 조선공산당, 조선인민당, 조선독립동맹을 제외한 18개 단체 대표가 참석하여 연일 경교장에서 열린 이 회의가 나흘째 되던 23일, 명칭을 비상국민회의로 개칭하고 이승만의 독촉중협과 합류하기로 결정하였다. 독촉중협의 핵심 구성원이기도 한 한국민주당(김성수), 국민당(안재홍)의 주선에 의한 것이었다.

6. 미군정을 등에 업은 이승만의 정치 곡예

　12월 26일 최초로 반탁 성명을 발표했던 이승만은 그후로는 줄곧 칭병하며 침묵으로 일관하고 있었다. 이승만은 격렬한 반탁 시위와 법통임정의 정권 접수 시도의 전말을 예의 주시하면서도 종시 관망하는 자세를 취했다. 이승만이 독촉중협의 보따리를 다시 풀어놓기 시작한 것은 하지의 정치 고문에 새로 임명된 굿펠로우가 서울에 도착한 후부터였다. OSS 부책임자로 전시 중 우리 광복군의 국내 진입 작전을 지원했던 굿펠로우가 하지 장군의 정치 고문이 된 것은 이승만의 추천에 의해서였다. 굿펠로우는 해방 직후 이승만이 조기 귀국하는 것을 적극 도와줄 정도로 이승만과 친밀한 사이였다. 굿펠로우는 그후 하지의 정치 고문으로 일하는 동안에도 사설 고문 못지않게 이승만에 밀착하여 하지의 의중과 목적을 일깨워주는 한편, 이승만과 미군정 수뇌부 간의 교량 역할을 하였다.

　이승만은 하지 사령관의 난처한 처지를 잘 알고 있었다. 그 당시 하지는 소련에 끌려가는 미소공위를 부정적으로 보면서도, 그렇다고 섣불리 거부하기도 곤란한 처지에 놓여 있었다. 그러기에 이승만은 "이 공동위원회를 배척하자면 …… 소련의 요구에 불응할 이유"가 분명해야 한다고 보았으며, 그러기 위해서는 종전에 미군정이 자기를 앞세워 추진하던 '과도적 임시정부', 즉 '통합자문단·임시한국행정부' 계획을 다시 추진해서 성사시키는 것이 필요하다고 생각했다. 그것이 38선을 철폐하고 자연스럽게 북한을 흡수하는 방책이기도 하다는 것이 이승만의 구상이었다.

　미소공위 예비회담이 덕수궁에서 열리던 무렵, 이승만은 서둘러 독촉중협 중앙집행위원회를 다시 열고, 임정의 비상정치회의와 반탁총동원위원회를 "중협에다 어떻게 연결하느냐" 하는 문제를 논의했다. 이승만의 제의에 따라 이날 독촉중협은 명칭을 비상국민회의로 개칭하고, 이승만을 회장, 김구를 부회장으로 하는 새로운 통일 기구를 출범시키자는 결의를 하였다.

이어 1월 18일 열린 독촉중협 중앙위 제4차 회의에서는 일부 위원들로부터 비상정치회의 주비회의 발족을 기다렸다가 일을 추진하자는 신중론이 나왔다. 그러나 이날 회의는 신속한 처리를 주장하는 이승만의 의견에 따라 비상국민회의로 개칭할 것을 일사천리로 표결 처리하고, 최고위원 선출권을 이승만에게 일임했다. 그에 따라 이승만은 1월 19일 임정의 핵심인 김구, 김규식, 조소앙, 조완구를 만나 자신과 연합해서 과도정부 같은 미군정 자문 기구를 조직하자고 설득했다. 이 자리에서 이승만은 비상정치회의의 분위기가 독촉중협과는 대립적인 것을 확인할 수 있었지만, 미군정과 적대적인 입장을 취하는 비상정치회의를 그대로 밀고 나가는 것은 무모한 일임을 강조했다. 임정의 정권 접수 시도 이후, 미 점령 당국이 임정계를 대하는 눈이 곱지 않아졌고, 은연중 압력마저 가하고 있었던 것은 사실이었다. 1월 중순 미 점령군의 정보기관인 G-2보고는 임정 요인에게 베푼 특별 배려를 재고할 때라며 다음과 같이 특별 경호 요원의 철수를 하지 사령관에게 건의했다. "어떠한 과도 정부를 수립하기 전에 먼저 충칭임시정부를 해체해야 합니다. 지금[1946. 1. 15]이야말로 임시정부의 권위를 빼앗아야 할 적절한 시기입니다."

러치 군정장관은 이러한 건의에 동의하면서 김구의 임시정부에 대한 바람 빼기 작전은 확고하고도 점진적으로 실행되어야 한다는 견해를 첨부하였다. 하지 사령관도 임시정부 해체 작업에 전적으로 동감을 표명하면서, 다만 이승만과 김구는 과도 정권에서 필요한 인물이기 때문에 장래를 위해 구제할 것을 지시하였다.(HUSAFIK 2: 88~91; 도진순, 1997:

70~71)

결국 임정계는 미군정의 채찍과 이승만의 당근에 어떻게 대처하느냐 하는 문제에 직면하게 되었다. 남한 내에서 정치적으로 생존하기 위해서는 미군정과의 관계 개선이 절실했고, 그 구원투수 역할을 자담하고 나선 이승만의 설레발을 외면할 수만은 없었다. 미군정 역시 그간의 임정의 소위所爲가 밉기는 하지만 그 대중적 지지 기반을 끌어안을 필요성을 부정할 수 없었다. 마침내 김구 그룹은 미군정을 등에 업은 이승만의 설득에 따라 비상정치회의를 독촉중협과 합쳐 '비상국민회의'로 만들기로 내락했다. 이때를 전후하여 충칭 시절 임정과도 구연이 없지 않은 굿펠로우가 하지 장군의 정치 고문으로 눈부신 곡예(?)를 벌이기 시작했던 것을 짐작하기 어렵지 않다. 하지가 1월 22일자 합동참모본부에 보낸 전문에서 '과도정부interim government[잠정 정부]에 관한 모종의 한국인 통일전선united front'이 형성 중임을 암시했던 것이 이를 뒷받침한다.

7. 임정 좌파의 이탈과 비상국민회의

1월 23일 비상정치회의와 독촉중협이 비상국민회의로의 통합을 선언하자, 이에 반발하여 임정 내에서 혁신 세력을 대표하던 김원봉, 성주식(이상 조선민족혁명당), 김성숙(조선민족해방동맹)이 같은 날 비상정치회의에서 탈퇴한다고 성명했다. 이들 3인은 탈퇴 성명에서 비상정치회의가 좌익과는 어떠한 양해나 타협 없이, 우익 각 당파의 양해만으로 거연히 소집되었기 때문에, 임시정부는 전 민족의 영도적 입장을 포기했다고 지적하였다. 이들은 동시에 조선인민당, 조선공산당 양당 주최로 별도 소집하는 민주주의민족전선(민전) 결성 대회도 좌익이 일방적으로 여는 것이므로 이를 반대한다면서 민전과 비상정치회의가 통합할 것과 친미·친소적 편향을 포기하고 전 연합국과 우호 평등 정책을 취할 것을 촉구하였다. 1월 29일에는 전농(전국농민조합총연맹), 전평(조선노동조합전국평의회) 등 조선공산당 산하 단체들이 전부 비상국민회의 참가 거부를 표명했으며, 뒤이어 환국 전 조선인민당 부위원장에 영입되었던 장건상도 자신의 정치적 견해와 신조에 배치된다는 이유로 임시정부와의 관계를 단절(2월 3일)했다. 조선인민당, 조선공산당, 조선독립동맹은 소집 당초부터 참석을 거부했고, 혁신계 국무위원들마저 전부 이탈하므로 비상국민회의는 완전히 우익의 집결체로서의 성격이 보다 뚜렷해졌다. 한편 하지는 1월 29일 혁신계 임정 요인들의 이러한 이탈 행위를 지목하여 "국민의 복리보다 자신의 위신을 더 생각하는 거짓 선지자이자 정치 모리배"라고 비난하기를 서슴지 않았다.

  1월 23일 임정 내 좌파 인사들이 탈퇴한 가운데 이승만, 김구를 영수로 추대하여 새로 출범한 비상국민회의 주비위원회는, 그러나 임정의 법통성만큼은 감히 범하기가 어려웠던 듯 다음과 같은 내용을 골자로 하는 조직 대강(안)을 규정하여 범민족진영의 정치 협상 기구로서의 정체성을 분명히 하였다.

> (제3조) 본 비상국민회의는 대한민국임시정부 당면정책 제6항에 의한 과도 정권 수립에 관한 일체 권한을 유하고 대한민국 임시의정원의 직능을 계승함.

한편 비상국민회의 주비위원회는 그 구성과 초청 대상으로 당면정책 제6항에 규정한 대로 해내외 각 정당·단체와 혁명 그룹 대표, 저명한 민중 지도자와 각 지역 대표 등을 포함하고 있었다. 비상국민회의 초청 대상으로는 무정부주의자총연맹(유림), 자유사회건설자연맹(이을규), 농촌자치연맹(장연송), 민우회(이석규), 재중국조선무정부주의자연맹(이정규) 등 아나키스트 단체들이 모두 포함되어 있었다.

1946년 2월 1~2일 명동 천주교당에서 열린 비상국민회의에는 201명의 대표 중 167명이 참석하였다. 김병로를 임시의장으로 선출하여 경과 보고, 의사 규정과 조직 대강을 채택한 다음 고순흠高順欽(조선노동공제회, 제주 우리계를 주도한 아나키스트)의 제의로 비상국민회의 의장에 홍진, 부의장에 최동오를 만장일치로 추대하였으며, 조직 대강 제4조에 의거한 상임위원 선거는 전형위원을 선출하여 전형 보고하게 하였다. 기타 김규식 등이 제안한 38선 즉시 철폐와, 이극로 등이 제안한 조선인민당, 조선공산당, 조선독립동맹 등 좌익 단체들의 참가 권유 교섭 위원 선임 건 등이 가결되었으나, 이 회의의 하이라이트는 아무래도 권동진 외 100명이 연서로 제안하여 가결된 최고정무위원회 설치안이었다. 이들이 제안한 최고정무위원회 설치는 비상국민회의의 당면 핵심 임무인 과도 정권 수립 및 기타 긴급한 조치를 수행하기 위한 것이었으며, 그 인원수와 선정 방법은 이승만, 김구 두 영수에게 일임한다는 것이었다. 한편 러치 군정장관은 축사에서 비상국민회의는 조선 민족 통일의 진정한 모임으로, 이 모임에 의해 조선 민족 통일은 완성되었다고 공언하여, 미군정의 속내를 드러냈다.

8. 민주의원으로 돌변한 최고정무위

1946년 2월 13일 비상국민회의에서 위임한 최고정무위원 28명의 명단이 발표됐다. 임정계와 독촉중협계 양측에서 추천하여 이승만·김구가 최종 확정 발표한 최고정무위원의 명단은 다음과 같다.

이승만·김구·김규식·조소앙·조완구·김붕준(이상 임정 요인), 백남훈·김도연·원세훈·김준연·백관수白寬洙(이상 한국민주당), 권동진·최익환·김여식(이상 신한민족당), 안재홍·이의식李義植·박용의朴容義(이상 국민당), 여운형·백상규白象奎·황진남黃鎭南(이상 조선인민당), 함태영(기독교), 장면張勉(천주교), 김창숙(유림), 김법린(불교), 오세창(천도교), 정인보(국학자), 김선金善·황현숙黃賢淑(이상 여성계).[1]

이 명단이 발표되었을 때 사람들은 누구나 과도정부 수립을 위한 모체 기관이 부상한 것으로 알고 있었다. 그런데 여기에서 해괴한 일이 벌어졌다. 이 비상국민회의 최고정무위원회가 하룻밤 사이 돌연 '남조선대한국민 대표 민주의원'으로 둔갑하여 2월 14일 군정청 제1회의실에서 그 발족식이 열린다는 것이었다. 그 광경을 전 국민에게 보이기 위해 라디오로 중계방송까지 하기로 되어 있었지만, 막상 그 자리에는 조소앙, 김창숙, 정인보, 여운형, 황진남 등 5인이 불참하여 분위기를 어색하게 만들었다. 여운형, 황진남은 민주의원이 처음에 약속한 대로 하지 장군 개인의 비정치적 자문 기구가 아닌 것을 불참의 이유로 들었지만, 조소앙, 김창숙, 정인보는 비상국민회의 최고정무위원회를 바로 하지의 자문기관으로 무릎 꿇리려 한다고 분개했다. 임정 외무부장 조소앙은 "최고정무위원회가 어떠한 경위로 변천되었는지 나는 모르겠다. 또 누가 발표하였는지도 모르겠다"고 털어놓았다. 유림의 원로로 민족적 대의를 추상처럼 중시한 김창숙은 민주의원 참석을 종용하기 위해 찾아온 경교장 비서 신현상을 향해 이렇게 꾸짖었다.

---

1) 미군정은 여운형·최익환·백상규·황진남을 좌익계로, 오세창·권동진·정인보·장면을 중간파로 분류했던 것 같다.(HUSAFIK 2: 78~79)

군은 돌아가서 김구에게 이렇게 말하시오. '김창숙은 결코 민족을 파는 자문기관에 응하지 않겠다. 지금 김구를 위한 계책은 마땅히 군정청이 발표하는 자리에 참석하지 말고 곧 민주의원 조직의 경위를 전 국민에게 성명으로 밝혀, 비상국민회의의 위임 사항을 실천치 못한 죄를 사과하고, 하지의 자문에 응하지 않을 것을 맹세해서 국민의 판단을 기다리는 것뿐이라고.'(심산사상연구회, 1997: 346)

민주의원은 발족식에서부터 삐걱거리는 모습을 드러냈다. 하지 장군은 개식사를 통해 미주둔군의 사명은 한국 정부의 수립을 원조하는 데 있으며 이를 위한 자신의 자문기관으로서 민주의원을 특별히 설치하는 것이라고 하였다. 다음 번 식사에서 이승만은 한국 독립을 원조하려는 미군에 대한 감사 표시에 이어, 한국의 현 정세로 보아 정부 수립의 제반 절차는 마땅히 미군의 지휘를 전적으로 받아야 하며, 이 때문에 민주의원을 특별히 설치해서 하지 장군의 자문기관으로 대비하는 것이라고 하였다. 그렇지만 이승만은 정작 비상국민회의의 위탁 사항에 대해서는 일언반구 언급이 없었다. 세 번째로 등단한 김규식 역시 이승만이 한 말을 그대로 복사한 듯 하지 장군의 개회사를 예찬하는 내용으로 일관했다. 그러나 마지막으로 등단한 김구는 작심한 듯 2월 1일 비상국민회의에서 결의한 사항을 상세히 설명한 다음, 그날 대회 결의로 위임받은 것에 의거하여 최고정무위원 28인을 선정, 정부 수립을 위한 모체 기관을 갖추려 한 것이라고 하여, 하지·이승만의 연설을 180도 뒤집었다.

임정계의 공세는 2월 18일 민주의원 회의에서도 이어졌다. 의장으로 임석한 이승만이 조완구의 몰아치는 추궁으로 진땀을 빼고 있을 때, 김구 등의 권유로 억지로 끌려나오다시피 참석한 김창숙이 질의의 바통을 물려받았다. 김창숙은 다음과 같이 책상을 치고 호통하며 이승만을 궁지로 몰아붙였다.

> 내가 오늘 이 회의장에 나온 것은 결코 외국에 붙은 기관인 민주의
> 원을 승인해서가 아니고, 다만 이 박사를 대해서[박사가] 나라를 저
> 버린 죄를 한번 성토코자 함이오. 아까 조완구가 질의한 대강은 내
> 가 말하려는 바와 서로 부합되니, 천하 사람이 의를 의식함이 대략
> 같음을 알 수 있는 것이오. 당신은 지난 2월 1일 비상국민대회[비상
> 국민회의]의 석상에서 김구와 함께 최고정무위원의 선출을 위임받
> 아놓고 마음대로 민주의원을 조직해서 발표하고 이는 하지 장군의
> 자문기관이라 했지요. 또한 김구의 식사와 당신의 식사가 일체 서
> 로 상반되니 이 일은 전적으로 당신 한 사람 수중의 농간으로 이루
> 어진 것임을 알 수 있오. 당신은 국민대회[국민회의]가 위임한 일은
> 어디에 두고 감히 이처럼 기만해서 나라를 저버리는 행위를 한단
> 말이오. 당신의 속을 나라 사람이 환히 보고 있거늘 당신은 무슨 면
> 목으로 국민 앞에 민주의원 의장을 자칭하고 감히 국사를 논하는
> 가! 당신은 오늘 이미 민족을 팔았거니와 어찌 다른 날에 국가를 팔
> 지 않는다 보장하겠오?(심산사상연구회, 1997: 350~351)

 범을 잘못 그리면 강아지가 된다는 속담이 없는 것은 아니다. 하지만 임시정부의 법통을 계승해서 과도 정권을 수립하는 대임을 맡은 우리의 최고정무위원회가 어쩌다가 한낱 외국 점령군사령관의 개인 자문기관으로 전락해야 했던가?
 독촉중협과의 통합을 거부하던 임정이 이승만의 설득에 따라 통합에 적극성을 띠게 된 것은 무엇보다도 연말연시에 고양된 반탁운동의 여세를 우익 세력의 조직적 결집으로 모아갈 필요성 때문이었다. 게다가 당

시 임정으로서는, 독촉중협과의 통합을 통해, 미군정과의 불편한 관계를 어느 정도 누그러뜨리고자 하는 심리 작용 또한 없지 않았다. 하지만 미군정은 임정 측의 그러한 심리를 당근과 채찍으로 역이용하여 하지가 당초부터 주장하던 과도정부 계획에 끌어다 붙이려 공작했다. 그 공작에 직접적으로 뛰어들어 역할을 한 것이 바로 하지의 정치 고문 굿펠로우였다.

굿펠로우가 1946년 초 하지의 정치 고문으로 새로 부임하면서 처음 구상한 것은 남북 좌우를 총망라한 통합자문단United Advisery Group을 구성하는 일이었다. 즉 미군정이 3상 결의 제2항의 미소공위 개최 시기를 적당하게 지연시켜가며 소련의 진의가 무엇인지를 탐색하느라 시간을 버는 동안, 그는 한국인들로 하여금 과도정부를 위한 연합 전선을 형성하도록 하여 하지 장군 혹은 미소공위와 함께 일할 일종의 자문 행정 기관을 조직하려고 하였다. 이를 위해서는 남한의 조선공산당(박헌영)과 북한의 조선민주당(조만식)까지도 포함한 주요 정당에서 4명씩의 대표를 선발하여 동참시켜야 한다고 생각했다. 이러한 계획을 가지고 활동을 개시한 굿펠로우는 이승만, 김구, 김규식 등 우익 지도자들뿐만 아니라 박헌영, 여운형 등 좌익 지도자들과도 비밀리에 접촉하였다. 그러나 북한 정치인을 포함한다는 것은 명백하게 비현실적이기 때문에 곧 그만두었지만, 조선공산당 등 남한의 좌익을 끌어당기는 일도 여의치 않을 것 같았다. 시간에 쫓긴 그는 일단 당초의 계획을 접어두고 차선책으로서 임시정부의 과도 정권 수립 계획(비상정치회의)에 편승하기로 방침을 바꾸었다. 즉 임정의 독자적인 과도 정권 수립 계획을 차단하고, 이승만을 김구 진영과 연합하게 하여, 그 결과를 통합자문단으로 흡수하는 일종의 바람잡이 전술을 쓴 것이었다. 굿펠로우의 공작과 결합한 이승만은 힘들이지 않고 임시정부의 배(비상국민회의)에 선장으로 승선하였고, 배는 임정 법통론이 아닌 미군정의 자문 행정 기구인 민주의원에 정박한 것이었다.

하지가 민주의원을 설치하려 한 처음 의도는 1945년 가을부터 추구해오던, 남한의 정계를 통합한 자문 행정 기구를 만들려는 노력의 연장선상에서였다. 미군정은 주둔 5개월여가 지난 그 당시까지도 한인들의 의사를 제대로 반영할 만한 기구 하나 갖추지 못하고 허둥거리고 있었다. 그래서 하지는 1946년 초 반탁운동의 회오리가 지나가기를 기다려, 사설 군사 단체 해산령 발포(1월 21일), 정당 등록제 실시(2월 20일) 등 일련의 행정 체제를 조이는 한편, 이승만·굿펠로우를 앞세워 우익 중심의 통일전선을 형성하기 위한 이면 작업을 서둘렀다. 그 결과 1946년 2월 14일 탄생한 것이 민주의원이었다. 이 민주의원 발족에 의해, 하지는 비로소 남한 반공 우익 세력을 통합하여 '정무위원회(남한 또는 남북한의 자문 행정 기구) → 과도정부(임시정부) → 선거를 통한 정부 선출'이라는 '랭던 구상'의 제1단계 목표에 근접할 수 있었던 셈이었다.

한편 당시 미군정은 미소공위 예비회담에서 아놀드 소장이 소련 대표(스티코프)를 상대하여 힘겨운 씨름을 하던 때였다. 아놀드와 스티코프의 미소공위 예비회담은 1946년 2월 6일 마침내, 임시정부 수립을 원조하는 것을 목적으로 하는 미소공동위원회를 1개월 이내에 서울에 설치한다는 공동 성명을 발표하고 회담을 마쳤다. 이에 본격적인 대소 협상 국면으로 상황이 급박하게 돌아가는 것을 염두에 둔 하지는, 본국 정부의 지시에 따라 일단 민주의원을 미소공동위원회에서의 협의대표기구로 활용할 전략을 세웠다. 하지는 민주의원이 탄생하기 직전(2월 11일)의 시점에 본국 정부로부터 미소공위 임시정부 수립의 협의 대상을 개별적인 직접 협의 방식이 아닌, 대표 기구 방식으로 하라는 지침을 시달받고 있었다. 워싱턴의 3부조정위원회가 현지 사령관인 하지 장군의 재량권 강화를 전제로 작성한(1월 28일) 이 지침(SWNCC 176/18 '한국에 관한 정치적 방침')은, 미소공위에 임할 협의대표기구를 구성하는 데 있어 '좌우익의 극단주의가 아닌' 온건한 정당 지도자들로 할 것, 그리고 신탁통치 논의가 더 이상 쟁점화하지 않도록 할 것을 명시하고 있었다. 본국 정부의 지침으로 하지는 신탁통치안 또는 남한 정치에 관한 대처 방안을 둘러싼 워싱턴과의 마찰에서 서서히 타협점을 찾을 길을 트게 되었다. 그러나 하지는 본국 정부의 지침에 의해 민주의원의 성격을, 독자적 자문 행정 기구에서 미소공위를 상대하는 '협의대표기구'로 또 다시 궤도 수정하는 것이 불가피하게 되었다. 그 과정에서 이른바 '돌베어 광산 스캔들 사건'을 빙자하여 민주의원 의장 이승만마저 토사구팽시킬 수밖에 없었다. 그러고도 민주의원은 결국 쓸모없게 되어 용도 폐기될 운명에 놓이게 되었다. 즉 미국 정부의 지침 자체가 직접 협의 방식을 명문화하고 있는 모스크바 3상 결의 규정과 상충되고 있어서, 협의대표기구로 민주의원을 미소공위에 내세우는 것은 씨가 먹히지 않을 일이었다.

결국 비상국민회의 최고정무위원회에서 탈바꿈한 민주의원은 하지의 실용적인 정치 공작(?)에 끌려다니다가 마침내 그 존립의 근거마저도 애매모호하게 되고 말았다. 미군정의 자문기관으로 민주의원을 발족시키고자 혼신의 정치 곡예를 발휘했던 이승만의 망신살이야 차치해둔다고 치자. 하지만 이로 인해 갈기갈기 찢겨버린 법통 임정의 명예는 무엇으로 보상받을 것인가?

민주의원은, 그후 규범 제1조로 '비상국민회의의 결의에 의한 최고정무위원으로 조직한다'는 명문을 내걸어보기도 하였지만, 끝내 임정 법통의 정체성을 분명히 하는 데는 역부족이었다. 다만 정치 활동과는 별개로 민주의원이면서 기획국장에 임명된 최익환(일명 최익)이 중심이 되어, '균등 공익 경제계획'의 슬로건 아래 새 나라 건설의 경제 기초를 마련하고자, 일부 독실한 민족 기업가들의 자발적 참여를 얻어 '애국기업공단' 활동을 전개했던 것은 인상적이었다.

9. 좌익의 총집결체: 민주주의민족전선

4당 회의, 5당 회의가 신탁통치에 대한 견해 차이로 결렬되고, 우익 진영의 비상국민회의 준비 작업이 본격화할 무렵, 좌익 또한 이에 맞대응하기 위해 민주주의민족전선(약칭 민전) 결성 작업을 서둘렀다. 비상정치회의 주비회가 소집되던 것과 거의 같은 시기인 1946년 1월 19일, 조선인민당·조선공산당을 중심으로 하는 좌익 진영 29개 정당·단체 대표 60여 명은 시내 관훈동에서 모여 민전 발기를 만장일치로 공식화했다. 그에 의해 2월 4일 조선인민당에서 모인 준비위원회에서는 북쪽 인사(김두봉, 최창익崔昌益, 김일성, 최용건, 김책 등) 등을 포함한 남북한의 좌익계 지도급 인사를 총망라한 준비위원 24명과, 준비위 실무부서(김두봉, 이강국, 이여성, 최용건, 김오성, 한빈韓斌 등)를 선임 발표하고, 민전 결성 대회를 2월 15일 개최하기로 결의하였다. 민전준비위는, 우익의 비상국민회의가 결성되던 2월 1일 발의 선언문을 발표하여, 민전이야말로 "과도적 임시국회의 역할을 하며 미소공위의 임시적 민주 정부 조직에서 조선 민족의 유일한 정식 대표"임을 선언하였다. 이 선언문에서 민전준비위는 "공산당, 인민당, 인공 측의 성의 있는 노력에도 불구하고 임정 측의 반민주주의적 행태에 의하여 〔민족 통일 공작이〕 실패"하였으므로, "지금의 조선의 정치 태세는 민주주의 노선과 반민주주의 노선의 원칙적인 대립이 명확"해졌다고 그 조직 이유를 내세웠다.

민전은, 우익의 민주의원 발족 다음날인, 1946년 2월 15일 서울 종로 YMCA에서 좌익 정당·단체 대표 등 398명, 그리고 지방 대의원 200여 명이 참석하여 성황을 이룬 가운데 결성 대회를 개최하였다. 초청 단체 중 한국민주당, 국민당, 신한민족당 대표가 불참한 것은 그러려니 여기겠지만, 정작 준비위원에까지 이름을 올렸던 38선 이북 인사들이 하나도 참가하지 않았고, 당초에 초청 명단에서조차 제외했던 것은 어찌 된 일이었을까? 시작하기 전부터 남한 좌익 블록 통일전선운동의 한계선이 이미 노정된 것이라고 보아야 할 것이었다. 그것은 그렇다 치더라도, 이날의 민전 대회 분위기가 극적으로 고조된 것은 임시정부 국무위원이었던 김원봉, 장건상, 성주식, 김성숙과, 비상국민회의 대회에 참가했던 이극로 등 중도 우파 인사들이 대거 얼굴을 내밀었기 때문이었다. 비상정치회의의 우경화를 비판하여 탈퇴 성명을 냈던 김원봉 등은 이날 민전 대회 석상에서 "우리는 좌우 양익의 합작으로서만 전국적, 통일적, 자주적 임시 정권을 건설할 수 있다고 확신한다"며, 좌우 통합과 자주적 통일 정권 수립을 위해 끝까지 노력하겠다고 역설하였다.

민전 대회는 중앙위원(305명), 상임위원(73명) 선출에 이어, 최고 대표 기관인 의장단을 선임하는 등 양일간의 일정을 순조롭게 끝냈다. 의장에는 여운형, 박헌영, 허헌許憲, 김원봉, 백남운白南雲 등 5인, 부의장에 백용희白庸熙, 홍남표, 이여성, 김성숙, 장건상, 윤기섭尹琦燮, 성주식, 정노식, 유영준劉英俊, 한빈 등 10인이 선출되었다. 이렇듯 남한의 범좌익 세력을 총망라하여 출범한 민전은 기실 준비 단계부터 조직상의 많은 문제점을 안고 있었고, 그것이 그대로 대회 석상에서 노출되었다.

처음부터 민전의 엔진 역할을 한 중심 세력은 조선인민당, 조선공산당 및 조선신민당(전 조선독립동맹) 등 3대 계파였다. 그중에서도 해방 직후의 건준 시대 이래 언제나 제일 먼저 민족통일전선 형성의 매개체를 자부하고 나선 것은 여운형의 조선인민당(인민당)이었다. 인민당은 일찍이 미소공위 대책을 둘러싼 민족통일전선 문제를 풀어나가고자 임정과 인공의 합작을 제의하기도 했다. 그것이 임정 측의 거부로 실패하자, 인민당은 4당 대표자 회의를 주선하는 쪽으로 방향을 바꾸었으며 그것이 5당 회의로까지 발전했다. 비상정치회의에 맞서 민주주의민족전선을 주도하는 과정에서, 인민당은 다시 비상국민회의와의 통일 방안으로 1) 친일파, 민족반역자를 제외할 것, 2) 3상회의 결의 원칙 위에 민주주의 자주독립국가 건설에 노력할 것, 3) 기성 양 정부는 법통을 고집하지 말 것, 4) 실체가 분명한 단체의 비례대표제를 승인할 것 등 통일 4원칙을 제시했다. 인민당의 이여성은 민전 대회 석상에서 이런 원칙을 다시 강조하여 민전은 '동일한 사상 계열'의 집결을 의도하는 것이 아니며, 문호를 개방하여 미참가자가 자유로이 참가할 수 있게 하자고 제안했다. 이렇듯 시종 협상의 매개자 역할을 자부한 인민당의 주장은 특히 독립동맹(조선독립동맹)계 등 많은 신참자들의 동조를 얻을 수 있었다. 뒤늦게 입국해서 1월 중순부터야 정치 활동을 시작한 독립동맹은, 민전이 좌우 대립의 대결적 구도에서 벗어나 국내 국외의 민주주의 제 요소를 집결시키는 데 힘쓸 것을 촉구했다. 그러나 조선공산당의 입장은 처음부터 그와는 전혀 달랐다.

　민전 대회에서 최초로 대중 앞에 모습을 드러낸 박헌영은, 자주국가 건설을 위한 국제적 조건이 완전히 보장되어 있고 또 '진보적'으로 해결되는 것이 약속되어 있다고 호언했다. 박헌영은 민전이 '국제 민주주의 노선'에 협력하여 조선 민주주의를 완성하기 위한 조선의 유일한 민주주의 통일진선이라고 못 박았다. 박헌영에 뒤따라 등단한 이기석李基錫은 민전을 완전히 민주주의 세력과 반민주주의 세력이라는 타협도 양보도 없는 이분법적 대결 구도로 몰고 가야 한다면서, 반민주주의 집단인 비상국민회의 및 민주의원을 향해 '선전포고'를 하자고 동의하여 이를 가결시켰다. 이 단계에서 조선공산당은 "오늘 조선의 정치적 분열은 좌우의 분열이 아니라 민주주의와 반민주주의의 원칙적 분열이며 중간파라고 하는 것은 존재할 수 없다"고 피력하여, 한동안 묻어두었던 8월 테제의 '부르주아 민주주의혁명' 이론을 다시 등장시키기 시작했다. 조선공산당은 반탁의 회오리바람으로 코너에 몰렸던 1월 초순까지만 해도 인민당에 이끌려 우익 진영과의 민족통일전선에 줄을 대려는 듯한 태도를 취하고 있었다. 그런데 민전 결성식에서 박헌영이 도전적으로 나오게 된 것은 아마도 이때쯤 조선공산당의 전위적 청년·대중조직이 완비되고, 또한 모스크바의 지원(타스통신 보도, 스탈린의 코미트 또는 스티코프 공위 예비회담의 폭로 기자회견 등)에 크게 고무되었기 때문인 것 같다. 이렇게 해서 출범 초부터 주도권이 조선공산당으로 넘어간 민전은 이후 좌파의 통일체라는 의미마저 상실하고 점차로 조선공산당의 외곽단체로 전락하게 되었다.

민전이 안고 있는 조직상의 결함은 민전 조직이, 자신들이 표방했던 것과는 달리 기층으로부터 조직되어 올라온 민주적 통합체가 아니라는 데 있었다. 그리고 조직 상층부 내에서조차 의사소통이 제대로 이루어지지 않아 더욱 문제가 많았다. 그 허점을 파고들어 부르주아혁명론과 프롤레타리아의 헤게모니 확립 쪽으로 몰아가려 한 것이 박헌영 조선공산당의 전략 전술이었다.

10. 미소공동위원회

한국민의 운명을 볼모로 한 미소공동위원회 본회담이 모스크바 3상회의 결의 이후 약 3개월 만인 1946년 3월 20일 마침내 서울 덕수궁 석조전에서 열렸다. 내외의 관심이 집중된 가운데 아놀드 소장을 수석으로 하는 미국 측 대표단과 스티코프 중장을 수석으로 하는 소련 측 대표단이 마주 앉았다. 미소공위는 모스크바 3상회의 결정에 의해 그 첫째 임무인 조선의 임시정부 수립을 원조하겠다는 것이 목적이었지만, 기실 미소 양측은 처음부터 도저히 합쳐질 수 없는 평행선 위에 있었다. 개회에 앞서 행한, 다음과 같은 미주둔군사령관 하지 중장의 성명(1946. 3. 11)과 소련 측 수석대표 스티코프 중장의 개회 연설이 바로 양측 의견의 차이점을 여실히 반영하고 있다.

하지의 성명 요지

제일 먼저 미국의 목적은 조선에 언론, 집회, 신앙, 출판의 자유를 수립하여 그것을 영구히 지속시키자는 것이다. …… 또한 그것이 조선 국민의 다대수가 희망하고 있는 것이라고 믿고 있으며, 공위 미국 측 대표가 조선 사람이 완전히 통일된 국민으로서 자유를 향유하도록 조력하고자 하는 것도 그 때문이다. 모스크바 성명에 발표된 것과 같이 공동위원회의 목적은 조선의 임시정부 수립을 원조 …… 하려는 것이다. …… 그러나 위원회의 임무를 수행하기 위한 제1요건의 하나는 조선을 경제적, 정치적으로 통일시키자는 것이 미국 대표의 의견이다. …… 어떤 특별 단체나 좌, 우익 간 어느 편을 가려서 정부를 만들자는 것이 미국 측 대표의 목적이 아니요, 다만 다대수의 의견에 부합한 정부를 수립하자는 것이 미국 측의 목적이다. …… 그러나 이와 동시에 미국 측 대표로서는 그들이 얼마나 떠들거나 또는 훌륭히 조직되었거나, 정치적 활동에 얼마나 열렬하거나를 불문하고 조선을 소수 정당파로 지배시키지 않고자 하는 ……

미국 측 위원의 태도를 표시하는 것이다. ……(송남헌, 1985: 314)

스티코프 연설 요지

장래의 조선임시정부는 모스크바의 외상회의의 결의를 지지하는 모든 민주주의 정당·단체의 광범한 통일을 기초로 하여 창설되어야 한다. 이러한 정부만이 …… 국내외 반동적, 반민주주의적 분자에 대하여 결정적 투쟁을 개시하여 …… 조선 인민에게 정치적 자유를 부여하고 극동의 평화를 위하여 투쟁할 수 있을 것이다. 소련은 조선에 대하여 우호적이고 장래에 소련에 대한 공격의 기초가 되지 않는 진정한 민주주의 국가가 되는 데 대하여 깊은 관심을 가지고 있다.(송남헌, 1985: 316)

미소공위 개막에 있어 당초에 미국 측이 의도한 것은 이남의 남조선대한국민 대표 민주의원과 이북의 북조선임시인민위원회를 협의대표기구로 하여 협의를 진행하려는 것이었다. 그런 의도하에 국무부는 공위 개회 직전 미국 측 대표에게 민주의원 의장 이승만과 같은 극단주의자를 후퇴시키고 온건파인 김규식 부의장을 의장 대리로 내세우기까지 했다. 이러한 미국 측 방침은 협의대표기구를 통해 '소련이 조종하는 소수파가 우세를 점하지 못하도록' 봉쇄하는 데 목적이 있었다. 직접 협의 방식이 조직과 활동력에서 우세한 좌익에게 유리한 방법이라면 협의대표기구 방식은 좌익에 비해 대중적 기초가 취약한 반면 명망 있는 정치인들이 많았던 우익에게 유리한 방식이었다. 그러나 소련 측 대표는 민주의원의 반소 반공적 성향을 문제 삼으면서, 조직과 활동력에서 좌익에게 보다 유리한, 민주주의 제 정당 및 사회단체와 직접 협의하는 방식을 고집했다. 그것이 3상 결의 제2항에 규정된 원칙이라는 것이었다.

미소공동위원회는 개회한 지 한 달 만인 4월 18일에 가서야 5호 성명으로 각 민주주의 정당 및 사회단체와 직접 협의할 조건에 대한 결정문을 발표하기에 이른다. 공동성명 5호의 내용은 임시정부 수립의 협의 대상이 될 정당 및 사회단체는 신탁통치 조항을 포함한 모스크바 결정을 수락한다는 선언서에 반드시 서명해야 한다는 것이었다. 공동성명 5호가 발표되면서 제일 먼저 선언서를 제출한 것은 조선공산당이었고, 민전, 조선인민당, 전평 등 좌익 32개 단체가 줄줄이 그 뒤를 이었다. 그러나 그때까지 반탁의 입장을 견지해오던 우익 진영으로서는 상황이 난감할 수밖에 없었다. 이 선언서에 서명하는 것은 신탁통치도 받겠다는 것을 전제로 하는 것이기 때문에 절대로 승인할 수 없다는 것이 김구, 조소앙, 조완구, 김창숙, 정인보 등 민주의원 강경파의 의견이었다. 백범은 "공동위원회와 협력하여 정부를 수립하는 것은 신탁통치에 굴복하는 것이고, 굴해가면서라도 정권을 잡아야 한다는 것은 곧 나라를 팔아먹는 것"이라고 꾸짖었다. 그와 상반되게 김규식, 김병로 등은 "신탁 문제가 토의될 때에 그것을 반대해도 늦지 않으니 우선 임시정부 수립에는 참여하여야 한다"고 참가를 호소했다. 이 단계에서 미군정은 우익 강경파에 대한 설득 공작에 온 힘을 쏟았다. 하지 중장과 미국 측 수석대표 아놀드 소장이 연달아 선언서 서명을 종용하는 성명을 냈으며, 굿펠로우는 지방 순회 중이던 이승만을 찾아가 5호 성명에 대해 찬의를 표명하도록 권했다. 이승만은 "반탁, 찬탁을 막론하고 회의는 참가하고 보아야 한다"는 담화로 응수했다. 시간이 지나감에 따라 우익 진영 내에서조차 다대수가 임정 수립 협의에는 일단 참가하고 보자는 쪽으로 기우는 가운데, 24일 민주의원이 김규식, 조소앙, 안재홍, 원세훈, 김준연 등 5인으로 과도 정권 수립을 목표로 하는 접흡단接洽團을 구성하여 미소공동위원회에 옵서버로 참석시키기로 결정했다.

한편 당시 공동성명 5호에 쌍수를 들어 환영하며 선언서에 솔선 서명했던 좌익 블록의 사정 또한 복잡하기는 마찬가지였다. 좌익 블록의 혼선은 주로 임시정부 수립 방법을 둘러싼 것이었다. 좌익 블록의 총합체인 민전을 실질적으로 장악하고 있는 박헌영의 조선공산당은 스티코프 소련 대표의 연설에 대해 전폭적인 지지를 표명하면서, 국제적 현실과 동떨어진 반동적, 반민주주의적 정객들과의 통일을 운운하는 일부 기회주의자와 중간파들을 맹렬히 공격했다. 그러면서 박헌영은 3상 결의를 반대하는 반민주주의 세력을 임시정부 수립 협의에서 배제하고, 남북의 좌익 블록으로 임시정부를 구성해야 한다고 선동했다. 그와는 달리 여운형의 조선인민당, 백남운의 조선신민당 등 온건 좌파는 박헌영의 '국제노선'을 민족의 현실을 외면한 비자주적인 것이라고 공박하며 자율 통일에 의한 연합성 민주주의 정부론을 제기했다. 그들은 조선공산당의 주장은 결국 공동위원회를 파탄에 빠뜨릴 것이며, 임시정부 수립을 불가능하게 할 것이라고 우려했다. 자율 통일의 임시정부 구상을 설득하고자 여운형이 평양으로 김일성을 찾아갔고(4월 19~25일), 백남운은 서울신문에 「조선 민족의 진로」를 연재(4월 1~13일)하는 등 애를 썼지만, 박헌영 등으로서 볼 때 그들의 주장은 한낱 기회주의적 공론일 뿐이었던 것이다.

4월 27일 하지 중장은 최종적으로 다음과 같은 특별 성명을 발표하여 우익계의 협의 참가를 강력하게 권고했다. 즉 "신탁〔원조〕은 4국이 동의만 하면 전혀 안 받을 수도 있다", "서명을 한다고 하여 그 정당이나 사회단체가 신탁을 찬성한다거나 신탁 지지의 언질을 준다는 표시를 한 것은 아니다", "선언문에 서명하지 않고서는 공동위원회의 협의 대상이 될 수 없다"는 것이 그 요지였다. 하지 중장의 이와 같은 특별 성명으로 선언서 제출이 찬탁을 전제로 한 것이 아님이 보장되자, 민주의원과 비상국민회의는 김구의 최종 동의를 얻어 연석회의를 열고 "탁치를 전제로 한 일체 문제는 절대 배격한다"는 조건으로 참가 결의를 하게 되었다. 이에 의해 비상국민회의, 한민당, 한독당 등 우익계 20여 개 단체가 5월 2일 일제히 공동성명 5호를 지지 찬성하는 성명을 내고, 선언서에 서명하였다.

그러나 미소공위는 이 시점에서 협의 대상이 될 주요 정당 및 단체의 명부 작성 문제를 놓고 암초에 부딪혔다. 미국 측 대표가 제출한 남한 지역의 20개 정당·단체 명부 중 17개가 우익에 속해 있고 좌익은 겨우 3개뿐이라는 것이 문제가 되었다. 이에 대해 스티코프 소련 수석대표는 신탁통치 반대 의사를 철회하지 않은 우익 단체들은 협의 대상으로 받아들일 수 없다고 강경하게 나왔다. 그는 미국 측 대표가 제출한 명단 가운데 협의 대상으로 인정할 수 있는 단체는 3개 정도인 데 반해, 노조원 60만 명으로 구성된 전평, 30만 명의 부총, 65만 명의 민청 및 300만 명 이상의 농민을 대표하는 농민조합 등의 참가권이 박탈되어 있다고 했다. 이에 대해 아놀드 미국 수석대표는 스티코프가 지적한 남한의 단체들이란 것은 공산주의 극렬분자들이 실제의 수와는 관계없이 일방적으로 과장한 파괴적 폭력 단체일 뿐이며, 북한 측 명단에는 민족주의 및 우익 단체가 전혀 포함되어 있지도 않다고 응수했다. 한 가지 웃지 못할 난센스는 당시 좌우 할 것 없이 모든 정당·단체들이 세를 과시하기 위해 얼마나 과장되게 구성원의 수를 부풀렸으며, 미소 양측 대표들이 그 부풀려진 숫자를 자파에 유리하게 해석하려고 얼마나 줄다리기를 했던가 하는 것이다. 그 부풀려진 인원수가 남북 모두 합쳐 실제 인구 삼천만의 배가 넘는 7,000만 이상이었다고 하니 기가 막힐 노릇이다.

3상 결의 원칙의 고수냐, 의사 표현의 자유 보장이냐라는 논쟁이 쉽게 끝나지 않을 것을 내다본 미국 측 대표는, 여기에 덧붙여 예비회담

때 제기했던 '38선 철폐를 통한 국토의 개방' 문제를 다시 들고 나왔다. 민생에 불편을 주는 이 급박한 현안 문제부터 해결해보자는 것이었다. 그러나 소련 측은 임시정부 구성을 최우선적으로 다루어야 한다는 그들의 입장을 굽히지 않았다. 미국은 군사 분할의 장벽을 철폐하고 전 국토를 하나의 행정·경제 단위로 통합시키는 것을 우선시하자는 것이었고, 소련은 인민위원회식의 임시정부 수립이라는 정치 문제를 우선으로 고집한 것이었다. 결국 회담은 임시정부 수립이 먼저냐, 38선 철폐가 먼저냐로 되돌아온 모양새였다. 그러는 가운데 양측은 각기 자국의 국가이익을 앞세워 탐색전을 하며 시간을 벌려는 눈치였다. '미국 측에 유리한 결말이 날 때까지 임시정부 구성을 위한 미소공동위원회의 공동토의를 연기'시켜야 한다는 하지의 의도는 적중한 셈이었다.

제1차 미소공위는 끝내 협의 대상 정당·단체를 둘러싼 미소 양측의 입장 차이를 좁히지 못하고 1946년 5월 8일로서 장기 휴회에 들어갔다.

제2차 미소공동위원회는 제1차 미소공위가 휴회한 지 꼭 1년 만인 1947년 5월 21일 덕수궁에서 열렸다. 그때는 미국이 트루먼독트린(1947. 3. 12)으로 대소 봉쇄 정책을 가동하기 시작한 단계로 1차 때와는 전혀 상황이 달랐다. 새로 부임한 지 얼마 안 되는 마셜 미국무장관은 미소공위 재개를 앞두고 몰로토프Vyacheslav M. Molotov 소련 외상과의 서한 교환에서, 1947년 여름까지 그 진전 상황을 양국 정부에 보고, 재심하도록 하자고 하여, 모스크바 3상 결의로 언제까지나 소련에게 발목이 잡혀 있을 수만은 없다는 것을 암시하고 있었다.

제2차 미소공위는 초기 월여 동안 비교적 순조롭게 진행되는 듯 보였다. 6월 11일 공동성명 11호를 발표하여 가장 난관이었던 협의 방법 및 협의 대상의 원칙에 합의하였고, 6월 하순부터는 서울, 평양을 오가며 미소공동위원회의 양측 대표단과 참가 서류를 제출한 정당 및 사회단체의 합동 회의를 열기까지 했다. 그러나 그것을 마지막으로 미소공위는 또다시 협의 대상 선정 문제를 둘러싼 '3상 결의 고수'와 '의사표시의 자유'라는 1년 전의 원점으로 되돌아가버렸다. 7월 중순 이후부터 미국 측은 미소공위 실패의 대안으로 입헌의회 구성을 위한 비밀·보통선거 실시 문제를 미·소·영·중 4대국 회의에서 다루자고 나왔고, 이에 대해 소련 측은 협의에 참가한 정당·단체 대표로 임시인민회의를 구성케 하자고 맞섰다. 마침내 마셜 미국무장관이 유엔총회 연설에서 한국 문제를 유엔에서 다룰 것을 제안하고 이 안이 9월 21일 유엔운영위원회에서 12대 2로 가결되자, 소련은 한국 문제는 한국인들의 자체 해결에 맡긴다는 방침 아래 주둔군의 연내 동시 철수를 제기하기에 이르렀다. 미소공동위원회는 실패의 책임을 떠넘기기 위한 명분 축적의 설전만을 계속하다가 10월 18일에 가서야 막을 내렸다.

미소공위 재개는 남한 정계를 지리멸렬한 상태로 몰아넣었다. 9월 총파업, 10월 봉기 등 비합법 투쟁에 대한 일련의 검거 선풍으로 세가 크게 약화된 좌익의 남로당(남조선노동당)과 민전은, 모든 것이 공동위원회 활동에 의해서만 해결될 수 있다고 주장하는 가운데, 협의 대상 문제가 구체화되자 당세의 급속한 확장을 목적으로 당원 배가 캠페인을 벌였다. 남로당은 공위에 편향적인 대규모 군중 압력을 가할 목적으로 7월 27일 공위경축인민대회를 열었다가 미군정의 대대적 검거 선풍으로 공위 자체를 파탄으로 몰아가는 데 일역을 하게 되었다.

미소공위 재개는 김규식 등 좌우합작위원회를 중심으로 하는 중간 진영의 입지를 크게 강화시켜주었다. 합작위는 한독당에서 이탈한 민주한독당(구 신한민족당계), 신한국민당(구 국민당계) 등의 인사들의 합류로 시국대책협의회를 조직하고, 극좌, 극우를 배제하여 공위에 협력할 것을 결의했다. 이들 중도파는 대체로 통일 정부 수립에 방해가 되는 친일파 등의 공위 참가를 배제하자는 면에서 좌익에 동조하면서도, 통일임시정부를 총선거에 의해 수립하자는 미국 측 제안에는 기대를 거는 편이었다. 그러나 미소 대립의 냉전 국면에 접어든 마당이라 중도파 인사들의 설 자리는 점점 좁아질 수밖에 없었다.

한편 미소공위 재개는 단정 노선과 법통 임정 고수 노선으로 갈려 있던 반탁 진영에 또 다른 분파 작용을 몰고 왔다. 우익의 가장 강력한 정치조직으로 이승만의 단정 노선을 지지하던 한민당이 미소공위에서 임시정부 수립 논의가 구체화하자 돌연 협의 참가 쪽으로 태도를 바꾸어 버린 것이다. 이승만과 김구 등 반탁 세력은 미소공위 자체의 순조로운 진행을 막기 위해, 미군정의 집회 금지령을 무시하고 6·23 시위 등 일련의 격렬한 가두시위를 벌여 공위에서의 미국의 입장을 난처하게 했다. 마침내 미국 정부가 선거에 의한 임시정부 수립 방식을 내세워 한국문제의 유엔 이관을 결행하자 반탁 노선의 우익 세력이 쌍수를 들어 환영한 것은 물론, 적극적인 공위 지지 세력이었던 중간파 대다수까지도 이를 지지하는 쪽으로 돌아섰다.

유엔감시단이 소련의 거부로 북한에 발을 들여놓을 수 없게 되었을 때, 남한만의 단독선거를 밀고 나가겠다는 이승만·한민당계의 현실론과 남북협상으로 분단만은 막아야 한다는 이상론이 평행선을 달리게 된다.

요컨대 모스크바 3상 결의에 의한 미소공위는 한반도를 분할 점령한 미소 두 나라가 한반도에서 배타적인 영향력을 행사하기 위해 마련한 공식 기구였다. 이 기구에 의해 분할의 장본인들인 미소 두 나라는 그 분할이 잘못되었기 때문에 바로잡겠다는 구실 아래 2년 가까운 세월을 허송하며 협상을 시도했다. 그러나 그들의 안중에 한민족은 없었다. 한국인의 의사는 고려하지도 않은 채, "이미 점령하고 있던 반쪽 지역 이

외에 상대방이 차지하고 있던 나머지 반쪽에 대해서도 영향력을 확대하려고" 서로 버텼다. 결과적으로 62회에 걸친 회담을 하는 가운데 두 나라가 한 일은 자국의 이념과 이익에 부합되는 국내의 일부 사대주의 정객들을 이용하여 상대방 세력을 배제하기에 바빴던 것이 전부였다.

11. 공위 중단 이후의 정국

1차 미소공위 회담이 중단된 후 미소 양 점령군 당국은 당분간 미소공위 재개에 노력을 기울이기보다도, 자국 관할 지역의 내부 단속과 통치 체제를 강화하는 쪽으로 힘을 기울였다. 소련 점령군은 김일성의 임시인민위원회를 앞세워 토지개혁을 1개월여 만에 완결하고, 8시간 노동제, 남녀평등법 및 산업국유화법 등 일련의 사회주의 정책을 공포하여 이른바 '민주기지론'의 구체화를 서둘렀다. 7월 22일 북조선민주주의민족통일전선위원회가 결성되었으며, 그에 뒤이어 조선공산당과 조선신민당의 합당이 진행되어 남북 좌익의 좌익 블록 형성이 급물살을 탔다.

미소공위 무기 휴회를 선언하여 시간을 벌게 된 미군정 측은 그때서야 한숨을 돌린 듯, 비교적 폭넓게 한인 등용의 기회를 열어놓음으로써 군정에 대한 민간 지지 기반을 넓혀보려고 하였다. 미군정은 1946년 7월 새로운 입법 자문 기구안을 발표하여 남조선과도입법의원 구성을 통한 민정 이양의 '정치발전계획'을 내놓기도 했다. 그와 동시에 미군정은 미소공위 재개를 위한 환경 조성과도 관련이 있는 좌우 온건 세력을 망라한 중도적 한인 정치 세력 육성에 주력하였다. 하지 장군은 좌우합작을 성사시키기 위해 5월 25일 정치 고문 버치 중위를 내세워 민주의원 의장 대리 김규식과 민주주의민족전선 의장 여운형의 회동을 주선하였다. 그것이 6월 14일의 김규식, 여운형, 허헌, 원세훈의 4자 회담으로 공식화되었으며, 우여곡절 끝에 민주의원(우)과 민전(좌) 양측에서 각기 5인씩의 대표로 좌우합작위원회를 구성, 7월 25일 덕수궁에서 제1차 회담을 열기에 이른다. 하지가 공을 들여 성사시킨 좌우합작운동은 한동안 잘 나가 세인의 주목을 끌었으나, 그것도 잠깐이었고 곧 극렬 좌파로부터 융단 폭격을 당해 난처한 입장에 처하게 되었다.

미소공위 개최 이래 미군정에 줄곧 걸림돌이 된 것은 극좌 극우 세력이었다. 이승만·김구·한민당으로 대표되는 우파 진영은 처음부터 신탁통치 반대의 입장에서 미소공위 개최 기간 동안 내내 상대적으로 위축된 상태에 있었으니, 미군정으로서는 크게 문제될 것이 없었다. 이승만의 단독정부론 제기(6월 4일 정읍 발언)에 뒤이은 민족통일총본부(약칭 민통) 발족(6월 30일), 신익희의 군정 철퇴 임정 추대 계획(8월 29일) 등 파동을 일으킨 사건이 없지는 않았으나 대개 단발성 해프닝에 지나지 않았기 때문이다. 그보다도 미군정의 신경을 쓰게 한 것은 극렬 좌파 세력이었다.

미군정은 미소공위 중단에 때맞추어 터진 조선정판사 위조지폐 사건(5월 15일)을 계기로 극렬 좌익 진영에 철퇴를 가하기 시작했다. 미군정은 조선공산당 본부 건물의 명도령에다가 『해방일보』 등 좌익 기관지에 대해 폐쇄령을 내렸으며, 특히 온건 좌파의 발목을 잡는 박헌영 등 조선공산당 (당권파) 간부들을 공공연히 견제하고 나섰다. 7월 2일에는 소련 측이 미국의 북조선 영사관 설치 요구를 묵살한 데 대한 보복으로, 미군 점령 지대에서의 좌익 운동의 중심이 되어온 주 서울 소련 영사관까지 철수시켰다. 이런 정세하에서도 조선공산당은 미국독립기념일에 "해방의 은인"이라고 감사 메시지를 보내는 등 한동안 유화적 태도를 취하고 있었다. 그런데 박헌영이 7월 하순 월여에 걸쳐 평양 방문을 마치고 돌아와서부터 태도가 돌변하였다. 박헌영은 소위 '민전의 좌우합작 5원칙'과 그를 뒷받침하는 '신전술'을 들이대 미군정이 공들이는 좌우합작회담에 찬물을 끼얹기 시작한 것이다.

'민전의 좌우합작 5원칙'이란 1) 미소공위 재개를 통한 임시정부 수립을 위해 남북의 민전이 회담을 하여 전국적 행동 통일을 기하며, 2) 토지개혁(무상몰수 무상분배), 중요 산업의 국유화, 노동 입법 등 민주주의 기본 과업에 매진하고, 3) 친일파, 민족 반역자, 반동 거두를 숙청하고 투옥 민주 인사를 즉시 석방하며, 4) 미군정 당국에 정권을 인민위원회에 즉시 이양할 것을 요구하며, 5) 군정 고문 기관 혹은 입법기관 설치는 반대한다는 것이다. 이상과 같은 '5원칙'을 실천에 옮기는 수단이 곧 공산당의 '신전술'이었다. '5원칙'과 '신전술'은 한마디로 인민대중의 조직화된 위력으로 미군정을 압박하여 "정권을 인민위원회로 넘기라!"는 운동을 적극 전개하자는 것이었다. 계급 대 계급의 투쟁을 통해 미군정하의 친일파, 반동 우익 세력(중간 세력까지도)을 싸잡아 배격하고, 남북 좌익 블록만의 독자적 담합에 의한 미소공위의 임시정부 수립을 성사시키자는 것이 그 핵심이었다. '신전술'은 또한 선전 교양 해설 활동의 중점을 3상 결의 지지 실천에만 두지 말고, 소련군 점령하의 북조선을 마치 민주화의 성지인 양 선전하며 남조선의 '무조건적인 북조선화'를 지침으로 삼아야 한다는 것이었다. 이런 운동을 전개하려면 막대한 희생을 각오해야 하며, 반동 경찰에 잡힌 지도자의 탈취 운동도 서슴지 말아야 한다는 것이 '신전술'의 시달 내용이었다. 한마디로 민전의 '5원칙'과 '신전술'은 남한에서 미군정을 몰아내고 남북 좌익 중심의 계급 정권을 밀어붙여야 한다는 것 이외에 아무것도 아니었다.

박헌영은 이 5원칙을 가지고 남조선 좌익이 비로소 "독자적 역할을 하게 되었고, 좌우합작과 미군정 지지의 투항 노선을 극복"할 수 있게 되었다고 호언했다. 그렇게 함으로써 공산당 당권파들은 해방 후 당시까지 유지해오던 '국제주의'의 협조적 합작 노선, '미국에 대한 순진한 신화'를 박차버리고 미군정에 대해 정면 도전을 한 것이었다. 어디까지나 그것은 소련 노선으로 편향된 것일 뿐, 자주적·민주적 결의에 의한 것으로 보기는 어려웠다. 무엇보다도 그것은 평양에서 소련 측 수석대표 스티코프 등과 코드를 맞추고 돌아왔을 박헌영에 의한 독단적 노선 전환이었다는 데 주목할 필요가 있다.

'민전의 합작 5원칙'으로 좌우합작위원회가 비틀거리고 있던 시기, 민전의 골간을 이루는 공산당, 인민당, 신민당은 3당 합당 논의를 거의 동시적으로 들고 나와 세상을 어리둥절하게 했다. 3당 합당론은 7월 하순 평양에서 북조선공산당과 신민당(북조선)이 합당 선언을 한 데서 영향을 받았을 것이다. 제일 먼저 좌익 3당의 합당을 제의한 것은 인민당이었지만, 오히려 공산당이 '5원칙', '신전술'을 몰아붙이기 위해 이를 서둘렀던 것이 아닌가 추측된다. 그러나 합당 방법론을 둘러싼 이견이 결국 전 좌익 블록을 양분시키는 결과로 발전하였다. 민족국가 건설을 최우선적으로 주장하는 여운형의 대중정당 노선과, 계급 동맹에 의한 사회주의 정부 수립을 목표로 한 박헌영의 혁명 정당 노선 간의 갈등으로 인한 것이었다. 자율 통일·연립정부 수립을 주장해온 인민당의 여운형은, 공산당 내의 강진姜進, 김철수 등 비주류계(대회파) 그리고 신민당의 백남운계 등과 연합하여, 박헌영을 견제하면서 좌우합작운동을 합당 논의의 토대 위에서 점진적으로 병행하려 하였다. 하지만 박헌영은 인민당, 신민당 내의 공산당 프랙션과 한 동아리가 되어 미군정에 저항하고 좌우합작운동을 분쇄함으로써 3당 합당을 몰아붙이려 하였다. 좌익 3당 중에서도 가장 극심하게 분열상을 노정한 것은 공산당이었다. 공산당의 분열은 박헌영을 위수로 하는 이주하, 김삼룡 등 재건파(경성

콤그룹계)가 당중앙을 종파 일색으로 장악하고 운영한 데 그 원인이 있었다. 강진, 김철수, 이정윤李廷允, 서중석徐重錫 등을 중심으로 하는 반간부파는 박헌영이 '민주 집중제'의 원칙을 무시하고 당대회 소집을 계속 거부하고, 합당과 같은 중대 문제를 자파 일색만으로 독단적으로 결정하여 당을 위기에 빠뜨린 것을 맹렬하게 비난하고 있었다. 이처럼 좌익 3당이 합당 문제를 둘러싸고 양 파로 갈린 상태에서, 남조선노동당(남로당)준비위원회를 구성(9월 4일)하도록 박헌영을 고무한 것은 북조선노동당이었다. 8월 30일 평양에서는 북조선공산당과 신민당(북조선)이 합당하여 열린 북조선노동당(위원장 김일성, 부위원장 김두봉) 창당 대회가 열리고 있었다. 이 대회에서 북조선노동당은 성명을 발표하여, 남한의 좌우합작운동이 "미군정의 조종하에 남조선 반동 도배들이 시도하는 …… 반인민적 흉계에 불과하다"고 극언하면서, "북조선에서 실현될 모든 민주주의적 개혁들을 전 조선에서 실시해야 할 것"이라고 주장했던 것이다.

'신전술'로 노선 전환을 한 조선공산당은 8·15 해방 기념일을 기점으로 미군정에 대해 일제 공세로 나왔다. 이날 좌익 기념식장에서는 조선공산당중앙위 명의로 된 '일본군을 이 땅에서 구축한 붉은 군대 승리 만세!' '약소민족의 해방운동과 세계 민주주의 건설의 총지휘자 스탈린 대원수 만세!' 등 깃발이 하늘 높이 치솟았으며, '미군정은 식민화 정책을 버리고 즉시 인민위원회에 정권을 넘겨라!' '테러 집단을 해산하고 인민을 학살한 반동 경찰을 폐지하라!' 등 거리에 뿌려진 전단들이 행인들의 가슴을 섬뜩하게 하고 있었다.

이쯤 되면 미군정과 공산당의 정면충돌은 이미 피할 수 없는 것이었다. 하지 중장은 8월 31일 장문의 성명서를 발표하여 좌익의 허위 선전과 시위 선동, 인민위원회로의 정권 이양 요구, 경찰 공격 행위를 용납

하지 않을 것임을 밝혔다. 9월 6일부터 미 점령 당국은 5, 6월의 경우와는 또 다른 한층 강력한 탄압 정책으로『조선인민보』등 좌익의 주요 언론을 무기 정간시킨 데 이어, 박헌영, 이주하, 이강국 등 공산당 주요 간부에 대한 체포령을 내렸다. 그러나 공산당 또한 누르면 튄다는 식으로 전면 대항 태세를 취하여 9월 하순의 총파업에서 10월 봉기로 이어지는 일련의 공세로 미군정을 궁지로 몰아넣었다.

1946년 하반기 남한은 독립에 대한 기대가 점점 멀어진 데다 미군정의 연이은 실정으로 인해 사회 분위기가 극도로 침울했다. 무엇보다도 전국적으로 콜레라가 기승을 부리는 데다, 경제 상태가 말이 아니었다. 물가가 천정부지로 치솟는 가운데, 절박한 식량문제가 서민 생활을 극한 상황으로 몰아넣었다. 식량문제 해결책으로 미군정은 1946년 2월 15일자 군정법령 제45호로 미곡 강제 수집령을 내렸는데, 그 내용은 쌀 수집 가격을 소두小斗 1말당 38원으로 묶어놓고 상인, 지주, 농민 할 것 없이 자가 식량 보유분을 제외한 미곡은 모두 강제 수매한다는 것이었다. 그해 2월 초 1말당 150원 하던 쌀값이 3월 초 암시장에서 270원으로 뛰었고, 9월 단경기端境期에 가서는 무려 1,200원으로 치솟았다. 그러고도 쌀을 구할 수가 없었다. 미군정은 쌀 통제법령 실시 이후 배급제를 다시 실시하였으나, 9월 중순까지 7개월 동안 서울의 1인당 쌀 배급량은 총합계 소두 2말 2되가 고작이었고, 지방 도시로 갈수록 그 양은 더욱 적었다. 이쯤 되니 시내 양조장과 두부 공장 앞에는 술지게미와 비지를 사려는 굶주린 사람들이 새벽부터 장사진을 이루었고, 그러고도 견디다 못한 시민들은 '쌀을 달라!'는 구호를 외치며 거리로 뛰쳐나올 수밖에 없었다.

미군정에 대한 민중의 불신은 군정 관리·경찰에 대한 적대감이 더 큰 요인으로 작용하였다. 점령 초기 일본 총독 정치를 그대로 물려받은 미군정이 일제강점기에 온갖 만행을 하던 친일 관리·경찰 대부분을 그대로 권력의 자리에 앉혀놓고 현상 고착 정책을 쓰고 있었기 때문이다. 더욱이 미소공위 중단 이후 군정 경찰은 극우 청년 단체들의 협조를 받아 좌익은 물론 일반 시민까지 마구 잡아들여 죄인 취급하는 행동을 하여 민중의 불만이 폭발 직전의 상태였다.

9월 총파업은 공산당의 외곽단체인 전평 조직 중에서도 가장 강력하고 저임금과 열악한 노동조건에 시달리던 철도 부분에서부터 시작되었다. 9월 24일 서울 철도조합원들이 전면파업을 선언한 것을 신호로 전국 4만여 철도 종업원들이 일제히 파업에 들어가, 전국의 철도 수송망이 완전히 마비되었다. 경성출판노조가 25일 돌연 파업에 뛰어들었고, 26일에는 전평의 또 하나의 중요한 거점인 경전이 파업을 일으켜 서울 시내가 불 없는 암흑천지가 되었다. 10월 1일에는 서울의 전차가 3시간 파업을 단행했으며, 서울중앙우체국을 비롯하여 대구와 경주의 우체국도 파업을 하였다.

9월 30일 전평의 정예 조합원들의 농성장인 용산철도기관구를 에워싼 좌우익 간의 '판가리싸움'은 그야말로 공산당 노선 변화의 중요한 시험대가 되었다. 장택상 수도경찰청장이 지휘하는 경찰과 대한노총, 대한민청 등 수천 명의 우익 청년 단체원들과 맞선 이 싸움의 승패는 처음부터 자명한 것이었다. 용산철도기관구 사건을 분수령으로 전평은 심대한 타격을 입었고 파업은 진정 국면에 접어들었다. 당초에 '신전술'에 의한 파업 쪽으로 전평을 몰아간 것 자체가 박헌영계 공산당의 현실을 모르는 불장난이었다. 그해 7월까지만 해도 민전 외곽단체인 전평은 '경제 부흥과 노동조건 개선을 병진'한다는 유화정책으로 조합운동을 지도하고 있었지 않은가.

9월 총파업의 고조된 분위기 속에서 대구를 기점으로 하여 10월 봉기[2]가 발생하였다. 10월 봉기는 10월 1일 대구에서, 식량 배급을 요구하는 시위 군중과 대치하던 무장 경찰대가 발포하여 1명의 시민이 사망한 것이 도화선이 되었다. 대구 노동자들의 파업은 삽시간에 봉기로 확대되어, 각지에서 수백 수천 명의 농민·시민들이 경찰서, 군청, 지서, 읍면 사무소 등을 습격하는 등 상호 간에 유혈 참극이 벌어졌다. 경상북도에서는 10월 2일부터 6일 사이에 청송, 영양, 안동을 제외한 전 지역 14개 군에서 봉기가 발생하였으며, 악질 경찰의 만행에 격분한 군중에게 접수당한 경찰서만도 대구 달성, 성주, 칠곡, 의성, 선산, 군위, 영천, 경주 등 8개 군에 이르렀다. 10월 봉기는 순식간에 경남, 충청, 경기, 강원, 전남, 전북 등 전국으로 번져나갔다. 2개월여에 걸쳐 전국 가담자 수가 2백여만 명이나 되는 것으로 추산된 이 봉기 사태의 피해 결과를 정확히 파악하기는 어렵다. 다만 경북에서만도 사망자 수가 136명으로 집계되었으며, 피검자 수가 7,400명이 넘었다고 하니 이로써 그 피해 규모를 짐작할 만하다. 더욱이 사망자 136명 중에는 관리가 63명이고, 그중의 태반이 넘는 40여 명이 경찰이었다고 하니, 이것만으로도 당시 사태의 민중 항쟁적 성격을 유추하기 어렵지 않다.

9월 총파업이나 10월 봉기는 1년여 동안의 미국의 점령 통치를 뿌리째 흔든 사건이었다. 그럼에도 불구하고 하지 장군은 속으로야 어떻게

---

[2] 당시에 이 사건은 통상 대구폭동, 10월 폭동, 10월 봉기, 10월 봉기 사태, 영남소요 사건 등으로 불리었고, 좌익에서는 10월 항쟁이라고 불렀다. 나는 이 책에서 이 사건을 비교적 중립적인 용어인 '10월 봉기'로 표현하고자 한다.

생각했건 대외적으로는 모든 원인을 공산주의자들의 사주와 선동으로 몰아 한층 군정을 강화하는 계기로 삼으려 했다. 영남소요사건 수습 대책을 토의하기 위한 각 정당 시국대책간담회에 이어 좌우합작위원회와 미군정의 공동대책위원회(1946. 10. 23)가 열렸는데, 이 회의에서는 한결같이 저질 경찰 문제, 친일 관료 문제가 주 의제가 되었고, 특히 민간 참석자들은 한결같이 조병옥 경무부장과 장택상 수도경찰청장의 퇴진을 강력히 요구하였지만, 하지는 그 모든 것에 귀를 기울이지 않았다. 도리어 그는 좌익 세력 봉쇄와 치안 유지 확보를 목적으로 하는 경찰력의 증강, 국방경비대의 증원 및 이범석李範奭의 조선민족청년단과 같은 우익청년 단체 지원에 주력하도록 지시했다. 그와 동시에 하지는 기왕에 7월부터 추진하던 '정치발전계획' 보따리를 다시 풀어놓고 좌우합작위원회를 지원하여 과도 입법 기구 창설 작업을 서둘게 했다.

좌우합작위원회의 김규식과 여운형이, 좌익 진영 내의 분규로 인해 중단되었던, 좌우합작운동의 재추진에 다시 불을 붙이기 시작한 것은 8월 하순부터였다. 특히 좌측 수석대표 여운형이 좌우합작운동을 성사시키고자, 박헌영·이강국 등에 대한 체포령 취하를 미군정 측에 직접 요구하는가 하면 9월 23일부터 30일까지는 북조선을 방문하는 등 9월 총파업의 긴박한 상황을 무릅쓰고 필사적으로 노력했던 것은 평가할 만하다. 바로 그 산고의 결과로 좌우합작위원회에서 10월 7일 합의 발표한 것이 다음의 좌우합작 7원칙이다.

1. 조선의 민주 독립을 보장한 3상회의 결정에 의해 남북을 통한 좌우합작으로 민주주의 임시정부를 수립할 것.
2. 미소공동위원회 속개를 요청하는 공동성명을 발發할 것.
3. 토지개혁에 있어 몰수, 유조건 몰수, 채감매상 등으로 토지를 농

민에게 무상으로 분여하며, 시가지의 대지(垈地) 및 대건물을 적정 처리하며, 중요산업을 국유화하며, 사회 노동법령 및 정치적 자유를 기본으로 지방자치제의 확립을 속히 실시하며, 통화 및 민생문제 등등을 급속히 처리하여 민주주의 건국 과업 완수에 매진할 것.

4. 친일파 민족 반역자를 처리할 조례를 본 합작위원회에서 입법 기구에 제안하여 입법 기구로 하여금 심리 결정케 하여 실시케 할 것.

5. 남북을 통하여 현 정권하에 검거된 정치 운동자의 석방에 노력하고, 아울러 남북 좌우의 테러적 행동을 일체 즉시로 제지토록 노력할 것.

6. 입법 기구에 있어서는 일체 그 권능과 구성 방법, 운영 등에 관한 대안을 본 합작위원회에서 작성하여 적극적으로 실행을 기도할 것.

7. 전국적으로 언론, 집회, 결사, 투표, 출판, 교통 등의 자유를 절대 보장하도록 노력할 것.(서중석, 1991: 470에서 재인용)

이 좌우합작 7원칙의 특징은 미소공위 속개와 3상회의 결의에 의한 남북 좌우합작의 민주주의 임시정부 수립을 원칙으로 하면서도, 입법 기구에 정통성을 부여하고 그에 대한 역할을 자담할 것을 밝혔다는 점이다. 미군정 측의 강한 압력 때문이기는 하였지만, 이후 합작위원회는 좌측 파트너가 대부분 이탈한 가운데 합작운동 본래의 임무보다는 입법 의원 기구의 제정 및 의원 선거 활동에 적극 참여하는 자가당착으로 곤욕을 치르게 된다.

한편 말 못할 사정으로 인해 좌우합작 7원칙 발표 석상에 참석조차 할 수 없었던 좌측 수석대표 여운형은, 10월 16일 사회노동당(사로당) 준비위원회를 발족시킨다. 사로당은 처음부터 대중정당을 지향하는 온건 좌파(공산당 대회파, 인민당 우파 및 신민당 대회 소집파 등)가 중심이 되어 박헌영의 남로당을 견제하고 좌우합작운동을 뒷받침하려는 의도에서 출발했다. 기묘하게도 남로당과 사로당 양측이 다 같이 경쟁적으로 창당준비위원장에 여운형을 추대한 상태였다. 그러나 9월 총파업, 10월 봉기라는 미군정과의 극단적 대결 구도 아래서 어정쩡한 '팔방미인'의 정치 행태를 가진 여운형의 사로당은 그 어디에서도 존립할 여지가 없었다. 마침내 사로당은 11월 17일 창당 대회를 끝으로 북로당 중앙위의 집중 포화에 박살이 났고, 남로당에 일방적으로 흡수당해버리고 만다. 그리하여 평등한 위치에서 양 파로 갈린 3당을 통합시키려 무던히 노력했던 여운형은, 필경 박헌영의 극좌 모험주의 앞에 참담한 자기비판서(12월 4일)를 내던지고 정계 은퇴를 선언해야 했다. 여운형은 그로부터 반년이 지난 후에야 남로당으로부터 소외된 낙오 세력을 규합하여 다시 근로인민당(1947. 5)을 재건하지만, 끝내 교착 상태에 빠진 제2차 미소공위 정국에서 헤어날 수 없었고, 7월 19일 혜화동 로터리에서 괴한의 흉탄으로 불귀의 객이 되고 만다.

몰락의 길로 빠져든 것은 박헌영이나 남로당도 예외는 아니었다. 박헌영·남로당이 9월 총파업과 10월 봉기를 통해 미국의 대한 정책 실패를 폭로하고 좌우합작운동을 무력화시키는 데 성공한 것은 자부할 만했다. 그 여세를 몰아 미군정의 험악한 탄압하에서도 북로당 측의 자비로운 응원을 받으며 남로당 결성(1946. 11. 23)을 밀어붙임으로써 계급 중심 좌익 블록 형성이라는 박헌영의 당초의 목표에는 도달한 듯 보였다. 하지만 남로당은 그때 이미 정상적인 정치 활동을 제약받고 있었고, 실권자인 박헌영 자신이 체포령을 피해 북쪽으로 안식처를 옮긴 상태였다. 대중으로부터 점점 고립되어 지하당으로 전락한 남로당이 할 수 있는 일이란 명분 없는 '신경전, 모략전, 전단전' 외에 다른 방도가 없었다. 그리하여 남로당은 후일 북한 측에서도 비판한 것처럼 "대중을 모험적인 폭동에로 내몲으로써 막대한 희생을 하게 하였으며 당 조직과 많은 혁명 조직들을 마구 노출시켜 파괴당하게"(서중석, 1991 : 464) 한 것이 사실이었다. 결과적으로 박헌영·남로당은 인민 앞에 정강 정책 하나 뚜렷하게 내세운 것이 없었다. 그들이 한 것이라고는 변혁에 목말라 하는 백성들을 무턱대고 불구덩이로 끌고 들어가는 가운데, 민족·민중의 진정한 혁명 에네르기를 말라붙게 한 것이 전부였다. 결과적으로 박헌영·남로당이 미국과 소련의 싸움의 틈새에서 자멸의 길로 빠져든 것을 남의 탓으로만 돌리기는 어렵게 되었다. 그것을 반증하는 단적인 실례로서, 6·25 전후 대거 북쪽으로 넘어간 박헌영 등 남로당 간부들이 김일성 정권에 매달려 눈칫밥을 먹다가 필경 간첩죄로 처형당하는 신세가 되었으니 말이다.

참고 문헌

河野健二〔가와노 겐지〕 編, 1976, 『プルードン〔프루동〕』, (株)平凡社.
강대성, 1998, 「환도와 더불어」, 국민문화연구소 50년사 간행위원회 편, 『國民文化硏究所 50年史: 自由共同體運動의 발자취』, 국민문화연구소.
경성부 편, 1936, 「배급기관에 관한 조사」, 『경성부산업조사보고』 제7호, 경성부.
국사편찬위원회, 1968, 『(자료)대한민국사』 1.
국사편찬위원회, 1971, 『(자료)대한민국사』 4.
김구, 1948, 『백범일지』, 국사원.
김성칠, 1993, 『역사 앞에서: 6·25일기』, 창작과비평사.
김승학, 1998, 「망명객 행적록」, 『한국독립운동사연구』 제12집, 한국독립운동사연구소.
김행선, 2004, 『해방정국 청년운동사』, 선인.
단주유림선생기념사업회, 1991, 『旦洲 柳林 자료집』 1.
도진순, 1997, 『한국민족주의와 남북관계』, 서울대학교출판부.
류자명, 1983, 『나의 회억』, 요령인민출판사.
매클리어, 마이클, 2003, 『베트남 10,000일의 전쟁』, 유경찬 옮김, 을유문화사.
메릴, 존, 2004, 『(새롭게 밝혀진) 한국전쟁의 기원과 진실』, 이종찬·김충남 옮김, 두산동아.

무정부주의운동사편찬위원회 편, 1978, 『한국아나키즘운동사』, 형설출판사.
미국무성, 1984, 『해방 3년과 미국: 미국의 대한정책 1945-1948』 1, 미국무성 비밀외교문서, 김국태 옮김, 돌베개.
박달재수련원, 1997, 「亡弟如山追慕錄」, 『단암 이용태 선생 문고』, 동화서관.
박병림, 2002, 『한국 1950: 전쟁과 평화』, 나남출판.
박환, 2004, 『잊혀진 혁명가 정이형』, 국학자료원.
서대숙, 1989, 『북한의 지도자 김일성』, 서주석 옮김, 청계연구소.
서중석, 1991, 『한국 현대 민족운동 연구』, 역사비평사.
송건호, 1977, 「이승만과 김구의 민족노선」, 『창작과 비평』 봄호.
송남헌, 1985, 『해방3년사: 1945~1948』 1, 까치.
신복룡 편, 1993, 『한국 분단사 자료집』 4, 원주문화사.
심산사상연구회, 1997, 『김창숙문존』, 성대출판부.
大澤正道〔오자와 세이도〕, 1990, 『アナキズム思想史〔아나키즘사상사〕』, 黑色戰線社.
와다 하루키, 1999, 『한국전쟁』, 서동만 옮김, 창작과비평사.
우남실록편찬회, 1976, 『우남실록 1945~1948』, 열화당.
우드코크, 조지, 1981, 『아나키즘: 사상편』, 하기락 옮김, 형설출판사.
유정렬, 1998, 「'上海臨時政府' 봉대운동의 경위」, 국민문화연구소 50년사 간행위원회 편, 『國民文化硏究所 50年史: 自由共同體運動의 발자취』, 국민문화연구소.
유효식, 1987, 「美軍政期 政府樹立 過程에 있어서 臨政勢力의 역할에 관한 硏究」, 고려대학교대학원 석사 학위논문.
이원순 편저, 1988, 『인간 이승만』, 신태양사.
이정규, 1974, 『우관문존』, 삼화인쇄(주) 출판부.
이태진 외, 1998, 『서울상업사연구』, 서울시립대학교부설서울학연구소.
이호룡, 2001, 『한국의 아나키즘』, 지식산업사.
日本アナキズム運動人名事典編纂委員會〔일본아나키즘운동인명사전편찬위원회〕 編, 2004, 『日本アナキズム運動人名事典〔일본아나키즘운동인명사전〕』, ぱる出版.
임홍빈, 1983a, 「이승만·김구·하지 상」, 『신동아』 1983년 11월호.
임홍빈, 1983b, 「이승만·김구·하지 하」, 『신동아』 1983년 12월호.
정병준, 2005, 『우남 이승만 연구』, 역사비평사.

정용욱, 2003, 『존 하지와 미국 점령통치 3년』, 중심.

정화암, 1982, 『이 조국 어디로 갈 것인가』, 자유문고.

최갑용, 1995, 『어느 혁명가의 일생』, 이문출판사.

추헌수 편, 1971, 『(자료) 한국독립운동』1, 연세대학교출판부.

手塚登士雄〔테즈카 토시오〕, 2005a, 「魯迅, 周作人とエスペランティストたち〔루쉰, 저우쭤런과 에스페란티스토〕」(1), 『トスキナア〔도스키나〕 1』, トスキナア會.

手塚登士雄, 2005b, 「魯迅, 周作人とエスペランティストたち」(2), 『トスキナア 2』, トスキナア會.

하기락, 1985, 『탈환』, 형설출판사.

하기락, 1993, 『자기를 해방하려는 백성들의 의지』, 도서출판 新命.

한국반탁·반공학생운동기념사업회, 1985, 『한국학생건국운동사』.

『뉴욕타임즈』 1946. 1. 23.

『동아일보』 1939. 1. 31; 1945. 12. 21; 1946. 1. 3; 1946. 7. 13; 1946. 12. 25; 1947. 2. 22; 1947. 3. 9; 2004. 10. 11.

『자유신문』 1945. 11. 2; 1945. 11. 4, 7; 1945. 11. 11; 1945. 11. 15; 1945. 12. 27.

『조선일보』 1945. 12. 5; 1945. 12. 10; 1946. 2. 21; 1946. 3. 18; 1946. 6. 6; 1946. 6. 18; 1946. 8. 27; 1946. 12. 25; 1947. 3. 6.

『조선중앙연감』 1949, 조선중앙통신사.

「독립촉성중앙협의회 중앙집행위원회 제5회 회의록」 1946. 1. 18(우남 이승만 문서 13권 293~297).

"G-2 Report" 1946. 9~1947. 3.〔주한미육군사령부 정보참모부, 1986, 『미군정보보고서』, 통권 제3권: 주한 미 육군사령부 정보참모부 일일보고서 3(1946. 9~1947. 3), 일월서각〕

"G-2 Report"(7사단) 1947. 3. 10.〔주한미육군사령부 정보참모부, 1986, 『미군정보보고서』, 통권 제9권: 주한 미 제7보병사단 정보참모부 일일보고서 1(1945. 9~1947. 9), 일월서각〕

"G-2 Weekly Summary"(24군단) no 78, 1947. 3. 13. '이 박사 전문 내용(김구에게 회답)'

Coudenhove-Kalergi, 1932, *REVOLUTION DURCH TECHNIK*, 鹿島守之助 譯, 鹿島研究所出版會.

FRUS 1950.

HUSAFIK.〔US Army, *History of the United States Armed Forces in Korea 1~4*(돌베개, 1988 영인)〕

Kim San and Nym Wales, 1941, *Song of Ariang*, New York: The John Day Company.

Libero International NO.1 1975. 1.

Simmons, Robert R., 1975, *The Strained Alliance: Peking, Poyiongyang, Moscow, and the Politics of the Korean Civil War*, Free Press.

Sovetskaia voennaia entsiklopediia〔소련군사백과사전〕 Vol. 4, Moscow 1977.

SWNCC 176/8: 1945년 10월 13일자 미국 3부(국무부, 전쟁부, 해군부)조정위원회, 「한국의 미군 점령 지역 내 민간 행정에 관한 미 육군 태평양지구 사령관에게 주는 초기 기본 지시」.

찾아보기

[ㄱ]
가네코 후미코(박문자朴文子) 108, 186
가타야마 센片山潛 58
강건姜健 327
강남향 207
강대복姜大福 172, 175~176, 193, 195, 200, 246, 274, 301, 304, 306, 310, 341, 357
강대성姜大誠 355, 358
강상기姜相基 306, 310~311, 340
강양욱康良煜 97
강응룡姜應龍 96
강전姜荃 195, 200, 209, 274, 306, 310, 341
강진姜進 410~411
강태동姜泰東 52~53, 97
강환국姜煥國 208, 353

계린상桂麟常 51
고순흠高順欽 388
고성희高成熙 220, 222
고영세高永世 306, 310, 312
고정봉高貞奉 194, 200
고평高平 200, 274, 291, 301
고효성高孝誠 359
곤도 히카리近藤光 58
공형기孔亨基 46, 102
곽윤모郭允模 110
곽장범郭莊範 162
곽정모郭正模 110
관이지關益之 58
구연걸具然杰 106, 138, 146, 149, 162, 165, 214, 273
구철회具喆會 162
굿펠로우Preston M. Goodfellow 71, 78,

찾아보기 423

230, 242, 384, 386, 392~393, 401
귀정카이郭憎愷　58
권동진權東鎭　92, 141, 165, 388~389
권영규權榮奎　165
권영준權英俊　200
권태복權泰複　162
권태석權泰錫　383
궨아이꿔오琓愛國　250
김공우金公雨　165
김관식金觀植　165, 383
김구金九(백범白凡)　70~71, 74~75,
　　77, 79~80, 88, 90~92, 96, 98~99,
　　106, 135, 141~142, 147, 149, 163~
　　165, 167, 178~179, 189, 191~192,
　　228, 231~233, 240~244, 255, 259,
　　261~266, 268, 272~274, 276, 278~
　　286, 296, 307~308, 314, 322, 376,
　　381, 385~392, 401, 403, 406, 408
김구경金九經　57
김규식金奎植　51, 70, 92, 106, 167,
　　176, 197, 243, 263~264, 270, 322,
　　328, 385, 388~390, 392, 400~401,
　　405, 407~408, 415
김기남金基南　239, 299
김기동金基東　100, 140
김기석金基錫　355
김기준金基濬　52
김달하金達河　100
김도연金度演　152, 268, 389
김돈金墩　383

김동리金東里　231
김동성金東成　230
김동수金東洙　65, 306
김두봉金枓奉　325, 395, 411
김두한金斗漢　274
김만와金晚窩　274
김명동金明東　106, 141, 146~147, 149,
　　162~163, 184, 189, 214, 273
김무정金武定　353
김범부金凡父　274, 299~300
김법린金法麟　165, 389
김병로金炳魯　382, 388, 401
김병연金炳淵　82, 96
김보환金寶煥　306, 311
김복한金福漢(지산芝山)　141, 214
김붕준金朋濬　81, 92, 243, 281, 381,
　　383, 389
김사필金思必　162
김산金山　61
김삼룡金三龍　324~325, 410
김상겸金相謙　100
김석황金錫璜　76, 103, 238~239, 274~
　　275, 278, 282
김선金善　389
김선적金善積　219, 306, 310~311
김성광金盛光　274
김성수金聖壽(지강芝江)　46, 65, 68,
　　100, 102~103, 147, 149, 165, 184,
　　200, 208, 211, 244, 268, 273, 275,
　　383

김성숙金星淑　81, 281, 381~383, 386, 396

김성칠金聖七　328~329

김성한金成漢　219

김세용金世鎔　382

김승학金承學(희산希山)　99~102, 274~275, 280

김승환金承煥　165

김신원金信遠　220

김야봉金野蓬　65, 108

김야운金野雲　65, 67, 108

김약천金若川　138, 239, 266~267, 299

김여식金麗植　165, 389

김연창金演彰　46, 162

김영학金永學　165

김오성金午星　382, 395

김용호金龍浩　46

김용호　82

김원봉金元鳳(약산若山)　56, 60, 81, 92, 102, 107, 211, 281, 381~382, 386, 396

김원태金元泰　353

김응숙金應淑　139, 154, 335

김응찬金應燦　355, 357

김의연金義演　100

김의한金毅漢　165

김익환金翊煥　106, 162, 165

김인金仁　65, 306

김인성金仁成　200, 203, 337, 340

김일金一　327

김일성金日成　39, 82, 84~87, 97, 270, 317~318, 321~327, 329~330, 335, 339, 346, 380, 395, 402, 407, 411, 418

김재민金在民(김책金策)　86, 97, 327, 395

김재창金在昌　165

김재현金在鉉　46, 106, 162

김정근金正根　109

김정실金正實　97

김정주金正柱　187

김정희金鼎熙　110

김종운金悰運　353, 355, 357

김종인金宗仁　359

김종진金宗鎭(시야是也)　65, 67, 108

김좌진金佐鎭(백야白冶)　45, 106, 108, 117, 236

김준연金俊淵　92, 389, 401

김지병金知丙　127~128

김지영金知永　111

김지홍金知鴻　111

김진동金鎭東　176

김진섭金晉燮(청천)　299, 340

김진원金鎭源(우계牛溪)　52

김진팔金振八　165

김창숙金昌淑(심산心山)　55~56, 61~63, 67, 141, 165, 209, 273, 281, 296, 298~299, 301, 304, 334~335, 389~390, 401

김철수金綴洙　76, 410~411

김태희金泰熙　139

김택金澤　110

김하석金河錫　55

김학원金學元　110

김한金翰　52~53

김해강金海崗　100, 102

김혁두　36

김형민金炯敏　100~101

김형석金亨錫　353

김형윤金亨潤(목발目拔)　46, 90, 146, 149, 184, 208, 212, 273

김형집金亨集　97

김효석金孝錫　328

김희주金禧柱　359

김병제　154

[ㄴ]

나석주羅錫疇　111

나월환羅月煥　65, 111, 306~307

남상옥南相沃　106, 162

남상철南相喆　165, 383

노수일盧壽一　165

노창건盧昌健　353, 355

님 웨일즈Nym Wales　61

[ㄷ]

도노반William B. Donovan　79

[ㄹ]

량롱광梁龍光　66

랭던William R. Langdon　74~75, 78, 374, 393

러치Archer L. Lerch　374, 377, 385, 388

레이디Herold Lady　230

로마넨코Andrei Romanenko　83

루쉰魯迅　57~58

루스벨트Franklin D. Roosevelt　78

뤼촨조우呂傳周　58

류귀항劉果航　58

류자명柳子明(우근友槿)　52~56, 60~61, 63~65, 111

리스청李石曾　57, 66

[ㅁ]

마셜George C. Marshall　247, 271, 404~405

마오쩌둥毛澤東　323~324, 326, 345~346

맥아더Douglas MacArthur　38, 68~72, 74, 231, 247, 271, 318, 320, 342, 344~347, 376, 378

맥클로이John J. McCloy　74

몰로토프Vyacheslav M. Molotov　404

무정武丁　86

문무술文武術　162

미와三輪　103

민정기閔鼎基　165

[ㅂ]

바오다이保大　250

박광朴洸(남정南汀) 51
박기성朴基成 65, 220, 222, 306
박두항朴斗恒 100
박문朴文 96~97
박석홍朴錫洪 46, 131~132
박숭병朴崇秉 56
박열朴烈 92, 109~110, 186~188, 192, 281
박영옥朴永玉 200, 203, 340
박영환朴永煥 46, 106, 127~128, 131, 162, 214~215
박용만朴容萬 56
박용의朴容義 389
박용준朴容駿 165
박용철朴龍哲 144~145, 174, 200, 203
박윤진朴允雖 383
박의양朴宜陽 195, 200, 303~304, 306, 310, 312, 340
박일우朴一禹 327
박제경朴齊卿 138, 143~145, 153~154, 167~172, 174~175, 178, 183, 185, 192, 194~195, 199~200, 205, 246, 274, 301, 304, 306, 310, 312, 341
박제행朴齊行 170
박종화朴鍾和 231, 299
박찬익朴贊翊 281
박헌영朴憲永 37, 73, 75, 84, 93, 323~324, 327~329, 346, 375, 382~383, 392, 396~398, 402, 408~413, 415, 417~418

박현숙朴賢淑 82
박호풍 301
박희원朴喜元 306, 312, 333
방우영方宇榮 103~104
방응모方應模 165, 189
방한상方漢相 46, 127, 132
배성만裵成萬 200
배은희裵恩希 165, 267
백계현白械鉉 219
백관수白寬洙 389
백남운白南雲 396, 402, 410
백상규白象奎 389
백석기白碩基 165
백세명白世明 383
백순白純(은계隱溪) 62
백시영白時英 96~97
백영엽白永燁 96
백용희白庸熙 396
백정기白貞基(구파鷗波) 63~65, 68, 109, 183, 186, 188, 190~191, 198
백종덕白鍾德 138
백창섭白昌燮 96
백홍균白泓均 382
번스James Francis Byrnes 69, 75
베닝호프Merrell H. Benninghoff 41, 70
변순제邊純濟 46, 219
변영로卞榮魯(수주樹州) 293, 299
변영만卞榮晩(산강재山康齋) 274, 293
변영우卞榮宇 216
변희용卞熙瑢 299

보응우옌잡武元甲 252
브라운Frederick Harris Brown 230, 243, 268, 282
블룸Léon Blum 251
빈센트John Carter Vincent 72, 93

[ㅅ]
사이가齊賀一郎 102~103
서동성徐東星 109
서상일徐相日 270, 383
서상한徐相漢 187
서세충徐世忠 165, 189
서일徐一 236
서중석徐重錫 411
설용수薛用守 162
성낙서成樂緖 106, 138, 146, 149, 162, 165, 214, 267, 273
성주식成周寔 96, 281, 283, 386, 396
성진호成瑨鎬 109
손우성孫宇聲 274, 299~300, 353, 355
손재기孫在基 76
손진규孫鎭圭 124
송병준宋秉俊 201
송석주宋錫柱 146, 155
송진우宋鎭禹 37, 94
송창섭宋昌燮 162
송필만宋必滿 162
쇼, 조지George L. Show 51, 54
수카르노Achmed Sukarno 159
스탈린Iosif Vissarionovich Stalin 39~40,
82, 84, 86, 317, 322~324, 326, 330, 346, 377, 398, 411
스태거스John Staggers 230
스티코프Terenty Fomich Shtykov 378~380, 393, 398~400, 402~403, 410
스틸웰Joseph W. Stilwell 78
승흑룡昇黑龍 46, 106, 162
신두수申斗秀 219
신백우申伯雨 165
신익희申翼熙 81, 92, 95~98, 167, 231, 239, 270, 276, 408
신일준辛一俊 238~239, 273~275
신재모申宰模 46, 132
신채호申采浩(단재丹齋) 56~57, 61, 63~65, 67, 106, 108, 257~259
신현상申鉉商 90, 106, 141, 146, 162, 214, 274, 389
신형식申亨植 140
심용해沈龍海 65, 109
쑹쯔원宋子文 78

[ㅇ]
아놀드Archibald Vincent Arnold 379, 393, 399, 401, 403
아베 노부유키阿部信行 40
아웅산Aung San 159
아이플러Carl Eifler 79
아카카와 게이라이赤川啓來 66
안대진安大鎭 200
안덕형安德亨 194, 200

안병익安秉翊 162
안병찬安秉燦 55, 274
안봉연安鳳淵 110
안승한安承漢 51
안재홍安在鴻 76, 92, 135, 165, 243, 270, 328, 382~383, 389, 401
안종영安鍾瑩 189
안호형安鎬瑩(호연浩然) 233~236, 238, 273, 286, 297
애치슨George Atcheson Jr 69, 319
양근환梁槿煥 138
양기탁梁起鐸 42, 52~53
양우정梁又正 238~239
양일동梁一東 46, 107, 274
양희석梁熙錫(묵당默堂) 46, 200, 217~219, 221, 274, 303~304, 306~307, 334~337, 340~341, 353, 355
엄기영嚴基英 165
엄복만嚴福萬 202~203, 207
엄재경嚴在庚 273, 275
엄항섭嚴恒燮 92, 98, 189, 278, 282, 328
엄형순嚴亨淳 65, 68, 109, 214
여운형呂運亨 37, 75, 94, 135, 140, 168, 191, 197, 264, 389, 392, 396~397, 402, 407~408, 410, 415~417
연병주延秉柱 138
연병호延秉昊 138
예로센코Vasilli Yakovlevich Eroshenko 57
오건영吳建泳 165

오광선吳光鮮 99~100, 102
오남기吳南基 46, 65, 220~222
오동진吳東振 42
오면직吳冕稙 68, 109
오상순吳相淳(공초空超) 57~58
오세창吳世昌 141, 165, 191, 281, 389
오스기 사카에大杉榮 58
오우영吳宇榮 216
오윤선吳胤善 82
오치섭吳致燮 110
올리버Robert T. Oliver 230
우갑린禹甲麟 165
우달Emory Woodal 230
우덕순禹德淳 138
우즈후이吳稚暉 66
우한용禹漢龍 46, 106, 132, 162, 215
원세훈元世勳 243, 382, 389, 401, 408
원심창元心昌(원훈元勳) 65, 68, 106, 112, 162, 216
원창식元昌植 165
윌리엄스Jay Jerome Williams 230
윌슨Thomas Woodrow Wilson 51
유공무柳公茂 162
유기동柳基東 238
유기문柳基文 112
유기석柳基石(유서柳絮, 유수인柳樹人) 57, 65~66, 112
유동열柳東悅 100
유림柳林(단주旦洲, 월파月波) 80~81, 92, 107, 125~127, 131~132, 134,

213, 241, 263, 281~282, 381, 383, 388
유병찬劉秉瓚 139
유병환兪炳丸 200, 203, 306, 312, 340
유성갑柳聖甲 165
유성렬劉聖烈 208, 211, 334, 348
유엽柳葉 165
유영준劉英俊 396
유재기劉載奇 165
유정렬劉正烈(수곡樹谷, 유정劉正) 50, 106, 138~139, 141, 144, 148~150, 153~155, 162~163, 165, 175~179, 181~186, 199~200, 205, 208~209, 235, 245~246, 256, 266~267, 273, 278, 286, 291, 293, 298, 300~304, 306, 308, 310, 334~335, 340, 348, 353, 355~357
유지청柳志靑 66
유진산柳珍山 165
유진태兪鎭泰(백은白隱) 147, 209~210, 254
유창렬柳昌烈 140
유창준兪昌濬(기산杞山) 147, 149, 183~184, 200, 208~210, 234~235, 238, 254, 272~273, 293, 297
윤기섭尹琦燮 396
윤봉길尹奉吉 183, 186, 188, 190~191, 198
윤석구尹錫龜 165
윤성옥尹成玉 195
윤익헌尹益憲 100
윤종헌尹鍾憲 355, 357
윤한구尹漢九 95
윤홍구尹洪九 120~121, 221
이강李剛 100
이강국李康國 382~383, 395, 412, 415
이강훈李康勳 65, 68, 90, 92, 186~189
이경석李景錫 46, 162
이관구李寬求 299
이관운李觀運 162
이광李光(성암醒菴) 56
이광래李光來 162
이규갑李奎甲 165
이규석李圭奭 46, 106, 162
이규재李奎載 165
이규준李圭駿 61
이규창李圭昌(이규호李圭虎, 소산嘯山) 46, 68, 90, 102~103, 106, 147, 149, 162, 184, 200, 208, 211, 213~214, 234, 274, 349
이규채李圭彩 138, 165
이규학李圭鶴 61
이그나치예프 83
이극로李克魯 165, 388, 396
이근택李根澤 207
이기만李起晩 53
이기석李基錫 397
이기환李箕煥 61, 66, 100
이단李團 239
이달李達 65

이덕재李德載 65

이동순李東淳 45~46, 106, 127~128, 162, 216~217

이득년李得年 238

이문창李文昌 195, 200, 304, 306, 310, 355, 357

이범석李範奭 415

이복원李復遠 110

이봉율李奉律 306, 310~311

이봉진 82

이봉창李奉昌 183, 186, 188, 190~191, 198

이붕해李鵬海 65

이상설李相卨(보재溥齋) 55

이상재李商在(월남月南) 210

이상재李相宰 306, 312, 340

이상학李象學 138

이상현李相鉉 359

이석규李錫圭 46, 106~107, 126, 147, 149, 162, 200, 205, 208, 212~213, 219, 388

이성렬李成烈 96~97

이성주李成株 166

이성춘李性春 61

이승규李昇圭 140

이승만李承晩(우남雩南) 68~79, 82, 89, 94, 99, 106, 135, 147, 161~167, 191, 209~210, 228, 230~232, 235, 239~243, 255, 259, 264, 266~268, 271~272, 276, 279~281, 286, 313~317, 320, 324~325, 329~330, 335, 342, 344~346, 376, 381, 383~394, 400~401, 406, 408

이승복李昇馥 382

이승엽李承燁 328~329, 334~335

이승옥 207

이시영李始榮(성재省齋) 80, 191, 199~200, 264, 273, 276, 281~282, 296~297, 312, 335, 340, 353~354

이시영李時榮 345

이시우李時雨 45, 132

이여성李如星 76, 382, 395~397

이옥동李玉童 187

이와사 사쿠타로岩佐作太郎 66

이용로李容魯 214

이용준李容俊(천리방千里芳, 이여산李如山) 46, 68, 112~115

이우상李寓相 200, 334

이우승李愚升 55~56

이운李雲 238~239, 281

이육사李陸史 57

이윤영李允榮 96, 266

이은숙李恩淑 63, 213, 297

이을규李乙奎(회관晦觀) 45, 50~54, 56, 58, 64~67, 90, 92, 106~107, 111, 114~115, 120, 131~132, 147, 149, 162, 165, 183~184, 199~200, 208~210, 219, 234~235, 238~239, 261, 272~274, 280~281, 284, 293, 297~298, 306, 349, 388

이의식李義植 389
이인옥李仁玉 219
이재억李載億 383
이재옥李在鈺 306, 310, 312
이정규李丁奎(우관又觀) 45~47, 50~60,
    62~67, 106~107, 116, 119~122,
    124, 126, 132~133, 147, 149, 162,
    183, 185, 200, 207~208, 212~213,
    219~220, 222, 234~235, 238, 272~
    273, 293~294, 296~302, 306, 388
이정윤李廷允 411
이종락李鍾洛(취석醉石) 53~55
이종락李鍾洛 46
이종린李鐘麟(황산) 140~141, 146
이종문李宗文 111
이종연李鍾燕 46, 120, 200, 205, 213,
    219, 221, 307
이종영李鍾榮 239
이종욱李鍾郁 53
이종익李鍾翊 219
이종택李鍾澤 175, 200
이종현李宗鉉 383
이주복李柱福 202~203, 206~207
이주연李周淵 82
이주하李舟河 324~325, 382, 410, 412
이준근李俊根 65, 67, 108
이중근李重根 162, 166
이중환李重煥 162, 165
이창식李昌植 110
이청천李青天 101, 281

이춘대李春帶 353
이충복李忠馥 165
이태영李泰榮 355
이필현李弼鉉 65
이하유李何有 65, 216, 219, 306~307
이하윤異河潤 299
이한구李翰求 165
이한식李漢植 306
이항녕李恒寧 299
이학의(지활) 218, 220, 222
이해평李海平 65, 221, 306
이향李鄕 110
이홍근李弘根 82, 220
이회영李會榮(우당友堂) 56~57, 60~
    65, 67, 106, 108, 209, 213, 233~
    234, 297
이희두李希斗 97
임규林圭 51
임병기林炳基 96~97
임병은林炳殷 96
임병직林炳稷 230
임서정任曙汀 138
임영신任永信 230, 349
임우영林佑永 162
임한복林漢福 165
임효순任孝淳 165

[ㅈ]
장건상張建相 81, 281, 381~383, 387,
    396

장건주張建周 306, 310~311, 340
장기덕張基德 353, 355
장대희張大熙 165
장덕수張德秀 268, 286, 382~383
장두張斗 100
장면張勉 389
장상중張祥重 216
장성례張聖禮 155
장연송張連松 46, 117, 120, 124, 165, 220, 340, 388
장원종張元鍾 200, 203
장인길張仁吉 154, 302
장제스蔣介石 249, 265, 279, 320
장재홍張在弘 355
장택상張澤相 343, 282, 413, 415
저우수런周樹人 57
저우지엔런周建人 57
저우쭤런周作人 57~58
전명원全明源 67
전성호全盛鎬 100~102
전세영全世榮 200, 357
전수조全首曺 138, 140
전진한錢鎭漢 121
전창섭全昌涉 111
전협全協 52
전호엽全浩燁 238
정관鄭寬 383
정노식鄭魯湜 76, 396
정래동丁來東 65, 218, 220, 222
정문경鄭文卿 213~214

정열모鄭烈模 297
정영鄭永(정광용鄭光龍) 193~195, 200, 304~306, 308, 310~311, 340
정이형鄭伊衡(쌍공雙公) 42~43, 99~100, 214
정인보鄭寅普(위당爲堂) 149, 183~184, 199~200, 208~209, 233~235, 238~239, 246, 273, 293, 296~298, 301, 340, 349, 389, 401
정일우鄭一雨 109
정재택鄭在澤 219
정준택鄭準澤 327
정진용鄭珍容 165
정진태鄭鎭泰 383
정찬진丁贊鎭 216
정철鄭哲 216
정태성鄭泰成 187, 216
정태식鄭泰植 147
정해리鄭海理 111
정화암鄭華岩 53~55, 60, 62~63, 65, 111, 218, 222, 307, 361
조각산趙覺山 100
조경한趙擎韓 92, 268, 281, 283
조동근趙東根 165
조만식曺晩植 82, 84~86, 95, 99, 165, 281, 325, 380, 392
조병걸趙炳傑 96
조병기趙秉基 127
조병옥趙炳玉 272, 415
조상항趙尙沆 101~102, 238~239, 273~

찾아보기 433

275

조성환曺成煥(청사晴蓑) 55~56, 80, 96, 199~200, 235~239, 244, 246, 254, 261, 273~276, 278~281, 283~284, 286

조소앙趙素昻 56, 81, 92, 94, 107, 231, 241, 243~244, 263, 276, 281, 283, 328, 381~383, 385, 389, 401

조시원趙時元 46, 120~121, 124, 219, 221

조영주曺寧柱 216

조완구趙琬九 189, 268, 278, 281~282, 381~383, 385, 389~391, 401

조윤제趙潤濟 299

조이섭趙利涉 100

조정암趙靜庵 185

조종구趙鍾九 120

조종술趙鍾述 355, 357

조중서曺仲瑞 96~97

조한응趙漢膺(계봉溪峰) 46, 120~121, 205, 212~213, 218~219, 221~222, 274, 299, 304, 306, 310, 353, 355

주치엔지朱謙之 58

지긍현池兢鉉 306, 312

진수린陳壽麟 55~56, 111

진헌식陳憲植 96

징메이주景梅九 60

[ㅊ]

차고동車鼓東 46, 106, 120~121, 162, 219, 221

차리석車利錫 281

차리혁車利革 46, 102

차이위안페이蔡元培 57, 59

차준담車濬潭 97

채규항蔡奎恒 165

채영철 207

채은국蔡殷國 82, 220

천공산陳空三 58~59

천더롱陳德榮 58

천성수陳聲樹 58

천요우친陳友琴 58

천웨이치陳偉器 62

최갑용崔甲龍 82, 220

최관용崔寬用 100

최권崔權 153

최규동崔奎東 165

최기성崔基成 97

최낙종崔洛鍾 111

최동만崔東滿 109

최동오崔東旿 81, 92, 381, 388

최병곤崔秉坤 304, 306, 310~311, 340

최상린崔祥麟 166

최선영崔善英 353

최성장崔性章 165

최성환崔成煥 165

최연택崔演澤 138, 151~154, 304~306, 308

최용건崔庸健 86, 97, 327, 395

최응상崔應祥 356

최익수崔益秀 55~56
최익환崔益煥(역전力田) 175~176, 302, 389, 394
최인재崔仁才 175~176, 245, 273, 302
최중하崔重夏 95
최창익崔昌益 395
최태용崔泰瑢 165
최해청崔海靑 46, 216
치스차코프Ivan Chischakov 38~39, 83
친왕산秦望山 66

[ㅋ]
쿠덴호프 칼레르기Coudenhove-Kalergi 363
크로포트킨Peter Kropotkin 19, 43, 54, 64, 122, 219, 304, 361, 364

[ㅌ]
트루먼Harry S. Truman 271, 320, 346

[ㅍ]
판번리앙范本梁 57, 60
펑더화이彭德懷 345
펑성산馮省三 58
피천득皮千得 299

[ㅎ]
하경상河璟尙 132
하기락河岐洛 46, 107, 111, 127~128, 131, 133~134, 212, 214~215, 361

하덕용河德容 304, 306, 310~311, 340
하라다原田壺 103~104
하종진河鍾璡 46, 106, 132, 162, 214
하지John Reed Hodge 40~41, 68~72, 74~76, 89, 97~98, 175~176, 179, 229, 231, 239~244, 247, 255, 263~264, 270~272, 286~287, 374, 376~378, 384~387, 389~394, 399, 401~402, 404, 407~708, 411, 414~415
하충현河忠鉉 165
한근조韓根祖 96
한기악韓基岳 51
한병희韓昞熙 110
한빈韓斌 395~396
한시대韓始大 383
한유한韓悠韓 65, 306
한윤식韓潤植 355, 357
한진산韓震山 56
한태수韓太壽 274, 299~300
한하연韓何然 45, 106~107, 162, 220
한현상韓峴相 216
함태영咸台永 165, 389
허정인許貞仁 287, 304, 306, 309~311, 340, 353, 355
허헌許憲 396, 408
현천묵玄天默 236
호치민胡志明 159, 249~254
홍기주洪基疇 82
홍남표洪南杓 382, 396
홍명희洪命憙 327

홍병선洪秉璇 356

홍사용洪思容 170~171, 200

홍성익洪盛益 52

홍성준洪聖濬 239, 274~275

홍성환洪性煥(홍일) 220

홍순필洪淳必 165

홍원태洪元泰 306, 310~311

홍진洪震 107, 388

홍진유洪鎭裕 110

홍형의洪亨義 216

황갑영黃甲永(연해然海) 235, 238~239, 253, 273, 287, 293, 298

황기성黃基成 166, 238

황진남黃鎭南 389

황태화黃泰華 306, 312

황학수黃學秀 281

황현숙黃賢淑 389

흐루시초프 N. S. Khrushchyov 325